慶應義塾大学東アジア研究所
現代中国研究シリーズ

戦後日中関係と廖承志
りょう しょう し

中国の知日派と対日政策
〈ジャパンハンズ〉

王 雪萍 編著
おう せつ へい

慶應義塾大学出版会

シリーズ刊行の辞

　近年、中国の台頭とそれに対する日本の対応が大きな議論となっている。中国の台頭は事実である。しかし事実が事実として見えたとき、対応はすでに遅れている。それが事実となる前に対応が始まらねばならない。対応には学問に裏打ちされた冷静な分析と知的な構想が必要である。
　振り返れば、中国の台頭はそれまでの革命路線に終止符を打った1978年の現代化路線の開始に起源が見られるし、今日の視座から見れば、1992年に鄧小平のもとで社会主義市場経済という成長一辺倒路線に傾斜した瞬間がポイント・オブ・ノーリターン（回帰不能点）であったともいえる。そして2001年の中国のＷＴＯ（世界貿易機関）加盟は、実質的に、将来的な「資本主義」への移行宣言であったともいえよう。これらのたびに「中国台頭」がテーマとして登場した。しかし、それは経済的にも心理的にも、停滞し下降する日本との対比のなかで、きわめて情念的で政治的な言説に席巻されていった。
　この間、学問の側からの客観的で地道な中国研究は多く存在した。が、結論を急ぐ商業主義的な大量消費のなかで、それらは背後に押しやられた。もちろん学界の側にまったく責任がなかったわけではない。学術研究の蓄積を、社会啓蒙の観点からよりわかりやすく伝えようとする努力が十分になされていたかどうか、反省すべき点もある。ただ、今日のような内向き志向の日本の閉塞状況からすると、社会の側はますます短兵急な結論を求める方向に動きそうである。
　浮遊しがちな世情と一線を画すように、第二次世界大戦後から今日にいたる慶應義塾の現代中国研究はその視点と方法論において一貫していた。それはすなわち、理念と現実の両面から中国の政治体制と権力に関し徹底的な実証分析を行うことである。戦後、慶應義塾における現代中国研究の基礎を築いたのはいうまでなく石川忠雄であり、その視点と分析手法は後進たちの共通の原点となっている。1977年に石川が慶應義塾長に就任して以降、現在

にいたる慶應義塾の現代中国研究の枠組を作り上げたのが山田辰雄である。方法論としてマクロの政治史の観点とミクロの史料の重要性を浸透させ、研究の場として慶應義塾大学地域研究センター（現東アジア研究所）の確立に尽力した。こうした慶應義塾の現代中国研究の本質を強く継承しつつも、これをさらに生き生きとした福澤諭吉流の実学として昇華させたのが小島朋之である。大量消費の中国論が溢れるなかで、小島は一人の学者としての立脚点から粘り強く社会との対話を続けた。

　2007年、大学共同利用機関法人・人間文化研究機構の支援のもとに全国六つの研究機関（慶應義塾大学のほか、早稲田大学、東京大学、京都大学、総合地球環境学研究所、財団法人東洋文庫）に現代中国研究の拠点が設置された。ここに、慶應義塾大学東アジア研究所・現代中国研究センターが誕生したのであった。しかしこの誕生は、以上のように、慶應義塾における現代中国研究の一つ一つの積み重ねの結果であって、けっして歴史の偶然ではなかった。現在、現代中国研究センターには、慶應義塾と縁の深い若手研究者が50人近く参集している。今後とも本センターが、日本の現代中国研究の集積と発信の拠点として大きくそそり立ってくれることを心から祈念している。

　このたび、本センターの研究成果が慶應義塾大学東アジア研究所・現代中国研究シリーズとして刊行されることとなった。個々に築き上げてきた伝統がいま一つに結実しつつあるのを見るのは、嬉しくそして誇らしくもある。

　本書は、人間文化研究機構（NIHU）地域研究推進事業・現代中国地域研究拠点連携プログラムの成果として刊行されるものである。ここに改めて、大学共同利用機関法人・人間文化研究機構のご支援に深く感謝の意を表したい。また、各方面からご支援をいただいた慶應義塾大学東アジア研究所の添谷芳秀所長と、事務部門からサポートしてくださった小沢あけみさん、鎌倉美保さんにお礼を申し上げたい。そして、本企画の出版の意義を高く評価してくださった慶應義塾大学出版会にも深く感謝申し上げたい。

　2010年夏

慶應義塾大学東アジア研究所
現代中国研究センター長
国分　良成

目　次

シリーズ刊行の辞　　　　　　　　　　　　　　　　　　国分良成　　i

序章　対日政策と廖承志——分析の視座　　王　雪萍・杉浦康之　　1
　　はじめに　1
　　Ⅰ　先行研究について　3
　　Ⅱ　本書の構成　5

第1部　廖承志と廖班——人と組織

第1章　廖承志と廖班の対日業務担当者　　　　　　　王　雪萍　　15
　　はじめに　15
　　Ⅰ　廖承志の革命人生　17
　　Ⅱ　実務統括者廖承志の見えざる日本観　24
　　Ⅲ　戦後中国の対日業務指導体制　31
　　Ⅳ　対日業務担当者の育成　35
　　おわりに　40

第2章　日本人引揚と廖承志
　　　　　——廖班の形成・展開とその関与　　　　　大澤武司　　49
　　はじめに　49
　　Ⅰ　日本人管理・教育工作と廖班の源流　50
　　Ⅱ　後期集団引揚の始動と廖班の形成　52
　　Ⅲ　後期集団引揚の展開と廖班　56
　　Ⅳ　後期集団引揚の終結と廖班の制度化　61

おわりに　64

第3章　中国の対日経済外交と廖承志の役割
　　　　――実務統括・政治的調整・象徴　　　　山影　統　75
　　はじめに　75
　　Ⅰ　戦後の新たな対日関係の構築　77
　　Ⅱ　日中経済関係の発展　79
　　Ⅲ　「以民促官」の限界　83
　　Ⅳ　対日関係の再構築　90
　　おわりに　99

第4章　中国の対日政策における留日学生・華僑
　　　　――人材確保・対日宣伝・対中支援　　　　王　雪萍　107
　　はじめに　107
　　Ⅰ　中国政府と留日学生・華僑団体の関係　108
　　Ⅱ　中国の対日業務における留日学生・華僑の役割　111
　　おわりに　123

第2部　廖班の対日工作をめぐる中国・日本・国府の攻防

第5章　知日派の対日工作
　　　　――東京連絡事務処の成立過程とその活動を中心に
　　　　　　　　　　　　　　　　　　　　　　　杉浦康之　135
　　はじめに　135
　　Ⅰ　戦後日中関係における通商代表部／貿易事務所問題の歴史的経緯　136
　　Ⅱ　東京連絡事務処の対日工作の胎動　146
　　Ⅲ　日中国交正常化における東京連絡事務処の役割　160
　　おわりに　180

第6章　日本から見た廖承志の対日工作――自民党親中派を中心に
　　　　　　　　　　　　　　　　　　　　　　　井上正也　197

はじめに　197
　　Ⅰ　廖承志と自民党親中国派の形成　199
　　Ⅱ　LT貿易の成立　203
　　Ⅲ　拡大する「半官半民」関係　209
　　Ⅳ　廖承志なき日中関係　213
　　Ⅴ　日中国交正常化　222
　　おわりに　226

第7章　廖承志の対日工作と中華民国
　　　　――LT貿易協定・廖承志訪日を中心に
　　　　　　　　　　　　　　　戴　振豊（翻訳：杜崎群傑）　237
　　はじめに　237
　　Ⅰ　LT貿易協定に関する日華の外交交渉　238
　　Ⅱ　「谷振海」と「山田武雄」の地下情報活動　244
　　Ⅲ　廖承志の訪日への中華民国の対策　250
　　おわりに　256

第3部　現代中国から見る廖承志とその時代

第8章　周恩来と廖承志――中国革命から中日友好へ　　胡　鳴　265
　　はじめに　265
　　Ⅰ　廖承志と周恩来との信頼関係の礎　266
　　Ⅱ　廖承志の保護者・周恩来　268
　　Ⅲ　周恩来・廖承志の対日外交活動の特徴――中日関係発展への示唆　273

第9章　「廖承志時代」をどう理解するか――戦後中日関係の情報政治学
　　　　　　　　　　　劉　建平（翻訳：大澤武司・山影　統）　279
　　はじめに　279
　　Ⅰ　戦後中日関係におけるイシューの設定――情報の意義と権力メカニズム　280
　　Ⅱ　「人民友好」という言説創造・利益実現のメカニズム　284

Ⅲ 「日本人民」と国家間政治
             ――情報戦による「人民外交」神話の崩壊　288
         おわりに――中日関係の「新時代」は始まったのか？　291

終章　知日派の役割――21世紀の日中関係への示唆　　編集委員会　297
         Ⅰ　中国の対日政策における知日派の役割　297
         Ⅱ　知日派と自民党親中派の共演　299
         Ⅲ　中国人研究者における戦後対日政策への評価
             ――正統的解釈と「修正主義的」解釈　300

補遺　中国の外交官から見た廖承志

補遺1　中国外交部日本処元処長・丁民氏が語る廖承志
                           整理・解題：王　雪萍・井上正也　307
         Ⅰ　対日業務組織の構築と外交部　308
         Ⅱ　文化大革命前期の対日業務　315
         Ⅲ　日中国交正常化交渉をめぐって　320
         Ⅳ　日中国交正常化後の対日外交業務　324
         Ⅴ　中国政府の日本情報収集と伝達方法　327
         Ⅵ　対日業務担当者の育成　330
         Ⅶ　部下から見る上司としての廖承志　332

補遺2　周恩来ら中国指導者の通訳・周斌氏が語る廖承志
                                整理・解題：大澤武司　339
         Ⅰ　対日政策機構と廖承志
             ――国務院外事辦公室日本組を中心として　341
         Ⅱ　人間・廖承志の魅力――その実像に迫る　351

主要参考文献　361
あとがき　　　　　　　　　　　　　　　　　　　　　王　雪萍　373
索　引　377

図表目次

図1－1	廖承志（辦公室）と関連業務イメージ図	22頁
図1－2	1958〜1967年中国の対日業務指導体制	32頁
図1－3	廖承志をトップとする中国の対日業務実行体制の組織図	34頁
図2－1	送還政策立案組織図	55頁
図2－2	北京会議接待・交渉組織図	56頁
図2－3	「中共中央国際活動指導委員会」方式	58頁
図2－4	「国務院外事辦公室日本組」方式	62頁
図3－1	第二次日中民間貿易協定交渉時の中国側の組織図	81頁
図3－2	国務院外事辦公室ができる以前（1953〜1958.2）の対日経済政策における主な決定プロセスと日本側との交渉窓口	89頁
図3－3	外事辦公室設立以後（1958.3〜1962）の対日経済政策における主な決定プロセスと日本側との交渉窓口	90頁
図3－4	廖承志辦事処設立後（1962.11〜1967）の対日経済政策における主な決定プロセスと日本側との交渉窓口	96頁
図4－1	留日学生・華僑関連業務の僑委への統一過程	124頁

序章
対日政策と廖承志──分析の視座

王　雪萍・杉浦康之

はじめに

　中華人民共和国（以下：中国）が建国されて以降1976年まで、その対外政策の最高決定者は一貫して毛沢東であり、また毛沢東の下で周恩来が実務の最高責任者としてその執行を統括していた。中国の対外政策決定過程の特徴として、こうした中央指導者層による「上意下達」システムを前提とする分析枠組みは、今日においても有効と考えられる[1]。

　しかしながら、資料的制約などにより、外交部をはじめとする実務者の役割が等閑視されてきた結果、こうした「上意下達」システムはいささか強調されすぎてきた観も否定できない。このような「上意下達」システムに対し、近年の大躍進を事例とした中国内政に関する政策決定過程の研究では、主導者としての毛沢東、その追随者としての周恩来、劉少奇らの中央指導者層の役割のみならず、政策の立案や執行に携わった中央の関係機関の担当者や地方の指導者の役割にも着目した研究が登場している[2]。

　一連の新しい研究が試みられた背景としては、中国の研究環境の変化が挙げられる。現在、中国では徐々にではあるが、各档案館に所蔵されている建国以後の史料が公開されはじめている。このような研究環境の変化は、外交分野においても例外ではない。とりわけ、2004年に中華人民共和国外交部档案館に所蔵されている外交档案（以下：中国外交部档案）が公開されたことは、中国外交史研究にとって、大きな転換点となった。

　こうした研究環境の好転の恩恵は、中国の対日政策の解明にも及んでいる。これらを踏まえ、本書は以下の諸点を解明することを主たる目的としている。第一

に、本書は1949年10月の中国建国から1972年9月の日中国交正常化に至るまでの中国の対日政策に関して、廖承志を中心とした中国の「知日派」(ジャパンハンズ)の組織構造を解明すると同時に、こうした知日派のリクルートや人材育成の状況を明らかにする。第二に、毛沢東、周恩来らの中国共産党（以下：中共）中央指導者層によるトップダウン的な対日政策方針の提示と、知日派によるボトムアップ的な情報提供、政策提案がいかなる相互作用を有していたのかを解明する。第三に、知日派の対日工作に対して、その主たる工作対象であった日本政府や中華民国政府（以下：国府）の認識と対応を明らかにする。そして、こうした一連の分析を通じて、本書では、「上意下達」システムの有効性を認めつつも、その相対化を図り、もって中国外交史に一石を投じたい。

　ここで留意すべき点としては、対米政策や対ソ政策などと比較した際[3]、冷戦期の中国の対日政策はいささか異なる特徴を有していたことである。そうした中国の対日政策の特殊性はいくつかの要因から構成されていた。

　第一にして最大の要因は、1952年に周恩来に指名されて以降、1967年に文化大革命（以下：文革）で隔離されるまで、廖承志が周恩来の指導の下で中国の対日政策の一切を取り仕切っていたことである。こうした対日政策における廖承志の影響力は、1972年の日中国交正常化後に対日外交の担当部署が外交部に移管された後も、1983年に彼が亡くなるまで継続された。日本以外の国との対外政策では、このような役割を担った人物の存在を指摘することは困難である。また、廖承志と周恩来との関係は、単なる実務担当者と政策指導者層の関係を超えたものであった。さらに中共中央委員や中共中央外事工作領導小組副組長を務めていた廖承志の党内での地位は、ほかの実務担当者と比べて遥かに高かった。

　第二の要因は、廖承志の下に多数の知日派対日業務担当者[4]が組織横断的に集まり、対日業務に従事していたことである。これらの知日派は、(1)戦前日本に留学し、建国以前から中共の対日業務に従事していた者、(2)建国以後日本から帰国し、対日業務に従事した者、(3)建国以後中国国内の教育機関で日本語教育を受け、卒業後対日業務に従事した者に大別され、その背景は必ずしも同じではない。しかし、彼らの活動は廖承志を経由して、中国の対日政策に何らかの形で反映されていた。本書では、廖承志および彼の下で対日業務を担当していた知日派を「廖班」と定義し、分析を試みる。

　第三の要因として、米中対立を基本とする東アジアの冷戦構造のなかで、日本の「中立化」が中国にとって重要性を有していたことである。1950年10月、同年6月に勃発した朝鮮戦争に中国が参戦したことにより、米中対立は決定的とな

った。そして、米国の対中政策に従う形で日本政府は国府との講和を選択し、「日本国と中華民国との間の平和条約」(「日華平和条約」) が1952年4月28日に調印された5)。こうして、日本政府は国府と外交関係を有し、中国とは外交関係のない状態となった。その結果、建国後の中国政府にとって、日本との関係打開、および国交関係の樹立は重要な外交課題の一つとなったのである。

　こうした状況下において、中国は「民間交流を以って、政府間関係を促進する (以民促官)」という対日政策方針を決定した。その骨子は、①両国人民の交流増加により、日本の大多数の国民に日中国交正常化の重要性を認識させる、②日中両国間に外交関係が存在せず、戦争状態が国際法上継続されている状態は、両国人民の友好活動、民間協定の締結の妨げにはならない、③民間の頻繁な往来、多様な協定の締結が両国関係を発展させ、外交上の関係回復につながる、というものであった6)。

　しかしながら、交流拡大による日中国交正常化を実現する方針を掲げたものの、建国直後の中国は、日本との民間交流を展開することさえ、実施困難な状況であった。かかる現状を打開するため、中国は日本国民が強く希望した日中貿易と中国残留日本人の帰国という二つの課題解決に取り組むことにしたのである7)。

I　先行研究について

　日本にとって、中国の対日政策を理解することは、一貫して重要な研究テーマであった。しかし、それにもかかわらず、中国の対日政策は、組織構造、政策決定およびその執行過程、リクルーティングおよび人材養成情況などの分野に関して、なお不明なところが多い。その理由としては、依拠すべき資料的裏づけの不足が指摘できる。

　日本における中国の対日政策研究は、岡部達味の一連の研究に代表されるように、『人民日報』の言説に対する内容分析を中心に、最初の発展期を迎えた8)。それは、1972年の日中国交正常化以前の段階で、中国と直接交流する機会が大幅に制限され、また『人民日報』以外に頼るべき公開資料がほとんど存在していなかった状況では、最善の方法であった。他方、『人民日報』の報道や、断片的に得られる情報のみでは、中国の対日政策の組織構造や政策決定過程などを解明することは困難であったため、そうした研究はほとんど行われなかった。

　日中国交正常化が実現し、また中国が改革・開放路線を進めるなかで、徐々にではあるものの、中国の対日政策に関する研究環境にも改善が見られるようにな

った。1980年代以降、中国は、毛沢東・周恩来に代表される中共の指導者層の年譜・伝記・文選などの公刊資料を多数刊行するようになった。また、中国の対日政策の実務統括者であった廖承志の伝記や文集のみならず、彼の下で対日業務を担った廖班メンバーの回顧録も刊行された[9]。さらに、限定的とはいえ、そうした廖班に対するインタビューも可能になった。このような研究環境の変化は、日本での中国の対日政策研究の発展を導いた。一連の資料を組み合わせることで、中国の対日政策の組織構造を初めて本格的に研究したのが、石井明であった[10]。それ以後、石井の研究成果を踏まえつつ、岡崎邦彦、別枝行夫、王偉彬らによって、中国の対日政策の組織構造や決定過程に関する研究は、少しずつではあるが着実に発展していった[11]。また、海外でも中国の公刊資料や関係者へのインタビューを用いた、クルト・ウェルナー・ラドケ（K.W. Radtke）による研究が発表された[12]。

そして、近年、日中双方が自国の外交文書を公開しはじめたことにより、こうした研究環境はさらなる改善を遂げた。特に前述の中国外交部档案の公開は、多くの問題を残しているとはいえ、中国の対日政策を理解するうえで、きわめて画期的な出来事であった。

一連の資料状況の改善による研究の変化は、以下の3点に集約されよう。第一の変化は、それまでの研究が対日政策全般を対象にしていたのに対し、対日経済外交[13]、対日人道外交[14]、対日情報収集活動[15]など、より個別具体的なテーマを取り扱うことが可能となったことである。第二の変化として、公開された中国外交部档案に基づき、廖班メンバーに具体的なインタビューを行える余地が増えたことが指摘されよう。そして、第三の変化として、上記の二つの成果を集約することで、従来以上に中国の対日政策の組織構造の解明を実現しうるようになったことが挙げられる。

しかし、このような研究環境の変化にもかかわらず、日本では、中国の対日業務統括者である廖承志とその対日業務に関する研究はほとんど行われていない。廖承志とその対日業務に関する研究は主に中国で公刊されている[16]。本書は、一連の先行研究の成果に加え、これまで公刊された廖承志の下で働いた廖班メンバーの回顧録を参考にするとともに、筆者を含む廖承志研究会[17]のメンバーによる32人にも及ぶインタビュー調査記録を活用する。当事者による回想は、本人の解釈や評価も含まれ、事実を正確に反映していない部分もあろう。本書はこうした点に留意しつつ、可能な限り、中国外交部档案や日本側の外交文書や回顧録を突き合わせることで、その客観性を担保することを心がけた。

Ⅱ 本書の構成

　以上のような問題設定と先行研究の整理を共通意識として有しながらも、本書は各研究者による個別論文を集約したものである。本書は大きく分けて、「廖承志と廖班——人と組織」、「廖班の対日工作をめぐる中国・日本・国府の攻防」、「現代中国から見る廖承志とその時代」の3部により構成される。

　第1部「廖承志と廖班——人と組織」では、廖承志という人物の生涯を概観したうえで、中国外交部档案、上海市档案館档案などの一次史料を駆使しながら、各機関の対日業務担当者に対するインタビュー調査も活用し、日本人引揚、日中貿易、留日学生・華僑政策というの三つの分野から、中国政府の対日政策の決定・執行過程を明らかにする。

　王雪萍「廖承志と廖班の対日業務担当者」では、本書で論じる廖承志および廖班に所属した対日業務担当者を深く理解するため、廖承志の人物像に迫ると共に、廖承志を中心とした中国の対日業務指導体制を概説する。さらに、廖の「四大金剛」と称された趙安博、王暁雲、孫平化、蕭向前を含む、廖班の対日業務担当者への登用や人材育成過程について述べる。

　大澤武司「日本人引揚と廖承志——廖班の形成・展開とその関与」は、日本人引揚を事例として、廖承志ら知日派の対日政策における役割を解明し、その政策決定過程の構造を明らかにした。大澤は、中共の対日業務の源流である延安時代の日本人捕虜管理・教育業務の所管機関（敵工部）の立場から、中国建国後の日本人集団引揚問題に対する廖班の対日業務方式の構築過程を詳細に分析した。

　本章は中国外交部档案を全面的に利用して行った中国の対日政策の組織構造分析に関する初の試みといえる。日本人捕虜管理や日本人引揚問題は、中共の対日業務の起点でもある。本章の分析は、日本人の引揚問題だけではなく、本書分析の中心である廖班の対日業務方式の構築の全般も紹介するなど、廖班方式の対日業務体制がいかに構築されたのか、また廖班と毛沢東、周恩来の関係などについても包括的に論じている。

　山影統「中国の対日経済外交と廖承志の役割——実務統括・政治的調整・象徴」は、日中民間貿易協定交渉およびLT貿易協定交渉を事例として、日中経済関係における廖班の役割を解明した。1952年の第一次から1955年の第三次までの日中民間貿易協定交渉の中国側担当者は、対外貿易部を中心とする貿易小組によって構成され、廖承志自身は日本代表団と接見したことはあったが、貿易交渉には直接的に関与しなかった。しかし、日本代表団の接待任務は、主に廖班の中

心人物の孫平化、蕭向前などが担当しており、廖班の対日業務は1952年から機能しはじめていたことが確認できる。廖承志が日中貿易交渉の舞台に現れたのは、第四次日中民間貿易協定に関する交渉が難航した時、日中間の調整役を果たすためであった。

　山影は、特に長崎国旗事件後の日中貿易中断によって、日中関係が民間交流から半官半民へと変わる過程で、廖承志の役割が拡大していったと論じている。経済問題を専門としない廖の日中貿易交渉における役割は、貿易それ自体よりも、むしろ中国側の上層部との調整や、接待などを含めた業務全般であるとの構図が本章の分析を通じて明白になった。

　王雪萍「中国の対日政策における留日学生・華僑——人材確保・対日宣伝・対中支援」は、留日学生・華僑の中国の対日政策における役割について、人材確保、対日宣伝、対中支援の三つの面から分析したものである。政務院華僑事務委員会（以下：僑委）の副主任である廖承志が対日業務を担当するようになってから、僑委は日本華僑だけではなく、留日学生の関連業務も管轄するようになった。廖承志は、留日学生・華僑に対する一元的な管轄を通じて、日本の中国人社会における中国の影響力の拡大を図った。そしてその影響力を通じて、1953年に中国人留日学生・華僑の大量帰国を実現させたことを明らかにしている。

　また王は、帰国者から対日業務担当者を選抜する方式を明らかにし、廖班に所属する数多くの知日派人材の起用ルートと育成方法の分析を行っている。さらに中国に関する宣伝や、中国政府の日本での活動への協力などを含めた日本在留の留学生・華僑の親中国の活動の実態も同時に明らかにした。

　第2部「廖班の対日工作をめぐる中国・日本・国府の攻防」では、中国の知日派が展開した対日工作を、1964年8月に開設された廖承志辦事処東京連絡事務処（以下：東京連絡事務処）の活動を中心に分析した。さらに、そうした知日派の対日工作に対する、日本と国府の対応を検討した。このように第2部は、日本、中国、台湾の一次史料や回顧録に依拠しながら、中国、日本、国府のそれぞれの思惑と駆け引きを実証的に解明している。

　杉浦康之「知日派の対日工作——東京連絡事務処の成立過程とその活動を中心に」は、池田勇人政権末期から田中角栄政権初期（1964年8月から1972年9月ごろ）における東京連絡事務処の活動に焦点を当てている。そして、情報収集と自民党政治家への働きかけを中心に、中国の知日派の対日工作の実態と、それが中国の指導者層による対日政策決定にいかなる影響を与えていたのかを分析した。杉浦は、中国外交部档案と関連史料の詳細な分析を通じて、東京連絡事務処の創

設によって広範囲な対日接触と情報収集が可能となり、マルクス・レーニン主義／毛沢東思想の影響により一定のバイアス（日本経済の停滞／反米・反佐藤闘争の高揚など）は存在したものの、東京連絡事務所は比較的冷静な情勢報告を提供したと指摘している。そして、東京連絡事務処からもたらされた情勢報告は毛沢東、周恩来ら中央指導者層や対日業務の実務統括者である廖承志に伝達されたことで、対日政策立案にも一定程度の影響力があったことを明らかにした。

井上正也「日本から見た廖承志の対日工作――自民党親中国派を中心に」は、主に日本の外務省文書や個人文書を用いることで、日本側から見た、日中関係における廖承志の役割の変化について解明した。特に廖承志が対日工作の表舞台で本格的に活動するようになった1958年から、日中国交正常化までを対象に、廖と日本の親中国派との関わりを中心に論じた。1966年の文革以降の中国側の一次史料がほとんど公開されていない状況下で、日本側の史料による、文革から日中国交正常化までの事実解明は、本書の中国側の視点からの研究を補う役割を果たすといえよう。

戴振豊「廖承志の対日工作と中華民国――LT貿易協定・廖承志訪日を中心に」は、中華民国外交部档案と日本の外交文書を用い、反共外交を展開した国府がいかに国交関係のある日本政府に圧力をかけて、廖承志の対日活動を阻止しようとしたかという問題に関してその決定と執行過程を分析した。LT貿易協定への対応策として、国府は、蔣介石自ら、吉田茂を通じて、池田首相に圧力をかけるなど、首脳外交を展開したことで、廖承志の対日工作は切り崩され、日本政府は「政経分離」の原則を遵守した。戴の分析により、国府の動きから、廖承志の対日工作の挫折、妥協の原因も解明された。また戴は、日本と国交断絶後の国府は外交的な優位を失い、廖承志の対日外交に対して断交前のように対応できなくなったという問題も提起している。

第3部「現代中国から見る廖承志とその時代」は、中国国内で活躍している研究者による廖班方式の対日外交への評価である。2人の研究者によって行われた相反する評価は、中国における戦後日中関係研究の変化の表れでもある。

胡鳴「周恩来と廖承志――中国革命から中日友好へ」は、廖承志と周恩来の関係について、廖承志の両親と周恩来夫婦の親交から、幼少期から文化大革命まで、廖承志と周恩来の個人的、また仕事上の関係をまとめたものである。廖承志は中国政府の対日業務の統括者、実践者として、戦後日中民間交流の推進および日中国交正常化の実現において、重要な役割を果たした。その背景には、中国外交の最高責任者である周恩来と廖承志との信頼関係が大きく作用した。廖承志も周恩

来も日本留学の経験者であり、中国における知日派の代表格であった。また、国民党との関係、長征経験、欧州留学、共産主義者であるなどの共通する経歴から生まれた深い友情は、戦後の日中関係の発展に特殊な影響を与えたと指摘する。

本章を通じて、廖班方式の対日業務体制が設立された背景として、廖承志と周恩来の人間関係が描き出されている。廖承志は周恩来からの全面的な信頼を得たからこそ、廖班による対日業務を実施する際、中央および地方の各政府部門の協力を得ることができ、本書が分析した部門横断的で、タスクフォース的な性質を有する対日業務体制の構築にも成功した。このような絶大な権限が与えられたのも、1924年以来廖承志の父、廖仲愷の世代から続いた２人の親交と信頼による一面があったことを本章の論述で浮き彫りにしている。

劉建平「『廖承志時代』をどう理解するか──戦後中日関係の情報政治学」は、戦後中日関係における「廖承志時代」とその特徴である人民外交について分析した。戦後、国交正常化の実現に伴い人民外交は終焉を迎えた。しかし、人民外交の後遺症というべき戦後処理で残された問題は、中日関係を周期的に悪化させる要因となった。中日関係は未だ歴史問題から解放されておらず、古い時代から抜け出したとはいえないと指摘する。

劉は、これまで肯定的な評価を受けることの多かった人民外交を「日本の利益に偏重していた」ものとして捉え、「国際共産主義運動イデオロギーの下で『日本人民』が利益追求の情報を中国に伝達して一方通行的に利益を実現させてきた過程である」としている。この原因としては、中国の対日外交体制は民意表出に欠けており、加えて中国が「日本国民」を「日本人民」と誤認したことを指摘している。そして、日中国交正常化のプロセスを、中国の対日外交の「日本人民と日本政府を区別する」というイデオロギー的前提を打ち壊し、「人民外交という神話」を解体させたものと位置づけている。

終章「知日派の役割──21世紀の日中関係への示唆」はこれまでの各章の検討を踏まえ、中国の対日政策の特徴を分析している。日中国交正常化まで、非制度的であり、多分に廖承志という個人に依存していた中国の対日業務組織は、その中心人物を失った時、徐々に解体へと向かっていった。また、その解体と同時並行する形で、日中関係は友好の時代に終わりを告げ、歴史問題など、様々な問題が顕在化するようになった。本章では、廖承志ら知日派の果たした役割を再評価し、そこから得られる示唆が混迷を極める今日の日中関係に何をもたらしうるのかを検討した。

補遺「中国の外交官から見た廖承志」は、中国外交部亜洲司（アジア局）日本

処元処長丁民氏と、同処元職員であり、周恩来などの中国の指導者の通訳も務めていた周斌氏の2人の当事者に対するインタビューから、廖承志関連の部分を抜粋したものである。廖承志の下で対日外交を担当した部下として、廖承志の対日業務に関する回想だけではなく、また身近で観察した人間廖承志としての側面も両氏の言葉からうかがえる。両氏のインタビュー記録は、外交部担当者のオーラル・ヒストリーとして、史料的価値も高いと思われる半面、本書の論文では明らかにできなかった廖承志の人間的魅力や当時の空気を両氏へのインタビュー記録を通じて読者に伝えることもできるとの考えに基づき、補遺として本書に掲載した。

1) 毛里和子『新版 現代中国政治』名古屋大学出版会、2004年、222-248頁。青山瑠妙『現代中国の外交』慶應義塾大学出版会、2007年、491頁。Lu Ning, *The Dynamics of Foreign-Policy Decisionmaking in China, Second Edition*, Boulder, Colorado: Westview Press, 2000, pp.84-94, pp.161-167. 張歷歷『外交結策』北京：世界知識出版社、2007年、125-126頁、154-155頁。
2) フランク・ディケーター（中川治子訳）『毛沢東の大飢饉——史上最も悲惨で破壊的な人災 1958-1962』草思社、2011年。Frederick C. Teiwes with Warren Sun, *China's Road to Disaster: Mao, Central Politicians, and Provincial Leaders in the Unfolding of the Great Leap Forward, 1955-1959*, Armonk, N.Y.: M.E. Sharpe, 1999. Alfred L. Chan, *Mao's Crusade: Politics and Policy Implementation in China's Great Leap Forward*, Oxford: New York: Oxford University Press, 2001.
3) 対米外交の場合、朝鮮戦争以降の米国による対中国封じ込め政策の結果、日中間のような民間ベースでの友好交流や民間貿易を展開する基盤に欠け、廖班方式と同様の手法を行うことはできなかった。さらに、対米外交は周恩来の下で外交部が一元管理していたが、廖承志のように、相手国を熟知するとともに、各界リーダーとの豊富な人脈を有するハイレベルな中国人政治家、外交官は、対米関係では不在であった。また、対ソ外交においては、両国間で正式な外交関係が結ばれており、外交当局同士の接触が可能であった。さらにソ連共産党との間に、中共中央対外聯絡部が担当する党際外交（中共と外国の政党間の外交）のパイプも存在していたため、廖班方式のような民間ベースの友好外交を展開する手法自体必要としなかった（周斌氏へのインタビュー、2011年8月6日、上海）。なお、王稼祥、張聞天らの失脚により留ソ派の対外政策への影響力の減退に関しては、Lu Ning, *ibid*, pp.65-67 等を参照。
4) 中国の日本関連業務は「対日工作」と表現される。中国語の「工作」は、仕事、業務の意味を表す。1980年までの中国では日本関連業務を常に「対日工作」と表現し、各部門での日本関連業務従事者は中国語で「対日工作者」あるいは「対日工作人員」と呼ばれていた。本書では、中国の日本関連業務を基本的に「対日業務」と記し、日

本関連業務の従事者を「対日業務担当者」と呼ぶ。なお日本語の「工作」の意味の場合、「工作」のままで表記する。

5) 陳肇斌・増田雅之・池田慎太郎「中国分断後の国際情勢と日米安保改定」川島真・服部龍二編『東アジア国際政治史』名古屋大学出版会、2007年、224-268頁。

6) 薛学共・黄小用『周恩来超群智慧』北京：当代中国出版社、2001年、251-253頁。

7) 呉学文『風雨陰晴――我所経歴的中日関係』北京：世界知識出版社、2002年、29頁。

8) 衛藤瀋吉・岡部達味『中華人民共和国対日発言の内容分析――1958年の二つの時期における人民日報を材料として』外務省アジア局中国課、1966年。岡部達味『現代中国の対外政策』東京大学出版会、1971年。岡部達味『中国の対日政策』東京大学出版会、1976年。

9) 詳細に関しては、本書巻末の参考文献リストを参照のこと。

10) 石井明「中国の対外関係機関――その沿革と現状」岡部達味編『中国外交――政策決定の構造』日本国際問題研究所、1983年、98-152頁。石井明「中国の対日政策決定――組織と人脈」『東亜』No.255、1988年9月号、10-25頁。石井明「中国の外政機構の変遷――1949-1982」毛里和子編『毛沢東時代の中国』日本国際問題研究所、1990年、113-145頁。

11) 岡崎邦彦「中国の対日政策決定における動揺――大躍進から経済調整への転換期における周恩来の対日工作」『東洋研究』第134号、1999年、45-65頁。別枝行夫「戦後日中関係と中国外交官（その1）」『北東アジア研究』第2号、2001年、177-197頁。王偉彬『中国と日本の外交政策――1950年代を中心にみた国交正常化へのプロセス』ミネルヴァ書房、2004年。

12) Kurt Werner Radtke, *China's Relations with Japan, 1945-83: The Role of Liao Chengzhi*, Manchester, UK; New York: Manchester University Press; New York: Distributed exclusively in the USA and Canada by St. Martin's Press, 1990.

13) 李恩民『中日民間経済外交　1945～1972』北京：人民出版社、1997年。方浩「1950年代の東アジアにおける米中冷戦の一断面：日中民間貿易協定における中国の日米離間戦略を中心に」『法学』第2巻第64号、2000年6月、213-250頁。

14) 大澤武司「幻の日本人『戦犯』釈放計画と周恩来――中華人民共和国外交部档案をてがかりに」『中国研究月報』第6巻第61号、2007年6月、1-11頁。大澤武司「『人民の義憤』を超えて――中華人民共和国の対日戦犯政策」『軍事史学』第44号第3巻、2008年12月、41-58頁。大澤武司「東西冷戦と引揚問題――未帰還者問題をめぐる国際政治の構図」『海外事情研究』第1巻第37号、2009年9月、99-116頁。

15) 杉浦康之「中国の『日本中立化』政策と対日情勢認識――第四次日中民間貿易協定交渉過程と長崎国旗事件を中心に」『アジア研究』第4巻第54号、2008年10月、70-86頁。杉浦康之「中国の『日本中立化』政策と対日情勢認識――日本社会党の訪中と日本国内の反米・反岸闘争の相互連鎖（1958年6月～1959年6月）」『近きに在りて』第56号、2009年11月、51-67頁。

16) 呉学文『風雨陰晴――我所経歴的中日関係』北京：世界知識出版社、2002年。呉学

文・王俊彦『一門忠烈：廖氏家族』(全3巻) 北京：中共党史出版社、2004年。呉学
　　　文・王俊彦『廖承志与日本』北京：中共党史出版社、2007年など。
17) 廖承志研究会の活動については、「あとがき」を参照されたい。

第 1 部

廖承志と廖班――人と組織

第1章
廖承志と廖班の対日業務担当者

王　雪萍

はじめに

　本章では、本書の内容の中心である廖承志と廖班に所属していた対日業務担当者を理解するための基礎知識として、廖承志という歴史上の人物の生涯、日本観を紹介し、さらに廖の「四大金剛」といわれてきた趙安博、王暁雲、孫平化、蕭向前を含む対日業務担当者の起用、育成の過程について述べる。

　廖承志と廖班の対日業務方式（以下：廖班方式）は、日本の政治家、経済界、文化界などの日本各界の人士や一般民衆の考え方を常に研究し、日本の各界の人々に親近感を持ってもらえるような業務方法を用いて、日本人の心を常に捉えようとし、案件ごとに関連部門の知日派と連携しながら、業務を遂行したのであった。廖班方式は、日中国交正常化まで、日本訪中団の接待や、中華人民共和国（以下：中国）訪日団の日本人との接遇、国際会議における日本との交渉の場など、あらゆる場で応用された。

　廖班方式の基本方針は、毛沢東、周恩来の対日民間外交の理念である「以民促官（民間交流を以って、政府間関係を促進する）」であったが、具体的な情報調査や、業務遂行、政策提案・執行などは、すべて廖承志の理念、考え方に沿って実行された。またその実行過程において、廖承志に次ぐ知日派代表格であった趙安博、王暁雲、孫平化、蕭向前と彼らによって育成された知日派対日業務担当者の存在も無視することはできない。

　中国の対日政策における先行研究のほとんどは、毛沢東、周恩来の外交思想や政策に関するものであり、中国の対日業務担当者を焦点にした研究はきわめて少なかった。廖承志および国交正常化までの中国の対日外交に関する研究として、

クルト・ウェルナー・ラドケ（Kurt Werner Radtke）の著作[1]が注目されてきた。ラドケは日中両国で公刊された新聞記事、雑誌論文、伝記、回想録など幅広い資料に基づき、廖承志と日本の関係を分析している。特に、建国後の中国の対日政策決定過程における廖の役割についての指摘など、今日の廖承志研究に対しても多くの示唆を与えた。しかし、研究の時期にも影響され、中国と日本政府の一次史料はほとんど使用していない。

中国では、廖承志の伝記[2]がラドケの研究以上に注目されている。しかしいずれも伝記調で、廖承志の生涯や日本との関係について書かれており、研究資料としての価値は高いものの、学術研究とは言い難い。そのほかには、貴州大学の陳国文による廖承志に関する一連の研究論文[3]が、廖承志と戦後中国の対日外交の関係についての分析を試みている。ただし、使用した資料はごく一部の伝記、回想録が中心であり、これまでの言説のまとめにとどまっている。

中国国内の戦後中国の対日政策と日中関係に関する本格的な研究では、中国共産党（以下：中共）中央文献研究室での研究経験を有する劉建平が 2010 年に出版した著書[4]の注目度が最も高い。この著作は、延安時代の中共において日本共産党の指導者の 1 人であった野坂参三の反戦運動を機に、日本や日本人民に対してある種の親近感が芽生え、それが中共の対日政策にも大きく影響したことを論じつつ、日中両国の資料を駆使して戦後の日中関係の「不正常」な歴史の過程および構造を分析した力作といえる。しかし、中国政府の対日外交の決定や実施過程については、同書でも解明されていない。

一方、戦後日中関係に関して日本側では、外交官や政治家個人の役割に注目した研究として、井上正也[5]や鹿雪瑩[6]の著書が多くの示唆を提示してきた。

近年、中国外交史、日本外交史などの面から日中関係に関する研究は多角的に行われ、一部の先行研究では、廖承志の役割に言及するようになったものの、戦後日中関係において、きわめて重要な役割を果たし、特に LT 貿易で 1960 年代以降、日本でも広く名が知れ渡ったにもかかわらず、一次史料を利用した廖承志に関する本格的な学術研究は皆無に等しい。

本章は、これまでの研究や伝記を活用しつつ、筆者の対日業務担当者に対するインタビューを利用して、廖承志と廖班の対日業務担当者の人物像を描き出し、さらに廖班の対日業務担当者の選抜、育成の方法を分析する。なお、本章と第 4 章で使用する筆者が行ったインタビュー記録について、本人が実名掲載に同意している場合、実名を用いたが、本人が実名掲載を拒否した場合、アルファベットで記している。

I　廖承志の革命人生

1　両親の影響と幼少期の日本経験

　廖承志の父、廖仲愷はサンフランシスコ生まれの広東華僑で、16 歳になって初めて祖国の土を踏んだ。そのため、英語の達者な米国通であった。母、何香凝は香港の裕福なお茶商人の娘として生まれ、画家としても名が高かった。1897 年に廖仲愷と結婚し、1902 年に夫と一緒に日本へ留学した。1903 年、日本滞在中の孫文と知己になり、孫文が 1905 年に設立した同盟会に夫婦共々参加した。その後 1924 年に孫文が死ぬまで、廖仲愷と何香凝は革命運動の積極的な支持者として、孫文の活動を各方面から支えた[7]。

　1908 年 9 月 25 日に東京の大久保で生まれた廖承志は、当然のことながら、両親の影響を強く受けることになる。1937 年、29 歳になった廖承志は「私は小さいころから父が愛国的な仕事をしていることを知っていた。しかしそれがどういう仕事であるかは分からなかった。ただ、父の友人の多くが殺害され、母は、父にもそうしたことが起こるのではないかとずっと心配していたので、危険なものであることは分かっていた。私は同盟会の日本での指導者をみんな知っているが、彼らの多くはもう故人となっている。父が孫逸仙（孫文の別名）の親友だったので、私は孫逸仙と何度も話をしたことがある。孫逸仙は体格が堂々としており、八の字髭を蓄え、初心変えることなしといった毅然とした革命家の気風をそなえていた」と、父の革命同志のことや愛国の仕事をしていた父の姿を回想した[8]。

　幼少年期はほとんど日本で過ごした廖承志は、11 歳になった 1919 年、両親と共に日本から上海に帰国した。しかしここで、廖承志は初めての難関に直面した。廖承志は 11 年間日本で生活していたため、日本語と両親の母語である広東語は十分理解できたものの、中国の標準語および上海語はいずれも分からなかった。そのため、学校には通えず、家で毎日、父廖仲愷から英語の特訓を受けながら、父の友人から数学を教わる日々が 2 年近くも続いた。13 歳の時、広東に帰ることとなり、学校生活に再び戻ることができ、広州培正中学に入学した。しかし、それもつかの間、1922 年 6 月、孫文の北伐に反対した陳炯明が反乱を起こし、廖仲愷も陳に逮捕されたため、何香凝は生命の危険にさらされた廖承志姉弟を香港に脱出させた。廖承志はまさに両親の革命活動に常に影響されながら、日本、香港、広東、上海などの地域を転々とする幼少期を送ったといえる[9]。

2　革命青年の奮闘

　1923 年、15 歳になった廖承志は、再び広州に戻り、嶺南大学付属中学に編入した。嶺南大学付属中学に在学中の 1924 年 8 月、孫文が国民党を改組した際、彼も国民党に入党した。中学では最初、勉学に励んでいたが、途中から、廖承志自身の回想にも、「私はきかんぼうで、学校で多くの問題を起こした」と記述するほどの革命青年へと変わった。学校の職員を組織してのストライキ、外国人教員の学校からの追放、「五・三〇事件」などの政治的な事件に呼応して、反英デモに参加し、反帝国主義運動を展開等々、革命運動へと積極的に参加していく[10]。

　廖承志が革命に目覚め、愛国運動に身を投じることを決めた直後、彼にとって青天霹靂の事件が発生した。1925 年 8 月 20 日、父、廖仲愷が国民党右派に暗殺されたのである。大きなショックを受けながらも、廖承志は嶺南大学の教職員ストライキを組織するなど、革命運動を継続する決意は変わらなかった[11]。

　1927 年、国民党右派が「四・一二」クーデターを起こし、国民党は反共の政党になった。すでに共産主義思想の影響を受けていた廖承志は憤慨し、自分の国民党党員証を破って、国民党を離党した[12]。この時、何香凝は息子の身を案じ、娘の廖夢醒に、廖承志の日本留学に同行するよう命じている。母親の気持ちを十分理解した廖承志はいわれた通り、日本へ行き、早稲田大学付属第一早稲田高等学院に入学した[13]。しかし、高校在学中、廖承志は勉学に励むこともなく、相変わらず革命運動に没頭していた。また、中共の東京特別支部が指導する「社会科学研究会」に参加し、マルクス・レーニン主義の研究をしていた[14]。中共の活動に関与したことで、廖承志は東京での 10 カ月の滞在期間中に 3 回逮捕され[15]、1928 年 1 月には「学費未納、長期欠席」のため高校を退学処分となり、同年 5 月に帰国した[16]。

　1928 年 7 月に上海に戻った廖承志は、反日大同盟上海分会で『反日新聞』の編集を担当し、8 月に中共に入党した[17]。その後の同年 11 月に中共の派遣で、ドイツへ赴き、1932 年初までドイツ、オランダなどのヨーロッパの国で中国人海員運動を指導し、ハンブルク国際海員・港湾労働者組合のクラブ支部委員ならびに書記を務め、『海員半月刊』を創刊した後、中華全国海員組合ヨーロッパ支部を創設した。収入の低い中国海員のストライキを繰り返し組織したことにより、オランダ警察に逮捕された後、オランダから国外退去となった[18]。その間の 1930 年 6 月には国際海員組合からモスクワに派遣され、プロフィンテルン第 5 回代表大会に出席し、モスクワ滞在中にソ連留学していた蔣介石の息子である蔣経国とも交流を持った。1931 年 9 月にハンブルクで中国人海員のストライキを組織し、

勝利をおさめたが、ドイツから国外追放処分を受け、アムステルダム、モスクワ経由で帰国することになった[19]。

3　紆余曲折の革命の道

1932 年初め、上海に戻った廖承志は中華全国総工会宣伝部長、全国海員工会の中央党団書記となり、引き続き労働運動を指導した。1933 年 3 月 28 日、王其良という中華全国総工会の裏切り者に密告され、上海公共租界の警察に拘束された後、上海市公安局に移送された[20]。その後、母、何香凝や孫文夫人の宋慶齢らの救援活動によって、4 月になってやっと釈放されたが、自宅軟禁の状態が続いた。上海での地下活動を継続できなくなった廖承志はソヴィエト地区へ行く決心をし、宋慶齢を通じて、その意思をコミンテルンに伝えた[21]。9 月になって、中共の秘密ルートを使って上海を離れ、必死の思いで四川省の巴州城の紅軍第四方面軍指揮部に辿りついた。張国燾と会った時、廖は海員工会や全国総工会での経験を述べたため、張によって工会宣伝部長を任された。また、四川・陝西ソヴィエト地区省委員会常務委員にも就任した。宣伝業務の一環であった新聞『斧頭』の編集業務を軍総政治部から高く評価され、翌 1934 年には紅軍第四方面軍総政治部秘書長に抜擢された。廖の中国語の文章力、編集能力、外国語力など多岐にわたる才能は紅軍第四方面軍の各方面に知られるようになったのである[22]。

しかし、そうした日々は長くは続かなかった。張国燾の「左翼日和見主義」に反対したため、26 歳の廖承志は自分の所属する軍隊に逮捕され、6 回目の牢獄生活を送ることになった。第 8 章「周恩来と廖承志——中国革命から中日友好へ」において、1936 年 10 月に周恩来の計らいで救われた経緯の詳細な説明があるため、ここではあまりふれないが、救出までの約 2 年間、廖承志は監視されながら、長征を続け、供給部の紙幣印刷関連業務や紅色中華通信社の放送部門の英語、日本語、フランス語、ドイツ語などの電報・通信の翻訳業務などを担当するという、紅軍のなかでも奇妙な囚人であった。廖承志が冤罪を着せられ、共産党籍を剥奪されてもなお、革命運動を懸命に続けたのは、共産主義革命に対する不変の信念があったためと見られる[23]。

自由の身となり、党籍を回復した廖承志は 1936 年 12 月、紅色中華通信社放送部門の責任者に任命された。ここで彼は外国通信社からの電報や通信の編集、翻訳を担当し、日夜を分かたず業務に励み、中共中央の外国情報の主要ルートの一つとしての役割を果たした。毛沢東も毎晩、廖承志からの外国情報を待ち望み、廖承志は中共中央の千里眼だと高く評価したといわれている[24]。

さらに 1937 年 4 月に、延安で中共中央の理論機関誌『解放』の刊行準備に加わり、機関誌委員会の秘書を務めた[25]。4 月 24 日『解放』第一期刊行以降、廖は国内外の時事問題に関する評論を継続的に執筆するようになる。日中が全面戦争へと向かおうとする情勢下、彼がこの時期に書いた評論のほぼすべてで日本の政治に触れていた[26]。日本の政局を常に観察していたからこそ、「(日本は) いかなる内閣が登場しても、その内閣が軍部から自由になることはできない。［中略］軍部は目下彼らが戦争準備をすすめている大陸政策に、いささかの譲歩、修正の余地もないことをその勢威によってはっきりと示した。この狂気じみた政策を実現するためには、軍部は手段を選ばないということである。大がかりな中国侵略政策、日・独・伊三国同盟を必死に維持しようとする政策、対英政策など、これら日本の政策はすべて変更される可能性はない」と日本の政策を分析し、中国への侵略拡大は避けられないことを指摘できたのである[27]。これらの分析は、廖承志の深い日本理解に基づくものといえよう。

　1937 年 9 月、第二次国共合作の成立後、廖承志の海外経験や、華僑のなかでの影響力などの条件が買われ、周恩来は毛沢東に廖承志を香港へ派遣し、八路軍香港辦事処を作り、海外の支援者や、海外華僑からの支援を集める業務を任せたいと提案した。この提案を受け毛沢東は、当時延安にいた廖承志と面会し、「(周) 恩来は人を選ぶのはうまく、適材適所なので、私は賛成した。これは中央の決定だ。廖君、統一戦線工作が非常に重要であり、政策性に対する要求も高い。あなたは国民党に多くの友人がいる。あなたはぜひとも左派をまとめ、中間派を引き寄せ、統一戦線を拡大し、抗日救国運動を推進して欲しい。まず南京へ行って、しばらく葉剣英同志と一緒に働き、業務に慣れてから香港に行って、支店を作るように」と、中央の決定を直接伝え、南京八路軍辦事処でしばらく業務を経験させた後、香港への赴任を命じた[28]。

　こうして南京へ出向いた廖承志は、その後戦局の影響で、八路軍南京辦事処とともに長沙、武漢などの地域を転々としたが、1938 年 1 月、広東経由で香港へ赴き、八路軍香港辦事処を設立、自ら主任となって、香港および海外における中共による抗日民族統一戦線の活動を指導し、八路軍と新四軍の後方物資調達、資金集めの任務にあたった[29]。同年 4 月、中共広東省委員会委員となり、宋慶齢の「保衛中国同盟」の活動にも協力し、国際反ファシズム統一戦線の活動を展開しはじめた[30]。1942 年 1 月まで、廖承志は香港と広東省における中共の抗日活動に力を尽くした[31]。1941 年後半、日本軍は香港および広東省近辺に集結し、香港攻撃に備えはじめたころ、イギリス当局が香港駐在八路軍辦事処に対して共

産党の指導する抗日遊撃隊との対日共同作戦問題について提案した後に、中共中央の同意の下に廖承志はイギリス側との交渉を担当したが、太平洋戦争の勃発により交渉は中止された[32]。日本軍の香港占領後、廖承志は香港に滞在していた愛国民主人士の撤退任務を完了させ、広東省へ移動した際、国民党に逮捕された[33]。この逮捕後の詳細や周恩来によって救出される過程についても、第8章胡論文で詳細に述べるので、ここでは経緯を省略するが、廖承志は1946年1月までの歳月を国民党の牢獄で過ごした[34]。

釈放された廖承志は中共代表として、周恩来を中心に進められていた国民党との交渉に参加した後、中共南方外事委員会副書記に就任、さらに同年9月には、中共中央宣伝部副部長と新華社社長に就任した。その後廖は長きにわたり、中共の対外宣伝、外事業務を担当するようになる。1949年10月1日の中華人民共和国建国直前までに、廖承志は中共の中央委員、新民主主義青年団中央副書記、中華全国民主青年聯合会総会主席、中国人民政治協商会議全国委員に選出されただけではなく、中国青年芸術劇院院長、中共中央広播事業管理処処長にも就任し、多岐にわたる業務を担当しはじめた[35]。

4 中国建国後、外事、華僑関連を中心に業務展開した廖承志

建国前から毛沢東、周恩来をはじめとする中共中央の熱い信頼を受けた廖承志は、幅広い業務を担当しはじめたが、中華人民共和国の建国直後、政務院（1954年以降、国務院に改組）華僑事務委員会（以下：僑委）副主任（主任は何香凝）、中国人民保衛世界和平委員会副主席、中共中央対外聯絡部（以下：中聯部）副部長などの職にも任命された。以後、外事、華僑の二つの業務は彼の死去まで廖承志の主担当業務になる[36]。特に、廖承志が中共中央から対日本業務担当を命じられた後（詳細は後述）、廖承志の外事業務の大半は日本関連が占めるようになった。建国後の廖承志はそれ以外にも、中共中央統一戦線工作部（以下：統戦部）副部長、北京新華広播電台台長、中華全国新聞工作者協会副会長、中ソ友好協会理事、中国アジア・アフリカ団結委員会副主席、外交協会理事、中華全国体育総会副主席など数多くの肩書きを持っていた[37]。実質的な業務を担当していたものもあったが、外事活動の便宜上、その都度団体の肩書きを付けていたため、すべての業務を通常担当していたわけではなかったようである。1958年から廖承志は国務院外事辦公室（以下：国務院外辦）で対日業務に携わるが、彼のそばで多くの業務に従事した周斌氏の回想によれば、当時廖承志の主な仕事は図1－1に示した通り、半分が日本関連業務、残りの半分は華僑などの業務であった[38]。

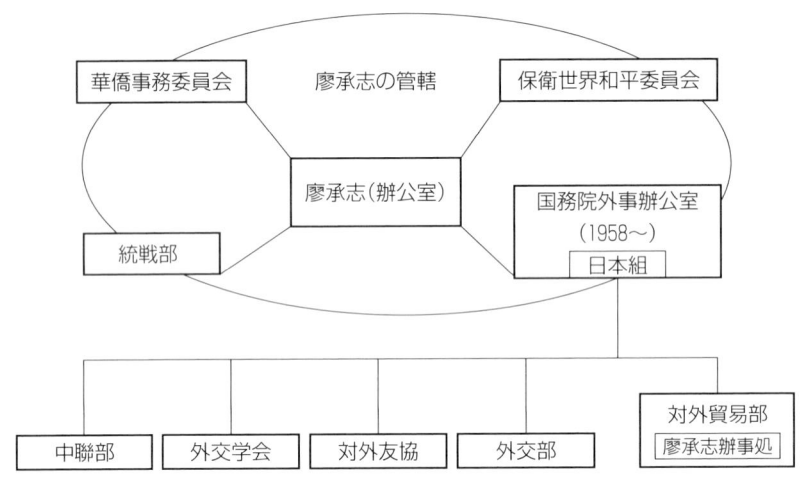

図1−1　廖承志（辦公室）と関連業務イメージ図（円内が廖承志の管轄）

　1952年4月、「日華平和条約」締結後に、中共中央は日本関連業務を廖承志に担当させる決定を下した。その決定を廖承志に伝えたのは、周恩来国務院総理であったことは間違いない。ただし、伝えた時期については、1952年春との説が有力ではあるものの、今なお断定できない[39]。本書では、第2章大澤論文による中国外交部档案の分析から、廖承志の中国政府の対日政策の実務担当者の地位が確定されたのは1952年から1953年春までの間と判断する。

　廖承志が中国政府の対日政策の実務統括者として起用されたのは、廖自身が日本生まれで日本での生活経験もあり、中共における知日派の第一人者であったのみならず、第8章で述べる通り、彼が16歳の時（1924年）に父、廖仲愷のつながりで周恩来と初めて会って以来、周恩来と廖承志の間に深い信頼関係が結ばれたことも影響している。特に、1927年から共産革命に参加して、国内外で7回逮捕されてもなお、共産党への忠誠心が変わらなかった廖承志の人格は、毛沢東を含む中共中央の指導者から絶大な信頼を得た。筆者のほかの論文ですでに明らかにしている通り、建国直後から廖承志は周恩来の日本関連業務の顧問役としての役割を果たしていた。周恩来は1949年から1958年まで外交部部長を兼任し、中国の対外業務をすべて取り仕切っていたが、対日業務担当に廖承志を指名したことは周恩来との関係から当然の結果ともいえる。また、周恩来と廖承志の信頼関係は廖承志の対日業務の実行に多くの便宜を与えた。中共中央の決定は周恩来が廖承志へ直接に指示し、具体的な実施方法についても、廖承志の報告を受け、

周恩来がその場で決定することも多かったのである[40]。この指名によって、廖承志は中国政府の対日業務のキーパーソン的存在として活躍するようになる。しかし、廖が周恩来の補佐役として多くの仕事を担当したにもかかわらず、1960年代までは昇進が遅かった理由として、儒教思想が強い中国では、同じ中国の高級幹部である母・何香凝より上にすることができなかったからだという分析もある[41]。

1952年から1972年までの中国政府の対日業務における廖承志の役割に関する分析は、本書の中心内容であり、本章のⅢ節および第2章～第5章にて詳細に分析されていることから、ここでは言及しない。廖承志が様々な業務に忙殺される状況は1967年まで続いたが[42]、文化大革命（以下：文革）の勃発で担当から外されることで幕を閉じた[43]。しかし、周恩来の計らいで1971年に軟禁生活から解放された廖承志は外交部顧問として、日中国交正常化交渉に参加した。1972年9月の日中国交正常化後、廖承志は中日友好協会会長、外交部顧問という立場から、日中民間交流活動に尽力し、外交部の対日外交を指導し続けた。鄧小平の訪日に随行しただけでなく、「中日友好の船」代表団団長としての訪日や大人数の日中人的交流の主催などを通じて、日本社会における中国ブームを引き起こした[44]。また、国務院僑務辦公室[45]主任として、華僑関連業務も文革前と同様に担当し続けた[46]。1973年8月、廖承志は再び中共の中央委員に選出され、中共の指導者としての地位が完全に回復した[47]。

1982年には、中共の中央政治局委員に選出された[48]。さらに、対台湾政策の重要性が一段と認識されたことから、中共中央は周恩来夫人の鄧穎超を対台湾業務の担当者に任命した際、国民党に多くの人脈を有する廖承志を彼女の補佐役に指名した[49]。同年7月24日付けの『人民日報』には、彼の「蔣経国への書簡」[50]が掲載され、国府の対中政策「接触せず、交渉せず、妥協せず」を批判すると同時に、幼少期やモスクワ時代での思い出を述べながら、蔣経国と直接面会し、台湾へ出向く準備があることを強調した[51]。

1983年6月、第六期全国人民代表大会第1回会議において主席団に選出され、同会議で国家副主席への就任が内定していた。しかし、中国の発展のためにさらなる重責を担う直前の1983年6月10日、心臓病のため北京で急逝した[52]。

廖承志は革命家庭で育ち、愛国運動、共産革命に心血を注いだ、堅い人物のイメージを持たれている。また、仕事の場や日常生活のなかの廖承志は、真摯かつ精緻に業務を遂行し、部下たちから「廖公」と呼ばれ、尊敬を集める一方、意外にも人間性豊かな面も持っていた。小さいころ、日本で育った廖は、母親の影響

もあり、絵や漫画を描くことが好きであった。苦しい時や仕事中に時々漫画を描いて、自分の気持ちを表現したりしていた。1983年に廖承志が亡くなった後、新華出版社から出版された記念写真集『廖承志的一生』には、国民党の牢獄内での生活を描いた漫画も掲載されている。それらの漫画では、蚊に刺され、粗末な食事を出されるなど、彼の監獄生活がユーモラスに表現されていた[53]。会議中に部下の似顔絵を描いたり、年賀の手紙に愛犬を描いた漫画を同封したり、廖承志はその茶目っ気のある性格ゆえに、「哈哈公（いつも楽しく、人を笑わせることが好きな人）」の愛称を付けられ、上司にも部下にも親しまれる存在であった[54]。廖承志の下で対日業務を担当した人たちへの本研究グループによるインタビュー調査においても、廖承志の性格に関する話題には事欠かなかった。例えば、廖承志の美食家であり、食いしん坊なところについて、補遺2の周斌氏へのインタビューでは、次のようなエピソードを紹介している。晩年は健康状態が優れず、妻から食事制限をされていたにもかかわらず、北京飯店には廖承志専用の隠し冷蔵庫があり、日本の友人からもらった刺身などを保存し、時々部下たちとそれをおいしく食べていた廖承志の姿が語られ、今なお当時の部下たちから親しみを持たれている様子が如実に示されている[55]。

II 実務統括者廖承志の見えざる日本観

　廖承志は建国前から新華社社長も務めた。社長職は中共のスポークスマン的な存在でもあった。中共の政策を宣伝する立場にあった彼は、各時期にいつも中共を取り巻く国内外環境や、主要敵の問題点を指摘する文章を起草し、さらにスピーチを行うなどしていた。そのため、廖承志自身の考え方は、公にされた彼の文章や言葉からは理解しにくい側面がある。例えば、「我々は日本の国家、民族、人民には限りない未来があると考えており、我々はこのように確信しているのである。毛主席も日本は偉大で勇敢な民族であるといつもいっているように、これこそが我々の対日観である」のように、時々毛沢東、周恩来の発言を引用して、毛・周の考えが自分の考えであるかのように説明している[56]。

　廖承志自身の考えではなく、その時々の中共の指導者によって決められた政策通りの言葉しか発言しない傾向は、日本関連業務に関する発言や文章に特に強く見られた。

　中国の建国前後の廖の発言には、中国を侵略した日本に対する痛烈な批判が散見される。例えば、戦時中の日本を「日本ファシズム強盗」[57]と呼んだり、建国

直前に中国の国家建設が困難に直面している理由の一つとして「中国は8年間、日本ファシズムの侵略戦争」[58]を受けたことを挙げたりしていた。特に、1950年4月16日に中華全国民主青年聯合総会主席として日本での中国戦争捕虜の虐殺に反対する談話に『東京華僑民報』が日本反動派が本州北部の花岡鉱山で捕虜となった中国軍兵士と中国労働者416人を虐殺した大惨事を暴露した。これは日本反動派が中国人民に対して行った無数の犯罪行為の一つにすぎない。中国人民と青年は長年彼ら（日本）より、政治、経済、文化、身体、精神などの面の損害を与えられ、数百万人の中華民族の優秀な男女が殺害された。中国人民と中国青年は日本帝国主義によって民衆が殺された罪行を絶対忘れない。そのうえ、中国人民を殺害した犯人を厳罰に処することを要求しなければいけない。これらの罪深い日本反動派ファシズムの人殺しは1945年日本投降後に逮捕されたが、ポツダム宣言に従い、死刑に処すべきであった」と発言するなど、中国を侵略した日本に対する批判的な態度は、一目瞭然であった[59]。

しかし、朝鮮戦争勃発後、中国の主要敵は「米帝国主義」に決められ[60]、廖承志の発言には日本の侵略に対する批判が弱まり、「中国人民と青年は断固として米国が日本を武装することに反対し、米国による日本への継続占領に反対し、また非合法的な対日講和に反対する」[61]という発言の通り、米国による日本占領、日本の再軍備への批判と変わり、批判の中心は米国へと移った[62]。しかし、それでも1952年に中国政府の対日民間外交政策が決定されるまでには、廖承志が書いた文章や行った講演のなかに、日本に対する親近感を示す言葉は筆者が所見している限り、一切なかった。

しかし、中国政府の対日業務を担当するようになった廖承志は、1953年2月18日に中国紅十字会代表団首席代表として中国残留日本人の引揚交渉の初めての会合で日本側に対して、「日本軍国主義政府の過去8年の中国侵略戦争は、わが国の人民に対し、忘れることのできない災害をもたらし、さらに、その結果は日本人民に対し、いまだに抜け出すことのできない多くの苦難をもたらしています。[中略] 我々は、中日両国人民は平和を愛し、相互の友好を願っていると信じています。我々は日本人民が今日置かれている境遇および独立、民主、平和をかちとるために奮闘している努力に共感をおぼえています。日本人民のこのような努力は、多くの事実が示している通りです。したがって、我々は平和を愛好するすべての日本人民を自分たちの友人とみなし、彼らを吉田政府とは分けて考えています」と発言し、軍国主義下の日本による対中侵略を批判しながらも、同時に日本人民の被害も強調し、日本人民に中日友好の重要性を訴えかけた[63]。

しかし、同交渉の後、1953年2月24日に廖は毛沢東への報告書に次のように書き、吉田茂政府に対する警戒感をあらわにしていた。「報告によれば、吉田は今回、先に退き後で攻める陰謀をめぐらし、第一歩は日本側代表団に中国訪問は『帰国を希望する在留日本人をいかに日本へ戻すか』を交渉するだけとし、在留日本人の数を尋ねないようにと告げた。第二歩は、中国にいる在留日本人は実際には6万人おり、今回の帰国は2万人あまりにすぎず、残りは中国に拘留されていると宣伝し、吉田政府はこれを理由に日本代表団は『無能』で『うまく交渉しなかった』と攻撃しようとしたのである。米日反動派は在留日本人の帰国交渉を破壊しようとし、有田八郎が指導する反動団体は現在デマを飛ばし、日本側代表団を失敗させようと企てている。つぎに、アメリカ軍は吉田政府に、帰国する在留日本人から情報を収集するよう意を授けた。別の東京の放送によれば、在留日本人の帰国を迎える船舶の航行はアメリカ・蔣・李集団の了解を取りつけなければならないという。米日反動派はこの問題で新しい手口を使う可能性がありそうである」[64]。それは日中人民との友好を強調しながらも、日米連携による反共姿勢に対して常に注意を払っていたともいえる。

　廖承志は中国の対日業務の統括者として、日本人民との友好をいつも強調していたが[65]、国内向けの講話で、日中戦争中に日本で殺害された中国軍捕虜や労働者の遺骨を迎える大会で「今日、我々はここで抗日戦争期間中に、日本軍国主義分子に残酷な方法で殺害された抗日烈士の遺骨を迎え、我々の心のなかは、限りない悲痛と憤怒の念でいっぱいである。これらの抗日烈士は中国民族の優秀な男女である。彼らは中国民族の解放のため、正義と平和のために、勇敢に日本軍国主義者の野蛮な侵略に反抗した。不幸なことに、彼らの一部は戦争中に日本帝国主義の軍隊に捕虜として捕えられ、無理やり労働者にされた。彼らは日本軍国主義分子に残忍非道の苛めを受けたうえ、殺害された。すべての中国人民はこの血の債務を永遠に忘れてはならず、みんな軍国主義者の血腥い罪行を忘れることがないであろう」と話し、戦争終了後まだまもない時期の廖承志は依然として日本の侵略行為に対する怨恨の念があったことは否定できないであろう[66]。こうした発言は、ほかの国内向けの講話にも見られた[67]。しかし、そういった思いを抱きながら、廖承志は対日業務の現場で、日本人向けの発言では、1983年に亡くなるまで、一貫して毛沢東の「二分論」[68]を堅持し、日中友好を訴えていた[69]。

　特に米国の対中封じ込め政策によって、日中国交正常化がなかなか実現できない状態が継続するなか、1960年6月9日の廖の以下の日本に関する発言のように、日中両国の人民が団結しての米帝国主義への抵抗がさらに強調されるように

なった[70]。

　15年前、米国は日本の広島と長崎で原子爆弾を投下し、日本人民に空前の災難をもたらした。日本人民は米国の核実験の災害を最も多く受けた。戦後15年来、日本人民は一貫して核兵器の使用に反対する最前線に立ち、うまずたゆまず米国の軍事基地に反対し、日本の軍国主義の復活と核兵器による日本の再武装に反対し、米国による沖縄占領に反対し、米日反動派による新たな戦争を起こす陰謀に反対し、日本の独立、民主、平和と中立のために勇敢な闘争を行ってきた。2年来、勇敢な日本人民は、日米軍事同盟条約に反対し、米帝国主義およびその代理人に反対する全国民的な闘争を展開してきた。日本人民は闘争のなかで少しずつ強固な反米愛国統一戦線を締結した。［中略］日本人民の強大な闘争と圧力の下、米帝国主義のトップであるアイゼンハワーは日本への訪問をキャンセルせざるを得なくなり、また米帝国主義の日本での忠実な代理人である岸信介も総理を辞職せざるを得なくなった。日本人民の闘争の勝利は、米帝国主義の極東における侵略計画と戦争戦略を狂わせただけではなく、アジア、アフリカ、ラテンアメリカと全世界各国人民の反帝国主義と反植民主義の闘争を勇気づけ、アジアと世界の平和を守るための事業に大きな貢献をした[71]。

　しかし、1960年代に中ソ対立が表面化するようになってから、廖の言葉のなかに日本人民の闘争成果に対する評価や反米、反日本政府の主張以外に、ソ連修正主義への反対が加えられるようになった。その述べ方は、1970年代の日中国交正常化後までも変わりがなかった[72]。1972年の日中国交正常化以降は、日本政府批判の言葉は廖承志の講話内容からほとんど消え、その代わり、日本の政界、経済界、民間団体などの各分野の関係者の対中友好活動を常に高く評価しながら、日中友好の重要性を強調するようになった[73]。

　以上のように、廖承志は日本向けに発言する時には、基本的に個人的な考えを含めずに、常に当時の中国政府が定めた政策通りの対日観しか語らなかった。日本以外の業務（華僑、世界平和運動など）における発言の際にも、基本的に発言はその業務中心になっており、日本について触れている発言は、現在の史料では、ほとんど出てこない。そこから、彼が社会主義中国の政府官僚としていつも発言に慎重であったことがうかがえる。特に廖は長征や文革時に自分の軍隊に拘束された経験を持ち、また数々の中共内部の粛清を経験していたため、自らの発言に対して慎重を極めたものと理解できよう。個人崇拝が強調された1960年代から1970年代までは、毛沢東の考え以外、自分の考えについて述べることが困難な国内環境にあったことも指摘できるであろう。

廖承志が対外的に自分自身の対日観を述べなかった、もう一つの理由として、周恩来の外交方針が挙げられる。周恩来死後、廖承志の周に対する回想文には、「我々外事業務に従事する人は、周総理とともに、出国訪問する機会が多かった。総理は対外的なイメージを非常に重視していた。時々ある問題について質問を出して、我々をテストした。我々の回答に少しでも不正確な点があると、総理はすぐに『その話の出典はどこからか。どんな根拠があるのか』と聞いた。もし、その回答は我々がその場で考えたものだと聞いたら、彼は必ず我々を叱り、我々に政策の代わりに感想を述べることはできないことを教育してくれた」と書かれている74)。つまり、周恩来は常に外事業務従事者に対して、発言する際に自分の感想ではなく、国の政策を正しく述べるように教育していた。

　日中国交正常化交渉時に中国外交部長を務めた姫鵬飛は「建国初期から、周総理は中日関係の改善のために尽力し、長年動揺せずに継続し、精緻な対日業務を大量に行った結果、中日関係を発展させた。[中略] 周総理は中日関係に関連する問題を処理する時に、一般的にほとんど廖承志同志に補助してもらった」と回想している75)。つまり、周恩来の補佐役として優れたナンバーツーであったため、廖承志は自らの意見を対外的に発表せず、毛沢東、周恩来だけに助言し、それが毛・周の政策となっていくという状況であった。1970年代までの中国の対日政策においては、毛沢東の下に周恩来、周恩来の下に廖承志という状態で、廖は毛と周に最終的には従うしかなかった。本書の第2章から第5章で分析した通り、当時の廖ができたことは、毛と周の判断に影響を与えうる情報の提供に限られたであろう。1970年代までの廖承志は、冷静に情報分析をして、自分の思想を持たずに、実行していく実務者の立場に徹したともいえる。そういう意味で、指導者の外国観を研究するのは簡単であるが、中国の官僚個人の外国観を追究するのは、困難を伴うだろう。その状況は、むしろ一党支配の中国ではまれな現象ではない。そうした意味で、現在の政治体制の下での中共最高指導者以外の実務担当者（官僚）の限界だともいえよう。

　ただ同時に実務の面においては、廖承志が知日派の特徴を利用して、部下に対して詳細に指示していた傾向が見られる。例えば『人民中国』日本語版の編集方針やレイアウトの仕方、文章の書き方などについても部下は廖承志から詳細な指導を受けることもたびたびあった。廖はそういう努力を重ねて、日本の購読者の興味を引き寄せようとした76)。

　対外的に常に中国政府の政策通り発言していた廖承志であるが、内心日本に対する考えはどうであったのか。特に、廖承志は日本に生まれ育ち、小学校と高校

の教育も日本で受けていたため、そういった過去の記憶に対して、廖はどのように述べたのであろうか。廖承志はそうした個人的な経験を文章にすることが非常にまれであった。現有の史料を使っても、廖の幼少期の日本の印象についてさえ、時期によって大きな差が見られる。

　1937年の盧溝橋事件前の回想では、以下のように廖承志は小学校での差別経験と友人への思いが入り混じった複雑な心情を吐露しているが、重点は中国人であるがゆえに学校で受けたいじめであった。

　　私は1908年に東京で生まれ、11年間日本で暮らした。一家は私が生まれてほどなく一度中国にもどったことがあるが、半年いただけで、また日本に亡命しなければならなくなった。のちに、私は東京のカトリック教会の学校に入った。1クラス30名の生徒のうち、中国人は私1人だった。祖父は敬虔なカトリック教徒だったが、父は宗教を信じていなかった。学校ではキリスト教の博愛精神などまるで教えなかったし、私は日本人教師を恨むことをおぼえた。その教師はキリスト教を信じていながら、私をばかにし、私たち中国人を劣等民族と見下して、教室で私が答えられないと、「支那の豚の子なんか、何にもわからなくてあたりまえだ」といった。私は怒って、何といわれようが二度と答えようとはしなかった。すると、彼は決まってこう怒鳴った。「支那人が豚みたいにバカだってことはとっくに承知だが、日本人は違うんだ」。私はまた、人間としての尊厳を守るために時々日本人生徒と殴り合いをした。しかし、日本人生徒の多くは、私と仲良くしてくれたし、親友も何人かいた。そのうちの1人とは特に馬が合い、私を侮辱した男子生徒が、その子にしたたかなぐられたこともあった[77]。

　さらに1969年の文革中、中共中央宛に書いた資料では、1924年日本の警察に逮捕された時の状況について「日本の警察は私と姉を隔離し、姉には集中的に訊問を行い、私にたいしてもびんたをくらわせたり、けとばしたりするなどの暴行を加えた。日本の奴らは『お前と姉は共産党員だろう』『どんな奴と連絡をとっていたんだ』『なぜ日本にきたんだ』などと訊問した」と書いて、「日本の奴ら」という言葉を使って、日本の警察への嫌悪を表現している[78]。
　以上の文章から廖承志は日本での幼少期の思い出ではほとんどよいものがなかったように思えるが、1982年になると大きな変化が見られるようになった。廖承志は、同年7月19日付けの雑誌『人民中国』に「私の童年」という文章を日本語で寄稿した。このなかで彼は幼少期の日本の思い出を再び語っているが、1937年、1969年と異なり、以下の記述に象徴されるように、日本への親近感が

満ち溢れた内容となっている。また初恋の相手も日本人であったことを吐露した。

　　私の生れた所はたしかに東京大久保と存じて居る。たしかにと云うのは、当時の私はオギャア、オギャアと泣きわめくだけであって、記憶は勿論ない。お袋が「お前の生まれた所は東京大久保だよ」と万遍なく繰り返して云うのだから、たしかに大久保だとは断言できると思う。1927年、私が青春時代に東京に落ち着いた時、当時の神田の中華第一楼のボス、伍瓊石先生は私の誕生地は大久保であると厳かに証言し、しかも私の乳母さんは気丈夫な、白い瓜実顔のお葉さんと云う、日本の女性であることも、厳粛な顔で証明して下すった。であるから、私は大久保で生れ、又日本の女性の乳で成長したのである。私の児童時代の血の半分は日本の女性の賜物である。だから、長ずるにおよんで、私は「親日派」のレッテルを貼られるのは、たしかに運命の定めかも知らないが、煙のたつ所は必ず火があるのと同様で、私は日本で生れ、しかも日本の女性の乳で成長したのは揺るぎない事実である。[中略]次に思い起こすのはお梅ちゃんである。お梅ちゃんのお父さんは私の家の隣りに住む人力車屋のオヤジさんで、お梅ちゃんは私の千駄谷時代の無二の親友であった。私とお梅ちゃんとは隣り同士であるし、又遊び友達であった。はじめてのガールフレンドとは大袈裟であろうが、確かに唯一の女の子の親友であった。今でも記憶に残るのは、お梅ちゃんの黒髪をすっかり上になで上げて、てっぺんに桃裂れのお髻をちょこんと結いたてた姿であった。黒いぽっちりとした二重瞼に、いつも口元に笑いを含んでいるお梅ちゃんは、食卓の前ではお姫様の様にお行儀よかった。お梅ちゃんは週に二三回私の家で晩飯を共にした。可愛しい時は肘で私を突つき、小さい口をすくめて忍び笑いをする。私達は二匹の幼な燕の如く、飛び転んでは、跳ね起き、跳ね疲れては色んな遊び事にはげんだ。そのクライマックスはお医者さんゴッコである。梅ちゃんは私より腕力が強かったので、何時も私の方が突き飛ばされて、古池の蛙の様にへたばった。帰国の旅は千駄谷のロマンスに幕を閉じた[79]。

以上の文章で日本での幼少期について懐かしく、楽しい思い出を綴った。1937年の回想文に書いた差別経験をまったく語ることがなかった。これは『人民中国』の日本語版に掲載するための文章であったから、このように変化したと解釈することもできる。また、1982年は改革・開放政策を実施した後の時期であると同時に、日中国交正常化が実現し、「日中平和友好条約」も締結、日本の対中ODAも実施され、日中関係が絶頂期を迎えた時期でもあった。日中関係の友好的な環境のなかで、廖承志が対日認識のよい面を述べることが可能な時期になったことも理由の一つであろう。さらに毛沢東と周恩来が亡くなり、党内序列の上がった

廖承志にとって、幼少期の記憶を含めて自由に対日観を語れる環境がある程度整ったことも、いま一つの理由だと思われる。

おそらく1937年と1969年の回想と1982年の回想のどちらも廖承志の記憶の一部であろう。しかし幼少期の記憶でさえ、日中関係や中国内政の影響を受けて述べなければいけないのは、本来なら活発な性格で、遊び心旺盛な廖承志にとっては、耐えがたい苦しみでもあったに違いない。それにもかかわらず、日中国交正常化のために力を尽くし、「日中平和友好条約」締結後に日本の対中協力をできるだけ多く得られるよう奔走し、戦後日本の経済発展を目にして、各分野の日本経験を中国に紹介しようとした80)。こうして苦悩しながら、中国政府の対日業務を担った廖承志の姿は、中国を愛し、中共を愛し、常に国家の利益を考えて行動し、発言したものだと筆者には映る。

Ⅲ 戦後中国の対日業務指導体制

本節では、廖承志と中国の対日業務に関して概説していくが、中国の対日業務において混同しやすい用語の説明も行う。

1952年「日華平和条約」締結後に対日業務担当を中共中央より指示されてから、廖承志は対日業務担当者の人員不足を解消するため、日本語が堪能な人材を全国から集め、対日業務担当者グループを作りはじめた。本章と第4章で筆者も指摘しているが、建国前より革命に参加していた日本留学経験者に加え、僑委副主任を兼任していた立場を活かし、帰国した留日学生・華僑も対日業務の現場で数多く起用した81)。廖承志によって集められた対日業務担当者は外交部だけではなく、対日民間外交を展開するために、対外貿易部や中国国際貿易促進委員会、中華全国総工会、中国共産主義青年団などのいわゆる民間部門の日本担当部署にも配属された。周恩来との信頼関係を背景に、中共中央と政府機関の各部門が連携したタスクフォース的な性質を持つ対日業務グループが形成された。筆者の調査によると、そのグループの形成は1958年までかかった。1958年3月に国務院外事辦公室（以下：国務院外辦）が設立された。国務院外辦の設立と同時に、その下に日本組（組長：楊正、後任組長：王暁雲）が設置されたことを契機として、図1－2に示した廖承志をトップとする国務院外辦日本組指導体制が構築され、1967年の廖承志失脚まで、中国の対日業務を統括していたことが判明した82)。

廖承志を中心とした中国の対日業務担当グループについて語る際、当事者はしばしば「日本組」という単語を口にする。ただし、その「日本組」は、中共中央

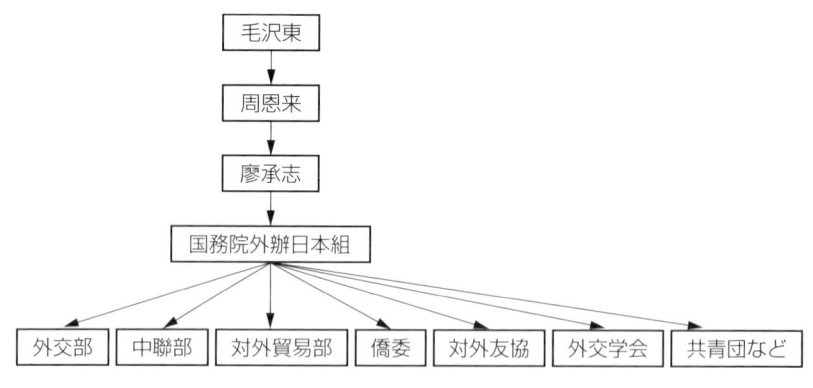

```
        毛沢東
          ↓
        周恩来
          ↓
        廖承志
          ↓
     国務院外辦日本組
   ↙  ↙  ↙  ↓  ↘  ↘  ↘
外交部 中聯部 対外貿易部 僑委 対外友協 外交学会 共青団など
```

図1-2　1958～1967年中国の対日業務指導体制

出所：呉学文『風雨陰晴──我所経歴的中日関係』北京：世界知識出版社、2002年、中国外交部亜洲司日本処元処長丁民氏へのインタビュー（2011年11月23日、北京）に基づき、筆者によって作成した。

国際活動指導委員会内の日本組、対日工作委員会、国務院外事辦公室日本組の三つの組織のいずれかを指し、時期によってどの組織を指すのかは異なる[83]。しかも、1958年以降、日本組に加え、「小日本組」と「大日本組」という二つの呼称も使われるようになった。この「小日本組」と「大日本組」に関しては、当事者によって定義が違っているため、本書では、丁民氏[84]の証言に基づき、次のように定義した。「大日本組」は、国務院外辦日本組が不定期で招集する会議の参加者を指す。呉学文の回想によると、この会議の参加者は以下に示した通りであるが、議論の内容によってメンバーは変動したようである。

大日本組の参加者
外交部：陳抗、丁民（時には韓念龍も出席）
中聯部：趙安博、荘濤（時には張香山も出席）
対外貿易部：李新農、呉曙東（時には雷任民も出席）
国務院華僑事務委員会：楊春松、李国仁
中国国際貿易促進会：謝筱廼（時には冀朝鼎も出席）
中国対外友好協会：林林、孫平化、金蘇城
中国人民外交学会：呉茂蓀、蕭向前
中国共産主義青年団：文遅
中国全国総工会：陳宇
人民日報：蕭光、裴達（時には国際部主任も出席）

中央広播事業局：張紀明、呉克泰（時には温済沢も出席）

新華社：丁拓、呉学文（時には鄧崗や李炳泉も出席）[85]

　つまり、「大日本組」は図1-2に示した中国の対日業務指導体制に組み込まれた各機関の日本関連部門のリーダー役である。この「大日本組」の会議は、毛沢東、周恩来などの指導者によって決められた日本関連政策の実施案、あるいは個別の日本関連業務に関する政策提案を議論するところであった。会議は国務院外辦日本組によって招集され、廖承志は司会役として、各参加者の意見を総合して、周恩来に提出する政策案や業務実施案を決定する。「大日本組」の会議での決定案は廖承志、もしくは国務院外辦日本組を通じて、周恩来に送付され、周恩来、毛沢東によって最終決定される。これが1958年以降の中国の対日業務の決定過程であった[86]。

　一方、「小日本組」は国務院外辦日本組専属の職員と定義する。「小日本組」は少人数ながら、「大日本組」によって決定された対日政策の案を政策文献としてまとめ、中共中央に提出すること、関連機関へ事務連絡を行うための組織でもあったことから、秘書処として重要な役割を果たした組織といえる[87]。

　以上の説明をまとめてみよう。これまで中国の対日政策指導体制はトップダウン型だといわれてきた。しかし、本書の分析を通じて、1958年国務院事辦日本組が設立されて以降、毛沢東、周恩来によって決められた政策方針の実行、あるいは日本の情報分析に基づき、日本関連業務に関する政策を提案し、それを実行したのは、図1-3で示した廖承志をトップとする中国の対日業務実行体制であったことが判明した。詳細な内容は第2章から第4章の分析をご参照いただきたい。「大日本組」は政策の提案、実行に関する議論を行い、その結果を「小日本組」によって政策文書にまとめ、毛沢東、周恩来に提出する。毛・周によって決定された最終案に基づき、実行案を「大日本組」で検討し、業務分担を決めてから、「大日本組」のメンバーによって各関連機関に伝えられると共に、各機関に属した対日業務担当者を含む廖班によって実行されるという仕組みである。

　廖班の対日業務について検討する場合、「廖承志辦公室」と「廖承志辦事処」という二つの単語を混同する事例が時々見受けられるので、ここで簡単に説明したい。

　建国初期において、外事、華僑業務以外に、統戦部、新華社などの業務も担当していた廖承志は、常に一つの執務室にいるわけではなく、業務の必要に応じて、各部門を移動する状況であったため、連絡がとりにくかった。その点を問題視し

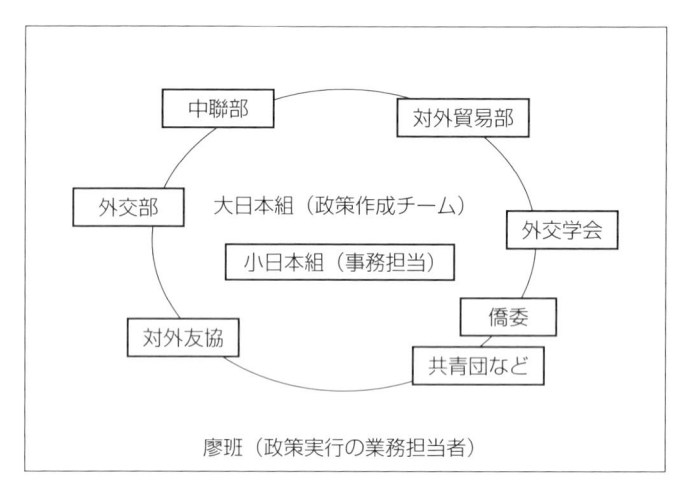

```
        ┌─────────────────────────────────────┐
        │        中聯部      対外貿易部        │
        │   外交部                             │
        │        大日本組（政策作成チーム）    │
        │                            外交学会  │
        │        小日本組（事務担当）          │
        │                         僑委         │
        │   対外友協                           │
        │                      共青団など      │
        └─────────────────────────────────────┘
              廖班（政策実行の業務担当者）
```

図1−3　廖承志をトップとする中国の対日業務実行体制の組織図

た周恩来は、廖承志辦公室（以下：廖辦）の創設を指示した。廖辦の設立時期については、現在公表されている資料のなかには示されていないが、1950年代初期と推測できる。廖辦の中心業務は、廖承志が担当するすべての業務の事務処理およびスケジュール管理、各業務機関との連絡であった[88]。日本関連業務の書類も、外交部をはじめ、各部門から廖辦に送付されることが多かったため、廖辦は対日業務指導機関と誤解されやすい。例えば、鉄竹偉の書いた『廖承志伝』にも混同した表現が載っている。廖辦の所在地についても、廖承志の自宅があった北京市王大人胡同という説と北京飯店の二説に分かれているが、外交部日本処長を務めた丁民は、日本関連文献を廖承志に見せる場合、廖の自宅に送り届けていたと証言したことから、廖辦の場所は北京飯店ではなく、廖の自宅もしくは自宅近辺にあったと考えられる[89]。

　他方、廖承志辦事処は、1962年11月9日に日中双方の担当者の名前で調印された「日中貿易に関する廖承志・高碕達之介の覚書」（以下：「LT貿易覚書」）によって創設された中国政府の貿易を中心とする対日業務担当機関である（第3章の山影論文と第5章杉浦論文で詳述）。廖承志辦事処は、外交部、対外貿易部の幹部によって構成され、日中貿易関連業務は、対外貿易部が担当し、貿易関連以外のすべての業務は、外交部亜洲司（アジア局）日本科[90]が担当した[91]。ただし、「LT貿易覚書」に由来するこの廖承志辦事処は、廖承志個人に関する業務は担当しておらず、廖辦とは性格の異なる別組織である。なお、1964年4月に、「廖・

高碕連絡事務所相互設置及びその代表の相互派遣に関するメモ」の調印を受けて、日本に「廖承志辦事処東京連絡事務処」、中国に「高碕事務所駐北京連絡事務所」が設置されたことで、日中両国の関係は民間交流の時代から半官半民の時代へと移行した。

Ⅳ　対日業務担当者の育成

　廖承志の対日業務の始まりは、第2章大澤論文と第3章山影論文の論述が示すように、中国残留日本人の帰国交渉および日中民間貿易協定の締結交渉であった。当時の中国政府が対外活動に従事する人材の採用ルールの一つと位置づけた「別にかまど（一家）を築く（另起炉灶）」は、「民間交流を以って、政府間関係を促進する（以民促官）」を目的とする対日業務の大きな阻害要因となった。日清戦争から日中戦争まで、多くの中国人が日本に留学し、知日派の人材へと成長した。さらに、旧満州や汪精衛政権などの日本傀儡政権も日本語が堪能な人材を数多く育成した。そのため、1950年代初頭の中国では、日本語を使える人材に困ることはなかったはずであった。ところが、「別にかまど（一家）を築く」とは、特別な理由がない限り、中国の外事担当者として、これまでの政府と関わりのある人員から選択せず、経歴上の問題がなく、中共への忠誠心を有し、外国語能力もある人材を新たに外事幹部、外交官として起用することを意味していた[92]。この原則によって、建国当初の中国の駐外国大使はほとんど解放軍の将軍から起用されるなど、政治的な信頼性を過度に重視した人事配置が行われた[93]。そのため、廖承志にとって、対日業務担当者の選抜と育成は、最初に頭を悩ませる問題となった。特に、上記の二つの交渉のために日本語のできる人員の確保が急務であったため、廖は建国前から中共の日本関連業務に従事していた中共幹部からまず起用した[94]。

1　廖承志の四大金剛

　廖承志が最初に起用し、彼の下で知日派対日業務担当者として育成された人材のなかで最も有名なのは、廖承志の四大金剛と呼ばれた、趙安博、王暁雲、孫平化、蕭向前である[95]。そこで、四大金剛の経歴について見てみよう。

　趙安博は1914年に生まれ、上海で育ち、上海同済大学付属高等部に入学できたものの、満州事変後の抗日運動に参加したことで退学させられてしまい、父親の指示により1934年秋に日本へ留学した。その来日から半年も経たずに一高（現

在の東京大学教養学部）に合格するほど、秀才でもあった。日中戦争勃発後の1937年7月25日に上海へ帰国、その後中共宣伝部長の陸定一と面会し、中共の抗日活動への参加意思を伝えたところ、日本語ができるということで歓迎され、すぐに山東省にある王震が率いる八路軍120師団359旅団に入隊した。1938年以降八路軍に捕えられた日本人捕虜の尋問や教育などの業務を担当しはじめ、1940年11月には、延安八路軍総政治部主任の王稼祥に呼ばれて、延安に行った。延安では、野坂参三の通訳担当となり、1941年5月の延安日本工農学校の開校に際しては、野坂が校長、趙が副校長に就任し、日本人捕虜の教育を手がけた。1943年4月に副校長職から中共中央軍事委員会総政治部敵軍工作部（以下：敵工部）に異動となり、日本軍人向けの反戦ビラの作成などの対日本軍工作に従事した。日本敗戦後、趙は東北地域の斉斉哈爾（チチハル）市に赴き、残留日本人の送還業務を担当するようになり、多くの日本人の帰国の手助けをしたようである。1949年7月には、東北人民政府の日本人管理委員会副主任となり、また瀋陽で東北人民政府外事局外事処副処長も担当した。建国後、趙は中聯部部長の王稼祥に呼ばれて、日本を対象とする宣伝活動や日本人の代表団の接待や、中国残留日本人の送還などの業務を北京で担当していた[96]。日本人訪問団が来訪した際には、毛沢東、朱徳、劉少奇の通訳を担当したこともあった。廖承志の下で対日業務の実務を最も担当したのは、自分であったと趙は回想している。1963年10月4日に中日友好協会が設立された時には、秘書長に就任した。日中国交正常化後も、中日友好協会の副会長を務め、日中友好運動を推進し、1984年に趙安博は70歳で中国中日関係史学会副会長に就任し、晩年も日中関係研究に力を尽くしたが、1999年12月23日に北京の病院で逝去した[97]。

　王暁雲は1920年に生まれ、1937年に延安へ行き、共産革命に参加し、1938年4月に中共に入党した。1941年に延安軍政学院での勉強を終えてから、延安の敵工部の幹事となった。第2章の大澤論文で述べられるように、中共の日本人捕虜業務を主に管轄したのが敵工部であり、建国後も廖承志の下で中国の対日業務を担当した趙安博、李初梨、荘濤なども同じころ敵工部に所属していた。これをきっかけに、王暁雲は中共の対日業務に参加するようになり、延安を離れてからも、中共太行軍区敵工部幹事、副科長、科長といったポストで、日本関連業務に従事した。

　いわゆる延安組の対日業務担当者として、王暁雲は党からの信頼も厚かった。1958年3月に国務院外辦日本組が設立された当初の組長は日本留学経験を持つ楊正であったが、楊の後任として組長に就任したのが王であった。廖班関連事務

のまとめ役を務め、班における秘書室長的な役割を果たした。1963年10月4日に中日友好協会が設立された際には、副秘書長に就任した。1971年3月、王暁雲は副団長として中国卓球団を率いて訪日し、いわゆる「ピンポン外交」を展開し、訪日中、自民党幹事長の大平正芳を訪問、病床にいた松村謙三への見舞いなど、幅広く日本の政界、経済界の人々と交流し、日本で中国ブームを引き起こしたといわれている。日中国交正常化前から外交部亜洲司の副司長として日中国交正常化に関わっただけではなく、その後の「日中海運協定」と「日中平和友好条約」締結交渉にも参加した。国交正常化後は中国駐日本公使に就任し、1983年6月2日に東京での在任中に急死するまで、中国の対日外交の最前線で活躍した[98]。

　孫平化は1917年営口市で生まれ、1936年奉天省第二工科高級中学（高校）を卒業後、旧満州国政府経済部職員として3年近く務めた後、留日学生資格試験に合格し、1939年1月に日本へ留学した。同年4月に東京工業大学付属予備部に進学したが、1940年に中共寄りの団体に加入し、日本で革命活動を行うようになる。東京工業大学在学中の1943年に帰国して、ハルビンで情報収集などの地下活動に参加した後、中共に入党した。1948年10月、中国人民解放軍が長春を占領し、長春特別市政府が設立された際、孫平化は長春特別市政府秘書科長となり、市長鄒大鵬の秘書を務めた。1949年5月、中共中央の直属機関（北京）に異動し、1952年に第一次日中民間貿易協定の交渉を機に、廖承志の助手として対日業務に携わるようになる。1963年10月4日に中日友好協会が成立した際、彼も副秘書長に就任した。1964年8月、廖承志辦事処東京連絡事務処の初代主席代表として、孫平化は日本に赴任する（廖承志辦事処東京連絡事務処における孫の情報収集などの活動については、第5章の杉浦論文を参照されたい）[99]。1967年4月、文革のため帰国した孫平化は、日本のスパイと疑われた廖承志の手先とみなされ、政治審査後、1968年に山東省の五・七幹校に下放され、5年間の日本とは無関係の労働に従事する日々を過ごしたという[100]。廖承志が中日友好協会会長に返り咲くと、孫平化も北京に呼び戻され、職場復帰した。1972年7月4日、上海バレエ団を率いて、日本を訪問した時、孫平化は大平正芳外相と面会し、日中国交正常化に向けた準備交渉を行い、田中角栄の訪中を歓迎する中国政府の意図を大平に伝えるなど、特使の役割も果たしている[101]。日中国交正常化後の1978年に中国人民政治協商会議全国委員会委員に当選、1979年中日友好協会副会長兼秘書長、1983年中国人民対外友好協会副会長に就任した。1986年から1997年8月15日の逝去まで中日友好協会会長を務めた[102]。

　蕭向前は1918年生まれで、幼いころから成績優秀で、1937年に瀋陽師範学校

を卒業後、満州国の公費留学生に合格し、日本へ留学した。留学中の 1941 年日本で中共の革命組織である「新知識研究会」に参加し、中共の指導下で、中国留学生の愛国運動を行った[103]。1942 年 10 月に東京文理科大学に在学中の蕭は中共の命令を受けて帰国、中国東北地域の瀋陽における中共の革命活動に身を投じた。1945 年の日中戦争終結後に入党、東北地域における中共の地下活動に従事、1948 年には平壌に赴任し、東北人民政府駐平壌辦事処科長を担当した。1950 年に帰国、1952 年には廖承志によって招集され、第一次日中民間貿易協定の日本側代表の来訪の接待などの業務を担当して以降、中国残留日本人の帰国や日中民間貿易など広範囲の対日業務に従事した。文革中の 1971 年、下放中の蕭向前は周恩来に呼び戻され、対日業務の現場に復帰した。日中国交正常化の機運が高まるなか、1972 年 7 月に中国中日備忘録貿易辦事処（1968 年に廖承志辦事処から改称）東京連絡事務処の主席代表として日本へ赴任し、東京で日中国交正常化のための連絡業務を担当し、孫平化と共に大平正芳外相に直接面会し、中国政府の意思を伝えるなど、日中国交正常化の実現のための準備工作を行った。日中国交正常化後、東京で中国大使館の設立に参加し、政務担当参事官を務めた後、1976 年 10 月に代理大使として中国駐日本大使館の業務を司るようになる。1978 年に帰国してからは、外交部亜洲司副司長、司長、中国駐バングラデシュ大使を歴任した。外交部を定年退職した後も、中日友好協会副会長などの職を担当し、2009 年 10 月 15 日北京の病院で逝去するまで日中関係に携わり続けた[104]。

　四大金剛のなかの趙安博、孫平化、蕭向前の 3 人は、戦前に日本留学の経験を持つ帰国留学生であり、3 人とも日本で共産主義思想に接触したことで、中共の抗日活動に共感を持っていた。そして、王暁雲も含む 4 人全員が日中戦争終了前から共産革命に参加した、中共でいう老革命である。中共の基準では、1949 年の建国前から共産革命に参加していた場合、政治審査は自動的に通過し、出身や経歴に問題があっても、外事業務に従事することができた[105]。

2　建国後に育成された対日業務担当者

　廖班の業務は、日本の情勢分析から日本代表団の接待、派遣、中央政府の対日政策の実行、対日宣伝まで多岐にわたっていた。これらの業務を実行するためには、日本の新聞・雑誌を読み、ラジオを聴き、日本の情報を毎日上層部に報告する人材、訪問団の接待役、通訳として日本語の会話能力が高く、日本人の好みを熟知した人材、中国政府の政策などの日本語への翻訳、日本語ラジオ放送での語りかけ、新聞、雑誌記事を日本語で執筆できるメディア人材など、日本語が堪能

な人材が大量に必要であった。建国初期から1950年代半ばにかけて、廖承志と廖の四大金剛を中心に、対日業務担当者の選抜と育成が進められた。場合によっては、「大日本組」の会議の参加メンバーによる人材の推薦も行われた[106]。対日業務担当者の具体的な起用ルートとしては、以下の3種類に整理できる。

① 廖承志など知日派が自分の知り合いの若手のなかから日本語に堪能な者を選出する方法である。例えば、廖承志の下で長年対日業務に従事し、廖承志の伝記や対日業務の回想録を数多く書いた呉学文は、廖承志の一言で対日業務担当者として半生をささげるようになったと書き残している[107]。廖承志は当時、僑委副主任委員を兼任していたことから、第4章の王論文でも触れているが、帰国日本華僑と接する機会も多く、帰国日本華僑から登用された対日業務担当者は多かったといわれている[108]。

② 帰国留日学生・華僑のなかから起用する方法である。1953年から1958年までの間、日本政府が中国残留日本人の帰国のために中国へ派遣した引揚船に乗って、中国人留日華僑・学生の中国大陸への集団帰国が実現した[109]。その時期に集団帰国を果たした留日学生・華僑のなかから、対日業務担当者への登用も行われた（具体的な選抜対象と方法については、第4章王論文を参照されたい）。

③ 建国後、中国の大学で日本語教育を受けた大学生から起用する方法である。1949年に中国が建国されてから、中国政府は教育改革を行い、新中国にふさわしい人材を教育しはじめたが、大学教育は4年かかるため、新中国が自前で育成した最初の大学生が卒業するまでの間、多くの帰国留日学生・華僑が外事幹部に登用された。それでもなお人材は不足し、日本語専攻の現役大学生のなかから優秀な人が選抜されることもあった。毛沢東と周恩来の日本語通訳として名高い王効賢は在学中、大学を訪問した孫平化に日本語能力を高く評価され、卒業を待たずに対日業務担当者者として選出されている[110]。

廖承志および四大金剛のうちの3人が、日本への留学経験者であったこともあり、建国初期に登用された対日業務担当者の多くは、日本からの帰国者で占められた。王効賢のように、中国国内の日本語学習者からの育成は、1950年代初期においてはまれであった。しかし、中国国内の日本語教育環境が整うにつれ、大学卒業生から選抜・育成された人材が増加していく。大学新卒者を対日業務担当者として育成する過程では、廖承志、趙安博をはじめとする対日業務の上層幹部に加え、日本から帰国して彼らより前に選抜された日本語通訳、接待業務に慣れ

ていた一般職員も担当した。例えば、建国後に育成され、外交部、中国日本友好協会の通訳として活躍、後に中国の外交部長を務めた唐家璇は、対日業務担当者である帰国留日華僑Eから教育を受け、育成されたようである[111]。1950年代後半以降、外交部などの一部の新人対日業務担当者の育成は北京大学東方語言文学系、北京外国語学院、外交学院にも依頼するようになり、外事人材育成の特別クラスが作られた[112]。

おわりに

　廖班の対日業務は、「日本人民の考えを理解し、1人でも多くの友人を作り、できるだけ敵を減らそう」という方針の下で行われた。中国国際広播電台日本語放送（北京放送）で長年勤務した李順然は廖承志の日本語放送業務に対する指示を、「友人が多ければ多いほどよく、敵が少なければ少ないほどよい。必ずこの点を牢記してください。［中略］あなたたち（国際広播電台日本語部の業務担当者）は日本の週刊誌を見ているでしょう。私（廖承志）は7種類をいつも読んでいるよ。1日1種類を読めば、1週間で7種類になるので、難しいことではない。日本の一般民衆は何を考え、何を求め、何を知りたいのかなどを把握せず、放送業務を行うのは、目的や根拠もなく行動することに等しい。そんな態度で作られた番組を誰も聴きたくない」というものであったと回想した[113]。

　廖承志を含めた廖班の対日業務担当者は、日本の政治、社会の情勢を常に把握し、日本人の気持ちを常に観察し、趣味や好みを調査し、日本への報道、日本からの訪問団の接待、日本への訪問時の日本人との会談など、あらゆる場で日本人の心を捉えるように努めた。特に、日本人の考え方を熟知していた帰国留日学生・華僑を起用することによって、中国の対日業務の現場では、日本人の心を捉え、日本側の期待にできるだけ応えようとする廖班方式がとられた。

　対日実務統括者としての廖承志は、対日業務の現場での部下に対する指導を通じて、自分の知日派の特徴を存分に発揮することができた。しかし、対外的な場では個人的な日本観をほとんど述べずに、毛沢東・周恩来を中心に中国政府の政策に常に依拠して言及しており、周恩来の外事業務の指示を遵守していたといえよう。

　廖承志の努力が実り、結果として日本の国内世論の対中親近感は高まり続け、日中国交正常化の機運は次第に盛り上がった。文革中にもかかわらず、日中国交正常化が実現できたのも、中国の対日民間外交によって醸成された日本の国内世

論に大きく影響されたためといわれている[114]。半面、日中国交正常化後、特に1983年廖承志の死後、知日派の対日業務担当者が日中政府間外交の現場から次第に退くようになると状況は暗転する。対日業務担当者の代表格の趙安博に対するインタビュー後、水谷尚子氏が自身の著作で命名した「非・現場派」の外交官が日中外交に携わる機会が増え、両国と両国民の狭間で苦労しながら、時に本気で喧嘩をし、双方によいと思われる妥協点を模索するような人物がことごとく隅に追いやられてしまったことは、日中国交正常化40周年である2012年に日中関係が国交正常化後の最悪な状態に陥った遠因の一つと思われる[115]。

戦後中国の対日業務方式は、他国との外交関係にはない特殊性を有するものであった。それがゆえに、1972年の日中国交正常化により、中国外交部と日本外務省の間で正式な外交交渉ルートができ上がって以降、廖班方式は日中関係の中心から徐々に外れていった。正式な国交を持つ国同士では、それは普通の現象といえる一方、対日業務が廖班から中国外交部へ移管する過程において、引き継ぎは適切に行われなかったと判断される。廖班に属していた対日業務専門家のうち、外交部へ異動したのはごく少数であった。対日業務専門家――その多くは、日本滞在が長く、知日派でもあった――の大半は元の所属機関へと戻ったが、その多くは日本業務から離れていってしまった。その結果、廖班による対日業務方式のノウハウや人脈を外交部は十分継承できなかったのである。今日の中国の対日外交におけるパイプ役の欠如や対日分析水準の低下は、こうしたところにも起因するものと思われる。そのため、本書における1972年の日中国交正常化までの中国の対日業務方式の解明は、現在の対日外交における問題点の指摘でもあり、日中関係の改善にも有意義な作業と考える。

1) Kurt Werner Radtke（1990）, *China's Relations with Japan, 1945-83: The Role of Liao Chengzhi*, New York: Manchester University Press.
2) 呉学文・王俊彦『廖承志与日本』北京：中共党史出版社、2007年。呉学文・王俊彦『一門忠烈　廖氏家族』（上、中、下）北京：中共党史出版社、2004年。李栄徳『廖承志』シンガポール：永昇書局、1992年。鉄竹偉『廖承志伝』北京：人民出版社、1998年。王俊彦『廖承志伝』北京：人民出版社、2006年など。
3) 陳国文「廖承志与中日民間外交」『中共貴州省委党校学報』総105期、2006年5月、65-66頁。陳国文「廖承志与中日友好事業統一戦線の建立」『貴州大学学報（社会科学版）』第24巻第5期、2006年9月、96-99頁。陳国文・鄧衛紅「廖承志与中日邦交正常化」『浙江伝媒学院学報』2006年第5期、69-71頁。陳国文・鄧衛紅「廖承志与日僑回帰」『貴州大学学報（社会科学版）』第26巻第5期、2008年9月、56-60頁など。

4) 劉建平『戦後中日関係："不正常"歴史的過程与結構』北京：社会科学文献出版社、2010 年。
5) 井上正也『日中国交正常化の政治史』名古屋大学出版会、2010 年。
6) 鹿雪瑩『古井喜実と中国——日中国交正常化への道』思文閣出版、2010 年。
7) 廖承志「我的母親和她的画——為何香凝中国画遺作展覧而作」『人民日報』1979 年 2 月 14 日。
8) 廖承志「教悔銘心頭　恩情重如山」『人民日報』1978 年 3 月 11 日。廖承志「青少年時代の思い出——一九三七年三月三十日」「廖承志文集」編輯辦公室編『廖承志文集』（上）徳間書店、1993 年、15-26 頁。
9) 「廖承志文集」編輯辦公室編『廖承志文集』（下）徳間書店、1993 年、565-568 頁。呉学文・王俊彦『一門忠烈　廖氏家族』（上）101-106 頁。
10) 廖承志「青少年時代の思い出——一九三七年三月三十日」15-26 頁。
11) 同上、15-26 頁。
12) 廖承志「私の獄中記——一九六九年六月二十一日」「廖承志文集」編輯辦公室編『廖承志文集』（下）15-45 頁。
13) 鉄竹偉『廖承志伝』52 頁。
14) 廖承志「私の獄中記——一九六九年六月二十一日」「廖承志文集」編輯辦公室編『廖承志文集』（下）15-45 頁。「廖承志文集」編輯辦公室編『廖承志文集』（下）569 頁。
15) 同上、15-45 頁。
16) 「廖承志文集」編輯辦公室編『廖承志文集』（下）569 頁。
17) 同上、569-570 頁。
18) 廖承志「私の獄中記——一九六九年六月二十一日」「廖承志文集」編輯辦公室編『廖承志文集』（下）15-45 頁。「廖承志同志生平」『人民日報』1983 年 6 月 17 日。
19) 盧学志『廖承志的一生』北京：新華出版社、1984 年、176-177 頁。「廖承志文集」編輯辦公室編『廖承志文集』（下）570-571 頁。
20) 廖承志「私の獄中記——一九六九年六月二十一日」15-45 頁。盧学志『廖承志的一生』177 頁。
21) 廖承志「宋慶齢同志の思い出——一九八二年五月二十九日」「廖承志文集」編輯辦公室編『廖承志文集』（下）320-324 頁。
22) 李栄徳『廖承志』54-87 頁。
23) 「廖承志文集」編輯辦公室編『廖承志文集』（下）571-572 頁。李栄徳『廖承志』79-110 頁。
24) 李栄徳『廖承志』126-127 頁。
25) 「廖承志文集」編輯辦公室編『廖承志文集』（下）徳間書店、1993 年、572 頁。
26) 廖承志「スペイン戦局の教訓」「廖承志文集」編輯辦公室編『廖承志文集』（下）27-31 頁。廖承志「日本の目下の政局」「廖承志文集」編輯辦公室編『廖承志文集』（上）32-34 頁。廖承志「領事裁判権撤廃について」「廖承志文集」編輯辦公室編『廖承志文集』（上）35-37 頁。廖承志「林内閣の崩壊と近衛の組閣」「廖承志文集」編輯辦公室編

『廖承志文集』（上）38-41頁など。
27）廖承志「日本の目下の政局」32-34頁。
28）李栄徳『廖承志』127-128頁。
29）廖承志「教訓は心頭に刻み、温情は山のごとく重し——一九七八年三月十一日」「廖承志文集」編輯辦公室編『廖承志文集』（下）118-132頁。
30）廖承志「保衛中国同盟の初創時期」『人民日報』1958年6月14日。
31）廖承志「瓊崖抗日遊撃闘争に関する一連の電報」「廖承志文集」編輯辦公室編『廖承志文集』（上）81-86頁。廖承志「東江工作団出発後の状況」「廖承志文集」編輯辦公室編『廖承志文集』（上）87-89頁。廖承志「東、西江武装部隊の状況」「廖承志文集」編輯辦公室編『廖承志文集』（上）90-91頁。「東江縦隊」『人民日報』2007年4月3日。
32）廖承志「極東イギリス軍との対日共同作戦交渉に関する中共中央あて電報」「廖承志文集」編輯辦公室編『廖承志文集』（上）141-147頁。
33）連貫「痛悼廖承志同志」『人民日報』1983年6月17日。「香港大営救」『人民日報』2007年4月5日。「東江抗日根拠地」『人民日報』2007年5月29日。
34）廖承志「私の獄中記——一九六九年六月二十一日」15-45頁。
35）「廖承志文集」編輯辦公室編『廖承志文集』（下）575-577頁。
36）同上、576-577頁。
37）鉄竹偉『廖承志伝』197頁。
38）外交部元職員周斌氏に対するインタビュー（2011年8月6日、上海）。
　　王雪萍「廖承志と中国の対日『民間』外交」劉傑・川島真編『対立と共存の歴史認識』東京大学出版会、2013年、361、389頁。
39）王俊彦「廖承志：重開中日交往之路」王俊彦『中日関係掘井人——記45位中日友好的先駆』北京：世界知識出版社、2010年、86-107頁。呉学文・王俊彦『廖承志与日本』127頁。
40）王雪萍「廖承志と中国の対日『民間』外交」。
41）Kurt Werner Radtke, *China's Relations with Japan, 1945-83: The Role of Liao Chengzhi*, pp. 92-96.
42）「中国国際貿易促進委員会西日本国際貿易促進会代表団簽署共同声明　毛沢東思想是戦勝帝修反的強大武器　文化大革命是最深刻的革命群衆運動　美帝蘇修日本反動派和日共修正主義分子是中日両国人民的敵人」『人民日報』1967年4月12日。「毛主席的紅色外交戦士従印尼回京」『人民日報』1967年5月1日。
43）文革中の廖承志の状況については、補遺1の丁民氏へのインタビューおよび第6章の井上論文を参照されたい。
44）「廖承志団長等拝訪日本各界人士　並拝訪旅日朝聯和東京華僑総会」『人民日報』1973年4月21日。「廖承志副委員長在長崎発表講話　勉励僑胞為祖国四化和台湾回帰祖国做貢献　"中日友好之船"訪日代表団離開長崎港回国」『人民日報』1979年6月6日。
45）1978年に国務院華僑事務委員会は国務院僑務辦公室へ改組。

46）「廖承志文集」編輯辦公室編『廖承志文集』（上）585-587頁。
47）廖承志が初めて中共の中央委員に選出されたのは1956年の中共の第8回全国大会であった。「中国共産党大事記・1973年」（人民数据庫――中国共産党文献信息所蔵）。
48）「廖承志文集」編輯辦公室編『廖承志文集』（上）587-588頁。
49）李栄徳『廖承志』394-395頁。
50）同書簡の内容は、廖承志と鄧小平が相談して決めたという。「憶小平同志関心対台工作二三事」（人民数据庫――中国共産党文献信息所蔵）。
51）廖承志「致蒋経国先生的信」『人民日報』1982年7月24日。
52）夏衍「哭承志同志」『人民日報』1983年6月15日。「廖承志文集」編輯辦公室編『廖承志文集』（上）587-588頁。
53）盧学志『廖承志的一生』32-33頁。
54）李順然「朋友越多越好――憶廖公」北京日本帰僑聯誼会編『日本帰僑華僑与中日友好――記念中日邦交正常化四十周年』北京：北京時代弄潮文化発展公司、2012年、80-85頁。
55）周斌氏に対するインタビュー（2011年8月6日、上海）。
56）「廖承志同志接見日本社会党政策審議会代表団談話記録」（1960年8月2日）中華人民共和国外交部档案館档案（105-01014-04）。廖承志「日本社会党政策審議会代表団との会見での談話――一九六〇年八月十一日」「廖承志文集」編輯辦公室編『廖承志文集』（上）521-525頁。
57）「全国民主青聯主席　廖承志的演説」『人民日報』1950年8月2日。
58）「慶祝世界青年第二届代表大会和国際青年節――中華全国民主青年聯合総会全国委員会主席廖承志播講」『人民日報』1949年9月5日。
59）「馮文彬廖承志謝邦定発表談話　痛斥美帝包庇日寇罪行　要求厳懲虐殺華俘凶犯」『人民日報』1950年4月16日。
60）王雪萍「中国の歴史教育と対外観（1949－2005）――『教学大綱』と歴史教科書を中心に」添谷芳秀編著『現代中国外交の六十年――変化と持続』慶應義塾大学出版会、2011年、51-69頁。
61）「全国青聯和青年団中央歓迎各国青年代表」『人民日報』1951年10月9日。
62）「我国各人民団体負責人撰写祝詞　記念"反対殖民制度闘争日"」『人民日報』1951年2月21日。「記念"反対殖民制度闘争日"　全国各城市青年挙行盛大集会　帰国華僑示威遊行反対美国武装日本　国際学聯亜洲学生療養院在京奠基」『人民日報』1951年2月23日。
63）廖承志「在留日本人の帰国への援助は中日人民の友好関係の増進のためである――一九五三年二月十八日」「廖承志文集」編輯辦公室編『廖承志文集』（上）300-304頁。「我紅十字会代表団与日本代表団　就協助日僑帰国問題挙行首次正式会談」『人民日報』1953年2月19日。
64）廖承志「在留日本人の帰国交渉状況に関する毛沢東への報告――一九五三年二月二十四日」「廖承志文集」編輯辦公室編『廖承志文集』（上）305-309頁。

65)「我紅十字会代表団与日本代表団　就協助日僑回国問題取得一致意見」『人民日報』1953年3月8日。「旅日僑胞熱烈歓迎中国紅十字会代表団」『人民日報』1954年11月5日。「中国紅十字会訪日代表団到名古屋参観　日本愛知県知事和名古屋市長設宴招待代表団」『人民日報』1954年11月7日。「日本婦女団体歓宴我国紅十字会代表団　廖承志出席日本社会名流主辦的"日中和平懇談会"」『人民日報』1954年11月12日。

66)「廖承志在迎接日本烈士遺骨儀式上的致詞」『人民日報』1953年7月8日。

67)「各界代表両千多人在天津隆重擧行大会　追悼我国犠牲在日本的抗日烈士」『人民日報』1953年7月9日。

68) 二分論とは、ごく一部の軍国主義者と広範な日本人民とを厳格に区別する方法である。日本の一般国民を戦争の被害者と定義し、中国の対日民間外交の対象とした。

69) 廖承志「在留日本人の帰国への援助は中日人民の友好関係の増進のためである——一九五三年二月十八日」「廖承志文集」編輯辦公室編『廖承志文集』(上) 300-304頁。廖承志「廖承志在迎接抗日烈士遺骨儀式上的致詞」『人民日報』1953年7月8日。「廖承志同志接見日本社会党政策審議会代表団談話記録」(1960年8月2日) 中華人民共和国外交部档案館档案 (105-01014-04)。廖承志「日本人民への新年の祝辞——一九六五年十二月九日」「廖承志文集」編輯辦公室編『廖承志文集』(上) 595-597頁。廖承志「中日人民の友好事業を新たな高峰にむけておしすすめよう」「廖承志文集」編輯辦公室編『廖承志文集』(上) 598-601頁。廖承志「中日友好関係を発展させるには『一つの中国、一つの台湾』政策に反対しなければならない——一九七二年九月十七日」「廖承志文集」編輯辦公室編『廖承志文集』(下) 51-57頁など。

70)「和大等五団体歓迎日本和平戦士安井郁」『人民日報』1959年2月15日。「熱烈支持日本人民争取独立、民主、和平和中立的正義鬪争　首都各界集会憤怒譴責日美軍事同盟」『人民日報』1960年1月24日。「中日人民団結起来，反対復活日本軍国主義，打倒美帝国主義！　首都百万人示威支持日本人民反美愛国鬪争」『人民日報』1960年5月10日。「主席廖承志的講話」『人民日報』1960年5月10日。「首都盛会歓迎日本和平人士安井郁　廖承志致歓迎詞　熱情地参揚日本人民反美愛国鬪争的輝煌成就　安井郁発表長篇講話強調加強中国人民団結争取和平鬪争新勝利」『人民日報』1961年1月5日。「加強中日人民反対美帝国主義的共同鬪争　首都盛会歓迎日共国会議員代表団　廖承志和志賀義雄一致強調粉砕"両個中国"的陰謀，反対復活日本軍国主義，恢復中日邦交」『人民日報』1961年6月20日。

71)「日本人民為和平事業作出巨大貢献」『人民日報』1960年8月6日。

72)「全世界人民加強団結和鬪争，全面徹底幹浄堅決禁止和消毀核武器！　首都集会慶祝広島世界大会的勝利」『人民日報』1963年8月25日。「陳毅副総理接見松村謙三及其随行人員　廖承志擧行宴会歓迎松村謙三」『人民日報』1966年5月14日。「遵循毛主席的教導，高高挙起中日友好的旗幟」『人民日報』1966年10月6日。「任何人也破壊不了中日人民的友誼　中日友協熱烈歓迎日中友協（正統）山口県友好代表団」『人民日報』1966年12月9日。「廖承志会長擧行宴会　熱烈歓迎日社会党"新潮流会"国会議員友好訪華団和日社会党日中友好国会議員訪華団」『人民日報』1975年5月4日。「北方四

島必将回到日本人民的懐抱——記日本促進帰還北方領土活動家訪華団」『人民日報』1976 年 5 月 17 日。「廖承志会長宴請日本社会党国会議員訪華団」『人民日報』1976 年 6 月 25 日。廖承志「飲水不忘掘井人」『人民日報』1978 年 8 月 28 日。「我国十一個人民群众団体挙行盛大招待会　熱烈慶祝中日和平友好条約簽訂」『人民日報』1978 年 9 月 2 日。

73）「廖承志団長等拝訪日本各界人士　並拝訪旅日朝聯和東京華僑総会」『人民日報』1973 年 4 月 21 日。「田中角栄首相会見廖承志団長日本新聞界朋友挙行茶会歓迎我代表団」『人民日報』1973 年 5 月 15 日。
74）廖承志「教悔銘心頭　恩情重如山」。
75）姫鵬飛「飲水不忘掘井人——回憶周総理対中日建交的貢献」『人民日報』1993 年 9 月 26 日。
76）廖承志「『人民中国』日本語版は真の総合月刊雑誌をめざして着実に発展させるべきである——一九六三年二月二十二日」「廖承志文集」編輯辦公室編『廖承志文集』（上）551-555 頁。
77）廖承志「青少年時代の思い出——一九三七年三月三十日」15-26 頁。
78）廖承志「私の獄中記——一九六九年六月二十一日」15-45 頁。
79）廖承志「私の童年」「廖承志文集」編輯辦公室編『廖承志文集』（下）329-343 頁。
80）廖承志「帰国華僑、華僑親族の知識分子を尊重し、配慮しよう」「廖承志文集」編輯辦公室編『廖承志文集』（下）361-370 頁。廖承志「日本訪問の成果」「廖承志文集」編輯辦公室編『廖承志文集』（下）230-233 頁。
81）鉄竹偉『廖承志伝』北京：人民出版社、1998 年、218-222 頁。
82）丁民氏に対する電話インタビュー（2012 年 12 月 23 日）。王雪萍「廖承志と中国の対日『民間』外交」。
83）王雪萍「廖承志と中国の対日『民間』外交」。
84）丁民氏に関する紹介とインタビュー内容は、補遺 1 を参照のこと。
85）呉学文『風雨陰晴——我所経歴的中日関係』北京：世界知識出版社、2002 年、56 頁。
86）同上、56 頁。丁民氏に対するインタビュー（2012 年 8 月 6 日、北京）。
87）丁民氏に対するインタビュー（2012 年 8 月 6 日、北京）。
88）鉄竹偉『廖承志伝』194-195 頁。
89）鉄竹偉『廖承志伝』194-195 頁、218-220 頁。丁民氏に対するインタビュー（2012 年 2 月 14 日、北京）。
90）1964 年に「日本処」へ改称。
91）丁民氏に対するインタビュー（2011 年 9 月 26 日、北京）。
92）郭偉偉『当代中国外交研究』北京：北京理工大学出版社、2011 年、190-211 頁。
93）中国社会科学院日本研究所元所長何方氏に対するインタビュー（2012 年 2 月 16 日、北京）。
94）王雪萍「廖承志と中国の対日『民間』外交」。
95）王俊彦「王暁雲：国務院外辦日本組負責人」王俊彦『中日関係掘井人——記 45 位中

日友好的先駆』183-190 頁。
96) 趙安博が中聯部に配属された時期については、王俊彦「趙安博：廖承志的得力助手」王俊彦『中日関係掘井人——記45位中日友好的先駆』168-177 頁によると、1950 年以前となっているが、水谷尚子「『反日』以前——中国対日工作者たちの回想』文藝春秋、2006 年、92 頁は、1951 年と記しており、どちらが正しいかは不明である。
97) 王俊彦「趙安博：廖承志的得力助手」168-177 頁。水谷尚子「趙安博回想録　対日工作現場の第一線にいた人物が語る日中関係史の一断面」水谷尚子『「反日」以前——中国対日工作者たちの回想』65-112 頁。
98) 王俊彦「王暁雲：国務院外辦日本組負責人」183-190 頁。斎藤秋男「廖承志・王暁雲両先生を悼む」『中国研究月報』424 号、1983 年 6 月、49 頁。鹿雪瑩『古井喜実と中国——日中国交正常化への道』200-201 頁。
99) 孫平化「痛悼岡崎嘉平太先生」『人民日報』1989 年 10 月 3 日。
100) 孫平化『我的履歴書』北京：世界知識出版社、1998 年、79-83 頁。
101) 「孫平化同志逝世」『人民日報』1997 年 8 月 20 日。
102) 孫平化（武吉次朗訳）『中日友好随想録——孫平化が記録する中日関係』（上、下）日本経済新聞出版社、2012 年。孫平化『中日友好随想録』北京：世界知識出版社、1986 年。孫平化『我的履歴書』世界知識出版社、1998 年。孫平化『中日友好随想録——孫平化が記録する中日関係』遼寧人民出版社、2009 年。王俊彦「孫平化：中日民間外交的開拓者」王俊彦『中日関係掘井人——記45位中日友好的先駆』191-200 頁。
103) 「蕭向前：我在日本当首席代表」『中国青年報』2005 年 9 月 2 日。
104) 王俊彦「蕭向前：対日工作的鋪路人」王俊彦『中日関係掘井人——記45位中日友好的先駆』201-211 頁。「蕭向前：我在日本当主席代表」『中国青年報』2005 年 9 月 2 日。
105) 留日学生 C に対するインタビュー（2007 年 11 月 24 日、北京）。
106) 呉学文・王俊彦『廖承志与日本』116-120 頁。留日学生 E に対するインタビュー（2009 年 2 月 18 日、北京）。留日学生 F に対するインタビュー（2010 年 8 月 8 日、北京）。
107) 呉学文『風雨陰晴——我所経歴的中日関係』17-21 頁。
108) 中国新聞社編『廖公在人間』香港：生活・読書・新知三聯書店香港分店、1983 年、258-259 頁。
109) 王雪萍「留日学生の選択——〈愛国〉と〈歴史〉」劉傑・川島真編『1945 年の歴史認識』東京大学出版会、2009 年、203-232 頁。
110) 芮敏「中日邦交正常化的見証人——王効賢」『対外大伝播』2003 年第 5 期、2003 年 5 月、20-23 頁。
111) 留日華僑 E に対するインタビュー（2007 年 11 月 24 日、北京）。
112) 中国外交部職員江培柱に対するインタビュー（2012 年 8 月 8 日、北京）。
113) 李順然「朋友越多越好——憶廖公」80-85 頁。
114) 森田一口述、服部龍二・昇亜美子・中島琢磨編『心の一燈——回想の大平正芳　その人と外交』第一法規出版、2010 年、105-106 頁。王雪萍「廖承志と中国の対日『民間』外交」。

115) 水谷尚子『「反日」以前——中国対日工作者たちの回想』110頁。

第2章
日本人引揚と廖承志
―― 廖班の形成・展開とその関与

大澤武司

はじめに

　戦後日中間の国交なき時代、廖承志が重要な役割を担ったとすることに異論はないだろう。本書を編む原点の問題関心も、建国初期中国の対日政策の策定や執行が、詳細に至るまで毛沢東や周恩来など、中国共産党（以下：中共）の最高領袖によってなされていたのだろうかという素朴な疑問に基づくものであった[1]。
　近年、急速に進む国家による情報公開の流れを背景として、中国でも様々な動きがある。「為人民服務」が徹底された上海市档案館を訪れればその動きの一端がうかがえるが、我々のような現代日中関係史を研究する者が最も歓迎すべきは、2004年以降、紆余曲折がありながらも中華人民共和国外交部が史料公開を進めていることだろう[2]。
　外交部档案（外交文書）は我々に現場の息遣いを伝えてくれる。国交なき日中関係の最前線にあった中国の対日政策機構の人々が、具体的な懸案を前にしていかなる情勢分析を行い、いかなる政策を起案したのか。そして、それを上長である幹部たち、さらには最高領袖である毛沢東や周恩来にいかに「請示報告」し、「批准」を得たのか[3]。完全ではないまでも、その内実が档案公開によって明らかになりつつある。
　本章は、これまでブラックボックスとされてきた建国初期中国の対日政策機構、すなわち「廖辦」（廖承志辦公室）[4]、あるいは廖班を中核とする対日政策の策定・決定・執行の現場の実態について、戦後中国からの日本人引揚問題[5]を事例としつつ、明らかにしようとするものである。
　広く知られるように、1958年3月以降、廖承志は国務院外事辦公室（以下：外

辦）副主任となり、この外辦の日本組[6]が国家機関として国交なき日中関係を管轄するに至った。いわゆる廖班[7]といえば、一般的にはこの外辦日本組とこれを支えた関係部門を含めた対日政策機構の総称だが、本章が綴るのは、外辦日本組成立以前の対日政策機構の組織的変遷と日本人引揚問題へのその関与の実態、いい換えれば、外辦日本組の制度化に至る物語である。

I 日本人管理・教育工作と廖班の源流

　新中国建国に先立ち根拠地や解放区などでの執政経験を持った中共は、国家間レベルではなかったが、豊富な対外経験を有した[8]。本章が扱う日本人引揚問題、すなわち日本人管理をめぐる諸問題との関連でいえば、日中戦争期、中共は延安での日本人捕虜に対する管理・教育を通じて初歩的な対日工作経験を蓄積した。

　戦時、日本人捕虜工作を管轄したのは中共中央革命軍事委員会総政治部であった。当時、その部長は後に中共中央対外聯絡部（以下：中聯部）部長となる王稼祥であり[9]、その実務を担った総政治部敵軍工作部（以下：敵工部）部長には京大でマルクス主義経済学者河上肇に師事した王学文、副部長には戦後旧満州地域で日本人管理を統括し、さらに建国後は廖承志と共に中聯部副部長を務める李初梨が据えられた。敵工部には付属機関として、敵軍、すなわち日本軍に関する専門研究を行う「日本問題研究室（一時は敵偽研究室）」が置かれていた。

　敵工部に連なる組織のなかでも、ソ連経由で延安に入った日本共産党の野坂参三を校長に据えた延安日本工農学校はまさに捕虜工作の現場であった。そこでは敵軍瓦解と階級連帯を目的とする捕虜優待政策に基づき「反戦兵士」が教育・養成され、同時にこれらの工作経験を通じて中共の「日本問題専門家」も鍛え上げられていった。1940年3月に野坂が延安に来た後[10]、翌1941年5月に同校が開学すると、建国後に廖承志の傍らで対日業務に八面六臂の活躍をする趙安博も李初梨と共に副校長に任じられた[11]。

　ちなみに、この延安組ともいえる敵工部の対日工作者のなかには、李初梨や趙安博のほかにも、後に『解放日報』などで知日派として活躍する野坂の秘書兼通訳を務めた荘濤[12]や外辦日本組組長を経て外交部亜洲司日本処長となり、後に駐日公使にのぼる王暁雲などもいた。その意味では、延安における対日工作者の布陣は事実上、建国初期中国の対日政策機構の原型といえるものであった。

　戦勝後、彼らの多くが向かった先は中国東北部であった。敵工部副部長の李初梨は野坂と共に延安を立ち、空路、東北入りしたとされる[13]。また、趙安博は

1945年11月7日に朱光(チチハル)(後に斉斉哈爾市党委員会書記や中共中央東北局城工部秘書長、長春市党委書記など)や王盛栄(後に斉斉哈爾市党委副書記ならびに同市党委書記など)らとともに延安を出発、陸路を経て翌年4月に斉斉哈爾へと到着した[14]。なお、延安で総政治部部長を務めた王稼祥もソ連での病気療養を経て哈爾濱(ハルビン)に入り、東北局城市工作部部長や宣伝部部長代理などを歴任し、中共の東北統治の強化に貢献した[15]。

東北局と第四野戦軍が東北攻略を進めるうえで直面した問題が、旧満州地域の日本人問題であった。敗戦時、同地域(満州国および関東州)には約155万の日本人居留民がいたが、ソ連軍侵攻と関東軍機構の崩壊は、満ソ国境付近の開拓団民のみならず、「在満」日本人社会を阿鼻叫喚させた[16]。

1946年5月以降、旧満州地域からの日本人引揚はソ連軍撤退と国府軍の東北進出に伴い国民政府支配地域である南満から実施されたが、もとより中共系の東北人民自治軍(後の東北民主聯軍・第四野戦軍)が存在し、また国府軍に先んじて中共軍も東北へ進出したことから、ソ連軍を継いで中共が旧満州地域をまず支配するに至った[17]。

日本軍の「受降(降伏受け入れ)」競争が激化し、国共両軍の衝突が頻発するなか、特に東北局や第四野戦軍が強い関心を抱いたのが、旧満州地域の日本人をいかに管理・利用するかという問題であった[18]。よく知られるように、医者や看護婦などの医療関係者や満鉄職員、さらには関東軍航空部隊関係者など、数多くの有用な日本人技術者たちが「留用」され、中共の軍や党機関、企業などで活用された[19]。

このような過程で活躍したのが、延安から入満した対日工作者たちであった。特に李初梨は東北局民族部長として日本人管理全般に責任を負い、延安で養成した「反戦兵士」たちを政治委員や民族幹部として配置し、日本人の政治・思想教育を展開した[20]。加えて、東北民主聯軍の遣送日人辦事処(日本人送還事務所)処長の李敏然(李立三)と連携しつつ、1946年8月以降、中共支配地域から24万余の日本人引揚を実現させた[21]。

また、日中戦争末期に敵工部付となっていた趙安博も戦後の旧満州地域で日本人管理業務に奮闘している。ソ連軍撤退直後の1946年4月に入満した趙は、斉斉哈爾市第六行政区党委員会書記を振り出しに、日本語新聞『民主新聞』発行を手がけるなど、日本人管理業務に従事し、1948年秋に東北行政委員会が日本人管理委員会[22](瀋陽市和平区民主路49号)を設立すると、1949年7月にはその副主任となり、後の吉林省省長となる栗又文主任兼秘書長の下で業務に従事し

第2章 日本人引揚と廖承志 51

た23)。

　なお、1949年秋の東北人民政府成立に伴い、同委員会は外事局管轄となったが、続く1950年4月には東北人民政府の批准を経て改組され、東北日本人管理委員会と名称を変更したうえで、いずれの政府機関にも属さない「諮問機関」的な存在となった24)。

　委員は趙安博（外事局）、張文豹（東北人民政府）、程明陞（工業部）、林澤生（工業部）、王鑑（公安部）、黄国山（軍区政治部）、張琳（鉄道部。東北特派員辦事処）、侯志（瀋陽市政府）ならびに陳克（哈爾濱市政府）の計9名に拡充され、委員会の下には組織科や宣教科、総務科などが置かれ、スタッフは総勢51名と定められた25)。なお、中国外交部档案に残る東北日本人管理委員会の報告書はその多くが趙安博の手によるものである。

　後述するが、中華人民共和国（以下：中国）成立後、趙安博は中央日僑事務委員会副主任に任ぜられるが、中共による日本人管理・教育工作の前史を踏まえるならば、まさにそれは必然の人選であった26)。

II　後期集団引揚の始動と廖班の形成

　中国成立後、これら対日工作を担う人材が中央に集結するのは、兄弟党関係業務を主管する中聯部の発足が契機であったと考えられる。初代駐ソ大使の王稼祥が北京に戻り、1951年1月に兄弟党関係業務を管轄する中聯部の部長に就任すると27)、「50年問題」をめぐる確執から北京亡命を敢行した日本共産党幹部の安斎庫治や徳田球一、さらには野坂参三らへの支援・接待業務を行わせるべく、瀋陽にいた趙安博を中聯部に調任（転配）した28)。

　もとより兄弟党関係業務は中共中央統一戦線工作部（以下：統戦部）の管轄であったが、その部長李維漢は業務の拡大を踏まえ、中央に「国際部」の設立を提案した29)。中央の指示に基づき王稼祥は統戦部「第三室」を基礎に中聯部を組織し、副部長には統戦部の知日派であった廖承志と李初梨、そして同部「第三室」主任の連貫を据えた30)。王稼祥こそソ連派の重鎮であったが、副部長の顔ぶれは強い日本シフトが敷かれていたことを匂わせる。

　日中戦争期や国共内戦期を通じて華僑工作や宣伝工作の経験を積んだ廖承志は、建国後、華僑事務委員会副主任（主任は母の何香凝）に就くと同時に31)、統戦部副部長を兼任し、さらに中華全国民主青年連合総会主席や中国人民保衛世界和平委員会副主席など、中共統戦の最前線を担う立場となった32)。中聯部の母体が

統戦部であったことを考えれば、同部きっての知日派廖承志が中聯部で李初梨と共に国交なき日本に対する工作を兼務することは必然でもあった。

もっとも、廖承志を主人公とする多くの伝記類は、対日業務におけるその役割を過度に強調するきらいがある[33]。もちろん、中聯部の筆頭副部長となった廖承志が対日業務に関与するに至ったのは事実だが、その始動期にはやはり周恩来が主たる役割を果たしていたと考えられる。

当然のことながら、建国当初より中国は対日講和を追求しており、その過程で国家としての対日外交を担ったのは外交部であった。例えば、朝鮮戦争勃発直前の1950年5月中旬、北京では外交部主催で約1週間にわたる「対日和約検討会」が開かれ、対日講和問題をめぐる国際情勢や領土問題、日本の非軍事化、天皇制存廃論議までをも含んだ日本の民主化、日中の経済関係、賠償問題などが議論された。

所用のため周恩来こそ欠席だったが、外交部副部長章漢夫をはじめ、同部外交政策委員会副主任（主任は周恩来）の喬冠華、亜洲司長代理陳家康や同司専員陳叔亮、東京裁判の中国代表判事で外交部顧問の梅汝璈、周恩来辦公室主任秘書の楊剛、知日派の荘濤、さらには国連代表団団長に内定していた張聞天（後に外交部副部長）などが出席し、対日講和条約の「草案の草案」を作るべく議論を重ねた[34]。だが、そこに廖承志の名はなかった。

また、廖承志辦公室発足の契機とされる1952年春の第一次日中民間貿易協定交渉だが[35]、これに対する廖承志の関与もいまだ限定的であったと思われる。もちろん、接待組長の孫平化（元中央社会部処長、後に中央調査部）が「1952年に、私が接待組長になった時から、廖公の指導の下で仕事をした」[36]と回想し、また蕭向前（元中央社会部科長、当時は統戦部、後に中央調査部）も「この年から、わたしは『廖辦』で働くよう命じられ」[37]たとしていることから、廖承志が対日業務に関与していたのは疑うべくもない。

ただ、実際の交渉には中国国際貿易促進委員会の南漢宸主席や雷任民副主席（貿易部副部長を兼任）、あるいは冀朝鼎秘書長が「出面機関」として臨み[38]、その裏方は周恩来辦公室の責任者周栄鑫と外交部亜洲司専員の謝爽秋らが直接指揮したとされ[39]、表面上はやはり廖承志の関与を確認することはできない[40]。

『廖承志文集』所収の年譜によれば、協定調印と前後して開催されたアジア・太平洋地域平和会議準備委員会に廖承志が出席したとあるが[41]、高良とみ・宮腰喜助・帆足計らに同行した中尾和夫の詳細な訪中記録をはじめとする日本側資料を確認しても廖承志と接触した形跡はなく[42]、少なくともその存在は日本側

代表に意識されていなかった。

　ちなみに外交部档案によれば、準備委員会開催の裏方には「和平会議外賓接待委員会日本組」なる組織が存在し、この「日本組」が帆足らと接触し、将来の日中貿易の窓口となりうる日本側関係者の情報を入手していたことが確認できる[43]。孫平化は「廖公は準備委員会の責任者の 1 人として、日本関係の仕事の指導にあたった」とも述べており[44]、この「日本組」を通じて廖承志が対日業務に関与していたことがうかがえるが、その度合いはなおさだかではない[45]。

　これらの動きと並行して中国側は日本人「帰国」支援の準備を進めていった。だが、その始動過程における廖承志の関与もいまだ断片的という印象が強い。例えば、1951 年秋に日本人の管理・送還業務を管轄する中央機関である在華日本人事務委員会が設立されたが、これは王稼祥と協議した李初梨が周恩来に提案したものであり、周が中央公安部三局局長卓雄と中聯部三処秘書主任趙安博をそれぞれ正副主任に任命し、その設立を認めた[46]。つまり、組織的には延安や東北で日本人工作経験を積んだ「李初梨―趙安博」ラインで始動したことが確認できる。

　また、「帰国」支援に向けた実務は、貿易協定締結直後となる 1952 年 7 月、毛沢東と周恩来が関係部門の起草した日本人居留民「帰国」支援計画を批准し、中国紅十字会や外交部、公安部、人事部、重工業部、衛生部、教育部、総理辦公室などの関連部門を横断する中央日僑事務委員会が設立されたことで動きはじめ、同年 9 月の中共中央による「中共中央関於処理在華日僑的決定」の採択を経て、政務院が「政務院関於処理日僑若干問題的規定」を定め、日本人「帰国」支援の基本方針が確定されたといわれる[47]。

　王俊彦の『廖承志伝』は、「帰国」支援計画の策定や中央日僑事務委員会の設立、さらには「決定」や「規定」の起草に至るまで廖承志が中心的な役割を果たしたと描くが[48]、現在の史料状況からは廖承志がどの程度まで準備工作に関与したのか明らかではない。

　中国外交部档案によれば、中国政府が「帰国」支援を表明した「北京放送」（1952 年 12 月 1 日）以降の準備業務は[49]、中央日僑事務委員会と外交部が中心となり進めたことが確認できる。例えば、同年 12 月 15 日付の関係部門会議は、日本側交渉代表を日本赤十字社と日中友好協会、そして日本平和連絡委員会の「民間三団体」に指定するよう、さらには中国側交渉代表を周恩来が指名するよう提案したが、これらは中央日僑事務委員会によって周恩来に「請示報告」された[50]。当時、廖承志はウィーンで開かれていた世界平和会議に孫平化を伴い参

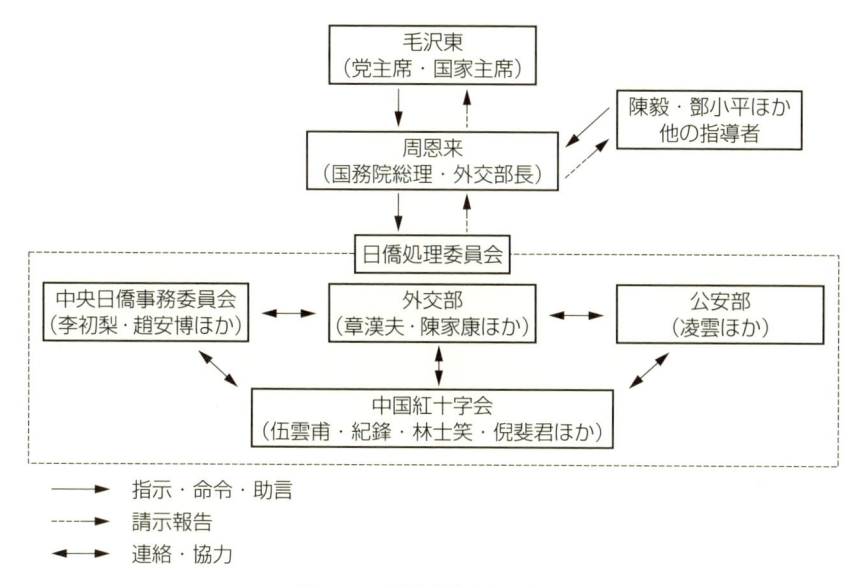

```
                    ┌─────────────────┐
                    │     毛沢東      │
                    │(党主席・国家主席)│
                    └────────┬────────┘
                             │
                    ┌────────▼────────┐      ┌──────────────────┐
                    │     周恩来      │◄────►│ 陳毅・鄧小平ほか │
                    │(国務院総理・外交部長)│      │   他の指導者     │
                    └────────┬────────┘      └──────────────────┘
                             │
                    ┌────────▼────────┐
                    │  日僑処理委員会 │
┌───────────────────┼─────────────────┼───────────────────┐
│┌─────────────────┐┌─────────────────┐┌─────────────────┐│
││中央日僑事務委員会││     外交部      ││     公安部      ││
││(李初梨・趙安博ほか)│◄►│(章漢夫・陳家康ほか)│◄►│  (凌雲ほか)   ││
│└────────┬────────┘└────────┬────────┘└─────────────────┘│
│         │         ┌────────▼────────┐                    │
│         └────────►│  中国紅十字会   │                    │
│                   │(伍雲甫・紀鋒・林士笑・倪斐君ほか)│                    │
│                   └─────────────────┘                    │
└──────────────────────────────────────────────────────────┘
```

──▶ 指示・命令・助言
---▶ 請示報告
◀──▶ 連絡・協力

図2-1　送還政策立案組織図

加しており、これらの議論に直接は関与できなかったと思われる[51]。

　また、交渉直前の1953年1月26日には中国人民救済総署秘書長の伍雲甫や紅十字会連絡部長の紀鋒、公安部第一局長の凌雲、そして李初梨や趙安博らが協議し、「工作計画（草案）」を策定したが、この交渉直前の要ともいえる関係部門会議にも廖承志の姿はなかった。周恩来に宛てた協議結果の「請示報告」もやはり外交部副部長の章漢夫名義で送付され、廖承志を経由して「批准」された形跡はない[52]。

　この「工作計画（草案）」は中国側の布陣を定めた。紅十字会副秘書長林士笑と同会顧問を兼務した趙安博をそれぞれ交渉代表辦公室の正副主任とし、その下に交渉担当の秘書班（組長は紀鋒）と接待担当の連絡班（組長は孫平化）を置いた。そして、中国紅十字会を「唯一正式の出面機構」と定め、「廖承志を首席代表とする」としたが、廖承志が「北京に不在」であったため、伍雲甫を業務指導の責任を負う「第二代表」に指名した[53]。実際、1953年2月3日の非公式会談には伍雲甫が代表として登場した[54]。

　周恩来に対日業務の実務統括を託された「首席代表」廖承志が最初に日本人の前に姿をあらわしたのは、旧正月明けの2月15日に始まった日本人「帰国」協定締結交渉の第一次公式会談の場であった[55]。また、これと前後して周恩来は

第2章　日本人引揚と廖承志　55

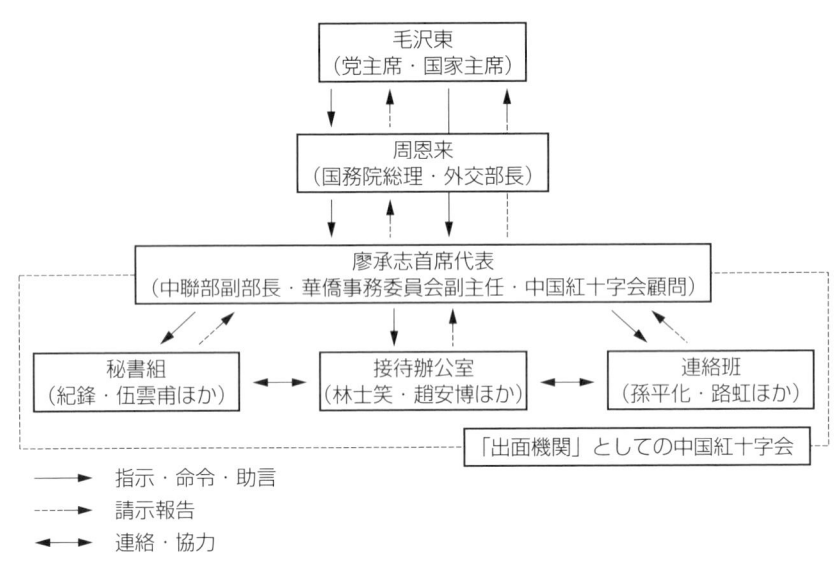

```
           ┌─────────────────┐
           │     毛沢東      │
           │(党主席・国家主席)│
           └─────────────────┘
                    ↕
           ┌─────────────────┐
           │     周恩来      │
           │(国務院総理・外交部長)│
           └─────────────────┘
                    ↕
    ┌──────────────────────────────────────┐
    │        廖承志首席代表                │
    │(中聯部副部長・華僑事務委員会副主任・中国紅十字会顧問)│
    └──────────────────────────────────────┘
```

図2-2　北京会議接待・交渉組織図

（秘書組：紀鋒・伍雲甫ほか／接待辦公室：林士笑・趙安博ほか／連絡班：孫平化・路虹ほか／「出面機関」としての中国紅十字会）

→　指示・命令・助言
⇢　請示報告
↔　連絡・協力

廖承志に外交部や中聯部、公安部の関係者と協議し、日本側による帰国者思想調査や日本人戦犯と留守家族との通信問題などに関する対応方針を錬るよう指示した[56]。

　史料的には、ここで初めて周恩来が廖承志に関係部門の招集を指示し、対日業務の実務協議を行わせたことが確認できる。加えて、交渉妥結目前、廖承志は詳細な会談内容の「請示報告」を毛沢東にしている[57]。つまり、まさに我々が知る対日業務の実務統括者という役割を廖承志が明確に果たすに至ったといえる。

　いわゆる廖承志辦公室を中核として、中聯部の李初梨や趙安博、あるいは元中央社会部（後の中央調査部）の孫平化や蕭向前[58]、さらには案件ごとに関係部門の幹部たちが連携して対日業務を展開するいわゆる廖班方式は、延安・東北時代の対日工作の人的資源や経験をも源流としつつ、日中民間貿易交渉やアジア・太平洋地域平和会議の開催準備作業の過程でその原型が生まれ、その後の日本人「帰国」支援の準備・交渉過程を通じて確立したのである。

Ⅲ　後期集団引揚の展開と廖班

　引揚実現後、日中両国間では経済や文化、戦後処理などの分野で活発な民間交

流が積み上げられていった。朝鮮戦争休戦という新たな情勢を目前に控え、多数の民間団体を経由する民間外交（人民外交）を統括するため、1953年4月21日、中国は中共中央国際活動指導委員会（以下：国指委）を成立させた。

　これまで国指委はあまり注目されてこなかったが、建国初期、それも特に1950年代半ばの中国の対日業務を語るうえでその存在を無視することはできない。国指委の設立に際して劉少奇は「王稼祥を主任委員、廖承志、劉寧一を副主任委員」に指名すると共に、「人民団体の国際活動に関する計画、政策方針に関する問題、業務報告の審査ならびに必要な経験の総括などは、すべて中央の決議と指示の下で行うか、あるいは委員会が提出した意見を中央が批准した後にこれを行う」と指示した[59]。

　中聯部がある建物内に辦公室を構えた国指委は、これと連携しつつ、「人民外交」を統括する組織として機能していった。そして、日中民間交流の始動過程で対日工作の表舞台に登場した廖承志は、統戦部と中聯部の副部長、さらに国指委の副主任をも兼ねることで、名実ともに対日業務の実務統括者の地位に就くこととなった。

　なお、詳述は避けるが、この時期の対日業務機構における国指委の位置づけは、第二次日中民間貿易協定交渉の関連档案で確認することができる。交渉代表団の訪中に先立ち、中国側は「『日本議員連盟』代表団接待委員会」を設置し、周恩来・王稼祥の指揮の下、廖承志や章漢夫、李初梨、雷任民、冀朝鼎らが同委員会を構成した。そして、その活動を支える辦公室は趙安博が主任となり、廖承志は委員会招集や辦公室運営に責任を負った[60]。

　また、委員会と辦公室が核となり、対外貿易部や中国国際貿易促進委員会、中国銀行総行、中国進出口公司などの貿易実務担当者で構成される「貿易小組」と連携をとりつつ、貿易協定交渉に臨む体制も構築された。周恩来や王稼祥ら党指導者と廖承志（廖辦）が仕切る接待委員会、そして実務者グループである貿易小組[61]が一つの対日政策機構として有機的に結合・稼働するシステムは、引揚交渉の過程で実現した関係部門連携の延長線上に成立したといえる。

　ただ、引揚交渉におけるそれと大きく異なるのは、これらの対日政策機構が策定した「招待計画（草案）」が国指委に「請示報告」され、王稼祥主催による1953年9月29日付国指委会議で承認されていることである[62]。こうした「国指委」方式ともいえる対日政策機構は、1958年3月に国務院外事辦公室がその業務を継承し、国指委が廃止されるまで、日本を対象とする「人民外交」を統括する機能を果たした。

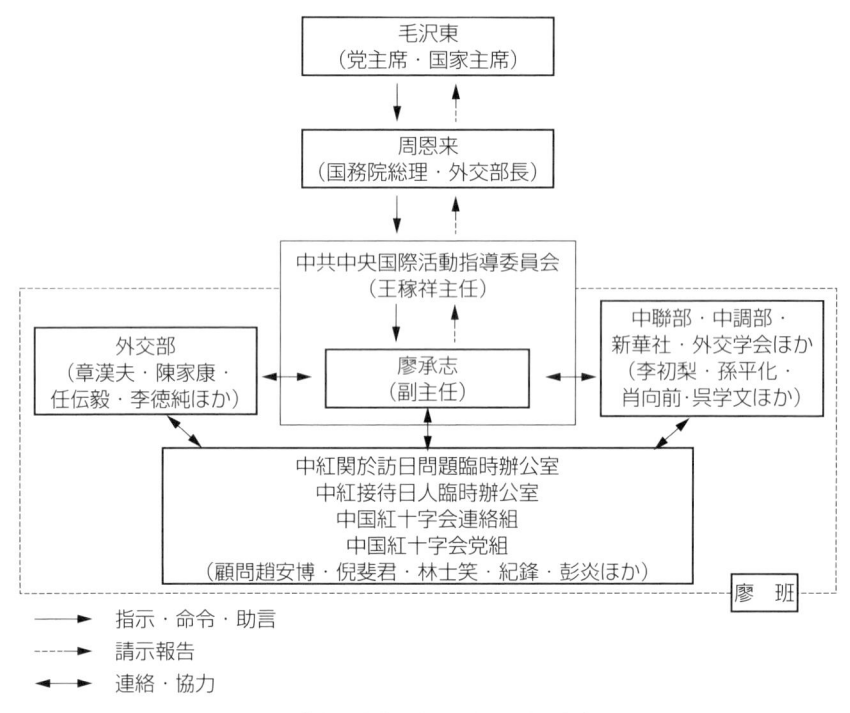

```
                    ┌─────────────────┐
                    │    毛沢東        │
                    │(党主席・国家主席) │
                    └────────┬────────┘
                             ↕
                    ┌─────────────────┐
                    │    周恩来        │
                    │(国務院総理・外交部長)│
                    └────────┬────────┘
                             ↕
                    ┌─────────────────┐
                    │中共中央国際活動指導委員会│
                    │  (王稼祥主任)    │
                    └────────┬────────┘
                             ↕
┌──────────────┐   ┌─────────────────┐   ┌──────────────┐
│   外交部      │   │    廖承志        │   │中聯部・中調部・│
│(章漢夫・陳家康・│←→│   (副主任)       │←→│新華社・外交学会ほか│
│任伝毅・李徳純ほか)│   └────────┬────────┘   │(李初梨・孫平化・│
└──────────────┘            ↕            │肖向前・呉学文ほか)│
                    ┌─────────────────┐   └──────────────┘
                    │中紅関於訪日問題臨時辦公室│
                    │中紅接待日人臨時辦公室 │
                    │中国紅十字会連絡組 │
                    │中国紅十字会党組   │
                    │(顧問趙安博・倪斐君・林士笑・紀鋒・彭炎ほか)│
                    └─────────────────┘ 廖班
```

──→　指示・命令・助言
----→　請示報告
←→　連絡・協力

図2-3　「中共中央国際活動指導委員会」方式

　当然ながら、国指委成立以降、引揚問題もこの方式で処理された。まず国指委が引揚絡みで取り組んだ大きな任務は1954年秋の中国紅十字会代表団の訪日であった。北京交渉の最終日、廖承志は島津忠承日赤社長に「答礼」として紅十字会代表団を日本に招待するよう求め、島津もこれに応じた[63]。だが、吉田茂内閣は招請を許可せず、1953年秋に集団引揚が暫時途絶した後は日本国内において政治問題化していた。

　吉田内閣は国内世論などにもおされ、最終的にこれを認めたが[64]、衛生部長（大臣相当）を兼務する李徳全会長の訪日実現は、中国の対日工作が新たな段階を迎えたことを意味し、日本との国交正常化推進を確認した1954年秋の「中ソ共同宣言」とも相俟って、中国の「以民促官」の対日工作は加速された。

　李徳全訪日関連の档案は少ないが、その背後には「中国紅十字会関於訪日（問題）臨時辦公室」なる組織の存在が確認でき[65]、やはりほかの対日業務と同様に廖班を核として、周到な訪日準備が進められたことがうかがえる。代表団は「平

和の使者」李徳全を団長に戴きつつも、副団長には廖承志、団員としては紅十字会の実務担当者以外に趙安博や蕭向前、随行員としては呉学文（新華社記者）、王効賢（通訳）など、廖班のメンバーが配置されていた[66]。

代表団帰国後、中国側は民間三団体とかわした懇談会覚書の内容を検討したが、これに関する「初歩意見」をとりまとめたのは趙安博であった。この「初歩意見」は廖承志の「批准」を経て、紅十字会が外交部へと送り、陳家康亜洲司長が「批示」するという手順がとられた[67]。また、李徳全訪日を契機に再開された集団引揚も、衛生部党組や紅十字会連絡組、紅十字会接待日人辦公室など、実務担当者たちが具体的な「接待計画」を策定し、これを国指委（すなわち廖承志）に「請示報告」することで対日業務を動かしていった[68]。

もっとも、1950年代半ばのすべての対日業務が「国指委」方式で行われていたわけではない。特に共産圏諸国との関係改善を訴える鳩山一郎内閣が成立すると、「以民促官」の「促官」の部分を強化すべく[69]、国家間外交を管轄する外交部が再び対日工作に強く関与していく場面も見られた[70]。

例えば、1955年夏から秋にかけ、ジュネーヴ経由で両国が激しくつば迫り合いを行った準政府間交渉も、もちろん廖承志の関与はあったと思われるが、基本的には外交部が主体となる国家間外交が展開された。本交渉は同年7月15日、日本政府が「人道上の問題」という立場に基づき、駐ジュネーヴ総領事を通じて、日本人消息不明者約4万名や日本人「戦犯」1,069名の早期送還や情報提供を中国政府に求めたことに端を発する[71]。

もとより中国政府の立場は明確であった。日本人消息不明者や「戦犯」は日本による中国侵略の結果として生じたものであり、中国側に何らの説明責任はなく、「戦犯」処理は中国の主権に属するとの主張を行った。8月16日には外交部スポークスマン声明で自らの見解を公表すると同時に、ジュネーヴ総領事を通じて日本政府に書簡で回答した[72]。

『張聞天年譜』によれば、日本政府の申し入れを受け、7月19日に周恩来主催の外交部党組拡大会議が対応を検討し、翌20日、張聞天が関係者と共に声明案を起草したとされる[73]。また、総理辦公室主任張彦や知日派の荘涛らも加わり声明案が修正され、これが再び7月26日の外交部党組会議で検討された後、毛沢東や劉少奇ら党指導者による批准を得て公表されるに至ったとされる[74]。

このような動きに鑑みれば、1950年代半ばの中国の対日外交・工作は、いずれも本質的には国家間外交ながらも、一方には中聯部派生の国指委を通じた「周恩来—王稼祥—廖承志」を主軸とする「人民外交」領域の対日工作が、もう一方

には外交部を通じた「周恩来—張聞天・章漢夫—陳家康・陳叔亮・陳抗ら亜洲司」を主軸とする国家による対日外交があり、これらが交錯しつつ展開されていたと理解するのがより正確であると思われる。

その意味では、体系的な対日政策を定めたとされる1955年3月1日付「中央決定」が、周恩来承認の下、外交部副部長の張聞天と中聯部部長の王稼祥の協業により起草・改訂されたことも納得できよう[75]。草案は王稼祥が対日関係部門の責任者を集め、検討を重ねたとされるが、この会議が廖班を指すのか、あるいは注69で触れた1955年設立の「対日工作委員会」を指すのかは定かでない。

1955年夏から翌56年春にかけ、中国政府は日中国交正常化を実現すべく、幾度も日中交渉を呼びかけたが、日本政府はあくまで「人道問題」という具体的懸案に関して限定的交渉を行うという方針を崩すことはなく、国交正常化交渉は幻に終わった。しかしながら、その後も中国は精力的な対日攻勢を展開した。

まず挙げるべきは対日「戦犯」処理である[76]。これは日本人「戦犯」の釈放・帰国を伴うため、引揚（復員）とも密接に関係するものであった。中国は建国と前後して約1,700名の「戦犯」を拘留していたが、1955年秋以降、「戦犯」の起訴対象や量刑案などを議論し、中共中央に「請示報告」したのは、廖承志率いる「偵査処理日本戦犯領導小組」であった。結果的に「無期徒刑を科すべき」とする領導小組の処理意見は党中央に容れられなかったが、そこでもやはり廖承志を核とする廖班方式が基本的には機能していた。

もっとも「戦犯」処理は国家の主権問題に直結するものであったため、その性質上、国指委を経由することなく、周恩来が直接の指揮をとり、廖承志が彭真ら政法系の幹部連と連携しつつ進められた。とはいえ、中共中央が「寛赦大多数・懲治極少数」という原則を最終決定し[77]、大多数の「戦犯」が免訴釈放されると、その後の「戦犯」送還業務は再び「国指委」方式で処理された。

1956年6月から8月まで3度にわたり行われた「戦犯」送還は、1956年6月28日に日本側民間三団体と紅十字会との間で締結された天津協定に基づき実施された。業務計画は紅十字会党組の彭炎が起草し、彭炎と趙安博が交渉代表を務めた。業務の一切は紅十字接待辦公室によって国指委に「請示報告」された[78]。

なお、天津協定では日本人婦人の一時帰国、すなわち「里帰り」についても規定が設けられたが[79]、これも紅十字会を実務担当とする「国指委」方式で処理されていった。もとより人道的見地からはじめられた「里帰り」だったが、その実施は紆余曲折を極めた。中国側は「里帰り」を梃子に日中間の「ヒト」の往来に風穴を開けることもめざしたため[80]、共産圏への渡航を認めない日本政府は

再渡航を前提とする「里帰り」に難色を示した[81]。

結果的に日本政府は「里帰り」を抑制すべく、復路旅費の自弁やその事前寄託を求め、ついには引揚船の配船を拒否するに至った。1957年末の第二次李徳全訪日の際にも趙安博や彭炎が精力的に三団体と交渉に臨んだが、協議は物別れに終わった[82]。

中国側は日本政府の配船を促す最終手段として、1958年2月、政治教育を施してきた「学習組」[83]（子どもを含め約2,000名）の大量送還を表明し、前年来途絶していた集団「帰国」の再開を呼びかけると共に[84]、「里帰り」支援を継続すべく、最後まで民間三団体との交渉を続けたのは彭炎や趙安博、倪斐君など廖班であった[85]。

Ⅳ　後期集団引揚の終結と廖班の制度化

集団引揚が暗礁に乗り上げた1958年初め、いずれの対日業務も国指委を組織上の結節点としつつ、廖承志を核として関係各部門が案件ごとに連携する形で展開された[86]。だが、1958年3月の中央機構改組に伴い、新たに設置された国務院外事辦公室（以下：外辦）が国交なき人民外交（広い意味では「外事」[87]に包含される領域）を主管するに至り、中共中央外事領導小組（以下：外事小組）の指揮を受けるに至ると、中聯部管轄の「国指委」方式も終焉を迎えた。

外事業務全般の指導に責任を負う外事小組は、新任外交部長の陳毅を組長として、張聞天や王稼祥、李克農（中央調査部部長）、廖承志、劉寧一、葉季荘（対外貿易部部長）らが名を連ねた[88]。そして、外事小組の事務機構となる外辦の主任は陳毅が兼務し、副主任には廖承志や劉寧一（中聯部副部長、国指委副主任など）、孔原（元対外貿易部副部長、中央調査部常務副部長、後に中央調査部部長）、張彦（総理辦公室主任）が据えられた。また、外辦には対日関係を管轄する「日本組」が置かれ、楊正組長（後に王暁雲）ならびに数名のスタッフが廖承志の指導の下、国指委に代わり対日業務に臨んだとされる[89]。

実際、引揚に関わる政策の策定・執行に関しても、この改組と前後して組織上の変動が観察できる。例えば、1958年3月8日、紅十字会党組の彭炎は「関於今年日僑回国等工作具体安排的請示」を起草し、「学習組」の「帰国」支援や「里帰り」問題に関する処理意見を提出したが、この「請示報告」は廖承志に直接送付されると同時に、いまだ国指委にも「抄送」（写しの転送）されていた[90]。

だが、各省・自治区・直轄市紅十字会に「里帰り」支援の再開を通知した5月

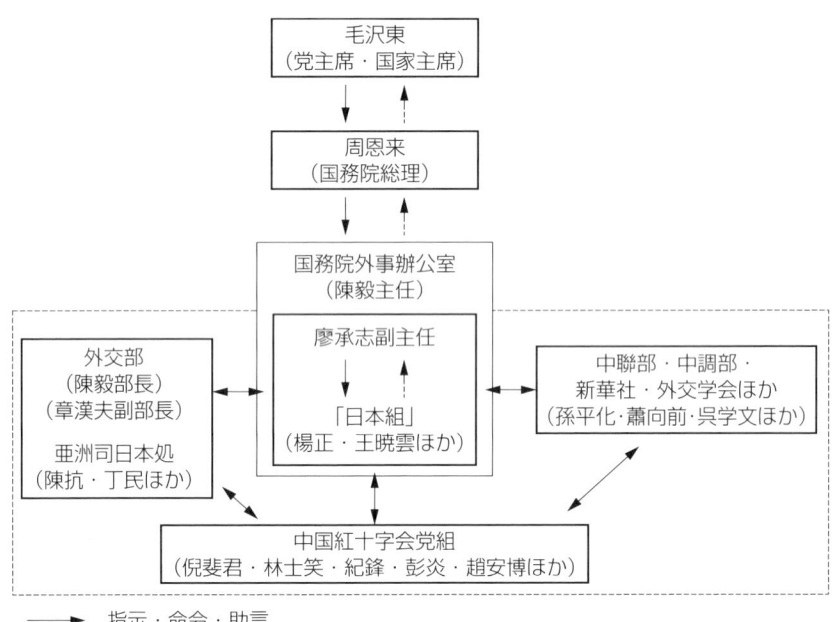

```
        ┌─────────────┐
        │   毛沢東    │
        │(党主席・国家主席)│
        └──────┬──────┘
               ↕
        ┌─────────────┐
        │   周恩来    │
        │ (国務院総理)│
        └──────┬──────┘
               ↕
   ┌───────────────────────────┐
   │   国務院外事辦公室        │
   │   (陳毅主任)              │
   │   ┌───────────────────┐   │
   │   │  廖承志副主任     │   │
   │   │        ↓          │   │
   │   │    「日本組」     │   │
   │   │ (楊正・王暁雲ほか)│   │
   │   └───────────────────┘   │
   └───────────────────────────┘
```

図 2-4 「国務院外事辦公室日本組」方式

（外交部（陳毅部長）（章漢夫副部長）亜洲司日本処（陳抗・丁民ほか）／中聯部・中調部・新華社・外交学会ほか（孫平化・蕭向前・呉学文ほか）／中国紅十字会党組（倪斐君・林士笑・紀鋒・彭炎・趙安博ほか））

——→　指示・命令・助言
-----→　請示報告
←——→　連絡・協力

上旬の「中国紅十字会総会関於協助日本婦女去日本探親工作的通知」は、外辦や章漢夫辦公室などに「抄送」されるようになったが、国指委には「抄送」されなくなった[91]。また、長崎国旗事件を受け、急遽「里帰り」支援の中止を通知した5月23日付「中国紅十字会総会関於停止協助日本婦女去日探親工作的通知」も国指委には「抄送」されず、外辦や章漢夫辦公室が「抄送」の対象とされた[92]。

1958年5月以降、日中間の諸交流が「断絶」するなか、中国政府は「人道上の見地」から継続してきた日本人居留民の集団「帰国」支援をも終結させた。これに先立ち中国側は外辦や章漢夫辦公室の指揮の下、趙安博や王暁雲、蕭向前、さらには新華社の呉学文や丁拓ら廖班が引揚船で中国を訪れた三団体代表と具体的な折衝にあたった[93]。

しかしながら、6月14日、趙安博は紅十字会顧問の立場で「岸政府の非友好的態度が続く限り、引揚のみならず一切の交渉に応じられない」と通告し、第二一次（1958年7月）を最後に集団「帰国」支援を打ち切ると伝えた[94]。また、最

終段階では趙安博とともに姿を見せた廖承志が「最後の帰国船」で中国を訪れた宮崎世民日中友好協会理事長と会見したが、日中関係改善の条件として「政治三原則」の履行を厳しく求めた[95]。

　当然ながら、関係「断絶」後も「里帰り」を望む日本人婦人のみならず、永住帰国を希望する日本人居留民が存在した。だが、理由は不明だが、関係「断絶」後の引揚問題については、その内容のいかんを問わず、外辦ではなく、まず外交部副部長の章漢夫あてに「請示報告」が行われている。

　例えば、1958年9月20日、紅十字会の林士笑は個別「帰国」支援の是非について、章漢夫に直接「請示報告」している。これを受けて亜洲司第一科の李孟競は「現在、岸信介政府が中国敵視政策を変えない状況下では、しばらく日本人の「帰国」支援は考慮しえないが、"断而不決（断ずれども決別せず）"の方針に基づき、特殊な事情（老齢・重病など）があることが確実な者は個別に帰国許可を与えてもよい」との報告を上げた[96]。

　注目すべきは、この報告に付された「批示」である。いうまでもなく、外交部亜洲司第一科が作成した本報告は最終的には再び上長である章漢夫の「批准」を得ることになるのだが、他方、「（個別帰国を認めるか否かの）批准の基準は紅十字会と公安部が協議し、廖に批准を請う」とする書き込み者不明の「批示」が添えられており、やはり廖承志を経由して「請示報告」が流れていたことがうかがえる。

　なお、集団「帰国」終結後の個別「帰国」は最終的に1959年5月11日付「国務院関於個別日僑申請回国処理辦法的通知」により認められたが[97]、これは章漢夫と廖承志の「批示」に基づき紅十字会党組の彭炎が起草したものであった。「通知」原稿は彭炎から再び章漢夫に「請示報告」され、中国各地に国務院名義で通知された[98]。

　このような動きを踏まえるに、1958年3月以降、国務院という行政機構のなかに外事工作を統括する外辦が置かれ、さらに特別な存在[99]として対日業務を主管する「日本組」が設けられたことで、廖承志を核とする対日業務機構が制度化されたといえる。

　この「外辦」方式がどの程度まで機能するかは、案件の性質によるとも考えられるが、少なくとも「ヒト」の往来という国家間関係に関わる懸案には、1950年代半ばはもとより、外辦成立後も外交部が密接に関与していたことがうかがえる。とはいえ、あくまで国交なき対日業務を外交部が主管することはなく[100]、廖承志、あるいは廖班という知日派の専門家集団が文革期の紆余曲折を経ながら

も国交正常化に至るまでこれを統括していくのである[101]。

おわりに

　建国初期中国における廖承志の存在とはいかなるものだったのか。本章の分析から浮かびあがるその実像は「決定権なき調整者」といえるものであった。

　ポスト日華講和の時代、確かに廖承志は中国の対日政策機構の中核にあった。日中接触の開始初期、廖承志はアジア・太平洋平和会議準備委員会の日本組組長となり、続く「積み上げ」が展開を遂げた「以民促官」期には中共中央国際活動指導委員会の副主任として、日本に照準を合わせた二つの外交系統、すなわち中聯部・国指委系の「人民外交」と外交部系の国家外交を有機的に結びつける役割を果たした。そして党政関係が調整された1958年春以降も国務院外事辦公室副主任という立場で外交部と連携しつつ、文革期まで中国の対日政策の策定ならびに執行を統括したのである。

　ここで注意すべきは、廖承志による対日外交統括の実態が決して「決策」（政策決定）という党中央が掌握する神聖なる領域に厳密な意味で踏み込むものでなかったことである。あらためて確認するまでもなく知日派としてきわめて特別な歴史的存在であった廖承志や彼を核にして構成された廖班と呼ばれる「知日派集団（ジャパンハンズ）」は建国初期中国の外政機構においても独特の存在であった。とはいえ、強い独自性を持つ対日政策機構であっても、その裁量の範囲はあくまで特定の事案に関する具体的な対応策の起案という範疇にとどまったといえる。

　廖承志を核とする廖班で策定された対応策は順次、関係部門の上長への「請示報告」を経て最終的には周恩来や毛沢東という最高層の指導者らによる「批准」を得て、初めて執行に移された。そこにボトムアップ的な構造が看取されなくもないが、もとより現場における対応策の策定そのものが、本質的には指導者らの情勢認識や情勢分析に基づき紡ぎだされた「総路線」としての外交政策の範囲内において裁量が認められるものであり、これを逸脱する場合には「請示報告」は却下され、執行に至ることはなかった。

　これらの状況を踏まえるに、建国初期中国の対日政策機構の構造的特徴を端的に表現するならば、最高指導者である毛沢東がその国際情勢認識やこれをめぐるイデオロギー的分析、あるいはその蓄積された革命経験などに基づき対日外交の「総路線」を定め、これを具体的な対日政策や対日戦略に落とし込んでいくのが

外交責任者であった周恩来の仕事であり、その具体的な対日政策を目前の日中関係の動きを踏まえつつ具体的な戦術のレベルに落とし込み、関係部門の専門家との議論を通じて実際の対応策を紡ぎだす立場にあったのが廖承志であったと考えられる。

　その意味では逆もまた然りであり、現場である廖班が策定した対応策は、まず建国初期中国の最高峰の知日派といえる廖承志によって確認され、その批准を経た対応策が周恩来の手により毛沢東が展開する冷戦外交の「総路線」と齟齬をきたすものでないかどうか確認され、その批准を経て大部分の対応策が執行されていたと考えらえる。そして、ごく稀ではあるが、きわめて重要な案件については、周恩来の批准を経てさらに毛沢東自身にまで直接に「請示報告」され、その批准を経て執行に移されていたのである。

　すなわち、廖承志や廖辦、あるいは廖班は実働部隊（官僚機構）としては不可欠な存在であったが、その裁量は対日政策決定に関する従来像の通り、制限されたものであったと結論づけることができよう。

　なお、最後に日本人引揚問題という具体的な懸案について述べれば、一貫してその中核にいたのは紛れもなく廖承志の片腕ともいえる存在であった趙安博であった。延安や戦後東北では李初梨の下で日本人管理の経験を積み、中国建国後は廖承志の下で中国紅十字会顧問という肩書きを用いながら、日本人送還業務や日本人戦犯処理、あるいは日本人消息不明者調査や日本人遺骨送還など、趙安博は常に日本人管理の最前線に立ち続けた。

　廖承志のみならず、廖辦や廖班に属する対日業務担当者たちは、連続的かつ長期間にわたり対日外交に携わることで、一つの専門家集団として対日経験を蓄積することとなった。このことが建国初期中国の体系的な対日外交の展開を担保するものであったといえるが、あまりにも対日業務が特定の知日派に独占されていたことが、今日の日中関係に「負」の遺産となっていることもまた事実といえよう。

1) 対日政策機構研究の嚆矢には石井明「中国の対日政策決定──組織と人脈」『東亜』第255号、1988年がある。なお、中国外交部亜洲司日本処の丁民氏へのインタビューに依拠して同様の問題関心に取り組んだ研究として別枝行夫「戦後日中関係と中国外交官（その1）」『北東アジア研究』第2号、2001年がある。
2) 中華人民共和国外交部档案館（北京市朝陽区朝陽門南大街2号）では建国前後から1965年までの外交部档案（外交文書）が公開されているが、2013年1月以降は「シス

テムのアップグレード」を理由として、大部分の档案が閲覧不能となっている（2013年8月現在）。
3）現代中国の対日政策決定は実務担当者が起案した「請示報告」（稟議書）に上級が順次「批准」（同意）を与えていくことで行われる。なお、実務担当者は党中央の情勢認識や対日方針から逸脱せぬよう、党指導者の談話や講話などを教材として学習活動を行ったとされる（呉学文『風雨陰晴——我所経歴的中日関係』北京：世界知識出版社、2002年、56-57頁）。
4）「廖承志辦公室」（廖辦）は廖承志の執務を支える事務機構を指すが、その具体像は明らかではない。なお、1957年秋から1958年春までの外交部档案には一時的だが「廖承志辦公室」という表記が散見される。
5）後期集団引揚交渉に際して中国側は、在華日本人は「居留民」であるとの立場を採り、その祖国帰還は「引揚」ではなく、自願による「帰国」であり、これを中国政府が支援するという論理を貫いた。なお、実際に後期集団引揚で「帰国」した在華日本人の大多数は、戦後、中国東北地域で中共の軍や政府ならびに関係企業に留用された日本人技術者やその家族であった。他方、日本政府や日本国内の引揚促進関係団体は、在華日本人は「抑留者」であるとの立場を採った。本章が帰国という語句に括弧を付するのは、客観的な歴史事実を踏まえ、帰国という表現に疑義を有するためである。
6）廖承志を中核とする対日政策機構の単位を表現する概念として、「小日本組」や「大日本組」がある。一般に「小日本組」は1958年3月に設立された国務院外事辦公室に置かれた「日本組」（楊正組長。後に「四大金剛」の1人とされる王暁雲が組長）を指す。他方、「大日本組」は「小日本組」を中核として、案件の性質や重大性によって規模が伸縮する組織であり、その案件の関係部門の人員を加えて構成される。前掲の「小日本組」と連携しつつ案件のいかんにかかわらず対日業務に常時関与する趙安博や蕭向前、孫平化ら「四金剛」、さらには王効賢や林麗韞ら通訳などの対日業務担当者に加え、例えば貿易問題に関しては対外貿易部や中国進出口公司、中国人民銀行の関係者などが、また引揚問題に関しては中国紅十字会や公安部、国務院華僑事務委員会などの実務担当者が廖承志主催の関連部門会議に参加して「大日本組」を形成し、対日政策の策定・執行を行った。なお、「大日本組」には新華社や『人民日報』など宣伝工作部門の人員なども適宜参加した。
7）廖辦と廖班という語句だが、廖辦は廖承志辦公室の略称であり、廖が日常の業務を遂行するにあたりこれを補佐した個人付き事務機構を指す。また、廖班は廖承志を中核として対日業務に関与した関係者の総称である。
8）建国以前の中共の外事部門については、石井明「中国の外政機構の変遷　1949-82年」毛里和子編『毛沢東時代の中国』日本国際問題研究所、1990年、115-117頁など。
9）徐則浩『王稼祥伝』北京：当代中国出版社、1996年、380-387頁。
10）師哲回憶・李海文整理『在巨人的身辺——師哲回憶録（修訂本）』北京：中央文献出版社、1991年、144-150頁など。
11）徐則浩編著『王稼祥年譜　1906-1974』北京：中央文献出版社、2001年、267頁。な

お、香川孝志・前田光繁『八路軍の日本兵たち――延安日本労農学校の記録』サイマル出版会、1984年、52頁には「趙安博の前に労農学校の副校長をしていた李初梨氏は敵工部副部長であった」との記述があるが、山極晃『米戦時情報局の『延安報告』と日本人民解放同盟』大月書店、2005年、63頁は、趙安博を初代副校長としており、いずれが先任かはさだかでない。趙は王稼祥の要請で1940年11月に延安に来て、副校長となったが、捕虜殴打事件を起こし、1943年4月に解任された（水谷尚子『「反日」以前――中国対日工作者たちの回想』文藝春秋、2006年、83-85頁）。
12）荘濤は、1939年に編成された延安敵軍工作隊で一高出身の江右書に日本語を学び、その後は敵工部の日本問題研究室に所属、野坂の秘書兼通訳を務めた。野坂との関係の詳細については、荘濤の配偶者でもあった黄乃（黄興遺腹子）のインタビューに詳しい（水谷尚子『「反日」以前――中国対日工作者たちの回想』123頁および129-131頁）。
13）鈴木伝三郎『延安捕虜日記』国書刊行会、1983年、156頁および178頁。
14）水谷尚子『「反日」以前――中国対日工作者たちの回想』89頁。
15）徐則浩『王稼祥年譜』348頁および363頁。
16）「満州引揚」が内包する「引揚体験」の多様性を論ずるものとして、加藤聖文「戦後東アジアの冷戦と満洲引揚――国共内戦下の『在満』日本人社会」『東アジア近代史』第9号、2006年がある。
17）中国東北地方の档案に依拠しつつ「満州引揚」を扱った近時の研究として、張志坤・関亜新『葫蘆島日僑遣送的調査与研究』北京：社会科学文献出版社、2010年がある。
18）戦後中国における日本人技術者留用問題をめぐる米中対立については、大澤武司「戦後東アジア地域秩序の再編と中国残留日本人の発生――『送還』と『留用』のはざまで」『中央大学政策文化総合研究所年報』第10号、2007年を参照されたい。
19）近年、複数の事例研究が発表されているが、中国中日関係史学会編『友誼鋳春秋――為新中国做出貢献的日本人』北京：新華出版社、2002年ならびにその続編（2005年）が多くの事例を端的に紹介している。なお、本書はいずれも邦訳がある。
20）満蒙同胞援護会編『満蒙終戦史』河出書房新社、1962年、714頁なども「李初梨氏は中共の満洲における日本人指導の最高責任者であり、もっとも熱心に日本人に対する措置を考えた人であった」と記し、李が中共に属する日本人共産主義者と連携しつつ、日本人管理・教育政策を展開したとする。
21）中共軍支配地域からの日本人引揚の実現過程については、遼寧省葫蘆島市政府新聞辧公室・遼寧省社会科学院編『葫蘆島百万日僑大遣送』北京：五洲伝播出版社、2005年、92-99頁に詳しい。
22）本委員会は「各地区・各部門の日本人の状況と動態の理解・研究を行い、日本人に対する統一的な政策・方針を定める。各地区・各部門の日本人に対する工作経験・教訓の研究・交流を行い、日本人に対する管理・教育の強化を達成する目的」で設立され、構成員は東北行政委員会2名、工業部・公安部・鉄道部・軍区政治部・哈爾濱市政府各1名の計7名で発足した（東北行政委員会「日本人管理委員会半年来工作報告」

（1948 年 10 月-1949 年 3 月）中華人民共和国外交部档案館档案（105-00224-01））。
23）水谷尚子『「反日」以前——中国対日工作者たちの回想』90 頁。
24）趙安博「東北日本人管理委員会工作報告　自一九四九年八月到一九五〇年六月」（1950 年 6 月 15 日）中華人民共和国外交部档案館档案（118-00086-01）。
25）同上。
26）文革期、趙安博とともに蕭向前や孫平化、王暁雲は廖承志の「四大金剛」として痛烈な批判を受けたが、国共内戦期の蕭向前は地下活動を経て大連の銀行支配人などとして、また孫平化は哈爾濱での地下工作を経て長春特別市市長秘書などとして、さらに王暁雲は太行軍区敵工部や山西長治軍分区政治部、さらに華北訓練団訓練科長として、それぞれ革命工作に従事していた（蕭向前『永遠の隣国として——中日国交回復の記録』サイマル出版会、1994 年、7-8 頁ならびに孫平化『中国と日本に橋を架けた男——私の履歴書』日本経済新聞社、1998 年、44-74 頁ほか）。
27）駐ソ大使から中聯部部長への「調任」の経緯は、徐則浩『王稼祥伝』505-509 頁。
28）趙安博「追念王稼祥同志」『王稼祥選集』編輯組編『回憶王稼祥』北京：人民出版社、1985 年、128 頁。
29）徐則浩『王稼祥年譜』400 頁。
30）連貫「学習王稼祥同志の高尚品質和優良作風」『回憶王稼祥』164 頁。
31）なお、李初梨は華僑事務委員会委員兼同委辦公庁主任を兼務したとされる（外務省アジア局監修・霞関会編『現代中国人名辞典』江南書院、1957 年、624 頁）。
32）鐵竹偉『廖承志傳』香港：三聯書店、1999 年、260 頁および 266 頁。
33）特に王俊彦『廖承志伝』北京：人民出版社、2006 年は、建国初期の段階で周恩来が廖承志に「日本問題を研究する小組」を組織するよう指示したとしており、日中民間交流が始動する以前から、GHQ による戦犯釈放問題やサンフランシスコ講和問題、日華平和条約締結問題などに関して、廖承志が対日政策決定に関与していたとするが（278-286 頁）、これも一次史料で裏づけられてはいない。
34）「対日和約討論会予備会記録」（1950 年 5 月 12 日）中華人民共和国外交部档案館档案（105-00089-02）。
35）多くの伝記類が交渉直前の 1952 年 5 月中旬、中共中央の指示に基づき、北京飯店に対日工作を担当する「廖承志辦公室」が設置され（鐵竹偉『廖承志傳』304 頁および呉学文・王俊彦『廖承志与日本』北京：中共党史出版社、2007 年、127 頁）、廖承志が正式に「日本組組長」に任ぜられたとされる（李栄徳『廖承志』シンガポール：永昇書局、1992 年、316 頁）。なお、民間貿易協定交渉は中国国際貿易促進委員会の接待で中国進出口公司や中国銀行本店などを会場として行われたが、5 月 28 日以降はアジア・太平洋地域平和大会準備委員会の接待となり、高良らは日本側代表の宿舎は「廖承志辦公室」が置かれた北京飯店へと移された（中尾和夫「1952 年会談記録」波多野勝・飯森明子・清水麗編集、解説『日中友好議員連盟関係資料——中尾和夫文書—日記・会談記録』現代史料出版、2002 年、189 頁ほか）。
36）孫平化『中国と日本に橋を架けた男』169 頁。

37）蕭向前『永遠の隣国として』20頁。
38）中央人民政府貿易部は1952年8月以降、対外貿易部へと改組される（中共中央組織部・中共中央党史研究室・中央档案館編『中国共産党組織史資料　附巻一』（上）北京：中共党史出版社、2000年）。
39）蕭向前『永遠の隣国として』15-16頁。なお、依拠史料が外交部档案であるという性質に由来する限界はあるが、周恩来は協定文案などを章漢夫外交部副部長に「核閲」させるよう指示している（「中国、日本貿易協議及双方就此発表的声明、来往函等材料」（1952年5月29日－7月28日）中華人民共和国外交部档案館档案（105-00237-01））。
40）「廖班」で重要な役割を担う王効賢は「当時、廖承志は朝鮮におり、これらの日本の客人に会うことができなかった」と回想している（王効賢「跟随廖承志開展対日工作」『中共党史資料』2006年第2期、88頁）。
41）『廖承志文集』編輯辦公室編（安藤彦太郎監訳）『廖承志文集』下巻、徳間書店、1993年、578頁。
42）中尾和夫「ヨーロッパ、ソ同盟、新中国旅行日記」および同「1952年会談記録」波多野ほか編『日中友好議員連盟関係資料』1-204頁。
43）「中国、日本貿易協議及双方就此発表的声明、来往函等材料」（1952年5月29日－7月28日）中華人民共和国外交部档案館档案（105-00237-01）。
44）孫平化（安藤彦太郎訳）『日本との30年――中日友好随想録』（以下：『日本との30年』）講談社、1987年、19頁。
45）中共中央文献研究室編『周恩来年譜　1949－1976』（上）北京：中央文献出版社、1997年によれば、5月下旬以降、周恩来自らが外交部や宣伝部、中聯部の関係者を屢次招集し、準備委員会「宣言」を起草・修改したとされる（240頁）。
46）「有関成立在華日本人事務委員会的来往函件」（1951年10月1日－11月30日）中華人民共和国外交部档案館档案（118-00118-01）。
47）米鎮波・郝祥満・宋文峰『深謀遠慮――周恩来与中国外交』重慶：重慶出版社、1998年、189頁。
48）王俊彦『廖承志伝』（292－305頁）は、1952年7月の「帰国」支援計画の策定から1953年3月の協定締結に至るまでの全過程で廖承志が中心的な役割を果たしたとするが、これも一次史料で裏づけられてはいない。
49）この「北京放送」の原稿は趙安博が起案したとされる（姫田光義・水谷尚子「趙安博回想録――日中関係史の一断面」『世界』第653号、1998年、293頁）。
50「関於答復日僑問題復電的原稿」（1952年12月18日）中華人民共和国外交部档案館档案（105-00034-01）。なお、1953年1月8日付「中国紅十字会声明文」は外交部亜洲司司長陳家康が起草したものを周恩来が「批准」し、さらに毛沢東による「修改」を経て「北京放送」を通じて伝えられた（「毛沢東主席批改過的報告及復日本三団体之信函」（1953年1月4日）中華人民共和国外交部档案館档案（105-00034-03）および「毛沢東主席批改過的中国紅十字会声明」（1953年1月8日）中華人民共和国外交部档案館档案（105-00034-04））。

51）西園寺公一『西園寺公一回顧録「過ぎ去りし、昭和」』アイペックプレス、1991年、302-306頁および孫平化『日本との30年』24頁。なお、中国代表団団長は宋慶齢、副団長は郭沫若であった。
52）「中国紅十字会接待日本商洽日僑回国問題代表団工作計画（草案）」（1953年1月26日）中華人民共和国外交部档案館档案（105-00127-03）。なお、章漢夫の対日業務関与の詳細については、『章漢夫伝』編写組『章漢夫伝』北京：世界知識出版社、2003年、261-283頁。同書も北京会議の具体的準備は章漢夫が仕切ったとし、「1953年2月、章漢夫、廖承志、趙安博、謝爽秋、凌雲ら責任者が外交部で会議を開き」、中央の方針を検討・研究したとする。
53）同上。
54）「商洽日僑回国問題中日雙方代表団第一次非正式会談記録」（1953年2月3日）中華人民共和国外交部档案館档案（105-00268-01）。
55）「商洽日僑回国問題第一次正式会議記録」（1953年2月15日）中華人民共和国外交部档案館档案（105-00268-02）。
56）中共中央文献研究室『周恩来年譜』上、284頁。
57）「廖承志関於日僑回国談判情況給毛沢東的報告」（1953年2月24日）田桓主編『戦後中日関係文献集　1945－1970』北京：中国社会科学出版社、1996年、144-145頁。
58）中華人民共和国対外文化聯絡委員会発国務院外事辦公室並報陳毅付総理宛「関於成立中日友好協会的請示」（1958年3月31日－4月2日）中華人民共和国外交部档案館档案（105-00900-01）によれば、孫平化と蕭向前の所属が中央調査部であると確認できる。なお、孫平化と蕭向前はいずれも中央調査部の前身である中共中央社会部の処長と調査科長であった（外務省アジア局監修・霞関会編『現代中国人名辞典』272頁および331頁）。
59）徐則浩『王稼祥年譜』414頁。
60）「接待"日本国会議員促進日中貿易連盟"訪華代表団計画」（1953年9月26日）中華人民共和国外交部档案館档案（105-00253-01）。なお、辦公室には謝筱酒（中国国際貿易促進委員会聯絡部長）、謝爽秋（亜洲司副司長）の両副主任や倪蔚庭、李廣祥（中央公安部）のほか、孫平化や蕭向前が配置された。
61）同上。貿易小組には葉季荘、雷任民、冀朝鼎、蘆緒章、倪蔚庭、羅抱一、孫純、詹武、舒自清などがいた。
62）同上。
63）田桓主編『戦後中日関係文献集』145頁ならびに「商洽日僑回国問題第四次正式会議記録」（1953年3月5日）中華人民共和国外交部档案館档案（105-00268-05）。
64）招請許可の背景には、中国側が日本人「戦犯」釈放問題を招請問題に絡めることに対する日本側の警戒があった。なお、経緯の詳細は、大澤武司「在華邦人引揚交渉をめぐる戦後日中関係——日中民間交渉における『三団体方式』を中心として」『アジア研究』第49巻第3号、2003年、58-59頁。
65）「中国、日本双方紅十字関於日僑回国問題的来往電」（1954年9月1日－12月7日）

中華人民共和国外交部档案館档案（105-00113-01）。
66）紅十字会の実務担当者としては、伍雲甫（中華全国救済総署秘書長）や倪斐君（紅十字会副秘書長）、紀鋒（紅十字会連絡部長）、随行員としては楊振亜（中国新民主主義青年団中央聯絡部幹部、後の駐日大使）がいた。
67）「中国、日本両国紅十字会関於商談日僑回国等問題的備忘録以及我方対該備忘録的解釈」（1954年11月3日）中華人民共和国外交部档案館档案（105-00268-07）。
68）1954年分の引揚業務の関連档案は中華人民共和国外交部档案館档案105-00113シリーズ、1955年分は同105-00299シリーズに収録されている。
69）档案の裏づけを欠くが、1954年12月、国務院外交委員会と統戦部が対日工作の強化を決め、1955年に「対日問題の研究、対日政策の計画・実施」を行う対日工作委員会が設置されたとされる。国務院外事辦公室の前身ともいえる外交委員会と中聯部・国指委の源流である統戦部が関与したとすれば、本委員会は国家外交と人民外交を結節させる存在であるといえる。それを反映するかのように、主任は郭沫若、副主任は廖承志、陳家康、王芸生が務め、さらに委員には雷任民、李徳全、劉寧一、南漢宸がいたとされる（呉文学・王俊彦『一門忠烈──廖氏家族』下巻、北京：中共党史出版会、2004年、476頁）。
70）本書第3章の山影論文が扱う第三次日中民間貿易協定（1955年5月）における通商代表部設置に関する取り決めも中国側による「促官」強化の文脈で理解できる。
71）田桓『戦後中日関係文献集』265頁。なお、両国政府の往来文書は1956年2月11日に中国政府が公表に踏み切った。
72）田桓『戦後中日関係文献集』265-266頁。
73）張培森主編『張聞天年譜』（下）北京：中共党史出版社、2010年、989-990頁。
74）同上、991頁。
75）文件の正式名称は「中共中央関於対日政策和対日活動的方針和計画」とされる（張香山『中日関係管窺与見証』北京：当代世界出版社、1998年、225-227頁）。
76）本章では、中国政府の管理下にあった日本人戦犯を「戦犯」と表記する。その理由は当該日本人集団のなかには戦犯としての要件を満たさない者が含まれており、そのことを中国政府自身も認識していたことによる。なお、詳細は大澤武司「『人民の義憤』を超えて──中華人民共和国の対日戦犯政策」『軍事史学』第44巻第3号、2008年を参照されたい。
77）中共中央文献研究室『周恩来年譜』（上）531頁。
78）「有関日本浜松収容所的中国人的処境和強制送還台湾的事件的請示与日方的往来電報」（1956年1月10日－7月9日）中華人民共和国外交部档案館档案（105-00795-01）および「接待日本三団体接運日本戦犯回来船人員的計画請示、簡報、総括」（1956年6月2日-9月22日）中華人民共和国外交部档案館档案（105-00795-07）ほか。
79）天津協定締結交渉の詳細は、大澤武司「在華日本人『戦犯』の帰国──天津協定成立の経緯とその意義」『中央大学社会科学研究所研究年報』第7号、2003年を参照されたい。

80）「協助日本僑民回国問題」（1958 年 5 月 14 日－9 月 25 日）中華人民共和国外交部档案館档案（105-00898-01）。加えて、「里帰り」希望者が引揚船への「便乗」を求めたことも日本側の警戒感をあおった。日本政府も終戦時の混乱のなか中国人の妻となった「残留組」には「便乗」に一定の配慮を示したが、帰国華僑に同行した日本人妻である「戦後渡航組」に対してはその「里帰り」を支援すべき理由はなかった。また、いずれかを問わず、その再渡航には何ら支援を与える所以はなかった。
81）詳細な経緯の詳細は、大澤武司「『ヒト』の移動と国家の論理――後期集団引揚の本質と限界」劉傑・川島真編『1945 年の歴史認識――＜終戦＞をめぐる日中対話の試み』東京大学出版会、2009 年を参照されたい。
82）会談の詳細は、日本外務省戦後外交記録 K'-0080 など。なお、第二次李徳全訪日代表団には、後に国務院外事辦公室日本組組長となる王暁雲が団員として参加している。
83）「学習組」は、中国革命の経験を学ぶため中華人民共和国に残った、あるいは中華人民共和国に渡った日本人グループを指すとされる。彼らは「人大分校」（人民大学の関連機関と想定される）で教育・学習活動を行っていたとされる。
84）「協助日本僑民回国問題」（1958 年 5 月 14 日－9 月 25 日）中華人民共和国外交部档案館档案（105-00898-01）。
85）なお、乗船代表を務めた日赤社会部部長の高木武三郎による『最後の帰国船』鴻盟社、1958 年にも経緯が詳しい。
86）対外貿易部が作成したと考えられる第四次日中民間貿易協定交渉の「接待方案」も国指委および廖承志辦公室に「抄送」されている（「接待日本談判第四次中日貿易協定代表団的方案」（1958 年 2 月 13 日－2 月 21 日）中華人民共和国外交部档案館档案（105-00599-02））。
87）現代中国外交において「外事」とは「一般的な外事業務であり、地方政府や外交部以外の国務院の関係部署が管轄範囲で行う外事活動」と定義され、国家首脳や外交部が行う対外活動である「外交」とは区別される（青山瑠妙『現代中国の外交』慶應義塾大学出版会、2007 年、22-26 頁）。
88）徐則浩『王稼祥年譜』454 頁ならびに張培森『張聞天年譜』（下）1084 頁。
89）呉学文『風雨陰晴――我所経歴的中日関係』55 頁。
90）「協助日本僑民回国問題」（1958 年 5 月 14 日－9 月 25 日）中華人民共和国外交部档案館档案（105-00898-01）。
91）同上。
92）同上。
93）同上。
94）民主主義研究会編『日本・中共交流年誌（1958 年）』出版年不明、77 頁および田桓主編『戦後中日関係史年表　1945－1993』北京：中国社会科学出版社、1994 年、112 頁。
95）民主主義研究会編『日本・中共交流年誌』85 頁。
96）「協助日本僑民回国問題」（1958 年 5 月 14 日－9 月 25 日）中華人民共和国外交部档

案館档案（105-00898-01）。なお、「断而不絶」は長崎国旗事件後に中国政府が採用した対日関係の基本方針であり、日本政府あるいはこれと関係する勢力とは一切の接触を断つが、親中的な民間団体や友好人士との関係は断絶しないとするものである。なお、本章では長崎国旗事件からLT貿易協定締結に至る過程を断絶ではなく、過渡と捉える立場から「断絶」と表記する。詳細は大澤武司「戦後初期日中関係における『断絶』の再検討（1958-1962）」添谷芳秀編著『現代中国外交の60年――変化と持続』慶應義塾大学出版会、2011年を参照されたい。

97) 「国務院関於個別日僑申請回国処理辦法的通知」（1959年5月11日）中国上海市档案館档案（B105-7-554-18）。

98) 「協助日本僑民回国問題」（1958年5月14日－9月25日）中華人民共和国外交部档案館档案（105-00898-01）。

99) 中国外交部元職員周斌氏へのインタビュー（2011年8月6日、上海）。当時、外辦には欧米組、東南アジア組、ソ連・東欧組ならびに日本組などがあり、国別の組があったのは日本組だけだったと回想する。なお、日本組は1958年3月の外辦設置と時を同じくして置かれたという（中国外交部元職員丁民氏に対する電話インタビュー（2012年12月23日））。

100) 中国外交部元職員の周斌氏によれば、外交部亜洲司日本処は1958年以前も組織として存在していたが、対日関係に関する業務がほとんどなかったと述べている。当時の専員には陳抗や李孟競、丁民、李徳純らがいたとされる。

101) 国務院外事辦公室は文化大革命の発動に伴い機能を停止し、廖承志は「打倒」され、孫平化や蕭向前も「五・七幹部学校」に下放された。日中国交正常化を目前にして廖班のメンバーは対日工作の最前線に復帰するが、文革初期中国の対日工作は周恩来が自ら掌握していた（孫平化『中国と日本に橋を架けた男』131頁ほか。なお、周恩来による文革期中国の外交権に対する掌握継続の経緯については、青山瑠妙「文化大革命と外交システム」国分良成編著『中国文化大革命再論』慶應義塾大学出版会、2003年、181-213頁や馬継森『外交部文革紀実』香港：中文大学出版社、2003年など）。

第3章
中国の対日経済外交と廖承志の役割
―― 実務統括・政治的調整・象徴

山影 統

はじめに

　本章では、1950年代から1960年代前半にかけての中華人民共和国（以下：中国）の対日経済政策とそれに対する廖承志の役割の変化を論じる。

　1950年代前半の中国は、新たな外交関係を構築していく過渡期であり、西欧や日本などの西側諸国とも関係構築を模索していた。その主要な目的の一つが米国の対中禁輸の打開であった。当時、米国は西欧諸国に呼びかけ、1950年1月にCOCOM（Coordinating Committee for Multilateral Export Control：対共産圏輸出統制委員会）を設立し、さらに朝鮮戦争が勃発すると、1951年5月に国連総会が中華人民共和国ならびに北朝鮮向け禁輸決議を行ったのを契機に規制を強め、1952年9月にはCHINCOM（Chinese Committee：対中国輸出統制委員会）を設立した。

　米国の対中禁輸政策によって、西側諸国との経済関係は、中国にとって単なる経済関係以上の意味を持つようになった。すなわち、相手国の対中経済政策自体を、彼らが親米であるか親中であるかの試金石と捉えるようになったのである。対日経済政策においてもこの要素は強く現れた。

　いま一つ、当時の中国の対日経済政策において重要だったのが、民間関係を基礎として政府関係に発展させる「以民促官」政策であった。中国にとって民間関係は外交の一つであり、経済のほかにも、文化、戦後処理など多くの分野で民間外交が展開された。1950年代から1960年代を通じて日中経済関係は民間関係を中心に発展したが、中国から見た日中民間経済関係の発展とは、単に経済的な関係を発展させることだけが目的ではなく、国交正常化へのプロセスの一環として、政治的な関係も同時に発展させるという意味も含まれていた。

廖承志は、日中国交正常化まで展開された中国の一連の対日民間外交政策における実務の事実上のトップであった。文化大革命中に一時失脚した時期を除いて、廖承志は、1950年代から一貫して対日政策全般に深く関わっていた。経済政策においてもそれは同様であった。

　日中関係史のなかで廖承志の名が大きくクローズアップされるようになったのは、1962年に高碕達之助と廖承志の間で調印された「日中総合貿易に関する覚書」であろう。この覚書によって開始された貿易は、両国調印者の頭文字から「LT貿易」と呼ばれた。これ以降、廖承志は、日中民間貿易における中国側の窓口として活躍するようになり、国交正常化交渉でも大きな役割を担った。

　しかし、LT貿易以前にも両国は4回にわたって民間貿易協定を締結しているが、そこには廖承志の名は出てこない。また、当時の日中経済関係に深く関わり、廖承志とも親交のあった川勝傳も、廖承志とは「貿易の話をするわけではない」と回想している[1]。このように、廖自身は必ずしも日中経済関係に精通していたわけではなく、また、はじめから日中経済関係における中国側の代表者であったわけでもなかった。

　1950年代初期から対日経済政策に関わっていたにもかかわらず、なぜ当初、廖承志の名は表に出てこなかったのか。他方で、1960年代になると、なぜその名が出てくるようになったのか。この問いに対する答えを明らかにするために、本章では、中国の日中経済関係の発展認識とそれに伴う廖承志の対日経済政策における役割の変化に着目する。ここでいう「発展」とは、単なる経済的な発展ではなく、「以民促官」政策に基づいた政治的な関係の発展も含む。従来、1958年の長崎国旗事件[2]から1960年の「友好貿易」再開までの期間は、日中関係における断絶期と位置づけられてきた[3]。この時期に日中関係の表舞台に現れるようになった廖承志に着目することは、日中関係史における断絶期の再評価にもつながるものと筆者は考える。

　中国の対日経済政策と廖承志の関係について言及した先行研究は王偉彬のものがある[4]。王は、対日民間外交に大きな役割を果たした中国の民間団体に着目し、さらに廖承志をはじめとする対日政策グループについて詳細な研究を行っている。廖承志を含む日中関係の非公式接触者に着目したのは別枝行夫のものがある[5]。また、鹿雪瑩はLT貿易および「覚書貿易」（MT貿易）時期における日本側の代表者の1人であった古井喜實に焦点を当て、当時の日中関係について詳細な分析を行っている[6]。こうした先行研究において、廖承志が中国対日政策の中心人物であったことはすでに明らかとなっている。しかし、これら先行研究は1950年

代から 60 年代まで廖承志の役割がどのように変化していったのかについては、論じてはいない。本章では、この点を検証することで、当時の日中関係が経済関係から政治関係へとどのように収斂していったのか、その過程を明らかにする。

本章においても、近年公開された中国外交部の档案を史料として用いている。これによってこれまでブラックボックスとされてきた、中国の対日経済政策の決定過程も一部明らかになった。本章でメインに取り上げるのは、対日経済政策と廖承志の関係であるが、これまで多くは論じられてこなかった、対日経済政策における廖班の組織構成についても言及する。

I 戦後の新たな対日関係の構築

1 モスクワ経済会議

建国初期の中国は、新たな対外政策指針の下、日本を含むすべての国家と新しい外交関係を構築する必要があった。そのなかでも資本主義国家や米国の同盟国との関係構築には慎重であった。同時に、周恩来の発言にあるように、中国と「まだ国交がなく、関係もあまりよくない国を、米帝国主義と同一視してはならない。それらの国も、米帝国主義との間に矛盾がある。我々はそれらの国にある程度影響をおよぼし、彼らが不必要にわが国と敵対しすぎないようにしなければならない」として、すべての資本主義国家が敵対関係にあるとは位置づけず、「友」とならないまでも、中立的な立場を保つように考えていた[7]。

中国が西側諸国との関係を構築するうえで、最初の接点となったのが、1952 年 4 月にソ連のモスクワで開催された「国際経済会議」(以下：モスクワ経済会議) であった。この会議は、ソ連の提唱で、当時米国が強化していた対共産圏経済封鎖に対抗して開催されたものであり、49 カ国から 421 名の代表が参加した。このなかには、米国をはじめ、フランス、イギリスなどの西側諸国の経済人も多く含まれていた。日本からも、中国人民銀行頭取の南漢宸の招聘に応じる形で、帆足計 (前参議院議員)、高良とみ (参議院議員)、宮腰喜助 (衆議院議員) が参加した。

中国にとって、モスクワ経済会議は、米国の禁輸政策を打破するうえで重要であった。会議に向けて、周恩来は、中共中央対外聯絡部 (以下：中聯部) 部長の王稼祥、南漢宸、雷任民 (対外貿易部副部長)、劉子久 (中華全国総工会秘書処書記、文教部部長)、李維漢 (中央統一戦線工作部)、章漢夫 (外交部副部長) と共に、参加者の人選を行い、南漢宸を代表として、章廼器 (政務院財政委員、後に糧食

部部長)、李燭塵(軽工業部部長、後に中国貿易促進会副主席)、盛丕華(政務院財政委員)らを参加メンバーとすることを決定した[8]。また、代表団に対して、「このような国際経済会議に参加することは得がたい機会であり、無駄にしてはならない。外国代表団との交流を広げ、我々と西側諸国の貿易交流を勝ち取るのだ」とその重要性を指摘し、南漢宸に対して日本の代表団と接触し、訪中の招待をするように伝えた[9]。この中国代表団と日本代表団の接近は、廖承志が周恩来に進言したものであったようである[10]。

西側諸国との関係打開を目標としたモスクワ経済会議は、中国にとって一定の成果をもたらした。会議期間中、中国はイギリス、フランスをはじめとする西側諸国との間に総額8,000万ドル以上の契約を結んだ[11]。また、会議では、各国がそれぞれ国際貿易促進委員会を設置することを宣言し、東西貿易の組織的発展の基礎がつくられた[12]。中国でも、この会議直後に中国国際貿易促進委員会(以下:中国貿促会)が設置され、南漢宸が主席となった。中国貿促会は、政府機関ではなく、半政府半民間の貿易促進団体であり、一つの独立法人であった[13]。以後、国交未樹立の国家との貿易交渉は主にこの機関が表の窓口となった。

2 第一次日中民間貿易協定

中国代表団の一員としてモスクワ経済会議に参加していた雷任民対外貿易部副部長(1955年以降、中国貿促会副主席を兼任)は、日本代表団の帆足らと接触し、日中民間貿易について話し合いを行った。会議後、1952年6月1日、中国貿促会と北京に立ち寄った日本代表団の3名との間で第一次日中民間貿易協定(以下:第一次貿易協定)が締結された[14]。日本との交渉は、冀朝鼎(中国貿促会秘書長)と倪蔚庭(中国進出口公司副総経理)が行い、接待係には孫平化や蕭向前が任命された[15]。全体は廖承志が統括し、周恩来に報告することとなった[16]。

こうして第一次貿易協定交渉を機に、廖班のひな型が誕生した。この時期すでに廖承志が、周恩来に対して対日政策を提案できる立場にいたことは確かである。ただし、第一次貿易協定が締結されたころは、まだ組織化されたグループではなく、周恩来の対日政策ブレーンという存在であった[17]。また、日本と中国のパイプをつないだのは南漢宸、雷任民であり、廖承志はパイプとしての役割は担っていなかった。

廖班の原型となった接待組は、日本からモスクワ経済会議参加者の3名が北京に来ることが決定した後に急造された。それは、中国側の準備不足というよりも、モスクワ経済会議でその意思を確認するまで、日本代表団の訪中が未確定の事項

であったためやむを得ないものであった。その後、趙安博、孫平化、蕭向前など知日派が集められ、最初の対日業務担当グループが組織されるが、正式な事務所がなく、組織としてはまだ整備されたものではなかった[18]。第一次貿易協定締結以後、日中関係は経済だけでなく多方面で拡大し、彼らの役割もまた重要度が増していった。

　第一次貿易協定の締結は、以後の日中間の直接貿易の基礎を築くものであり、これを契機に日中貿易は打開の方向に進み、以後日中関係は「積み上げ」方式で拡大していくことになった[19]。協定締結で中国は「平等互恵」の原則を強く日本側に主張した。交渉に際して南漢宸は「日本と中国との貿易の原則は、平和友好、互恵平等など、等価交換でなくてはならぬと思います。茶碗を輸出して鉄鉱石を輸入し、それを軍需に回すやり方では、互恵平等の原則に反すると思うのです」と述べたという[20]。

　しかし、経済的な面から見れば第一次貿易協定は中国側にとって満足な結果をもたらしたわけではなく、履行率はわずかに5.1％にすぎなかった。第一次貿易協定が満期を迎え、日中民間貿易協定を延長するかどうかの問題について、南漢宸は「なぜ日中貿易協定締結後1年もたちながら取引額は依然として協定で規定された総額からこんなにもはなれているのか」と述べ、その理由として禁輸政策を行っている米国とそれに追随している吉田内閣を批判した[21]。また、「米日反動派のもう一つの陰謀は、日中貿易をかりて日中貿易を破壊することである」と指摘し、日本政府が中国の必要とする物資の輸出を認めず、経済的に価値のない物資を中国に輸出し、見返りとして経済的価値の高い物資を日本に輸入しようとしている、と述べた[22]。このように、第一次貿易協定は、中国にとって平等互恵の原則が満たされたものとはいえなかった。

II　日中経済関係の発展

1　対日政策部門の組織化と第二次日中民間貿易協定

　1953年10月29日、第二次日中民間貿易協定（以下：第二次貿易協定）が締結された。第一次貿易協定での日本側の調印者は、直接に組織を代表するものではなかったが、第二次貿易協定は国会の超党派的連盟によって協定を結んだことに大きな特色があり、以後1958年まで続く双方の政治的積み重ねの第一歩として意味を持つものであった[23]。

　第一次貿易協定締結は、日本国内にも大きな影響を与え、1952年12月に超党

派から成る「日中貿易促進議員連盟」が結成された[24]。日中貿易促進議員連盟は 1953 年 7 月に禁輸緩和と渡航の自由、通商代表の交換を内容とする日中貿易促進決議案を国会に上程し、朝鮮戦争の休戦協定の影響もあり、衆議院は全会一致でこれを可決した[25]。こうして、中国への渡航が可能となり、池田正之輔を団長とする通商視察団が組織された。視察団は、中国貿促会の招聘を受ける形で訪中し、9 月 29 日から 10 月 29 日にかけて第二次貿易協定の締結に関する交渉を行った。

この時期は、中国の対日政策決定過程にも大きな変化が見られた。第一次貿易協定は手探りで締結されたものであり、中国側も十分な準備をもって行うことができなかった。それに対して、第二次貿易協定では、対日経済政策決定機関の組織化がなされた。

まず、情報の共有や指導部との意思疎通を徹底させるため、周恩来および王稼祥中聯部部長の指導の下で「日本『議員連盟』代表団接待委員会」（以下：「接待委員会」）が設立され、廖承志をはじめ雷任民、章漢夫、李初梨（中聯部副部長）、劉希文（対外貿易部、中国貿促会）、冀朝鼎らが主なメンバーとなった[26]。

接待委員会は、王稼祥を委員長とする「中共中央国際活動指導委員会」（1953 年 4 月設立）の下に設けられた組織であり、その副委員長であった廖承志が接待委員会の会議を招集することとなった。会議の招集権が廖承志にあるということは、実質的には廖承志をトップとする組織であったといえる。さらに、委員会の下には、趙安博を主任とする辦公室、「日本『議員連盟』代表団接待委員会辦公室」（以下：接待辦公室）が設けられ、廖承志の指示を受けることとなった[27]。接待辦公室は秘書組、招待組、翻訳組に振り分けられ、実務的な作業や、情勢の報告、意見の提出を行った。

また、貿易問題に関しては、接待委員会とは別に葉季壮（対外貿易部部長）をトップとする「貿易小組」が組織され、貿易交渉に向けた研究と実際の交渉を行うこととなった。主なメンバーは雷任民、冀朝鼎、蘆緒章（対外貿易部第三局局長[28]）、倪蔚庭、舒自清（対外貿易部輸出局副局長、中国貿促会副秘書長）、孫純（対外貿易部輸入局副局長）、詹武（中国銀行副経理）、蕭方洲（中国貿促会副秘書長）らであった。接待辦公室の役割が日本訪中団の接待や翻訳など実務全般に関わるものであったのに対して、貿易小組は貿易問題に特化したものであった[29]。

図 3–1 から分かるように、貿易小組の雷任民、冀朝鼎は接待委員会のメンバーを兼任し、倪蔚庭は接待辦公室の一員でもあった。このように、貿易小組は国際活動指導委員会によって決定された方針の下で貿易問題について研究を行い、そ

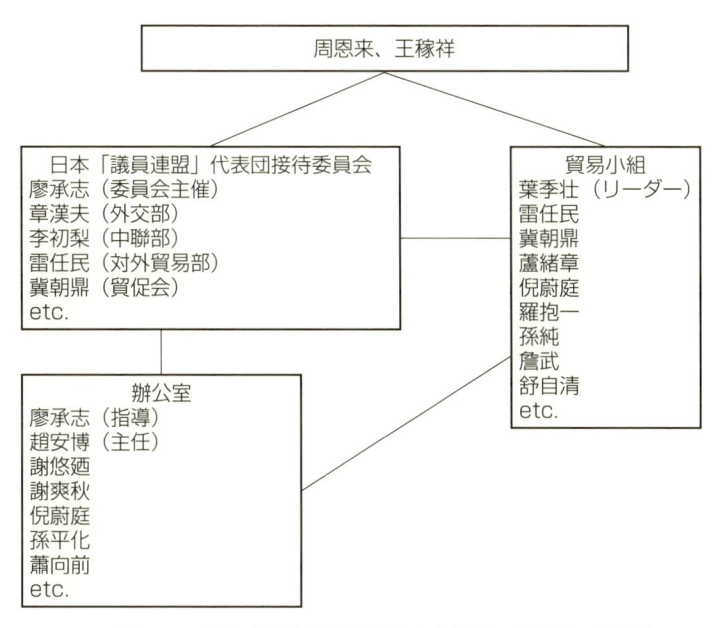

```
                    ┌──────────────────┐
                    │   周恩来、王稼祥   │
                    └──────────────────┘
                       ╱            ╲
┌─────────────────────────────┐   ┌──────────────────┐
│ 日本「議員連盟」代表団接待委員会 │   │     貿易小組      │
│ 廖承志（委員会主催）          │   │ 葉季壮（リーダー） │
│ 章漢夫（外交部）              │   │ 雷任民            │
│ 李初梨（中聯部）              │   │ 冀朝鼎            │
│ 雷任民（対外貿易部）          │   │ 蘆緒章            │
│ 冀朝鼎（貿促会）              │   │ 倪蔚庭            │
│ etc.                         │   │ 羅抱一            │
└─────────────────────────────┘   │ 孫純              │
            │                      │ 詹武              │
            │                      │ 舒自清            │
┌─────────────────────┐            │ etc.              │
│       辦公室         │            └──────────────────┘
│ 廖承志（指導）       │──────────────────┘
│ 趙安博（主任）       │
│ 謝悠廸               │
│ 謝爽秋               │
│ 倪蔚庭               │
│ 孫平化               │
│ 蕭向前               │
│ etc.                 │
└─────────────────────┘
```

図3-1　第二次日中民間貿易協定交渉時の中国側の組織図
出所：「招待『日本国会議員促進日中貿易連盟』訪華代表団資料目録」（1953年9月26日）中華人民共和国外交部档案館档案（105-00253-1）の記述を基に筆者が作成

　の情報は接待辦公室と相互に共有されていた。この政策決定プロセスは、第二次民間貿易協定だけでなく、その後の第三次、第四次協定も基本的には同様の形であった。対日貿易政策の策定は、貿易小組が起草したものを廖承志がチェックするという形で行われていたといえる[30]。

　第一次民間貿易協定と異なり、第二次貿易協定は中国にとっても組織化された相手との初の交渉であった。そのため、この交渉における中国側の第一の目的は、まず日本側にそれまでの「帝国主義的な中国観」を棄てさせ、中国の原則を認識させることであり、その後に貿易問題についても話し合うというスタンスであった[31]。貿易問題に関しては、日本の資産階級と米国の矛盾を拡大させ、吉田政府を弱らせるという目的があったが、新たな貿易協定締結自体は日本が要求してきたら応じ、中国側は主導的な立場をとらないという慎重な姿勢であった[32]。

　第二次貿易協定交渉に参加したのは、南漢宸、冀朝鼎以外に、蘆緒章、謝悠廸（中国貿促会連絡部部長）および、外交部、貿易公司、銀行などの幹部がいた。また、第一次貿易協定締結時に接待に当たった孫平化、蕭向前、董超、範紀文ら

も交渉に参加した33)。日常接待は冀朝鼎の指示の下で行われ、交渉の具体的な案件については、中国進出口公司経理の倪蔚庭らが担当した34)。

交渉では貿易の取引の方式について議論が行われたが、日中貿易促進議員連盟団と中国貿促の間で1953年10月29日に第二次貿易協定が締結された35)。協定締結後、廖承志は日本代表団と接見し、「工業日本、原料中国」などの帝国主義的観点や「中国が工業化すれば、日中貿易の前途は危うくなる」などの意見を日本が克服すれば、日中貿易はさらに発展すると訴えた36)。しかし、これは中国アジア太平洋委員会副主席として、同主席の郭沫若とともに接見したものであり、廖承志が交渉の舞台に立つことはなかった。

2　第三次日中民間貿易協定

1954年12月に鳩山一郎内閣が発足した。鳩山はかねてよりソ連や中国との関係正常化に対して柔軟な姿勢を明らかにしていた。鳩山就任に先立つ1954年10月12日には、中国政府がソ連と共同声明を発表し、「互恵の条件によって、日本と広はんな貿易関係を発展させ、並びに日本と密接な文化上の連繫を樹立することを主張」し、「ステップを踏んで日本との関係を正常化したいと願っていることを表明」しており、1950年代を通じて中国が最も日中交正常化を期待したのがこの時期であった37)。周恩来は、1972年の竹入義勝公明党委員長との会談時、鳩山内閣時が一つの国交正常化のチャンスであったと回想している38)。また、第三次日中民間貿易協定（以下：第三次貿易協定）交渉に参加した孫平化も、協定の締結を「政府間のつながりをつけ、中日関係を打開することに発展させるとの戦略から、（中国は）極めて重視した。主なメンバーの名刺には、官職と民間の身分を明らかにし、政府の官職を前に置いた」（括弧内、筆者註）、と回想しており、当時の中国指導部の期待の高さがうかがえる39)。

先述したように、第二次貿易協定交渉は、中国にとってはじめて組織された日本代表団との交渉であり、中国側からは貿易協定についての話を切り出さないというスタンスであった。それに対して、第三次貿易協定交渉においては中国側も積極的に交渉に臨もうとしていた。中国側はこの交渉において、輸出入品や支払い方式など貿易に直接的に関わる問題以外に、「貿易に関係するそのほかの問題」についても議題として扱おうとしていた。「そのほかの問題」とは、日本の船舶航行、商品展覧会、日本貿易代表団や個人の訪日、中小企業との関係など多岐にわたっていたが、最も重要だったのは通商代表部の相互設置についてであった40)。

1955年3月29日、中国貿易代表団が初めて訪日した。団長は雷任民で、副団

長として李燭塵（中国貿促会副主席）と盧緒章らが参加した。彼らの目的は、経済関係を強化させ、日本の対米依存を減少させること、民間接触をもって政府とのパイプをつくること、そして財閥や資本家との接触などであった[41]。

5月4日には第三次貿易協定が締結されたが、通商代表部の設置については、交渉はまとまらず、相互設置に向けてお互いに努力することを確認するにとどまった（通商代表部をめぐる議論については第5章を参照）。

結局、鳩山首相が貿易協定に「支持と協力を与える」旨を日本側が中国側に伝えたことによって、交渉は合意に至った。中国側も鳩山首相の言質をとったことで、第三次貿易協定は第二次よりも一歩前進したという認識を示し、今後はさらに貿易関係で日本政府との関係を密なものとし、より有利な条件を勝ち取ることを次の目標に定めた[42]。だが他方で、日本との交渉や貿易協定締結後に鳩山首相が「支持と協力」は日中貿易全体についてであり、第三次貿易協定自体に対してではないという認識を示したことで、日本の「統治階級」は「非常に狡猾であり、二面的な手段を弄するのが得意である」という認識も抱くようになった[43]。

第三次貿易協定は、中国側が日本政府および政財界とのパイプ作りという点から、通商代表部については、妥協的な姿勢を示したことにより締結されたといえる。また、この協定において通商代表部を設置する方式として「半官半民」という新しい関係方式が初めて提示された点でも意味のあるものであった。

この時期、廖承志は周恩来と共にバンドンで開催されたアジア・アフリカ会議に参加しており、日本側との交渉は、雷任民を中心とする対外貿易部を中心とするメンバーが行っていた。第三次貿易協定までの廖承志の役割は、対日業務の実務統括者ではあったが、第四次民間貿易協定交渉の際に見られるような日中関係の調整役は果たしていなかった。

III 「以民促官」の限界

1 第四次日中民間貿易協定

第一次貿易協定から第三次貿易協定までは、通商代表部設置などの問題があったものの、協定締結に大きな困難は伴わず、比較的スムーズに関係が発展していったといえる。しかし、第四次日中民間貿易協定（以下：第四次貿易協定）はそれまでとは異なり、交渉は進展せず、一度は中断されるに至った。その背景には、第四次貿易協定を単なる第三次貿易協定の更新ではなく、日中関係をより一歩発展させたものでなくてはならない、という中国側の認識が存在していた。

第三次貿易協定の期限は1年間であり、1956年の5月3日で期限を迎える前に、協定の延長、もしくは新たな貿易協定を締結する必要があった。日本側は、日中貿易促進議員連盟、日本国際貿易促進協会、日中輸出入組合の三者が会談を行ったが、「期限満了前に、同協定（第三次貿易協定）以上さらに前進した協定を新たに締結することは勿論、日中両国政府間協定の実現も現状においては困難である」（括弧内、筆者註）との結論に達した[44]。このため、新たな貿易協定の締結ではなく、既存の貿易協定の延長を中国側に打診した。

　この時期、日本では、業界の強い要望に押されて、機械類10品目の禁輸解除について米国側と話し合いをはじめ、衆議院では自民・社会両党議員提案による「日中貿易促進に関する決議」が可決されるなど、日中貿易発展に追い風が吹いていた。しかし、これを危惧した米国の圧力によって、貿易発展の動きは沈静化していった[45]。

　日本側の協定延長に対して、中国側は同意を示したが、延長期間は1年とし、さらに日本が代表団を派遣するか、もしくは、中国側から日本に代表団を派遣して未解決事項に関する意見交換を行う意思がある旨を伝えた。中国側は、第三次貿易協定期間内に、通商代表部設置問題などの未解決な問題を処理したいと考えており、これらの問題の解決の見通しが立たないまま第四次貿易協定を締結する意思はなかった[46]。

　こうして、第四次貿易協定締結の見通しが立たないまま、第三次貿易協定は延長された。また、1956年10月15日には「日中貿易の一層の促進に関する共同コミュニケ」が発表され、民間通商代表部の相互設置や政府間の貿易協定の早期締結の実現に向けて努力することが確認された[47]。

　第三次貿易協定の延長は、第四次貿易協定を締結する環境がまだ整っていなかったためであった。これは、「以民促官」の関係発展方式が徐々に限界にきていたことを意味し、その後の第四次貿易協定交渉が難航することを示唆するものであった。

　第四次貿易協定の交渉が開始されたのは、第三次貿易協定の延長期限が切れてから4カ月以上経過した、1957年9月21日であった。延長期間中に交渉が行われなかったのは日本側が国内で意見調整ができなかったからであった。4月30日に、日本側は日中貿易促進議員連盟、日本国際貿易促進協会、日中輸出入組合の連名で、通商代表部設置などについての政府当局の態度が決まらないため、交渉の時期を延期したい旨を中国側に連絡した[48]。中国側はそれを了承したが、それに先駆ける4月12日に訪中した社会党の代表団に対して、第三次貿易協定

のさらなる延長は好ましくないとし、「情勢の変化などもあるから、第三次よりも一歩前進したものとしたい」、「従って第三次協定の未実現事項を早く解決したい」と伝えていた[49]。

第四次貿易協定締結交渉は、その開始すらも不透明な状態であった。石橋湛山内閣に代わって岸信介内閣が誕生した。中国は、岸内閣の「中国敵視政策」を警戒し、また、名古屋、福岡で開催予定であった商品展覧会における指紋押捺問題[50]もあり、岸内閣に対する大々的な批判を展開するようになった。1957年7月15日に周恩来は、岸内閣を「鳩山内閣と石橋前首相はいずれも友好的な考えをもっていた。[中略] しかし、事実が証明するように岸内閣は、鳩山内閣、石橋内閣よりもかえって逆戻りしている」として、訪米した際の岸の中国に対する発言を強く非難し、また、「第三次日中貿易協定で決められている互いに民間通商代表部を設ける問題を支持せず、我々の代表の指紋をとることを強調し、通商代表部を非公式のものにかえようとしている。これはわが国を侮辱するものであり、実質的に通商代表部の設置を妨げるものである」として岸内閣が第四次貿易協定の障害であるという立場を示した[51]。

中国は岸内閣を批判することによって、日本国内の反岸の動きを活発化させ、それによって日中関係を発展させることを期待していた。そして、第四次貿易協定交渉が、日本の反岸動向の指標となった。

日本側が国内意見をなんとか調整し、1回目の交渉が北京で開始された。中国側の交渉担当者は、雷任民を責任者として、李新農（対外貿易部第四局副局長）、舒自清、孫純、詹武、蕭方洲の対外貿易部を中心としたメンバーであった。廖承志も南漢宸が催した日本訪中団（代表・池田正之輔）の歓迎会の席に出席した[52]。また、雷任民と共に代表団の一員であった川勝傳と非公式に接触し、第四次交渉が成功する見通しについての話し合いを持つなどしていた[53]。池田も中国に着くと同時に「(周)総理の岸内閣批判は誤解からくるものであり、廖承志氏に一度説明してもらうつもりだ」と中国側に伝えており、廖承志が対日政策に大きな影響力を持っていたことは、日本側も認識していた[54]。ただし、交渉自体を行っていたのは雷任民ら対外貿易部を中心としたメンバーであり、廖承志が中国側の代表として日中間の意見調整を行っていたわけではなかった。

2　貿易交渉中断と廖承志の役割の拡大

第四次貿易協定は双方が締結を望んでいたにもかかわらず、交渉は難航した。交渉は、通商代表部問題、支払い問題、商品分類を話し合う小委員会が設けられ、

部門ごとに交渉が進められた[55]。交渉が難航した主な要因は、第三次貿易協定で未解決であった通商代表部の相互設置と駐在員の人数の問題であった。

通商代表部設置問題では、日本側は、民間通商代表部は駐在員5名、補助員5名の計10名であり、そのなかで（家族を含めて）5名まで指紋の押捺を免除する、外交特権は認めない、などを提案した。指紋押捺問題については、交渉開始前に日本側代表の池田が、「今回は日本政府の同意をある程度得ており、民間貿易代表機関の設置と中国通商代表部の指紋をとらないことに政府は同意している」旨を中国側に伝えていた[56]。そのため、中国側は、「『日中貿易の一層の促進に関する共同コミュニケ』の規定にも違反し、かつそれよりはるかに後退した案である」として批判した[57]。そして、人員の人数は、まず通商代表部の役割を明確にしたうえで、規定すべきだとし、おおむね代表部の人員の人数は家族を除いて30名となり、指紋は一切とらないことを要求した[58]。その後、指紋押捺問題については家族の指紋はとらないとしたために一応の解決を見たが、人員の人数については折り合いがつかなかった。

ここまでの交渉は、貿易に関するものというよりも政治的なものであり、「中国側は日中交渉を政治的にとりあげ、岸内閣に対する激しい非難の場所として利用した。[中略] 中国側代表は人数の問題をあらゆる政治問題の焦点として」取り上げた、と日本側が感じるほどであった[59]。

このまま小委員会で交渉を行っても問題が解決しないと判断した日本側代表の池田が、中国側代表の雷任民と直接の話し合いに臨んだが、通商代表部の人員問題はすぐには解決できないという共通認識に至っただけであった。

交渉は1カ月あまり続いたが、通商代表部の人数規定については、後日の話し合いで解決するということになり、中国側からの提案で、第四次貿易協定は協定本文、覚書、共同声明の三つから成り、通商代表部設置問題は覚書のなかに盛り込まれることとなった。中国側が提示した草案は、「代表部の問題を除いては思い切った譲歩を行い、日本の要求を受けいれて」いた[60]。これは、人数規定問題では決して譲歩しない姿勢を貫く代わりに、内容や文字表現などは日本側の提案に沿ったものにするという、周恩来の指示があったからであった[61]。

だが、こうした中国側の譲歩も協定締結には結びつかず、1957年11月1日、日中双方は、交渉を中断する旨の共同声明を発表した。声明では、「双方は中国側の提案した第四次日中貿易協定草案を討議し、全体会議の結果意見の一致を見た」としながらも、通商代表部の相互設置に関しては、日本側が帰国のうえ検討することを表明した[62]。

第四次貿易協定交渉がそれまでの貿易交渉と比べて難航した要因は、表面的には通商代表部設置問題であるが、より本質的には、中国の望む日中経済関係の発展を日本側が実務上処理できなくなったことにあった。第三次貿易協定までは、双方がまだ手探りの段階であったのに対して、第四次貿易協定交渉では、中国側は明確に関係の発展を望んでいた。このため、日中経済関係は、経済の枠を超えて政治問題に転化したのである。これは、日中経済関係が、それまでのように相互に貿易代表団を派遣し、その場の交渉によって問題を解決し、協定を締結できる段階ではなくなっていたことを示していた。

　こうしたなかで、日本との意見調整役として登場したのが廖承志であった。1957 年 12 月、廖承志は池田正之輔および社会党の勝間田清一と会談を行い、貿易代表機関の人数制限問題を解決すべく調整を図った。人数制限について廖承志は、中国側が主張していた「仕事の必要に応じて決定する」という原則は外せないが、いったん決めたら将来増やさないとすること、そして人数も日本側が想定している人数とそう大きく変わらないとすることで、日本側に譲歩を迫った[63]。池田も「憂いていたことは、『業務上必要』というのでは、今年は一応 10 名くらい来るが、貿易の発展そのほかで、来年はまた何名か、といったふうにどんどん派遣員をふやされるということで、これが大きなポイントであった。この点がはっきりした以上憂いはなくなったわけだ」として、第四次貿易協定締結に向けての障害がなくなったという認識を示した[64]。

　こうして、1958 年 2 月 26 日から第四次貿易協定交渉が北京で再開され、3 月 5 日に調印された。第三次貿易協定と比べて進展があったのは、特に通商代表部の役割が規定されたことであった[65]。また、覚書についても前年 11 月の交渉中断時に中国側の提示したものが採択された。国旗については、「国旗の権利を与えること」と中国の承認が無関係であり、議論の対象としないことが「第四次日中貿易協定および覚書に関する打ち合わせ要旨」に付け加えられた。翌日の『人民日報』では、「新協定と覚書は民間通商代表部の相互設置の関係項目について確実に実行できる明確な規定を行った」、「今回の通商代表部の設置の実現によって、我々は、日中貿易の発展が新しい段階に入るものと信じている」として、日中関係が第三次貿易協定と比べてさらに発展したと位置づけた[66]。

　経済関係を通じて日中関係が発展することを中国は望んでおり、日中関係は経済関係から徐々に政治関係化した。それまで日中経済関係の交渉窓口は、中国側は中国貿促会であり、日本側は日中貿易促進会、日中貿易促進議員連盟、日本国際貿易促進協会の三団体が基本的な形であった。しかし、日中関係が政治問題化

するにつれ、中国貿促会と日本三団体では処理しきれない状況が生まれた。

　こうした状況のなかで、表舞台に出てきたのが廖承志であった。廖承志は1950年代前半から一貫して対日業務の統括者であったが、それまでは貿易交渉の表舞台に立つことはなかった。日中経済関係が政治問題化するようになって以降、廖承志の個人的な結びつきによって日本との利害調整を行う必要性が出てきた。この後、長崎国旗事件を受け、日中経済関係が断絶すると廖の政治的調整役としての役割はさらに重要なものとなっていく。

3　対日政策機関の設立

　本章Ⅱで述べたように、対日（経済）政策は、国際活動指導委員会の指導の下で、副委員長の廖承志が、各関係部門のメンバーを適宜招集し、そこで行われる会議によって政策の方針が決定されていた。この会議は正式名称が存在しないため、本章では、便宜的に「対日業務会議」と呼称する。

　対日業務会議によって決定された方針の下、貿易問題については対外貿易部が、それ以外の問題は外交部が、それぞれ具体的な政策策定を行っていた。例えば、民間貿易交渉の具体的な問題や第三次貿易協定の延長問題については対外貿易部が、それに伴う指紋押捺問題については外交部が主管していた[67]。ただし、これらを統括していたのは、国際活動指導委員会であり、より厳密にいえば廖承志であった。政策の策定に際して各部門が指示を仰いでいた（「請示」）のも同委員会に対してであった。指紋押捺問題についても、外交部副部長の章漢夫が廖承志、趙安博、雷任民と問題を研究していたことが、中国外交部档案によって確認できる[68]。

　ただし、廖承志はあくまで対日業務の統括者であり、実行者ではなかった。第二次貿易協定も、廖承志は接待などを指導したが、実務を担当したのは、趙安博であった。また、接待に関しても常に廖承志の指導があったわけではなかった。第四次貿易協定交渉の際の日本訪中団の接待役は、廖承志辦公室のメンバーではなく、対外貿易部（表向きは中国貿促会）の雷任民の指示の下、蕭方洲、徐縄武（中国貿促会）が中心となっていた[69]。ただし、第四次貿易協定（1958年2月）は、国際活動指導委員会から国務院外事辦公室へと「外事」事務機構が移る時期であったため、その影響の可能性も否定できない。

　すでに第1章、第2章でも論じられているように、1958年3月に中国共産党（以下：中共）中央外事小組（組長：陳毅、メンバー：張聞天、王稼祥、李克農、廖承志、葉季壮、劉寧一）が設置され、その事務機構として国務院外事辦公室（以

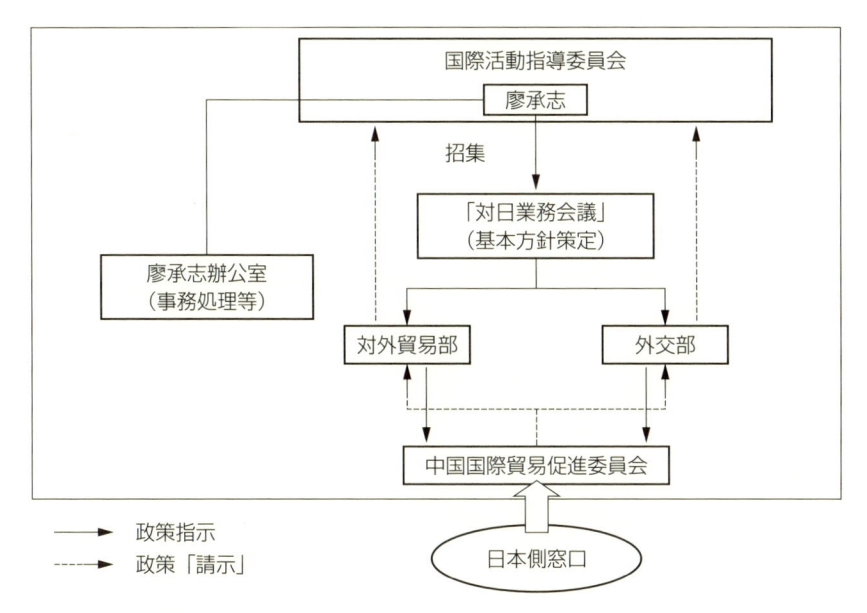

```
┌─────────────────────────────────────────────────────────┐
│                    国際活動指導委員会                      │
│                       廖承志                             │
│                        ↑                                │
│                      招集 ↓                              │
│                   「対日業務会議」                         │
│                   (基本方針策定)                          │
│   廖承志辦公室          ↓  ↓                             │
│   (事務処理等)    対外貿易部   外交部                      │
│                        ↓  ↓                             │
│                  中国国際貿易促進委員会                     │
└─────────────────────────────────────────────────────────┘
                              ↑
     ──→ 政策指示           日本側窓口
     ---→ 政策「請示」
```

図3−2　国務院外事辦公室ができる以前（1953〜1958.2）の対日経済政策における主な決定プロセスと日本側との交渉窓口

出所：「招待『日本国会議員促進日中貿易連盟』訪華代表団資料目録」（1953年9月26日）中華人民共和国外交部档案館档案（105-00253-01）、「延長第三次中日貿易協定問題的請示及与日本方面往来函電」（1956年4月20日－1956年6月19日）中華人民共和国外交部档案館档案（105-00506-02）、「我赴日展覧団関於拒絶盖指紋問題的請示及中央批示的処理意見」（1955年11月15日－11月21日）中華人民共和国外交部档案館档案（105-00211-01）などを参考に筆者が作成

下、外辦。主任：陳毅、副主任：廖承志、劉寧一、孔原、張彦）が設置された[70]。国際活動指導委員会は解散され、その業務は外辦が引き継ぎ、さらにその下に「外辦日本組」（「小日本組」）が設置された（主任：楊正、後に王暁雲）。これに伴い、それまで国際活動指導委員会が招集してきた「対日業務会議」も外辦によって招集されることとなった。これが「大日本組」である。

図3−2、図3−3を比較してみても分かるように、この組織改編によって、従来の対日経済政策の決定プロセスが大きく変化したわけではなかった。しかし、国家機関のなかで廖承志が対日政策の統括者となったことは、この後廖承志が対日政策の前面に出てくるようになったことと無関係ではないであろう。また、後述するが、日中経済関係の政治問題化や、長崎国旗事件による日中経済関係の断絶によって、中国貿促会の交渉窓口としての機能が低下した。特に政治問題についての窓口が存在せず、結果的に廖承志個人が直接日本側との窓口になっていっ

```
                  ┌─────────────────────────────┐
                  │      国務院外事辦公室        │
  ┌─────────┐     │      ┌──────────┐          │
  │日本側窓口│━━━▶│      │ 廖承志   │          │
  │(個人的関係)│   │      └────┬─────┘          │
  └─────────┘     │           │                │
                  │    ┌──────┴──────┐         │
                  │    │「小日本組」(事務処理等)│
                  │    └──────┬──────┘         │
                  └───────────┼────────────────┘
                              │
                      ┌───────┴────────┐
                      │  「大日本組」   │
                      │ (基本方針策定) │
                      └───┬────────┬───┘
                     ┌────┘        └────┐
                     ▼                  ▼
                ┌─────────┐         ┌────────┐
                │対外貿易部│         │ 外交部 │
                └────┬────┘         └───┬────┘
                     └────────┬─────────┘
                              ▼
                    ┌──────────────────┐
                    │中国国際貿易促進委員会│
                    └──────────────────┘
                              ▲
                        ┌─────┴─────┐
                        │ 日本側窓口 │
                        └───────────┘
```

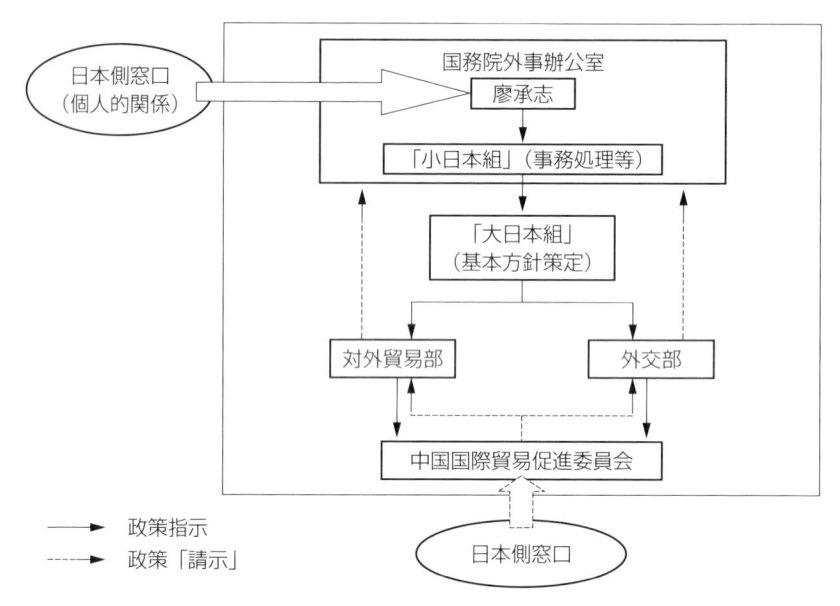

―――▶ 政策指示
----▶ 政策「請示」

図3-3 外事辦公室設立以後（1958.3～1962）の対日経済政策における主な決定プロセスと日本側との交渉窓口

出所：徐則浩『王稼祥年譜』北京：中央文献出版社、2001、454頁、丁民氏に対するインタビュー（2011年11月22日、北京）などをもとに筆者が作成

たことも、1958年以降の日中経済関係の特徴といえる。

Ⅳ　対日関係の再構築

1　日中関係の断絶

　第四次貿易協定の締結は、中国にとって日中関係の発展であった。しかし、その発展は長くは続かなかった。岸内閣は、日本の国内法の範囲内かつ中国政府未承認の原則の下ではあるが、貿易拡大の目的が達成されるよう支持と協力を与えるという立場を示した。しかし、中国の国旗を民間通商代表部に掲げることは、中国を承認していないという立場から、これを認めないことを明らかにした。

　この日本政府の国旗に対する姿勢を受けて中国は、日本政府を「実際上米国の政府の意思に屈従」しており、「『支持と協力』といういつわりの言葉を用い、本当の意図をあえて公開しないもの」であると非難し、さらに「日本政府は、屈辱と不平等な条件の下で、中国はどうしても日本と貿易をやらざるを得ないと考え

ているようであります」、「われわれは、日本政府が設けた障害が除去されないかぎり、この協定を実施することができない」として第四次貿易協定を履行しない旨を日本側に伝えた[71]。

このように国旗掲揚をめぐって中国がきわめて敏感になっていた時期に、追い打ちをかけるように発生したのが長崎国旗事件であった。この事件を受けて、廖承志は周恩来と陳毅外交部長（副総理を兼任）に事件の詳細を報告すると共に対応を検討した[72]。そして中国は日中貿易の中断をはじめ、日本の漁船を拿捕するなどの措置をとり、日中関係は断絶状態となった。

日中経済関係の断絶を打開するために、日中間では多くの接触があった。1958年7月に第二一次帰国船白山丸・乗船代表として訪中した宮崎世民（日中友好協会常任理事）らが廖承志、趙安博、蕭向前ら、中国の対日業務の中心グループと会談を行った。その席で廖は、日中関係改善には岸政府が①中国を敵視する政策をやめる、②「二つの中国」をつくる陰謀を放棄し、③国交正常化を妨げない、ことを伝えたという[73]。いわゆる日中「政治三原則」である[74]。

日中関係改善の条件を示した廖承志は、加えて「決して長い期間とは思われないから専業会社、中小企業関係者も我慢してほしい。しかし、中国側に関していえば、5年でも10年でも待つことができ少しも痛痒を感じない」、「今度は中国が静観する番だ」と述べ、経済関係当事者に配慮を示す一方で関係改善の選択はあくまで日本側の責任によるものだという立場を改めて示した[75]。さらに、8月に佐多忠隆・社会党議員が訪中した際にも廖はより明確な形で日中関係における問題点と改善の条件を提示した。

「政治三原則」は、中国が、民間経済関係から政治関係を発展させる「以民促官」から「政経不可分」へと対日政策を転換させたことを意味した。これによって、経済関係から政治関係へと発展してきた日中関係は、政治関係が打開されない限り経済関係も発展できないという状況になった。

ただし、中国は、日中貿易に関して、完全に受動的な立場に立っていたわけではない。1959年2月に岩井章（日本労働組合総評議会事務局長）らが訪中し、周恩来や廖承志、雷任民と話し合いを行った。中小企業の窮状を伝え、何らかの便宜を図ってほしいと訴えた岩井に対して、周は中小企業のうち「非常に困っているものにたいしては、友人の紹介があり、反中国的でない適当な保証さえあれば人民の間で個別に話し合うことを考慮する」と述べたという[76]。また、「日本政府の態度を見守る必要がある」とする一方で「ボウカン者にならない必要がある」と述べるなど、経済関係の断絶が日本国民の反感につながらないように一定の配

慮をしていた[77]。

2　LT貿易締結と廖承志の登場
(1)　中国の国内状況の変化と友好貿易

　日中関係が改善の兆しを見せるようになったのは、1959年9月の石橋湛山前首相の訪中からであった。この訪中は石橋から要請し、周恩来との会談が目的であった。また、仲介役を果たしたのは廖承志であった。石橋が北京の空港に到着した際には廖承志や李徳全（中国紅十字会会長）ら主だった要人が出迎えた。

　この時期、中国は松村謙三・自民党議員に対しても訪中の意思があれば招請状を送る旨を連絡しており、日中関係の改善に積極的に動いていた。しかし同時に、石橋や松村を中国に招請するのは、日本の政策と岸信介政府に対して中国が強硬的な姿勢をとらなければならない理由を説明するものであり、中国の基本政策は何も変わらないとして、中国側から妥協案を提示することはないことも同時に強調した[78]。

　石橋訪中に次いで10月には松村謙三も訪中した。松村は陳毅と周恩来と個別に会談をしたが、これらの会談に同席したのは廖承志だけであった[79]。こうした日本の政治家の訪中が即効的に日中関係を改善させたわけではないが、日中間がパイプを維持したことは、その後のLT貿易の実現の布石となるものであった。

　1960年6月に岸内閣に代わって池田勇人内閣が誕生した。岸内閣の解散につながった日本の安保闘争は中国でも非常に注目されており、『人民日報』などで頻繁に紹介され、内閣解散は「日本人民の新たなる勝利」として評価された[80]。ただし、池田内閣について、廖承志が日本社会党審議会代表団との談話で「岸信介内閣が倒れ池田内閣が成立したので、中国の対日政策はおのずと軟化するにちがいないと結論できるものではないだろう。これは軟化などというものではなく、軟化できるものではない」と述べたように、日本の政権交代が、中国の対日政策の変化を直接的に促しはしなかった[81]。

　こうしたなか、鈴木一雄（アジア・アフリカ連帯委員会代表幹事、日中貿易促進会専務理事）らが訪中し、日中貿易関係について周恩来、廖承志らと会談を行った。日中貿易が断絶したなか、貿易関係の往来も途絶えており、鈴木も、中国アジア・アフリカ団結委員会主席の廖承志によって、日本アジア・アフリカ連帯員会の肩書きで招待されていた[82]。この時、中国側から提示されたのが、①政府間協定、②民間契約、③個別配慮から成る「貿易三原則」であった[83]。

　この「貿易三原則」の「民間契約」の部分に基づいて、「友好商社」との貿易

（「友好貿易」）が再開され、断絶状態は解消された。これは、「政治三原則」に同意し、日中貿易促進会などの経済団体から「友好商社」として推薦された企業が中国貿促会の許可を得たうえで貿易交渉を行えるというものであった[84]。

中国が「友好貿易」を開始した背景には、大きく二つの要因があった。一つは多数の餓死者を出した大躍進失敗であり、もう一つが対ソ関係の悪化である。

1960年の7月5日から8月10日にわたって北戴河で中共中央工作会議が行われた。主な議題は、国民計画経済の調整問題と、ソ連共産党との関係であった[85]。この会議後、李富春（副総理）が提案した「調整・堅固・向上」に周恩来が「充実」を付け加え、経済調整の「八字方針」が打ち出され、経済再建の第一の課題は食糧問題の是正とされた[86]。

大躍進は、中国の対外貿易体制にも大きな影響を与えた。大躍進の指標は対外貿易にも影響を及ぼし、対外貿易部は、「大出大進」の目標を掲げ、盲目的に輸入を行うと同時に国力を超えて輸出を拡大した[87]。対外貿易政策の混乱を収めるために、1960年に党中央は緊急指示を発して、周恩来を長として、当時中国の計画経済を担っていた李富春、李先念（副総理）の「三人小組」によって対外貿易指揮部を設立し、全国の買付、輸出と調達を指揮し、さらに厳格に輸入をコントロールすることを決定した[88]。こうして、その年と翌年において「三人小組」の批准なしに、新しく輸入することは一切できなくなった[89]。また、周恩来は、陳雲副総理や葉季壮らに命じて、穀物の輸入に関する調査を頻繁に行った[90]。

大躍進の失敗に追い打ちをかけるように、1960年にソ連が中国で援助にあたっていた1,390人のソ連の専門家を引き上げ、343件にのぼる専門家派遣の契約と契約の補充文書、および257件の科学技術協力の項目を破棄し、貿易にも制限と差別政策をとった[91]。このソ連の措置に対して、同年9月の中ソ両党高級会談の場で、中国側はソ連との決別の意思を述べ、さらに「あなた方が専門家を引き上げることは、我々に損失を与え、困難を作り出し、我々の国家経済建設の全体計画と対外外交計画に影響を与えた。これらの計画はすべて練り直さなければならない。中国人民はこの損失を飲みこみ、自身の両手の労働によりこの損失を補い、自己の国家を建設する準備がある」と経済的にソ連に依存しない体制を作る意思を示した[92]。

こうした厳しい国内状況や対ソ関係の悪化によって、米国を除く西側諸国を中心とした資本主義国を主要貿易相手国とする道を、中国は真剣に模索するようになった。1961年に陳雲が党中央に行った報告でも、「穀物を毎年輸入するよりも、

国内で現在生産できない、工場建設のために必要な金属材料各種を輸入し、窒素肥料工場や合成アンモニア工場を建設して、穀物生産量を増やした方が有利である」と述べているように、他国に依存する経済的な脆弱性を低め、自力更生政策をとるためにも、化学工業製品などを西側諸国から輸入する必要があることが指導者間においても強く認識されるようになっていった[93]。

日本との友好貿易の開始もそうした経済政策の変化の一環であった。結局、中国国内が経済的破局によって苦しくなると、交流再開の条件としてきた政治三原則が満たされないまま、もう一度最初から積み上げ方式をやらざるを得なくなったとの理解もあるように[94]、1950年代の政治的発展に偏重していた対日経済関係は、この時期から、経済的効用も無視できない要素となった。

(2) 日中経済関係の改善とLT貿易

1961年になると池田内閣の対中政策改善によって、日中間の往来は急速な回復を見せ、長崎国旗事件以降の日本側のみが一方的に訪中するという状態が改善され、いくつかの中国代表団が相次いで訪日した[95]。ただし、1961年の時点では池田内閣が、中国の国連加盟問題を総会の三分の二以上の賛成を必要とする重要事項に定める方式を支持すると、中国は池田内閣への非難を強めるなど、必ずしも友好的な雰囲気とはいえなかった。

中国の対日経済政策が明確に改善へと動き出したのは、1962年以降であった。その年の1月から2月にかけて、中共中央拡大工作会議（「七千人大会」）が行われ、経済調整政策が本格化していくなかで、中国は日本からのプラント輸入を具体的に検討するようになり、積極的な対日アプローチを展開するようになった[96]。

こうした流れのなかで、1962年7月8日に中国囲碁代表団が訪日した。廖承志は陳毅と相談した結果、「大日本組」主要メンバーであった孫平化を副団長として参加させ、日本の要人と接触させることにした[97]。周恩来は、孫平化に「日本で機会があれば、松村（謙三）、高碕（達之助）両先生と会い、私と陳毅副首相のあいさつを伝達するとともに、お二人が中日関係の改善と貿易の長期発展について意見を交換するために中国においでになることを歓迎する、と伝えるように」（括弧内、筆者註）と命じたという[98]。

こうして、9月に松村謙三が訪中し、LT貿易の下地となるべき会談が行われた。松村の接待は国務院外弁が担当し、廖承志も接待を指導する立場ではなく、周恩来と陳毅の代理として接待業務に参画した[99]。さらに、10月28日には高碕達之助、岡崎嘉平太らが訪中した。高碕らの接待は、廖承志を筆頭に、趙安博、

孫平化、劉希文、蕭方洲、呉曙東、呉学文といった「大日本組」が担当した[100]。また、貿易業務における具体的な交渉については対外貿易部によって組織されたグループが担当することになっていた[101]。周恩来も高碕訪中を重要視しており、会談の進行状況を廖承志や対外貿易部の葉季壯、盧緒章らから細かく報告を受けていた[102]。

　この松村、高碕訪中において、特筆すべきは、廖承志がそれまでのように接待を指導するだけでなく、自身がリーダーとして接待実務に関わるようになった点である。それまでの訪中団接待では、廖承志はそれを指導、もしくは統括する立場にはあったが、前面に出てくることはなかった。

　1962年11月9日「LT貿易覚書」が調印された。廖承志がいつの時点で中国側の代表になることが決定されたのかは明らかではないが、王俊彦によれば、どうやら高碕の訪中の連絡を受けて決定されたようである[103]。

　LT貿易の代表として、民間貿易の窓口である中国貿促会のメンバーではなく、廖承志が選ばれたことは、中国にとってこの貿易協定が単なる民間貿易ではなく、政治的関係も帯びていることを明示する意図もあったであろう。陳毅もLT貿易を「民間協定とも政府協定ともいえる。なぜなら、中国の当事者は政府の責任者であり、日本側も自民党の責任者であり、業界代表も日本政府と密接なつながりを持っているからだ」と評した[104]。こうして、廖承志は中国の対日関係の象徴となった。

　LT貿易協定の取り決め履行のため、双方はそれぞれ中国に廖承志辦事処、日本に高碕事務所を設置した。廖承志辦事処は国務院外事辦公室の指導の下で、外交部、対外貿易部の幹部によって構成され、対外連絡事務は、アジア地区を担当する対外貿易部第四局が担当した[105]。また協定取り決めの履行のために、日中それぞれ政治面でのコンタクト先を廖承志と松村謙三、経済面でのコンタクト先を廖承志、劉希文と高碕達之助、岡崎嘉平太とした[106]。こうしてLT貿易は、貿易関係だけでなく、それまで曖昧であった日中間の政治的問題の話し合いのルートも確立させた。

　経済面でいえば、それまで強くは見られなかった貿易問題についても廖承志の関与が見られるようになった。例えば、1963年9月にLT貿易2年度（1964年）の契約のために、日本から第二次使節団（代表：岡崎嘉平太）が派遣されたが、その交渉のために貿易小組を招集したのは廖承志であった[107]。中国貿促会も「友好貿易」の窓口として機能していたが、廖承志の指示を受けていた[108]。こうしたことから、LT貿易協定締結以後は、政治問題のみでなく、経済問題について

```
           ┌─────────────────────────────────┐
           │      国務院外事辦公室            │
           │         ┌─────────┐              │
           │         │ 廖承志  │              │
           │         └─────────┘              │
           │   ┌───────────────────────┐      │
           │   │「小日本組」(事務処理等)│      │
           │   └───────────────────────┘      │
           │              ↕                   │
           │      ┌──────────────┐            │
           │      │「大日本組」  │            │
           │      │(基本方針策定)│            │
           │      └──────────────┘            │
           │         ↙      ↘                 │
           │  ┌────────┐  ┌────────┐          │
           │  │対外貿易部│  │ 外交部 │        │
           │  └────────┘  └────────┘          │
           │      ┌──────────────┐            │
           │      │ 廖承志辦事処 │            │
           │      └──────────────┘            │
           │  ┌──────────────────┐            │
           │  │中国国際貿易促進委員会│          │
           │  └──────────────────┘            │
           └─────────────────────────────────┘
                    ↑              ↑
            ┌────────────┐  ┌────────────┐
            │日本側窓口  │  │高碕事務所  │
            │(友好貿易)  │  │(LT貿易)    │
            └────────────┘  └────────────┘
```

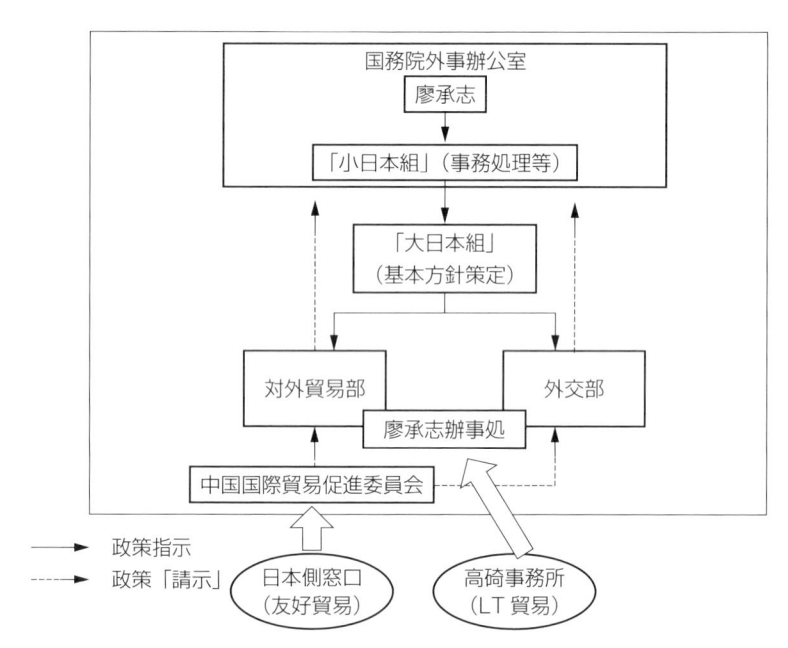

→ 政策指示
⇢ 政策「請示」

図3-4 廖承志辦事処設立後(1962.11〜1967)の対日経済政策における主な決定プロセスと日本側との交渉窓口

出所:林代昭(渡邊英雄訳)『戦後中日関係史』柏書房、1997年、「廖承志的下半年対日工作的請示報告」(1963年7月25日-8月28日)中華人民共和国外交部档案館档案(105-01863-01)などをもとに筆者が作成

も業務の統括者というだけでなく、より主体的に関与している姿勢が見てとれる。

LT貿易協定締結に伴い、「貿易三原則」にも変化が見られた。陳毅は12月に行われた南漢宸主催の宿谷栄一(日本国際貿易促進協会副会長)、鈴木一雄訪中歓迎会の席で、「①政治、貿易三原則に即し、政府間の日中貿易協定を望むなら、中国政府はこれに同意する。②それが実現するまでにも政府を背景とする民間取り決めを望むなら、私たちも望んでよい。③また、これと並んで中小会社友好商社が私たちとの間で取り決めを望むなら、一層望んでよい」と述べた[109]。それまでの「貿易三原則」は、「政府間協定」「民間契約」「個別配慮」であった。しかし、この陳毅発言では「政府間協定」の次に「半官半民契約」が挙げられており、「民間契約」と「個別配慮」は一つにまとめられている。

LT貿易協定によって、当初の「貿易三原則」には存在しなかった、「半官半民」が盛り込まれた。こうして、第四次までの貿易協定では実現できなかった「半官半民」の貿易関係と従来の純民間である「友好貿易」の二つの貿易形式が誕生し

た。これを廖承志は「二つの車輪」と呼んだ[110]。

3 「半官半民」関係と「二つの車輪」

　LT貿易協定締結により、日中関係は急速に接近した。経済的には、輸出入総額が1962年には3,846万ドルだったものが、1963年6,241万ドル、1964年1億5,273万ドル、1965年2億4,503万ドルと急速な伸びを見せた[111]。これはLT貿易のみではなく、それに呼応する形で「友好貿易」も大幅に伸びたためである。

　政治的には、1963年10月に廖承志を会長とする中日友好協会が設立された。日本の日中友好協会は1950年に設立されていたが、中国は、対日民間団体の設立を見合わせていた。しかし、LT貿易協定締結を境に、対日活動が大きくなっていくことに対応するために設立を決断した[112]。さらに1964年4月には「高碕・廖連絡事務所相互設置及びその代表の相互派遣に関するメモ」と「日中記者交換に関するメモ」に調印した。この取り決めにのっとって、中国側の廖承志辦事処東京連絡事務処（以下：東京連絡事務処）、日本側の高碕事務所駐北京連絡事務所が設置され、中国側の代表には「大日本組」の孫平化が選ばれた。

　東京連絡事務処は、日本側の活動状況を現地で把握していないと政治上中国にとって不利であるという認識によって設置された[113]。以後、東京連絡事務処が日本との窓口になり、日本の情報もそこを経由して、廖承志の元に届けられた[114]。このように、東京連絡事務処は民間の商務代表所ではなく、中国にとっては事実上の大使館であった。孫平化は、日中関係は「この時期にきて初めて、半官半民の状態に移り変わっていったのだ」と回想している[115]。

　だが、「半官半民」関係も順風満帆とはいかなかった。LT貿易協定の大きな焦点となったのが、中国のプラント輸入の問題であった。1960年前後の大躍進の失敗や対ソ関係の悪化に伴い、中国は西側諸国からのプラント輸入を模索するようになった。日本に対しても、1957年末ごろから、倉敷レイヨンと大日本紡績からのビニロン・プラントの輸入に興味を示していた。1960年に友好貿易が再開されると、対外貿易部、化学工業部、紡績工業部などが同日本企業と連絡をとっていた[116]。LT貿易協定の覚書にも、日本側の輸出品目としてプラントが明記されており、その支払い方法については、別途協議することとなっていた。LT貿易協定締結直後の12月には、ビニロン視察団（団長・楊維哲）が訪日するなど、中国はビニロン・プラントの輸入を重要視していた[117]。

　しかし、中国の対日プラント輸入は、長崎国旗事件の発生や、日本側が日本輸

出入銀行による融資に消極的だったため、なかなか展望がひらけなかった。こうしたなかでLT貿易協定によって確立された廖承志ルートが大きな役割を担った。1963年4月に松村謙三が廖承志に対して、プラント輸入に関する話し合いを行うために代表団を訪日させるようメッセージを送り、廖は孫平化、王暁雲、王効賢を派遣した[118]。訪日した孫らは、松村を介して、通産省官房長の渡辺弥栄司と非公式会談を行って事態の打開を図った（プラント貿易に関する日本側の議論は第6章を参照）。

ビニロン・プラント輸出をめぐる日本政府の対応は、中国にとっては、日本が親米反中路線から脱却するか否かの試金石でもあった。例えば、1963年1月に行われた、日中民間漁業協力協定の再締結交渉においても、周恩来は日本のLT貿易に対する姿勢を見てから応じたいとした[119]。また中日友好協会の設立に関しても、ビニロン・プラントの取引成立が前提条件となっていた[120]。

1963年6月に、中国技術輸入総公司と倉敷レイヨンとの間に、ビニロン・プラント取引が成立した。日本政府も8月に許可をし、日本輸出入銀行が融資することになった。これは中国にとって初めての、資本主義国からのプラント輸入であった。

しかしそれ以降、日中のプラント貿易は滞ることとなった。大きな理由は「第二次吉田書簡」であった[121]。1963年に発生した周鴻慶事件[122]の処理を任された吉田茂は、台湾に赴き、プラント貿易において日本輸出入銀行融資は使わないことを国府に対して書簡で表明した。これは日本企業は、民間ベースでのみプラントなどの大型契約を行わなくてはならないことを意味していた。このため、続々と中国とプラント契約を締結する西欧諸国企業の存在もあり、日本企業からも焦りと日本政府に対する不満が増大し、国内においても議論された[123]。

中国側はこの書簡を、国府による内政干渉の受け入れであると強く非難し、1965年2月から5月にかけて東洋エンジニアリングとの尿素プラント関係を取り消し、日立造船の船舶輸入およびニチボーとのビニロン・プラント輸入に関する契約をたて続けに破棄した。日立造船との契約破棄に関して、廖承志辦事処から高碕事務所宛の電報で、「終始、中国を蔑視、敵視する政策を頑迷にとりつづけ、『覚書貿易』（LT貿易）の正常な発展を妨げたばかりではなく、さらに故意に論点をごまかして、責任転嫁しようとしました」と日本政府を非難した[124]。

結局、中国はこの時期に西欧諸国との間に約20ものプラント契約を行ったのに対して、日本とは倉敷レイヨンの一つのみに終わった。どの時点で中国が「第二次吉田書簡」の存在を把握したのかは定かではないが、1964年の9月に調印

されたLT貿易の3年度目の協議事項の時点では、まだ「日立造船所株式会社の万トン貨物船輸入に同意する」旨が記載されていた。ビニロン・プラントに関する吉田の書簡が台湾側に送られたのが1964年5月であったため、少なくとも4カ月以上はその情報に触れていなかったか、あえて問題として取り上げなかったということになる。中国が「第二次吉田書簡」問題を取り上げるようになったのは、1965年1月末のことであった[125]。

中国の一連のプラント輸入契約破棄によってLT貿易の貿易額は伸び悩んだ。契約取り消しという措置がとられたのは、LT貿易が中国にとって「政治三原則」を基礎とするものであったことを意味する。しかしその一方で、友好貿易は維持され続け、長崎国旗事件の時のような全面的な経済関係の断絶はなかった。「二つの車輪」体制によって、中国はLT貿易と友好貿易を使い分けることが可能となったのである。

おわりに

本章では、中国の対日経済政策における廖承志の役割に着目して検証を行ってきた。1952年以降、廖承志は一貫して、対日業務の統括者であった。対日政策の実務方針は、事実上廖承志の招集する会議（1958年以降は「大日本組」）で決定がなされており、また彼の指導下で廖班のメンバーが、情報収集や政策の草案作成などを行っていた。ただし、経済問題については、対外貿易部のメンバーを中心として組織された貿易小組が、日本との具体的な貿易交渉方式を立案していた[126]。

中国にとって、日中経済関係は単なる経済的な関係のみでなく、「以民促官」によって最終的には国交正常化するための手段の一つでもあった。中国は民間貿易協定を通じて、経済関係から政治関係へと徐々に発展させていくことを目標にしていた。

日中経済関係は第一次貿易協定から第三次貿易協定まで比較的順調に発展していった。当初中国側の窓口となっていたのは、対外貿易部のメンバーが多く兼任していた中国貿促会であった。中国側の意図を日本側に伝え、おおまかな意見調整を行うのも中国貿促会の南漢宸主席や対外貿易部の副部長を兼任していた雷任民であり、この時期、廖承志の名が表に出ることはほとんどなかった。

しかし、第四次貿易協定のころになると、通商代表部など政治問題によって日中間の軋轢が表面化し、交渉が難航するようになった。日中経済関係が発展し、

政治的な問題が多くなり、さらに長崎国旗事件で関係が断絶すると、中国貿促会を窓口としての交渉では問題解決が困難となった。こうしたなか政治問題を解決するために「登場」したのが廖承志であった。彼の「登場」により、日中関係における政治的な対話ルートの基盤が構築された。こうした点において、1958年から1960年にかけての断絶期は、日中関係が政治的なルートの必要性を認識し、それを構築するための過渡期であったと位置づけることができよう。

　政治対話のルートはLT貿易協定を経てより強固なものとなっていった。LT貿易の代表に、それまでの民間貿易の窓口であった中国貿促会のメンバーではなく、廖承志が選ばれたことも、「半官半民」の「官」の部分を強調した人事であった。また、LT貿易協定締結以降は、政治面のみでなく、経済面においても廖承志が「貿易小組」を招集するなど、より強い関与が見られるようになった。

　こうして、1972年の国交正常化に至る道筋の第一歩が確立された。そのなかで廖承志の果たした役割は非常に大きいものであった。しかし、廖承志は日中関係の表舞台に最初からいたのではなく、日中関係が発展する過程で、その役割は表に出ない対日業務の統括者から、日本との政治問題の調整役を経て、対日関係の象徴へと変化していったのである。

1) 川勝傳『友好一路　わたしの「日中」回想記』毎日新聞社、1985年、80頁。
2) 1958年5月、長崎県長崎市にあるデパートで開催された中国切手・切り絵展覧会で、会場に設置されていた中国国旗が、日本の右翼青年によって引き下ろされた。日本政府は、当時中国を承認していなかったため、これを軽微な犯罪として処理した。これに対して中国側は「中国を敵視する岸内閣の態度がすでにがまんできないところまで来ていることをものがたっている」と述べ、日本との関係悪化は決定的なものとなった（「長崎国旗事件等に関する陳毅外交部長の談話」『日中関係基本資料集　1949～1997』（以下：『日中関係基本資料集』）霞山会、1998年、140-142頁）。
3) 例えば、田中明彦『日中関係1945-1990』東京大学出版会、1991年。ただし、近年では、単なる断絶ではなく、特に中国側の「断すれども絶せず」（「断而不絶」）政策として位置づける研究も見られるようになっている。例えば、大澤武司「戦後初期日中関係における『断絶』の再検討（1958-1962）――『闘争支援』と『経済外交』の協奏をめぐって」添谷芳秀編『現代中国外交の六十年――変化と持続』慶應義塾大学出版会、2011年、93-136頁。
4) 王偉彬『中国と日本の外交政策』ミネルヴァ書房、2004年。
5) 別枝行夫「戦後日中関係と非公式接触者」国際政治学会編『日本外交の非公式チャンネル』『国際政治』75号、1983年10月、98-113頁。
6) 鹿雪瑩『古井喜実と中国――日中国交正常化への道』思文閣出版、2010年。

7) 中華人民共和国外交部・中共中央文献研究室『周恩来外交文選』北京：中央文献出版社、1990年、53頁。
8) 中共中央文献研究室編『周恩来年譜　一九四九－一九七六』（上）北京：中央文献出版社、1997年、218-219頁。徐則浩編著『王稼祥年譜　一九〇六－一九七四』北京：中央文献出版社、2001年、407頁。
9) 中共中央文献研究室編『周恩来年譜』（上）218-219頁、226頁。
10) 李栄徳『廖承志伝』シンガポール：永昇書局、1992年、317頁。
11) 平野義太郎「国際経済会議の収穫」『中国資料月報』第51号、1952年5月、1-8頁。
12) 押川俊夫『戦後日中貿易とその周辺――体験的日中交流』図書出版、1997年、83頁。
13) 宮下忠雄『中国の貿易組織』アジア経済研究所、1961年、82頁。
14) 中国側の調印出席者は南漢宸である。
15) 李栄徳『廖承志伝』317頁。
16) 同上、317頁。
17) 同上、317頁。
18) 王偉彬『中国と日本の外交政策』65頁。
19) 宮下忠雄・上野秀夫『中国経済の国際的展開』ミネルヴァ書房、1975年、187頁。
20) 押川俊夫『戦後日中貿易とその周辺――体験的日中交流』87頁。
21) 日中貿易促進議員連盟編『日中関係資料（一九四五～一九六六年）』（以下：『日中関係資料集』）日中貿易促進議員連盟、1967年、146頁。
22) 同上、146頁。
23) 宮下忠雄・上野秀夫『中国経済の国際的展開』187頁。
24) 1950年に「中日貿易促進議員連盟」として結成されたが、朝鮮戦争を受けて活動を停止、この年に若干の名称変更とともに再結成された。
25) 岡本三郎『日中貿易論』東洋経済新報社、1971年、34頁。
26) 「招待『日本国会議員促進日中貿易連盟』訪華代表団資料目録」（1953年9月26日）中華人民共和国外交部档案館档案（105-00253-01）。
27) 副主任は謝筱迺、謝爽秋。そのほかのメンバーに倪蔚庭、孫平化、劉希文、蕭向前ら。
28) 第三局は西洋の資本主義国家との貿易を主管（宮下忠雄『中国の貿易組織』25頁）。
29) 「招待『日本国会議員促進日中貿易連盟』訪華代表団資料目録」（1953年9月26日）中華人民共和国外交部档案館档案（105-00253-01）。
30) 例えば、1957年の時点においても、日本との交渉方案は、対外貿易部が策定したものを、廖承志の同意を得た後、中央国際活動指導委員会に提出するという形式がとられていたことが確認できる（「関於日本三団体要求派代表団来華談判第四次日中貿易協定的報告」（1957年5月15日－1957年5月19日）中華人民共和国外交部档案（05-00547-01））。
31) 「関於日本三団体要求派代表団来華談判第四次日中貿易協定的報告」（1957年5月15日－1957年5月19日）中華人民共和国外交部档案（105-00547-01）。

32）同上。
33）林連徳『当代中日貿易関係史』北京：中国対外経済貿易出版社、1990年、17頁。
34）「招待『日本国会議員促進日中貿易連盟』訪華代表団資料目録」（1953年9月26日）中華人民共和国外交部档案館档案（105-00253-01）。
35）中国側の調印メンバーは南漢宸（主席）、盧緒章、倪蔚庭、馬一民、舒自清、高尚能、詹武、鄒斯頤、劉今生、張政、商広文、馮鉄城。
36）王俊彦『廖承志伝』北京：人民出版社、2006年、334頁。
37）「対日関係に関する中ソ共同宣言」『日中関係基本資料集』60-61頁。
38）石井明ほか編『記録と考証——日中国交正常化・日中平和友好条約締結交渉』岩波書店、2003年、5頁。
39）孫平化『私の履歴書——中国と日本に橋を架けた男』日本経済新聞社、1998年、88頁。
40）「中国訪問日本貿易代表団談判方案及附件」（1955年2月1日-6月30日）中華人民共和国外交部档案（105-00300-02）。
41）「中国訪日貿易代表団工作報告」（1955年6月1日-6月30日）中華人民共和国外交部档案館档案（105-00300-06）。
42）同上。
43）同上。
44）「第三次日中貿易協定一ヶ年延長　調印両団体、中国へ正式提案」『日中貿易議連週報』第46号（1957年4月30日）波多野勝編『日中貿易促進議員連盟関係資料集』（第2巻）龍渓書舎、1999年、35頁。
45）王偉彬『中国と日本の外交政策』98-110頁。
46）「延長第三次中日貿易協定問題的請示及与日本方面往来函電」（1956年4月20日-6月19日）中華人民共和国外交部档案館（105-00506-02）。
47）「日中貿易の一層の促進に関する共同コミュニケ」日中貿易促進議員連盟『日中関係資料集』165頁。
48）「新協定交渉延期要請　三団体、中国側へ打診」『日中貿易議連週報』第95号（1957年4月30日）波多野勝編『日中貿易促進議員連盟関係資料集』（第3巻）龍渓書舎、1999年、117-118頁。
49）「中国側、第三次協定の実行を要望　日中議連常任理事会　穂積氏らの訪中報告聴取」『日中貿易議連週報』第95号（1957年4月30日）波多野勝編『日中貿易促進議員連盟関係資料集』（第3巻）119頁。
50）日本国内で開催される中国物産展において、滞日期間が60日を超える中国人は例外なく指紋登録に応じる必要があると、日本入国管理局が主張した。これに対し中国側は、中国に対する侮辱であるとして、日本側の主張に応じない姿勢を見せた。
51）「日中関係に関する周恩来の日本新聞記者に対する談話」『日中関係基本資料集』118-121頁。
52）『日中貿易議連週報』第113号（1957年9月24日）波多野勝『日中貿易促進議員連

盟関係資料集』（第3巻）260頁。
53）「第四次中日貿易協定談判過程的主要情況」（1957年7月22日－11月1日）中華人民共和国外交部档案館档案（105-00547-02）。
54）同上。
55）各小委員会の中国側の代表は、通商代表部：李新農、決済問題：詹武、商品分類：舒自清。
56）「第四次中日貿易協定談判過程的主要情況」（1957年7月22日－11月1日）中華人民共和国外交部档案館档案（105-00547-02）。
57）「資料特集　第四次日中貿易協定協商の経過——使節団の出発から帰国まで」『日中貿易議連週報』資料特集号（1957年11月5日）波多野勝編『日中貿易促進議員連盟関係資料集』（第3巻）315-318頁。
58）同上、315-318頁。
59）同上、315-318頁。
60）同上、28頁。
61）「第四次中日貿易協定談判過程的主要情況」（1957年7月22日－11月1日）中華人民共和国外交部档案館档案（105-00547-02）。
62）「共同声明（第四次日中貿易協定交渉延長に関する）」日中貿易促進議員連盟『日中関係資料集』168頁。
63）「協商再開、登録法改正直後に日中議連、覚書の原則認める」『日中貿易議連週報』第128号（1958年2月4日）波多野勝編『日中貿易促進議員連盟関係資料集』（第4巻）龍渓書舎、1999年、33-34頁。
64）同上、4頁。
65）通商代表部の任務は、以下の六つである。
　1．協定実行中において発生した各種の事項について連絡と処理に当たること。
　2．各自国の市場状況を紹介すること。
　3．駐在国における貿易と市場にかんする状況を調査し資料を収集すること。
　4．両国の商工業者の取引活動と貿易上の往来に協力すること。
　5．両国間の技術交流について連絡と促進に当たること。
　6．各自の派遣期間より委託されたそのほかの貿易関係の事項を取り扱うこと。
66）「中日貿易協定終興籤字了」『人民日報』1958年3月6日。
67）「我赴日展覧団関於拒絶盖指紋問題的請示及中央批示的処理意見」（1955年11月15日－11月21日）中華人民共和国外交部档案館档案（105-00211-01）。「第四次中日貿易協定談判過程的主要情況」（1957年7月22日－11月1日）中華人民共和国外交部档案館档案（105-00547-02）。
68）「我赴日展覧団関於拒絶盖指紋問題的請示及中央批示的処理意見」（1955年11月15日－11月21日）中華人民共和国外交部档案館档案（105-00211-01）。
69）「接待日本談判第四次中日貿易協定代表団的方案」（1958年2月13日－2月21日）中華人民共和国外交部档案館档案（105-00599-02）。

70) 徐則浩『王稼祥年譜』454 頁および青山瑠妙『現代中国の外交』慶應義塾大学出版会、2007 年、44 頁。
71)「南漢宸電報」日中貿易促進議員連盟『日中関係資料集』181-185 頁。
72) 中共中央文献研究室編『周恩来年譜』(中) 143 頁。
73)「日中事態打開の三原則　友好協会宮崎常任理事談」『日中貿易議連週報』第 146 号 (1958 年 7 月 22 日) 波多野勝『日中貿易促進議員連盟関係資料集』(第 4 巻) 169 頁。
74)「政治三原則」自体は 6 月 24 日、7 月 7 日の『人民日報』や中国漁業協会から日中漁業協議会宛ての日中漁業協定の更新拒否にかんする電報などでも伝えられている。
75)『『日本政府は両国民の友好を妨げるな』宮崎、島田両氏を囲む懇談会」『日中貿易議連週報』第 148 号 (1958 年 8 月 5 日) 波多野勝編『日中貿易促進議員連盟関係資料集』(第 4 巻) 184 頁。
76) 中共中央文献研究室『周恩来年譜』(中) 207 頁。「配慮取引に関する岩井章報告」日中貿易促進議員連盟『日中関係資料集』196 頁。
77)「周恩来総理の訪中原水協・総評代表にたいする談話（全文）」『日中貿易議連週』第 169 号 (1959 年 3 月 3 日) 波多野勝編『日中貿易促進議員連盟関係資料集』(第 5 巻)、龍渓書舎、56 頁。
78)「廖承志氏から風見章宛書簡」『日中貿易議連週報』第 191 号 (1959 年 9 月 15 日) 波多野勝編『日中貿易促進議員連盟関係資料集』(第 5 巻) 265 頁。
79) 田川誠一『日中交渉秘録　田川日記〜14 年の証言』毎日新聞社、1973 年、15-16 頁。
80)「英雄的日本人民倒岸斗争的新勝利　美国走狗岸信介被迫宣布下台　反動派陰謀以此緩和人民斗争保全全日美条約」『人民日報』1960 年 6 月 24 日。
81)「日本社会党政策審議会代表団との会見での談話」「廖承志文集」編輯辦公室編（安藤彦太郎監訳）『廖承志文集』(上) 徳間書店、1993 年、522 頁。
82) 押川俊夫『戦後日中貿易とその周辺──体験的日中交流』515 頁。
83) 貿易、漁業、郵便、輸送を含むすべての日中の協定は政府間によって締結される（政府間協定）。協定がなければ民間間契約を結ぶことができる（民間契約）。中小企業に特別の困難がある場合は、日本労働組合総評議会と中華全国総工会があっせんする（個別配慮）。
84) 大澤武司「戦後初期日中関係における『断絶』の再検討 (1958−1962) ──『闘争支援』と『経済外交』の協奏をめぐって」100 頁。
85) 岡部達味『中国の対外戦略』東京大学出版会、2002 年、116 頁。
86) 岡崎邦彦「大躍進・調整・七千人大会 (一)」『東洋研究』No.93、1990 年、89 頁。
87) 当代中国叢書編輯部編『当代中国対外貿易』(上) 北京：当代中国出版社、1992 年、24 頁。
88) 中共中央文献研究室『周恩来年譜』(中) 339 頁。
89) 同上、339 頁。
90) 中共中央文献研究室編『陳雲年譜　一九〇五−一九九五』（以下：『陳雲年譜』）(下) 北京：中央文献出版社、2000 年、67、76、79 頁。

91）太田勝洪「中ソ関係の展開」入江啓四郎・安藤正士編『現代中国の国際関係』日本国際問題研究所、1975 年、263 頁。
92）当代中国叢書編輯部『当代中国対外貿易』27、28 頁。
93）中共中央文献研究室『陳雲年譜』（下）77、78 頁。
94）岡部達味『中国の対外戦略』108 頁。
95）林代昭（渡邊英雄訳）『戦後中日関係史』柏書房、1997 年、150 頁。
96）大澤武司「戦後初期日中関係における『断絶』の再検討（1958−1962）――『闘争支援』と『経済外交』の協奏をめぐって」103、104 頁。
97）李栄徳『廖承志伝』338 頁。
98）孫平化『私の履歴書――中国と日本に橋を架けた男』105 頁。
99）「国務院外辦接待松村謙三一行的具体安排、松村謙三一行名単」（1962 年 9 月 12 日）中華人民共和国外交部档案館档案（105-01152-03）。
100）「廖承志関於接待高碕達之助及其随行人員的請示、来訪人物材料和言論」（1962 年 10 月 25 日−10 月 26 日）中華人民共和国外交部档案館档案（105-01151-01）。
101）同上。
102）中共中央文献研究室編『周恩来年譜』（中）510 頁。
103）王俊彦『廖承志伝』363 頁。
104）「陳毅外交部長の高碕達之助氏随行記者に対する談話」『日中関係基本資料集』216 頁。
105）林連徳『当代日中貿易関係史』84 頁。
106）林代昭『戦後中日関係史』165 頁。
107）「廖承志的下半年対日工作的請示報告」（1963 年 7 月 25 日−8 月 28 日）中華人民共和国外交部档案館档案（105-01863-01）。
108）例えば、1964 年の南漢宸の訪日に関する「請示」も廖承志の指示を得ている。「中国国際貿易促進委員会南漢宸訪日方案的請示」（1964 年 2 月 24 日）中華人民共和国外交部档案館档案（105-01654-01）。
109）「陳毅副総理中国政府の見解を表明　日中政府間貿易協定の締結に応ず」『日中議連週報』第 320 号、1962 年 12 月 18、25 日、波多野勝編『日中貿易促進議員連盟関係資料集』（第 8 巻）272 頁。
110）林代昭『戦後中日関係史』164 頁。
111）日本外務省 HP「日中貿易額の推移」http://www.mofa.go.jp/mofaj/area/CHINA/boeki.html（2012 年 9 月 10 日アクセス）。
112）「廖承志的下半期対日工作的請示報告」（1963 年 7 月 25 日−8 月 28 日）中華人民共和国外交部档案館档案（105-01863-01）。
113）同上。
114）東京連絡事務処の情報収集の詳細については、第 5 章を参照。
115）孫平化『私の履歴書　中国と日本に橋を架けた男』126 頁。
116）林連徳『当代中日貿易関係史』84 頁。
117）同上、84 頁。

118）孫平化『私の履歴書――中国と日本に橋を架けた男』112頁。
119）林代昭『戦後中日関係史』164頁。
120）「廖承志的下半期対日工作的請示報告」（1963年7月25日－8月28日）中華人民共和国外交部档案館档案（105-01863-01）。
121）「第二次吉田書簡」をめぐる日中台の各認識については、清水麗「『第二次吉田書簡（1964年）』をめぐる日中台関係の展開」筑波大学『地域研究』(19)、2001年3月、175-187頁が詳しい。
122）1963年9月に中国油圧式機器代表団の通訳として訪日した周鴻慶がソ連大使館に亡命を求めた事件。周はその後亡命希望先を国府に変更したが、中国との関係悪化を恐れた日本は彼を拘留し、最終的には本人の意思が中国への帰国へと三度変わったとして中国に送還した。日本の対応を中国は評価したが、国府は激怒し、駐日大使を召還し、日本政府に対して厳重な抗議を行った。
123）例えば、衆議院・商工委員会（1965年2月12日）での板川正吾氏（社会党）発言、『朝日新聞』(1965年1月23日)の記事。
124）『日中議連週報』第389号、1965年4月6日、波多野勝編『日中貿易促進議員連盟関係資料集』(第9巻)、龍渓書舎、257-258頁。
125）清水は、中国がこの時期に問題化させた理由として、池田内閣に代わって成立した佐藤内閣の対中姿勢に対する試金石とした可能性を指摘している（清水麗「『第二次吉田書簡（1964年）』をめぐる日中台関係の展開」183頁）。
126）丁民氏も、「貿易問題については対外貿易部が、それ以外の問題については外交部が担当した」と回想している（丁民氏へのインタビュー、2011年11月22日、北京）。

第4章
中国の対日政策における留日学生・華僑
―― 人材確保・対日宣伝・対中支援

王　雪萍

はじめに

　廖承志は、1949年12月から中華人民共和国（以下：中国）政務院華僑事務委員会（以下：僑委）副主任委員を担当するようになった。当時僑委責任者である主任委員を務めたのは、廖承志の母親の何香凝であったが、具体的な業務はほとんど廖承志が担当し、彼は中国建国初期の華僑関連政策の作成者および実行責任者であった[1]。1952年、廖承志は中国共産党（以下：中共）中央（以下：中共中央）から中国政府の対日業務の総括者に任命された[2]。

　華僑関連業務と対日業務の双方を担当する廖承志が、戦後なお日本に残っていた華僑や留学生と、切っても切れない関係を持つようになったのも当然であろう。しかもこの関係は、廖承志と日本華僑の間だけではなく、戦後帰国できなかった日本への中国人留学生（以下：留日学生）の組織との間にも続いた。このような状況は、欧米諸国の華僑華人社会との関係とは異なるものであった。欧米諸国の華僑団体は基本的に僑委と連絡をとり、留学生組織は通常教育部と関係を結んでいたが、戦後の日本では華僑団体、留学生組織ともに僑委と緊密な関係にあった。

　中国建国後、日本は米国の影響を受け、台湾にある中華民国政府（以下：国府）と国交関係を継続し、中国を承認していなかった。このような状況は留日学生・華僑の分裂をもたらした。中国国務院僑務辦公室国外司副司長の朱慧玲は、冷戦構造から戦後日本の華僑組織の分裂について分析し、日本各地で親中国や親台湾といったイデオロギーが異なる華僑総会や華僑連合会などの華僑組織が作られたことを紹介している[3]。また、華僑と建国後の中国政府との関係についての分析や、一部の団体や個人の回想録を紹介する先行研究はあるものの、踏み込んだ議

論は見られず、これまで親中国系団体や、留日学生・華僑の活動についての学術的な分析はほとんどなされていない。

そこで本章では、公開された中国外交部档案、留日学生・華僑の回想録、筆者が留日学生・華僑、中国外交部の元職員に対して行ったインタビュー調査、留日学生・華僑によって発行された新聞などを資料として、戦後から日中国交正常化までの中国政府と留日学生・華僑団体の関係を整理し、中国の対日政策における留日学生・華僑の役割を明らかにする。本章の分析を通じて、中国政府が帰国留日学生・華僑のなかから対日業務担当者を選抜・育成した過程を分析することで、第1章で説明した大日本組の各部門の日本業務担当リーダーの下で具体的な対日業務に習熟した、長期日本滞在経験を持つ廖班の知日派の起用ルートと育成方法を把握したい。さらに、中国政府が、日本にある留日学生・華僑の団体と個人を通じて行った日本での中国宣伝、対中支援の実態を分析する。

I 中国政府と留日学生・華僑団体の関係

中国成立当初、中国人留日学生・華僑団体はそれぞれ祝賀活動を行い、またメディアや書簡を通じて、成立したばかりの中国政府を支持する態度を表明した。各団体はこのような支持表明を競って行った[4]。中共は日中戦争期から海外に滞在中の留学生や華僑に対して関心を寄せ、帰国促進政策を行っていたが、国共内戦の勝利がより明白になった1949年春以降、中共中央はメディア、電報、書簡などを通じて海外にいる知識人、留学生、華僑に対して、帰国して社会主義建設へ参加するよう要請しはじめた[5]。

この帰国促進政策における留学生・華僑への呼びかけは建国後、政府の行政部門によって実施されるようになった。留学生、専門家の帰国促進政策は、政務院文化教育委員会直属の「辦理留学生事務委員会」(以下：辦委会) が担当した。辦委会の帰国促進政策は中国建国当初、人材不足の問題を解決すべく、より多くのハイレベルな人材の帰国を促進するためのものであった[6]。それに対して華僑関連の業務は、1949年12月1日に設立された僑委が担当した。建国後、大規模な華僑帰国促進政策が実施されることはなかったが、華僑の帰国や親族訪問、祖国の建設状況の見学などに対応することが、僑委設立当初の重要な任務であった。当時僑委の主任は何香凝であり、副主任は李任仁、廖承志、李鉄民、庄希泉が担当していた。僑委の事務所は北京市王大人胡同1号に設置された[7]。廖承志は日中戦争の間にも、香港で華僑関連業務を担当した経験があったため、日本や東南

アジアの華僑との交流が比較的多く、華僑の思考・考え方への理解が深かった。また、廖承志は僑委主任・何香凝の息子であり、ともに王大人胡同僑委のそばの四合院に住んでいた。これらの条件が備わったことから、廖承志は華僑と深く関わり、その業務を担うこととなった。

建国初期、中国政府は留日学生・華僑と連絡をとる場合、二つのルートを有していた。辦委会は留学生と専門家の帰国業務を担当していたが、建国当初は海外にいる中国人留学生団体や個人の状況について十分には把握できていなかった。1950年以前の業務は、主に海外留学生の状況調査や、自主的に帰国した留学生への対応や仕事の斡旋であった[8]。海外にいる留学生への宣伝や、帰国促進関連の具体的な業務の多くは、中国政府に「親中共団体」と認定されていた海外の学生、研究者団体によって行われていた。それらの団体のうち、「留美（アメリカ）中国科学工作者協会」、「中国留日同学総会」、「中国留徳（ドイツ）同学会」、「留英中国学生総会」、「中国留法（フランス）学生総会」などがよく知られた[9]。

1950年6月、中国留日同学総会（以下：同学総会）は、中華全国学生聯合会から送られてきた書簡を受け取った。書簡には、辦委会の成立と業務範囲、および中国政府が留学生の帰国を促進するという決意が書かれ、留日学生は可能であれば直接辦委会と連絡をとり、できるだけ早く帰国してほしいという要請も記されていた。その後、一部の留日学生には直接教育部帰国留学生招待処から帰国要請書が届いた[10]。以上の状況から、建国初期には中国政府が留日学生と連絡をとる場合に統一された窓口がなかったことが分かる。基本的には、案件ごとに異なる部門が連絡し、各部門によって集められた情報が最終的に辦委会の会議で統合された[11]。

中国政府と留日学生の連絡方法の混乱状況は、1952年以降に変化が見られた。その主な原因は、1952年以降に廖承志が中国政府の対日業務を担当するようになり、留日学生と華僑に対する統一管理を行うことになったからである。この変化は、まず中国政府による留日学生への救済金提供の問題に見られた。辦委会による留学生への経済的な支援は、基本的には帰国旅費の一部を補助する程度であった[12]。しかし、戦後の日本経済が厳しい状況にあっただけではなく、日本政府と国府の反共政策により、親中共派の留日学生は救済金と補助金を受けられない状況にあり、多くの留学生は生活が困難な状態に陥った。留学生の一部は卒業しても仕事が見つからず、仕方なくアルバイトによって生計を立てていたという[13]。この状況に鑑み、1952年9月に中国政府は同学総会に1回目の救済金を送り、1957年まで定期的に送り続けた。この救済金は、同学総会によって400

名あまりの留日学生と華僑学生[14]に配布された[15]。同学総会幹部も救済金を受け取り、その一部は同学総会の運営費として使われた。この中国政府からの救済金は、留日学生の経済問題を解決しただけではなく、同学総会の愛国活動に資金を提供したことにもなり、結果として、留日学生と中国の関係を強化することに寄与したといえる[16]。

　前述したように、中国政府の留学生と華僑に対する業務分担から見れば、本来留学生関連の救済金は、高等教育部と辦委会によって配布されるのが正当なルートであるといえるが、同学総会の元主席で、当時救済金の受取、配布も担当していた郭平坦の証言と『中国留日学生報』から、救済金は僑委から送られたことが分かった[17]。また、筆者はほかの国に滞在していた中国人留学生に関する辦委会と高等教育部の資料を確認したが、当時救済金を支払った記録は見あたらなかった。『中国留日学生報』によれば、この留学生救済金は、1957年まで留日学生にのみ提供されたものだという[18]。さらに、この救済金が送付された時期は、廖承志が日本業務を担当するようになった1952年以降ということから、救済金の送付は廖の指示によるものだと考えられる[19]。1956年以降については、日本における中国留学生に関する調査業務も、外交部と僑委が直接東京華僑総会に連絡して業務依頼をしたと中国外交部档案に記されており、辦委会と教育部は同学総会とほとんど連絡しなくなったようである[20]。

　また、同学総会元主席郭平坦へのインタビューからも、1952年以降の同学総会と僑委の関係が浮かび上がってくる。郭は1952年から同学総会の活動に参加しはじめたが、郭の回想によれば、同学総会の業務は一貫して僑委の指導の下で行われ、時々廖承志から直接指示を受けることもあったという。例えば、1956年に中国政府が海外滞在中の中国人知識人の帰国を大々的に呼びかけた後、同学総会は廖承志から自筆の手紙を受け取ったが、その内容は「同学総会に日本にいるすべての知識分子が帰国して国家建設に参加するよう動員することを命じる」ものであったという[21]。

　建国後の廖承志と留日学生・華僑の関係は、彼らの帰国運動からも見てとれる。留日学生・華僑の帰国過程について、筆者はすでに別の論文[22]で詳細に論述したので、ここでは簡単に紹介する。1953年以降、4,000人近くの留日学生・華僑の帰国が実現できたのは、日中両政府が戦後なお中国に残留していた日本人の帰国について交渉した際に、中国側が要求した結果である。そして、その交渉の中国代表団団長がまさに廖承志であった。廖承志は交渉時に、日本人帰国船の往路（空船）に留日学生・華僑が乗って帰国できるよう要請した[23]。また、国府が強

く反対し、帰国予定の留日学生・華僑が乗船できなかった時も、廖が日本政府に働きかけ、留日学生・華僑の大量帰国が実現した。日本人帰国船の往路に乗るという在日中国人の帰国方式は、1950年代末まで続いた[24]。

II 中国の対日業務における留日学生・華僑の役割

1 対日業務担当者として起用された留日学生・華僑

建国初期に日本から帰国した留日学生・華僑は個人で秘密裏に帰国するしかなかったため、非常に人数が少なかった。留日学生・華僑の大量帰国は、前述したように1953年以降に実現する。1953年の1年間だけで、日本人帰国船の往路に乗って帰国した留日学生・華僑は2,650人にのぼった。1953年から1958年までに合計3,811人の留日学生・華僑が帰国した。これらの留日学生・華僑に仕事を振り分けることが僑委の重要任務になった[25]。筆者の調査に見られる帰国留日学生・華僑の仕事分配ケースは、以下の3種類であった。

(1) 帰国前から中国政府と信頼関係を築き、帰国後すでに仕事を用意されていたケース

中国建国初期に日本から帰国した留日学生・華僑の大多数は、中共あるいは日本共産党(以下：日共)党員本人およびその家族である。それ以外に、日本の愛国中国人学生と華僑団体のメンバーも、帰国前から国内の機関と連絡していたため、帰国後、直接中央政府あるいは地方政府の部門、研究機関に配属された[26]。著名な日本華僑リーダーの楊春松一家は、このケースの帰国者に属する。楊春松は、戦後の台湾同郷会と留日華僑総会の成立過程で重要な役割を果たし、留日華僑総会の副会長にも選ばれた人物である。戦後、楊は日本における華僑のリーダーとして活動すると同時に、中国と日本の間を頻繁に行き来し、中共と日共の間の連絡役も担当していた。朝鮮戦争の拡大とGHQのレッドパージによって、楊春松は日本での活動が危険になったため、1950年にまず本人が帰国し、その後楊の3人の息子が神戸から乗船し、青島に向かった。楊春松の夫人と娘たちは1951年5月にパナマ籍の貨物船に乗って天津港に到着した。こうして楊家の家族は3回に分けてやっと帰国が実現した[27]。楊家の帰国方式から、日本で中共関連の活動を行う危険性がうかがえるだけではなく、建国初期の中国人が日本から中国大陸へ帰国する難しさも理解できよう。

日本の親中共系華僑団体での勤務経験や、台湾で共産主義革命に参加した経歴

から、楊春松は帰国後、日共の「北京機関」でしばらく勤務した。土地改革の仕事を担当した後、僑委に配属され、華僑関連業務を担当するようになった。それ以降、楊春松は廖承志の華僑業務と対日業務の片腕的な役割を果たした[28]。

日共に入党していた一部の留日学生の状況も楊春松と類似していた。元日共党員の帰国留日学生郭承敏は筆者に「当時日共の中国留日学生・華僑支部にいた中国人構成員3名は、1950年に帰国したが、帰国後全員中共の対日業務関連部門に配属され、日本関連業務を担当させられた」と語った[29]。

日共党員以外に、中国政府から信頼を得た者には、前述の通り親中国系の留日学生・華僑の団体のメンバーも含まれていた。例えば、同学総会元主席の郭平坦は、1956年に留日知識人の帰国者と一緒に社会主義建設のために帰国した後、直接政府部門に配属され、日本関連の情報を収集する業務を担当するようになった[30]。同じ同学総会主席を務めた陳峰龍は1953年に帰国した後、すぐに外交部に配属された[31]。大阪華僑聯合会に勤務し、長年中国政府への協力活動を行っていた王英蘭は、梅蘭芳が率いる中国京劇訪問団の訪日時に、警備などの業務も担当していたため、中国政府関係者と幅広く交流していた。その人脈も影響し、王は帰国直後に対日業務担当者として採用され、定年退職するまで日本との交流業務を担当した[32]。

(2) 帰国後に審査を受けてから直接仕事を分配されたケース

1953年以降、留日学生・華僑が日本人帰国船の往路に乗って帰国した時の状況については別稿ですでに明らかにしたが、船が天津港に着くと、帰国留日学生・華僑はまず天津市のホテルや招待所にしばらく滞在し、自伝（身上書）[33]を書かなければならなかった。その後、彼らが書いた自伝（身上書）などに対する中国政府の政治審査を経て、本人の意思も確認したうえで、僑委が直接就職させるか、あるいは高校や大学に進学させるのかを決定し、さらに就職先も進学先も天津に決められたケースが多い[34]。1953年に帰国したなかには留学生も数多く含まれていたが、天津で彼らに対応したのは、天津帰僑接待站（僑委と天津市政府の人員によって構成された）であり、辦委会と教育部は留学生を担当する人員を派遣していなかった。楊春松の息子である楊国光の回想によれば、僑委に勤めていた楊春松は当時天津へ出向き、帰国華僑・留学生の対応と就職先、進学先の手配などの業務を担当していたという[35]。

就職先、進学先の斡旋業務のうち、重要な任務の一つは優秀な対日業務担当者を選抜することであった。建国初期の中国政府の対日業務における大きな問題は、

経歴的[36]に潔白であり、政治的に信頼性が高く、また言語能力も高い対日業務担当者が著しく不足していたことである[37]。そのため、帰国留日学生・華僑は中国政府の人材選抜の対象となった。そして、この選抜業務は主に、楊春松、趙安博など、廖承志の下で対日業務を担当した人たちによって行われた。

帰国華僑学生Rの説明によれば、彼が自伝（身上書）を提出してまもなく、中共中央対外聯絡部（以下：中聯部）の担当者は、彼の資料を持って面談しに来た。その担当者によれば、部内の決定で、Rは中聯部へ入部し、対日業務を担当することを求められたという。Rは、大学への進学を強く希望したが、面談の結果、やはり中聯部への配属に同意した。以後、彼は定年退職するまで、日中交流関連の業務に従事した。Rは、中聯部に就職してから当時天津で彼を訪ねてきたのは、後に廖承志の部下の四大金剛の1人と呼ばれる趙安博だったことを知った[38]。

Rは帰国前にすでに華僑学校で中国語を勉強し、言語能力も比較的高かった。特に彼の家庭は日本で雇われた貧困家庭であったため、政治審査も問題なかった。Rのように、帰国後日本関連業務担当者として選ばれ、すぐに就職したケースは筆者の調査のなかで、少なくなかった。例えば、1953年に日本人帰国船に乗って帰国した王達祥の経歴も非常に類似している。もともと帰国して大学に進学し、エンジニアになりたかった王は、天津に到着してから帰国留日台湾華僑で北京語を話せない人のために、通訳を3カ月間担当した。その業務能力が認められ、業務完了後、中国共産主義青年団（以下：共青団）中央聯絡部に配属され、対日業務担当者になった[39]。

中国政府は帰国留日学生・華僑から対日業務担当者を選抜すると同時に、一部の帰国者を審査し、政府機関、研究機関、企業に配属した。このような帰国者は主に以下の3種類である。

A．専門性が強く、その専門領域でより能力を発揮できる人々。なかには、帰国後すぐにその専門領域の機関に呼ばれ、就職した人もいる。また自らの専門領域での就職を希望し、就職した帰国者もいた。例えば、言語学者の陳文彬[40]、デザイナーの陳富美[41]などである。

B．北京語のレベルがやや低く、外事関連の応対や、情報収集、通訳、翻訳などの業務が担当できない人々。上海市档案館所蔵の1954年4月に上海市人民政府華僑事務委員会党組が作成した「帰国した日本華僑への応対、仕事分配などの業務に関する報告（概略）」は、当時の状況を「中央政府から上海に送られた710人のうち、大学卒業以上の学歴を持つ者は81人のみ、高校あるいは中学校を卒業した人は151人、小学校卒業は213人、非識字者は38人いる。710人のうち、

北京語に精通、あるいはある程度分かる人は、たったの66人であった」と記録している[42]。この資料からも分かるように、当時の帰国日本華僑は知識レベルの低い人が比較的多く、北京語を理解する者も非常に少なかった。帰国留日学生・華僑のこのような状況は、日本からの帰国者の仕事斡旋業務を困難なものとした。結果として、1957年、国務院専家局が作った資本主義国家に滞在している留学生の帰国促進計画のなかで、明確に「日本の留学生に関しては、大量に帰国させるのではなく、レベルが高い人に対して重点的に帰国を呼びかける必要がある。この業務は僑委に担当してもらう予定である」と言明された[43]。

C．歴史審査（経歴審査）あるいは、家族・親族・交友関係に問題がある人々。このケースに当てはまる人は、学校を卒業後、日本で就職した経験を持つ場合が多い。就職経験がある人は、その職場の交友関係を調査しにくいため、本人に対する歴史審査を完了できないことが多かった[44]。また、前掲の上海市档案館所蔵史料のなかにも、上海に割り当てられた帰国日本華僑710人のうち、「政治的に疑点があり、また継続的に調査する必要のある者は82人いる」という記録が残っている[45]。

以上の状況は基本的に1950年代の早い段階で帰国した留日学生・華僑のものである。日本からの帰国者の増加によって、対日業務担当者の選抜は1950年代半ばに一段落して、その後帰国した留日学生・華僑は、条件的に対日業務担当者に適しても、ほとんどは大学への進学や、企業、研究機関への配属を決められたようである[46]。もちろん、ケース(1)で紹介した帰国前から中国政府と信頼関係を結び、中共のために働いた人は、この類に含まれない。

(3) 帰国後に華僑学校あるいは大学での学習を修了してから就職するケース

帰国時の年齢が比較的低く、高校もまだ卒業していない帰国華僑学生、あるいは北京語のレベルが足りず、直接進学あるいは就職できない帰国日本華僑学生の多くは、北京を含めた数カ所の華僑補習学校で北京語を含めた科目の補習を受けた。華僑補習学校で勉強する期間は、個人の条件によって異なった。華僑補習学校は、北京語の補習が必要な学生のために語学教育を行うことが主な業務であるが、帰国時期の異なる華僑学生が大学や高校への進学時期を待つための調整期間としての機能もあり、華僑補習学校で勉強しながら、国内での生活習慣や学習環境に慣れてもらうためにも有効であったとされる[47]。華僑補習学校での学習が修了すると、それぞれの華僑学生の学力によって、中学校や高校、大学への進学が政府によって決められた。進学先について、華僑学生個人の希望も考慮される

が、最終的には国家の決定に従うことがほとんどのようである。もちろん、北京語のレベルが高い華僑学生は華僑補習学校を経ずに、直接大学に進学するケースもあった。中国建国後、教育改革が迅速に行われたため、1950年代前半から中共の教育を受けた大学卒業生が出てきた。

　中共自ら育成した大学卒業生は最も信頼度が高いと考えられ、1950年代半ばから中国政府の人材選抜の重点は、国内の大学卒業生に置かれた。一部の帰国留日学生・華僑は大学で勉強している時、あるいは卒業後に、海外滞在経験による卓越した言語能力が認められ、対日業務担当者として選ばれた。このような人材選抜は、廖承志が直接行う場合、また廖承志の下で各部門の対日業務を担当した責任者が行う場合もあった。例えば、周恩来の通訳として名高い林麗韞は廖承志が自ら選んだ対日業務担当者であった。林の回想によれば、彼女の父親林水永は神戸華僑総会副会長で、当時著名な愛国華僑リーダーでもあった。父親が1952年に帰国し、廖承志と一緒に会食した席に、娘の林麗韞も呼ばれた。当時北京大学の大学生だった林麗韞の日本語と中国語の能力が廖承志に知られ、その後、廖承志は日本から帰国した林を臨時通訳として徴用した。林はその後正式に中共の外事業務関連機関に配属され、長年対日業務を担当した[48]。対日業務担当者として日本から帰国した華僑がより多く選抜された理由として、「廖承志は僑委副主任の職も兼任していたため、帰国日本華僑と接する機会も多かった。また日本華僑の日本語は母国語のようなレベルであり、かつ日本での生活経験も長く、日本人の考え方も理解しているので、対日業務に従事する条件を備えているため、廖承志は帰国日本華僑のなかから対日業務担当者を選抜することが比較的多かった」という分析もある[49]。

　大学に進学した帰国日本華僑学生の専攻は、ほとんど入学試験の成績と本人の希望などで決められた。しかし、卒業後の就職先については基本的に政府の決定に従うため、必ずしも勉強した専門と関係があるとは限らなかった。例えば、帰国華僑学生Gは1953年に帰国した時、母国語同然の日本語力を生かして、対日業務の現場に就職したかったが、政府の決定で大学に進学し、ロシア語を専攻した。しかし、卒業後、日本語人材が足りないこともあり、Gは高い日本語力を理由に、国家体育委員会に配属され、その後『北京週報』などの部門で、生涯にわたって日本語を使う日本関連の業務に従事した[50]。

　廖承志の四大金剛と呼ばれた4人のうちの3人は、日本への留学経験があったため、彼らの人脈にもより、建国初期に起用された対日業務担当者の多くは、日本から帰国した留日学生・華僑であった。特に、当時中国政府は対日民間外交を

実施することを決定したため、選抜された対日業務担当者は、中央と地方政府の各部門の外事関連機関、あるいは総工会、紅十字会、婦女聯合会、共青団などの対日民間業務の多い部門に配属された。中国の中央政府には、周恩来、廖承志、趙安博、孫平化、蕭向前などの知日派がおり、中央と地方の政府部門には日本での生活を経験し、日本を深く理解している帰国留日華僑・学生を配置することで、中国全国の対日業務における知日派人材ネットワークが少しずつ形成されたといえる。これらの人々は、同一の機構に所属するわけではなく、各部門、地方政府に分散していたが、周恩来と廖承志の指導に従い、業務に従事していた。当然、中国の大学卒業生から採用した対日業務担当者も、国内の大学教育レベルの向上に従い、少しずつ増えていくこともあった。早期に採用された留日学生・華僑は、彼らの教育も担当したようである[51]。

建国初期の対日業務担当者の人材不足は非常に深刻で、上述の方法で集められた対日業務担当者は、通常、勤務先が決定するとすぐに現場に出て、業務を担当したという。実際の業務についての教育方法は、基本的に仕事をしながら育成する方法を採っていた。つまり、通訳の現場で見学などをしながら、本人にも通訳などの業務に従事させる。通訳の技法、接待業務の注意事項など、現場で先輩や上司の指導を受けながら、能力の向上をめざして、鍛えられたようである[52]。彼らの育成は、一般的に直属の上司によって行われたが、廖承志が現場で彼らに直接指導することもあった。呉学文や王俊彦によれば、廖承志は対日業務担当者への教育を非常に重視し、彼らに接待計画、訪問計画、報告書の作成方法などを直接指導することもあり、またいかに計画通りに日本人訪問団に応対し、どのように日本への訪問計画を進めるのかなど、細部まで指導することもあった。さらに、廖自身がその実施過程でどの部分に満足し、どの部分に問題があり、不満を持つのか、また問題発生時にどのように処理すべきなのかも具体的に説明した。部下の報告を聞く時、廖承志はいつも各業務のよいところ、悪いところを具体的に指摘し、さらによい対処法としてどうすべきなのかも、親切かつ詳細に説明していたという[53]。

前述したように、中国建国後日本から帰国した留日学生・華僑は全部で4,000人前後であったが、そのうち対日業務担当者として選ばれた人の割合はそう多くはなかった。それは、北京語を含めた語学の問題や専門性の問題、また経歴審査の問題もあったからである。多くの帰国留日学生・華僑は対日業務に限らず、全国各地の政府部門、研究機関、企業などに配属された[54]。

2 日本における親中世論啓発活動
(1) 同学総会機関紙の『中国留日学生報』

　同学総会は1948年の段階ですでに親中共の姿勢を明白に打ち出し、1949年10月1日、中華人民共和国の成立と同時に支持表明をしたほど、親中国の色合いが強い留学生団体である。1952年に廖承志が対日業務を担当してから、中国政府の信頼を受ける団体としての性格はますます強くなった。その信頼は、同学総会のメンバーであることを証明できれば、文化大革命（以下：文革）の際、迫害から逃れられるほどであった[55]。

　同学総会の機関紙『中国留日学生報』[56]は、1947年1月に創刊、月2回発行され、日本語と中国語の2言語で編集されていた。発行部数は3,000部程度で、日本全国の中国人留学生や華僑学生などに配布されていた。そのため、中国人留学生のみならず、多くの華僑家庭においても中国を知る重要な情報源であった[57]。

　『中国留日学生報』は、1948年から、「中国の学生運動と日本の学生運動」[58]、「中華人民共和国　中央人民政府成立公告（全文）」[59]、「新中国の民族政策」[60]などの中国の政治、社会、新政策に関する紹介記事を掲載するようになり、親中国の宣伝紙としての性格は、国府の駐日代表団にも強く批判されたほどであった[61]。

　1952年以降、中国国内の状況や政策に関する記事はますます多くなり、毎号中国の政治、社会の動態を紹介し、中国の政策と社会状況の変化を宣伝するメディアになった。その記事は「中国の明暗　明るい太陽と過酷な圧制――外人の眼に映った中国――」[62]、「台湾さえ守れない国府軍」[63]、「人民助学金の民主的な評定に関して」[64]、「希望と幸福に微笑む　新中国労働者生活の実態」[65]、「国家から保障された学生生活」[66]などの記事名からも分かるように、国府を批判し、中国の新政策を賛美し、さらに中国の政治、社会だけではなく、労働環境や教育事情などの多岐にわたる情報も含まれていた。特に、1952年以降僑委との関係が緊密になるにつれて、僑委から同学総会へ送られた手紙や指示なども時々『中国留日学生報』に掲載されることもあった[67]。

(2) 通信社の創設

　戦後日本で最初に作られた親中共系の通信社は、華僑リーダーの曾永安が責任者、楊春松が推進役として、1947年に創設した中国通信社である。主要な活動は中国の対外報道を翻訳し、編集してから、日本の報道各社、各団体、個人および華僑に届けることであった。中国建国後、中国通信社を基礎に規模を拡大し、亜細亜通信社が創設された。亜細亜通信社は新華社、北京広播電台と協力関係を

結び、日本のメディアとも契約関係を持ち、定期的に日本のメディアに中国情報を提供するようになった。その後、日共と中共の関係悪化の影響で、亜細亜通信社は解散したが、1967年に株式会社中国通信社として再建された。1969年、同通信社は新華社よりニュース受信配布権の特約を受け事業を開始した。以来、「ニュース速報」、「新華社英文ニュース」（日刊）などを発行し、朝日、読売、毎日、共同、NHKなどをはじめとする新聞、通信、放送各社にニュース、写真を提供している。中国通信社は日中間の国交がない状態のなか、中国政府の通信社の機能を果たしたといえる[68]。

(3) 『大地報』の発行

　華僑業務を長年担当してきた廖承志の、海外の華僑団体、華僑学校に対する方針は、華僑および留学生団体、華僑学校を長期にわたって存続させることであった。華僑学校に対しても、「愛国主義教育を強化し、親中国の思想を学生に持たせる」という方針を採っていた[69]。新華社の業務も担当していた廖承志は、長期間中共の対外宣伝業務に従事した経験から、海外華僑に向けた宣伝も非常に重視していた。1953年7月、当時同学総会主席だった韓慶愈の回想によれば、彼は日本人帰国船の往路に乗って帰国する留日学生・華僑の乗船代表として中国に戻った時、天津で北京から来た廖承志や楊春松などと会った。当時、韓は帰国して社会主義建設に参加したいと申し出たが、廖承志は海外華僑のなかで宣伝する重要性を説明し、韓に日本に戻って中国語の新聞を出版し、在日中国人に向けて中国の政策を宣伝するように依頼したという。この任務を受けた韓は日本に帰国後すぐに新聞発行の準備作業をはじめ[70]、東京華僑総会と愛国華僑商人の支援を受け、1954年3月1日、日本華僑によって作られた中国語新聞『大地報』が創刊された。初代代表を務めた林慶英は創刊の辞で同新聞の創刊目的を「第一、華僑同胞の大同団結を図る；第二、人類の平和を守る；第三、祖国を愛し、伝統を発揚する；第四、中日両民族の友好を強化する；第五、（在日華僑の）福利を図る」と書いている[71]。

　『大地報』は創刊後、日本の華僑に関する情報も多少掲載していたが、紙面の8割以上は中国の情報が占めていた。例えば創刊号では「北京的賓客日益加多　為接待華僑建築新僑飯店」[72]、「中国人口到底有多少？」[73]、「武漢長江大橋東方第一　自己設計国産鋼料　工程浩大規模空前」[74]など盛りだくさんの中国情報が紙面で躍っていた。このような中国宣伝の姿勢は、停刊までずっと継続した。廖承志が直接指示して創刊した『大地報』は1970年1月まで継続したが、文革の

影響で廃刊せざるを得なかった[75]。

（4）東京華僑総会機関紙『東京華僑会報』の刊行

親中国の東京華僑総会は日本華僑向けの活動紹介および中国宣伝をするために、1951年に機関紙『東京華僑会報』を創刊した。戦後日本華僑の多くは、華僑二世、三世で、主な使用言語が日本語であったため、『東京華僑会報』の記事も基本的に日本語で書かれていた。

1949年10月に中国が成立すると、東京華僑総会の親中国的な姿勢は明白になった。1951年に創刊された『東京華僑会報』も発刊以降、反国府、親中国の姿勢を貫いていた[76]。1957年5月以降『華僑報』に改称されたが、その姿勢に変化は見られなかった。『華僑報』では、常に日本の外国人政策[77]や華僑の帰国情報[78]、華僑の商売[79]など、日本華僑の生活に関わる情報が多く掲載され、数万人の日本華僑に愛読されていた。ゆえに、『華僑報』は『中国留日学生報』や『大地報』と違って、現在まで継続して刊行されており、在日華僑、特に親中国の老華僑に依然として影響力を発揮している。

3　日本における中国の対日業務への協力

中国政府にとっては、海外に残っていた華僑や留学生、また彼らの組織も同様に中国外交の重要な協力パートナーであった。特に、日中両国は戦後国交がなく、また中国政府は日本に常駐機関も設置できず、日本との貿易や人的交流も日本政府に厳しく制限されていた。この状況下で、日本の親中共系留日学生・華僑団体の役割は無視できないものであった。留日学生・華僑団体は、中国建国後に統合と再分裂を経験していた。そのなかで、東京華僑総会と同学総会を中心に、多くの留日学生・華僑団体は中国建国後すぐに中共側を支持する立場を表明し、また中国政府の日本における活動に協力する団体にもなった[80]。1952年春以降、中国政府は留日学生・華僑の団体との関係を主に僑委および廖承志と連携して発展させていった。その具体的な方法は以下の三つである。

（1）留日学生・華僑の帰国、烈士の遺骨の送還への協力

前述の通り、廖承志が対日業務を担当するようになってから、留日学生に関する調査活動の指揮系統に変化が生じた。僑委を通じて東京華僑総会に連絡し、東京華僑総会から同学総会に学生に関する調査などの業務が依頼されるようになった。日本の華僑学生も大学進学後、同学総会などの留学生団体の活動に参加する

ことが多かったため、留日学生に対する調査には、華僑学生も含まれた。特に、1954年以降、華僑学生は少しずつ同学総会の主要メンバーになっていった。また、中国政府からの連絡も華僑総会を通じて行われることも多くなったため、留日学生の活動は華僑団体と切り離せない状態であった[81]。

　留日学生・華僑の集団帰国以外に、同学総会と華僑総会が行った大規模な協力活動として、花岡事件などによる中国人捕虜や労働者の遺骨収集および送還運動が挙げられる[82]。花岡事件に関する調査は終戦直後に日本の外務省が実施したが、華僑団体による調査は1949年以降であった。各地の華僑団体の調査後、留日華僑総会、同学総会、東京華僑連合会、留日華僑民主促進会、北省同郷会、日中友好協会などによって中国人捕虜犠牲者善後委員会が結成され、各地で中国人捕虜の調査が行われた。1953年2月には、中国人捕虜殉難者慰霊実行委員会が発足した。実質的な調査や日本政府への確認、遺骨の収集作業の大半は華僑総会によって行われたが、同学総会の幹部も夏休みなどを利用して、現地に出向き、問題の調査や遺骨の収集、東京への移送などを担当した[83]。このような活動は1950年ごろからはじめられていたが、集められた遺骨の中国への送還について、中国政府とも連携するようになった。中国在住の残留日本人引揚交渉の進展に伴い、華僑総会と同学総会は、遺骨の送還についても日中両国政府に解決を要請した[84]。

　1953年3月、遺骨送還問題は残留日本人引揚交渉（中国側代表は廖承志）の場で取り上げられ、日本側の協力的な姿勢は『人民日報』によって中国人民に説明された[85]。以降、『東京華僑会報』は、花岡事件や遺骨送還の問題に関する記事を毎号掲載するようになり、遺骨送還に関する日本政府、国府、中国政府の態度や華僑総会の活動を紹介した[86]。『東京華僑会報』の記事と呼応するように、『中国留日学生報』にも関連記事が掲載され、留日学生・華僑の遺骨送還に関する活動が紹介され、僑委から感謝状を授与された事実が明らかにされた[87]。同じころ、『人民日報』では、遺骨送還に関する記事を連載しており、記事の内容からも、中国政府と留日学生・華僑の双方が常時情報交換をしていたことが分かる。こうした関連記事は、遺骨送還が実現するまで続いた[88]。

　東京華僑総会と同学総会は、帰国を希望する留日学生・華僑、中国人捕虜や労働者の遺骨の帰還に関して、日本政府と出国手続きについて協議するだけではなく、帰国者と遺骨を運ぶ港までの交通の手段も手配した。また乗船が許されない場合、華僑と留学生を組織して、抗議活動なども行われた[89]。1953年に留日学生・華僑の大量帰国が実現してからは、華僑総会は華僑の一時帰国、見学などを

とりまとめた。留日学生・華僑は日中戦争の後半から帰国を実現できなかった人々が多く、戦後は政治的な理由や、輸送手段などの問題で中国大陸への帰国がますます難しくなり、多くの華僑の帰国や一時帰国が長年実現できない状況であった。ゆえに、帰国、一時帰国が多くの老華僑、留学生の宿願でもあった[90]。同時に、海外の華僑の帰国、一時帰国見学に対して、中国政府も歓迎する態度を示していた[91]。

　しかし、当時留日学生・華僑が日本を離れる場合は、一時帰国が終わって日本に戻る時に日本政府が発行した「再入国許可」が必要であった。当時中国と日本の間に国交がなく、大使館も設置されていなかったため、日本華僑は中国発行の旅券も申請できずにいた。その状態では、入国管理局の「再入国許可」を申請する入口にさえ入れなかった。帰国、一時帰国問題に悩む留日学生・華僑も多かったが、帰国を希望する華僑の人数も日増しに増えていった[92]。

　中国残留日本人の帰国交渉を通じて、日本赤十字社と中国政府の関係が少しずつ強化されたこともあり、東京華僑総会は日本赤十字社に日本政府へ人道的な理由で、華僑の一時帰国に同意するよう交渉することを依頼した。東京華僑総会の機関紙『東京華僑会報』によれば、3カ月間の交渉を経て、1956年11月、外務省と入国管理局は人道上の立場から個々の事情に照らして華僑の探親（親族訪問）を許可すべきであるという結論に達した。手続きの方法は、帰国探親の希望者が華僑総会に所定の申込書を提出し、華僑総会でこれをとりまとめて日本赤十字社に提出する一方、入国管理局に再入国許可の申請を行い、許可されたものは旅券に代わる文書を日本赤十字社から受け取るというものだった[93]。ただし、当初は1年間に帰国探親できる人数が30人に限定されていた。その後少しずつ増えたという。親族を訪問する日本華僑の帰国手続きを行うのは、華僑総会の重要な業務の一つになった。多くの華僑の帰国、一時帰国を実現させ、帰国華僑に対して国家建設の状況を紹介することは、中国政府の対外宣伝の一環でもあった[94]。

(2)　留日学生・華僑の組織化、中国訪日団の活動への協力

　留日学生・華僑が中国政府や中国の最新情報に接する重要なルートの一つは、中国の訪日団の日本での業務を補助する活動であった。中国建国後、日米両国の反共政策により、しばらく人的交流も中断された。残留日本人の帰国交渉によってその状況が好転し、人的交流の制限を最初に乗り越えたのは、残留日本人の帰国業務と関連する中国紅十字会の代表団であった。代表団は日本に到着する前に、すでに日本各地の華僑と留学生から注目され、各地の華僑団体は団長の李徳全に

訪問を要請し、熱烈な歓迎ぶりを見せた[95]。代表団は1954年10月28日と30日の2回に分けて、日本へ到着した。団長は中国紅十字会会長の李徳全で、副団長は廖承志であった。団員は伍雲甫、趙安博、倪斐君、紀峰、秘書は蕭向前、随員は呉学文、通訳は王効賢、楊振亜である[96]。訪問団の構成から見れば、当時の中国政府の対日業務担当者のエリートが大半を占めており、この「民間」の性格を強調した中国紅十字会の訪問団、日中人的交流の第一陣をいかに中国政府が重視していたかが分かる。

祖国から来た代表団に対して、留日学生・華僑は日本各地で歓迎活動を行い、友好的な雰囲気作りを積極的に担った[97]。廖承志は団長ではなく、副団長であったため、日本のメディアは彼にほとんど注目することなく、団長の李徳全に報道が集中した。しかし、華僑と留学生の団体にとって、廖承志は李徳全と同様に注目の的であった。日本訪問中に、廖承志は各地を訪れ、多くの華僑と留学生に接するだけではなく、講演会や座談会も行った。廖承志の講演内容は『中国留日学生報』、『大地報』などの親中共系新聞で大々的に報道された。報道の量から見れば、李徳全団長の活動の報道を超えている[98]。留日学生・華僑の行動から、彼らはすでに廖承志の対日業務における立場を認識していたのであろう。

また、留日学生・華僑が熱烈に中国紅十字会の訪日代表団を歓迎した背後には、留日学生と華僑学生などによって組織された代表団の安全を守る護衛団の存在があった。当時国府は日本に大使館を持っており、中国の代表団の活動を非常に注視し、時には人を派遣して、訪問団の活動を妨害したり、人間関係を利用して、訪問団員に転向を促したりしたようである[99]。訪問団の安全を守るために、僑委は東京華僑総会に連絡して、日本政府が手配した護衛以外の護衛団の用意を依頼した。ゆえに、紅十字会訪日団をきっかけに華僑青年によって組織された護衛団が作られた。その後も中国の訪日団が来日するたびに、護衛団が組織され、訪日団の護衛と通訳などの業務を担当したようである[100]。元護衛団のメンバーの回想によれば、華僑青年護衛団のメンバーは、主に華僑学生と愛国華僑リーダーの子弟から選ばれた。これらの青年たちは一連の護衛業務を通じて、中国代表団の団員と接しながら、共産主義の教育も受けた。その多くは後に日本各地の親中共華僑団体の中心人物となり、一部は帰国して対日業務に参加した。訪日団の護衛団は親中国の青年華僑を育成する方法にもなった。廖承志は副団長として中国の訪日団を率いることが多かったため、これらの日本華僑青年と接することも多く、自ら彼らを教育したり、指導したりもしたという[101]。

(3) 廖承志辦事処東京連絡事務処の業務補佐

　建国初期の中国の対日業務の難点の一つは、日本に常駐機関がなかったことである。この問題を基本的に解決できたのは、1964年であった。LT貿易交渉によって、日中双方は、相手国に常駐の事務所を設置し、長期滞在の駐在員も相互に派遣することを決定した[102]。1964年8月13日、廖承志辦事処東京連絡事務処（以下：東京連絡事務処、後に中国中日備忘録貿易辦事処東京連絡事務処）主席代表の孫平化をはじめとする駐日代表は東京に到着し、事務処設立の準備作業を行った。代表の住居と事務処の場所は、日本側の協力の下で、半年の時間をかけてようやく解決した。しかし、双方の約束では、東京連絡事務処の常駐者は5名と少なく、また彼らは日本の文化や習慣に対してもそれほど詳しくなかったため、現地の習慣を熟知する職員を雇う必要が生じた。さらに自動車などの必要品も購入しなければならなかった。当時中国外交部日本処で関連業務を担当した丁民氏の証言によれば、これらの具体的な業務は、中国外交部が直接東京華僑総会に依頼して、手配してもらい、また職員についても華僑総会が適切な人を雇ってから、東京連絡事務処に派遣する形をとった。その費用は、外交部から直接東京華僑総会に支払われ、華僑総会はさらに職員に給料として支払ったという。日中国交正常化までに、東京連絡事務処は日本における中国の常駐機関として大きな役割を果たしたが、その業務は、一貫して東京華僑総会をはじめとする日本華僑の支援を受けていた[103]。

おわりに

　戦後初期留日学生・華僑団体の活動は日共と中共の双方の指導を受けていた。中国建国後、留日学生・華僑は中国支持の態度をいち早く表明した。しかし、冷戦構造の下、日共と中共の日本における活動は、少しずつ表舞台から姿を消すようになり、親中共系の留日学生・華僑の団体はGHQと日本政府の制限を受けた。しかし、彼らは日本社会で存続することができ、親中共の活動も継続した。中国政府の留日学生・華僑の業務分担の変遷は図4－1の通りであり、建国後に留日学生を管轄したのは中国政務院辦理留学生事務委員会（辦委会）、日本華僑を管轄したのは僑委であった。しかし、廖承志が対日業務を担当するようになってから、中国政府の対日業務の多くは、留日学生・華僑との関係が深くなり、僑委は留日学生・華僑と連絡する主要機関となった。これも、日本の華僑と留学生の団体に対する統一的な指導を強化した要因であった。

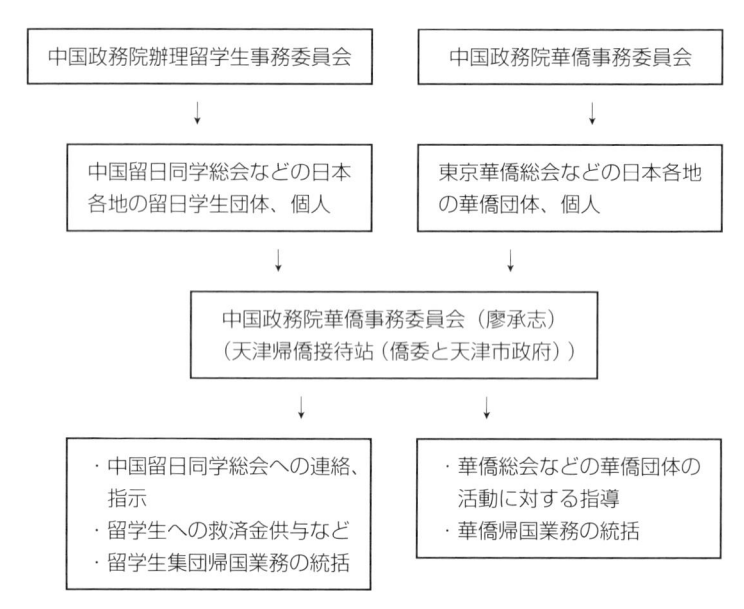

```
┌─────────────────────────┐      ┌─────────────────────────┐
│ 中国政務院辦理留学生事務委員会 │      │   中国政務院華僑事務委員会   │
└───────────┬─────────────┘      └─────────────┬───────────┘
            ↓                                  ↓
┌─────────────────────────┐      ┌─────────────────────────┐
│ 中国留日同学総会などの日本   │      │ 東京華僑総会などの日本各地  │
│ 各地の留日学生団体、個人    │      │ の華僑団体、個人          │
└───────────┬─────────────┘      └─────────────┬───────────┘
            ↓                                  ↓
        ┌─────────────────────────────────────────┐
        │  中国政務院華僑事務委員会（廖承志）          │
        │  （天津帰僑接待站（僑委と天津市政府））      │
        └──────────┬──────────────────┬───────────┘
                   ↓                  ↓
    ┌──────────────────────┐  ┌──────────────────────┐
    │・中国留日同学総会への連絡、│  │・華僑総会などの華僑団体の │
    │ 指示                   │  │ 活動に対する指導        │
    │・留学生への救済金供与など │  │・華僑帰国業務の統括     │
    │・留学生集団帰国業務の統括 │  │                      │
    └──────────────────────┘  └──────────────────────┘
```

図4−1　留日学生・華僑関連業務の僑委への統一過程

　建国初期の中国では、「另起炉灶（別にかまどを築く、国府と完全に区別する）」という外交政策と外事人事政策を行ったため、外交・外事人材の大量な不足という状況に陥った。中国政府の対日業務担当者として、一部の帰国留日学生・華僑は廖班の対日業務担当グループに吸収され、対日業務担当者として育成された。帰国留日学生・華僑に対する審査と就職先・進学先の決定時には、対日業務担当者の選抜が優先された。選ばれた対日業務担当者は主に以下の二つの特徴を持っていた。①帰国前から積極的に親中共系留日学生・華僑団体の活動に参加し、その貢献が中国政府にすでに認知されていた人々、②中国語（北京語）と日本語のレベルが比較的高く、帰国直後あるいは大学卒業時に、その能力が認められ、さらに家族や個人の経歴に対する審査も通過できた人々。こうして選抜された対日業務担当者は、日本での生活経験が長く、日本の社会状況や日本人の考え方に熟知していたため、日本関連の業務に適応しやすかった。中国政府の対日民間外交政策に従い、彼らは、各中央機関、地方政府および、日本と民間交流を展開していた名目上の民間部門であるが、実質的に中国政府の管理下に置かれた一部の機構の外事部門に配属された。当時中国の対日業務には、統一された組織がなかったため、上記のように知日派の対日業務担当者たちは、それぞれの機関に配属さ

れながら、廖承志の指示があれば、すぐに行動できる環境にあった。

このように廖承志の下に作られた対日業務人材ネットワークは、業務内容ごとに招集される人員こそ違うものの、各機関の制限を受けずに柔軟に動いたようである。各機関の人材を自由に臨時招集できた理由は、当時の政治環境下では政府が重要と判断した業務には、人材を含めたほぼすべての面で融通を利かせることができたからである。やはり当時の国家総動員の政治体制のなか、廖承志の下で部門、機関を横断する形の対日業務人材ネットワークが構築されたと考えられる。しかし、例えば留日華僑学生Gの事例から見ても、対日業務人材ネットワークの人材選抜および、育成の過程は、必ずしも一貫した計画があったわけではなく、時には学校教育の資源や時間も浪費していたようであった。

同様に、親中国系留日学生・華僑の団体も、国交がなく、また中国政府の日本における常駐機関もなかった状況下で、中国政府の対日業務に長年協力してきた。このような状況は日中国交正常化後、中国駐日本国大使館ができるまで継続し、大使館ができた後も、協力を求められると尽力したようであった[104]。

建国後の中国政府の留日学生・華僑の団体への連絡は主に僑委と廖承志を通じて行われていた。留日学生・華僑は、通信社や新聞などを通じて、日本で中国に関する宣伝活動を行うだけではなく、中国政府の対日活動にも協力した。その主な業務は以下の通りであった。①留日学生・華僑、戦争中に日本で亡くなった中国人捕虜、労働者の遺骨の状況に関する調査、遺骨の収集、および留日学生・華僑の帰国、遺骨の送還に関する協力、②留日学生・華僑の組織と中国訪日団の日本での活動への協力、さらにその協力を通じて愛国青年華僑を育成し、親中国の華僑後継者を育成すること、③1964年以降の中国政府の依頼による廖承志辦事処東京連絡事務処の業務への協力である。

このように留日学生・華僑は、中国に関する宣伝活動など、様々な方面で当時の日本社会の対中感情の向上に寄与した。日本の対中世論も日中国交正常化を促進する重要な要素であったため、留日学生・華僑の活動は中国政府が推進していた対日民間外交にも貢献したといえる。

1) 李栄徳『廖承志』シンガポール：永昇書局、1992年、290-312頁。
2) 「廖承志文集」編輯辦公室編『廖承志文集』（下）徳間書店、1993年、565-579頁。
3) 朱慧玲（高橋庸子訳）『日本華僑華人社会の変遷』日本僑報社、2003年、57-59頁。
4) 王雪萍「留日学生の選択──〈愛国〉と〈歴史〉」劉傑・川島真編『1945年の歴史認識──〈終戦〉をめぐる日中対話の試み』東京大学出版会、2009年、203-232頁。

5) 王雪萍「中華人民共和国初期の留学生・華僑帰国促進政策——中国の対日・対米二国間交渉過程分析を通じて」『中国21』（愛知大学現代中国学会）Vol.33、2010年7月、155-178頁。
6) 苗丹国『出国留学六十年——当代中国的出国留学政策与引導在外留学人員回国的政策的形成、変革与発展』北京：中央文献出版社、2010年、55-56頁。
7) 趙以敏「建国初期的中僑委」『難忘的回憶——中国共産党建党90周年征文匯編』北京：国務院僑務辨公室、2011年、331-334頁。
8) 「留学生回国事務委員会工作報告」（1950年2月1日－1950年12月30日）中華人民共和国外交部档案館档案（122-00108-04）。
9) 苗丹国『出国留学六十年——当代中国的出国留学政策与引導在外留学人員回国的政策的形成、変革与発展』46-47頁。
10) 郭平坦・陳富美「建国初期留日学生帰国情況」全国政協曁北京、上海、天津、福建政協文史資料委員会編『建国初期留学生帰国紀事』北京：中国文史出版社、1999年、417-426頁。
11) 李滔主編『中華留学教育史録——1949年以後』北京：高等教育出版社、2000年、5-23頁。
12) 「辨理留学生回国事務委員会的工作概況報告」（1950年7月29日－8月31日）中華人民共和国外交部档案館档案（122-00108-06）。
13) 「関於招待留日、美、比、印等国回国留学生経過的報告」李滔『中華留学教育史録——1949年以後』20-21頁。
14) 華僑学生は日本華僑の子弟で、小学生から高校生までを指す。当時、中国大陸と台湾から来日した中国人留学生を留日学生と呼んでいた。大陸と台湾からの留日学生と区別するために、日本で生まれ育った華僑の子弟を「華僑学生」と呼ぶのは、当時の留日学生・華僑の間の習慣となっていた。ゆえに、本章もその呼称を使用する。
15) 郭平坦「留日同学会引導我們走愛国回国的道路」全国政協曁北京、上海、天津、福建政協文史資料委員会『建国初期留学生帰国紀事』405-416頁。
16) 王雪萍「戦後期日本における中国人留学生の生活難と政治姿勢をめぐる葛藤——救済金問題を事例に」大里浩秋編『戦後日本と中国・朝鮮——プランゲ文庫を一つの手がかりとして』研文出版、2013年、83-119頁。
17) 同学総会元主席郭平坦氏に対するインタビュー（2012年2月10日、北京）。「主張大同団結を訴う」、「救済金に対する認識」、「救済金より学ぶもの」、「感謝状」『中国留日学生報』1952年10月15日。
18) 「救済金に対する祖国の意向——第十一次帰国船乗船代表に聞く」『中国留日学生報』1957年6月1日。
19) 王雪萍「戦後期日本における中国人留学生の生活難と政治姿勢をめぐる葛藤——救済金問題を事例に」83-119頁。
20) 「関於争取在資本主義国家留学生回国的方針任務措置等意見給周恩来総理的報告」（1956年1月27日）中華人民共和国外交部档案館档案（111-00239-05）。

21）同学総会元主席郭平坦氏に対するインタビュー（2012年2月10日、北京）。
22）王雪萍「留日学生の選択――〈愛国〉と〈歴史〉」203-232頁。
23）「主張　華僑の帰国問題」『東京華僑会報』1953年4月15日。
24）王雪萍「中華人民共和国初期の留学生・華僑帰国促進政策――中国の対日・対米二国間交渉過程分析を通じて」155-178頁。
25『回国五十年――建国初期回国旅日華僑留学生文集』北京：台海出版社、2003年、511-512頁。
26）同上、1-122頁。
27）楊国光『一個台湾人的軌跡』台北：人間出版社、2001年、199-213頁。楊春松の娘楊淑英氏に対するインタビュー（2012年3月15日、上海）。
28）楊国光『一個台湾人的軌跡』205-215頁。
29）帰国留日学生郭承敏氏に対するインタビュー（2011年9月21日、天津）。
30）帰国留日学生郭平坦氏に対するインタビュー（2007年11月25日、北京）。
31）陳峰龍「反蒋愛国　矢志不二」『回国五十年――建国初期回国旅日華僑留学生文集』107-114頁。帰国留日学生陳峰龍氏に対するインタビュー（2009年9月2日、北京）。
32）帰国日本華僑王英蘭氏に対するインタビュー（2009年2月25日、北京）。
33）東洋文庫所蔵Ⅲ-19-147の中国共産党郴県地委組織部制幹部档案石勝友によれば、自伝（身上書）とは、本人の経歴、家族、親族の状況、主要な社会関係を含めた情報を本人が書くものである。
34）王雪萍「留日学生の選択――〈愛国〉と〈歴史〉」203-232頁。
35）楊国光『一個台湾人的軌跡』215頁。
36）業務担当者の個人の過去および家族、親族については、当時および過去に、日本の傀儡政権や植民地政権、日本侵略軍、国府と関係があったかどうかが調べられた。本人および家族、親族のなかに過去に反共団体と関係のあったものはすべて中国の外国関連の業務や、秘密業務から外された。
37）王雪萍「中華人民共和国初期の留学生・華僑帰国促進政策――中国の対日・対米二国間交渉過程分析を通じて」155-178頁。
38）帰国日本華僑学生Rに対するインタビュー（2012年2月15日、北京）。
39）王達祥「与祖国同行」『回国五十年――建国初期回国旅日華僑留学生文集』146-150頁。日本華僑学生王達祥氏に対するインタビュー（2007年11月24日、北京）。
40）李純青「悼念陳文彬先生」『回国五十年――建国初期回国旅日華僑留学生文集』12-16頁。
41）帰国日本華僑学生陳富美氏に対するインタビュー（2009年8月28日、北京）。
42）「中共上海市委転発上海市人民政府華僑事務処党組"関於接待安置旅日帰国華僑工作総結報告（摘要）"的通知」（1954年4月26日）中国上海市档案館档案（A38-2-9-23）。
43）「1957年争取資本主義国家留学生工作計画」（1957年2月4日－8月20日）中華人民共和国外交部档案館档案（111-00251-02）。
44）王雪萍「留日学生の選択――〈愛国〉と〈歴史〉」203-232頁。

45）「中共上海市委転発上海市人民政府華僑事務処党組"関於接待安置旅日帰国華僑工作総結報告（摘要）"的通知」（1954年4月26日）中国上海市档案館档案（A38-2-9-23）。
46）帰国日本華僑学生Gに対するインタビュー（2007年11月26日、北京）。
47）「関於帰国華僑学生教育工作的若干問題（一九五三年十一月）」『廖承志文集』編輯辦公室編『廖承志文集』（上）香港：三聯書店（香港）有限公司、1990年、263-274頁。
48）林麗韞「在祖国的懐抱　難忘的五十年」『回国五十年——建国初期回国旅日華僑留学生文集』107-114頁。本田善彦『日・中・台視えざる絆——中国首脳通訳のみた外交秘録』日本経済新聞社、2006年、209-217頁。
49）中国新聞社編『廖公在人間』香港：生活、読書、新知三聯書店、1984年、258-259頁。
50）帰国日本華僑学生Gへのインタビュー（2007年11月26日、北京）。
51）呉学文『風雨陰晴——我所経歴的中日関係』北京：世界知識出版社、2002年、55-61頁。
52）帰国日本華僑Kへのインタビュー（2009年2月25日、北京）。
53）呉学文、王俊彦『廖承志与日本』北京：中央党史出版社、2007年、119頁。
54）帰国日本華僑学生曾葆盛氏に対するインタビュー（2007年11月23日、北京）。
帰国日本華僑学生楊淑英氏に対するインタビュー（2011年8月3日、上海）。
帰国日本華僑学生楊潮光氏に対するインタビュー（2012年2月15日、北京）。
55）王雪萍「戦後期日本における中国人留学生の生活難と政治姿勢をめぐる葛藤——救済金問題を事例に」83-119頁。同学総会元主席郭平坦氏に対するインタビュー（2007年11月25日、北京）。
56）筆者が確認したところ、中国留日同学総会の機関紙は1947年1月に創刊され、紙名は1947年3月10日～1947年4月30日までが『中華民国留日学生旬報』、1947年5月1日～1948年1月30日は『中華留日学生報』、1948年5月4日以降が『中国留日学生報』であった。本章では注記を除き、すべて『中国留日学生報』と表記した。
57）同学総会元主席郭平坦氏に対するインタビュー（2007年11月25日、北京）。
58）増田米治「中国の学生運動と日本の学生運動」『中国留日学生報』1948年7月1日。
59）「中華人民共和国　中央人民政府成立公告（全文）」『中国留日学生報』1949年10月11日。
60）「新中国の民族政策」『中国留日学生報』1951年5月12日。
61）「留日学生救済基金　十二万ドルの行方は？　奇怪な代表団の措置」『中国留日学生報』1949年8月15日。「留日学生に福音　十四万五千弗救済用に」『中国留日学生報』1949年9月15日。「学生救済用の十四万五千弗管理問題化す　学生、華僑の参加拒否さる」『中国留日学生報』1949年10月11日。
62）「中国の明暗　明るい太陽と過酷な圧制——外人の眼に映った中国」『中国留日学生報』1952年3月25日。
63）「台湾さえ守れない国府軍」『中国留日学生報』1952年3月25日。
64）「人民助学金の民主的な評定に関して」『中国留日学生報』1952年12月10日。

65)「希望と幸福に微笑む　新中国労働者生活の実態」『中国留日学生報』1952年5月25日。

66)「国家から保障された学生生活」『中国留日学生報』1953年4月10日。

67)「祖国からの援助金は助学金ではなく救済金　僑務委員会から来函」『中国留日学生報』1953年2月15日。

68) 日本華僑華人研究会編著、陳焜旺主編『日本華僑・留学生運動史』日本僑報社、2004年、492-500頁。

69)「関於華僑学校的幾個問題（一九五一年十一月一日）」「廖承志文集」編輯辦公室『廖承志文集』（上）200-203頁。

70) 同学総会元主席韓慶愈氏に対するインタビュー（2007年12月10日、東京）。

71) 林慶英「創刊詞」『大地報』1954年3月1日。

72)「北京的賓客日益加多　為接待華僑建築新僑飯店」『大地報』1954年3月1日。

73)「中国人口到底有多少？」『大地報』1954年3月1日。

74)「武漢長江大橋東方第一　自己設計国産鋼料　工程浩大規模空前」『大地報』1954年3月1日。

75) 日本華僑華人研究会『日本華僑・留学生運動史』501-512頁。

76)「代表団、態度を三変　遂に解散を指令」『東京華僑会報』1951年9月1日。「国民党、政治的に暗躍　強制退去問題」『東京華僑会報』1954年1月25日。「学習欄　我們的祖国我們的家郷　祖国農業の変貌　みちたりた家郷の出現」『東京華僑会報』1954年1月25日など。

77)「外国人登録証と華僑臨時登録書」『東京華僑会報』1951年9月1日。「希有の悪法　中国人朝鮮人が目あて　出入国管理令公布　十一月一日より実施」『東京華僑会報』1951年11月15日など。

78)「各地僑胞あれこれ　殆どが生活不安定　集団帰国で僑胞大挙帰国　香川」『東京華僑会報』1954年4月15日。

79)「統一税務委を結成　中華料理同業会　新税法に対処して」『東京華僑会報』1954年6月15日など。

80) 何義麟「戦後在日台湾人之処境与認同：以蔡朝炘先生之経歷為中心」『台湾風物』第六十巻第四期、2010年、161-194頁。

81) 王雪萍「戦後期日本における中国人留学生の生活難と政治姿勢をめぐる葛藤——救済金問題を事例に」83-119頁。日本華僑華人研究会『日本華僑・留学生運動史』115-165頁。

82)「在迎接抗日烈士遺骨儀式上的致辞」「廖承志文集」編輯辦公室編『廖承志文集』（上）248-249頁。

83) 日本華僑華人研究会『日本華僑・留学生運動史』334-354頁。
「異邦に散って七年　花岡犠牲者七周忌慰霊祭　十二月一日浅草本願寺で」、「敢えて訴う　花岡事件遺骨の帰郷について（内山完造）」、「もれなく慰霊祭え　遺骨の送還を促進しよう（中国人俘虜犠牲者善後委員会）」『東京華僑会報』1951年11月15日。

84)「遺骨を送還しよう　浅草棗寺で花岡犠牲者慰霊祭」、「引揚雑感」『中国留日学生報』1953年2月1日。
85)「我紅十字会代表団与日本代表団就協助日僑回国取得一致意見」『人民日報』1953年3月8日。
86)「遺骨、丁重に迎えん　北京会談で廖団長回答」『東京華僑会報』1953年3月15日。「延々とつづく大葬列　遺骨は僑胞の胸に抱かれて」『東京華僑会報』1953年4月15日。「日中日ソ　国交回復の声強まる　華僑帰国援助　花岡遺骨送還等を決議　日比谷の国民大会で」『東京華僑会報』1953年5月15日。
87)「花岡事件犠牲者の遺骨について　華僑事務委から来函」『中国留日学生報』1953年5月5日。
88)「日本人民団体決定組織代表団　護送中国烈士遺骨回中国」『人民日報』1953年6月3日。「日本共産党就旅日華僑回国問題発表声明　譴責吉田政府串通台湾蔣匪故意阻難的行為」『人民日報』1953年6月9日。「日中友好協会第三届全国大会記」『人民日報』1953年6月16日。「抗日烈士遺骨由日本運回祖国　迎接烈士遺骨的儀式在塘沽新港碼頭挙行」『人民日報』1953年7月8日など。
89)日本華僑華人研究会『日本華僑・留学生運動史』334-359頁。
90)「歓迎紅十字会代表各地代表紛邀李徳全　横浜提倡要回国帰省」『大地報』1954年9月1日。
91)「北京的賓客日益加多　為接待華僑建築新僑飯店」『大地報』1954年3月1日。「何香凝設宴招待華僑回国観光団」『大地報』1956年10月18日。
92)「相談　祖国への探親問題について」『東京華僑会報』1956年8月10日。「探親希望者百名を突破」『東京華僑会報』1956年9月10日。
93)「日赤が証明書発給　「探親」の具体化近づく」『東京華僑会報』1956年11月10日。
94)日本華僑華人研究会『日本華僑・留学生運動史』386-389頁。
95)「歓迎紅十字会代表各地代表紛邀李徳全　横浜提倡要回国帰省」『大地報』1954年9月1日。
96)思文「歓迎祖国代表」『大地報』1954年11月1日。
97)「旅日華僑熱烈歓迎祖国代表」『大地報』1954年12月1日。
98)廖承志「謙遜・団結・友好」『中国留日学生報』1954年11月1日。「李徳全代表一行無事到着　出迎えに華僑千数百名」『中国留日学生報』1954年11月1日。「在日華僑の心構え　神戸にて廖承志氏語る」『中国留日学生報』1954年11月15日。「祖国代表歓迎に参加して　神戸同学会より寄せらる」『中国留日学生報』1954年12月15日。思文「歓迎祖国代表」、「歓迎中国紅十字会代表　各地準備均已就緒　東京挙開僑胞大会」『大地報』1954年11月1日。「怎様做一個新中国的華僑　摘録廖承志先生的講話」『大地報』1954年12月1日など。
99)日本華僑華人研究会『日本華僑・留学生運動史』306-333頁。帰国留日学生郭承敏氏に対するインタビュー（2011年9月21日、天津）。
100)日本華僑華人研究会『日本華僑・留学生運動史』321-322頁。

101）帰国日本華僑学生蔡季舟氏に対するインタビュー（2009年2月25日、北京）。帰国日本華僑学生王英蘭氏に対するインタビュー（2009年2月25日、北京）。
102）「廖承志辦事処和高崎辦事処関於互派代表、互設連絡事務所、交換記者和備忘録貿易会談紀要」（1964年4月19日）中華人民共和国外交部档案館档案（105-01299-03）。
103）日本華僑華人研究会『日本華僑・留学生運動史』448-452頁。中国外交部亜洲司日本処元処長丁民氏に対するインタビュー（2012年2月14日、北京）。
104）日本華僑華人研究会『日本華僑・留学生運動史』449頁。

第 2 部

廖班の対日工作をめぐる
中国・日本・国府の攻防

第5章
知日派の対日工作
——東京連絡事務処の成立過程とその活動を中心に

杉浦康之

はじめに

　戦後日中関係史において、LT貿易体制に注目した研究は少なくない。しかし、その主たる関心は、(1) 日中友好史観からのLT貿易の意義づけ[1]、(2) LT貿易体制の日中国交正常化への影響[2]、(3) LT貿易体制の成立をめぐる日本の対中政策や日中間の交渉過程[3]、という点に集中している。そのため、1964年8月に開設された日中両国の貿易事務所に関しては、言及こそされるものの、その活動内容に踏み込んだ研究は多くない[4]。とりわけ、中国側の出先機関であった廖承志辦事処東京連絡事務処（後の中国中日備忘録貿易辦事処東京連絡事務処、以下：東京連絡事務処）の活動に関しては、資料的な制約もあり、ほぼ等閑視されてきたといえよう。

　1966年以降中国が文化大革命（以下：文革）という国内政治の大動乱に陥った時、孫平化首席代表が帰国させられるなど、その影響を受けることこそ免れなかったものの、東京連絡事務処は細々ながらもその活動を継続していた。また、東京連絡事務処開設と併せて調印された日中記者交換協定により日本駐在が許可され、同事務処を拠点としていた中国人記者たちは、そうした動乱状態においても、対日情報を本国に提供していた。このように、その開設以降、同事務処は一貫して知日派たちが活躍する、中国の対日工作の最前線であり続けた。そして、1972年9月、文革が未だ終焉していない状況で、日中国交正常化が実現したという歴史的事実に鑑みれば、この東京連絡事務処の果たした役割は小さくないと思われる。

　本章の研究目的は以下の3点に集約される。第一に東京連絡事務処がどのよう

な歴史的経緯を経て開設されたのか、また開設の目的は何であったのかを明らかにすることである。第二には、日本政局および自民党政権の中国政策に対する情報活動に焦点を当て、東京連絡事務処の対日工作の実態を解明することである。第三にそうした対日情報が、中国の政策指導者層の政策決定にいかなる影響力を有していたのかを解明し、対日政策の決定過程における知日派の役割を再評価することである。

　まず本章では戦後日中関係における通商代表部／貿易事務所問題の歴史的経緯を、1950年代の日中民間貿易協定交渉にまで遡り、LT貿易体制下での東京連絡事務処の開設合意に至る政治過程を概観する。次いで、東京連絡事務処の対日工作のなかでも、以下の二つの事例に特に注目し、その活動内容を解明する。第一の事例は、東京連絡事務処が開設された直後、池田勇人首相が喉頭がんに倒れたことにより勃発したポスト池田をめぐる日本政局の動向、および佐藤栄作政権の中国政策に対する東京連絡事務処の情報活動である。第二の事例は、ニクソン・ショックによって佐藤政権末期から表面化し、1972年7月まで継続した、「角福戦争」を中心とする日本政局の動向と、田中角栄政権の中国政策に対する東京連絡事務処の情報活動である。ここで取り上げる二つの政局は、いずれも長期政権退陣後に新しい日本の首相を選出する政治動向であった。同時に、これらの政局は、日中関係を取り巻く国際情勢に変化が見られるなかで、中国問題への対応が政局の帰趨を決める一つの焦点であったという共通点を有していた。それゆえ、これらの政局は中国にとっても注視せざるを得ない政治動向でもあった。

　なお、本章では、(1) 中国外交部档案館の外交档案、(2) 1970年から中国外交部派遣記者として東京連絡事務処で活躍した王泰平による日記（以下：『王泰平日記』）、(3) 中国外交部日本担当者へのインタビュー、(4) 日中両国の関係者による各種回顧録、(5) 日本外務省外交記録などに依拠し、研究を行うものとする。

I　戦後日中関係における通商代表部／貿易事務所問題の歴史的経緯

1　日中民間貿易協定における通商代表部問題

　1953年10月29日に調印された第二次日中民間貿易協定において、日中間で初めて通商代表部の設置が謳われた。同協定の付属文書第3条では、「双方は互いに貿易代表機関を置くことに同意する」と明記された[5]。だが、結局この時の同

意は履行されないまま、同協定は失効した。

その後、第三次日中民間貿易協定交渉で通商代表部問題はより大きな焦点となった。同協定の交渉に先立ち、1955年1月に訪中した村田省蔵は、雷任民・中国国際貿易促進委員会代理主席との会談のなかで、「将来でき得れば通商代表を相互に常駐せしめること」を提案した[6]。この村田発言を受けてか、中国側は同協定の交渉において、通商代表部の設置を重要テーマとすることを事前に決定した。その際、中国側は、第一目標としては政府代表による通商代表部の設置を考慮していたが、それができない場合には、第二案として半政府的性質を有する通商代表部でも仕方ないとの姿勢であった。ただし、後者であっても、一定程度の外交特権（人員、機構、住宅の安全、秘密電報の使用）を求めるとし、純然たる民間組織であってはならない、との方針を定めていた[7]。その背後には、「日中経済貿易関係を一歩進め、徐々に日本に米国への完全な依存を減少させ、また日本と中国との関係を強化し、そこから日米間の矛盾の拡大させる」、「民間の接触から、政府間関係を獲得する」という方針に基づきこの交渉に臨むという、「日本中立化」を目論んだ対日戦略が存在していた[8]。

だが、1955年4月1日より東京で行われた第三次日中民間貿易協定交渉は難航した。その主たる要因は、通商代表部設置の明記と同協定に対する政府保証にあった。中国側は通商代表部を「国家が管理する対外貿易の行政機関の代表機構」とすることを要求したが、日本側はそれを不可能として、あくまでも民間の代表機構とすべきだと主張した。しかし、おりしも同じころバンドンで開催されていたアジア・アフリカ会議に参加していた周恩来が日本側の代表に対し、半政府的性質を有する通商代表機構を設置し、それに外交官待遇を与えることを希望すると表明したことを奇貨として、中国側は事前に定めていた、外交特権を有する半政府的通商代表部を設置するとの第二案を提示し、日本側もそれに同意した[9]。

次いで問題となったのは、日本政府の保証問題であった。中国側は交渉の冒頭からこれを「一層の重要な条件」として要求し続けた。だが、日本政府にとって、こうした中国側の要求に同意することは困難であった。そこで、最終的に、中国側の提案により、書面によって鳩山政府の「支持と協力」を証明する、との方向で日中双方の意見が一致した[10]。そして、村田省蔵や池田正之輔・日中貿易促進議員連盟（以下：議連）代表らは、鳩山一郎首相をはじめとする日本政府首脳と直談判し、日本政府が同協定に「協力」することの言質を取り付けることに成功した。これにより事態は膠着状態を脱し、5月4日、第三次日中民間貿易協定は1カ月あまりの交渉を経て、ようやく締結されたのであった[11]。そして、同

協定第十条では、相互に常駐の通商代表部を置き、「通商代表部および部員は外交官待遇としての権利があたえられる」と明記された。また、同協定に対し、鳩山首相が「支持と協力」を与える旨を明記した書簡が、日本側から中国側に手渡された[12]。

　だが、外務省をはじめとする日本政府は、通商代表部の設置自体には必ずしも反対ではなかったものの、外交官待遇の付与には否定的であった[13]。そして、第三次日中民間貿易協定における通商代表部設置の同意も、結局は実現されなかった。その結果、1957年9月から開始された第四次日中民間貿易協定交渉では、通商代表部設置問題は一層その重要性を増すことになった[14]。

　当初、交渉で問題になると思われたのは、中国側の通商代表部の人員に対する指紋押捺問題であった。だが、日本側の交渉団は北京に乗り込む前にすでにこの問題を解決すべく、日本政府の同意を得ていた[15]。そのため、意外にもこの問題は速やかに解決することになる。9月23日の第1回協商委員会で、日本側の代表であった池田正之輔は、「何らかの措置で事実上指紋はとらぬ。安んじて日本で通商の業務が取れるように措置をとりたく、政府の同意を得てきました」と発言し、早々の合意が形成されたのである[16]。

　しかし、9月25日から始まった通商代表部小委員会では、通商代表部の人数をめぐって日中双方の意見が対立した[17]。日本側は当初、指紋押捺を免除される人員は、家族を含め5名と主張した。これに対して、中国側の当初の要求は30名であった。その後、日本側は家族の人数を定員から除外する「妥協案」[18]を提示したが、両者の主張は平行線を辿ったままであった。その結果、交渉は暗礁に乗り上げることになり、11月1日、日本側の代表団は協定を締結することなく、帰国した[19]。

　だが、日本国内の情勢を注意深く観察していた中国側は、事態を楽観的に見ていた。実際、日本社会党をはじめとする野党や大手新聞は、岸信介政権の対中姿勢を批判していた。また岸首相自身も国会答弁のなかで、第四次日中民間貿易協定の締結を促進すると発言していた[20]。

　こうした状況下において、1957年12月、人道問題処理のため訪日する李徳全の一行に、廖承志が副団長として参加することになった。この時周恩来は廖承志に対し、「第一歩として、双方が同意、あるいは接近した条項に関しては協定の正文に入れ、これを通過させる。第二歩として、双方で未だ分岐している問題、すなわち通商代表部の政治待遇問題は覚書に入れ、協定の不可欠の一部分にして、日本側がその政府に対してさらに一歩工作を働きかけるようにする」と、原則を

堅持しつつ、ある程度柔軟な姿勢で交渉再開を日本側に打診して来るよう、指示した[21]。

来日した廖承志は12月26日、池田正之輔と会談した。そして両者は、「通商代表部の人数に制限を加えることは、中国側として絶対に承服できない。業務上必要な人数を双方で話し合って交換することを望む。しかし中国側としては、無制限に派遣するわけではなく、実際上は少数の人数を派遣し将来増員することはない」との線で合意を形成した[22]。同時に、この時廖承志は岡田晃・外務省中国課長とも非公式に会談し、通商代表部問題で意見を交換していた[23]。こうした下準備を経て、第四次日中民間貿易協定交渉は再開されることになった。

しかし、この交渉再開に際して、新たな問題が浮上した。それは中国側の通商代表部に対する国旗掲揚権問題であった。前年9月に行われた北京での交渉において、国旗掲揚権問題は焦点とはなっていなかった。それは池田正之輔が藤山外相との事前了解の範囲を超えて[24]、「原則としては自由にしたい」と発言していたためであった[25]。そのため、国旗掲揚権はすでに覚書条項案にも記載されていた[26]。しかし、交渉団派遣の最終段階で、第四次日中民間貿易協定交渉の覚書案に対して、自民党内から中国承認につながりかねないとの異論が出された。その結果、「国旗掲揚を権利として認める」との覚書条項の記載は削除される方針となった[27]。一方、中国側はこうした日本側の動きを事前に把握していた[28]。

1958年2月27日、再会された交渉の冒頭、日本側は「国旗掲揚の権利」の削除を含む自民党の「要望四条件」による修正案を提示したが、中国側の代表である雷任民はそれを拒絶した[29]。3月1日には、廖承志の訪日で、合意済みであった定員問題を再燃させる姿勢すら示した[30]。こうした中国側の頑なな姿勢の背後には、すでに合意されている協定本文と覚書の条項に関しては、「一字たりとも変更してはならない」という周恩来からの指示があった[31]。

その後、池田と雷の間で、通商代表部問題を中心として、2人だけの秘密会談が数回重ねられた。また、池田と廖承志の話し合いも行われた[32]。そして、1958年3月5日、国旗掲揚権に関する条項を残したまま、第四次日中民間貿易協定は締結された[33]。最後まで自らの主張を貫き通し、日本側の譲歩を勝ち取ることに成功した中国側は、協定締結翌日、『人民日報』社説において、「ただ我々両国人民が努力を堅持すれば、日中貿易と日中の友情の発展はいかなる勢力も妨害することができない」とその成果を喧伝した[34]。

こうして締結された第四次日中民間貿易協定であったが、同協定の結果として惹起した「日華紛争」の勃発と、日本政府の通商代表部への保証に対する曖昧な

態度により、中国側は 1958 年 4 月 13 日、南漢宸・中国国際貿易促進委員会主席名義で、同協定実施の無期限延期を通達した。さらに、1958 年 5 月 2 日、長崎国旗事件が生じると、中国側は民間貿易のみならず、それまで進めてきたすべての民間交流を全面停止することを決定した。その結果、第四次日中民間貿易協定は結局何ら履行されることなく、その役目を終焉させることになった[35]。

2 LT 貿易体制下における常駐事務所問題

長崎国旗事件の結果、日中民間貿易は全面停止状態に陥った。その後、「配慮物資」[36]や友好貿易という形で、日中貿易は再開された。しかし、中国側はこれらの貿易に参加する日本企業に対し、政治条件を課していたため、その担い手は中小企業にならざるを得なかった。こうした友好貿易は、中国の政治目的には適っていた反面、経済利益は必ずしも十分ではなかった[37]。一方、日本でも岸政権に代わって登場した池田勇人政権が、友好貿易の問題点を認識し、それへの対抗措置を模索した[38]。その結果、1962 年 9 月の松村謙三の訪中による政治討議を経て、同年 10 月に訪中した高碕達之助と廖承志との間で、1962 年 11 月 9 日、「日中総合貿易に関する覚書」が調印され、LT 貿易体制が始動することとなった[39]。

興味深いことに、管見しうる日本および中国側の史料に基づく限り、一連の LT 貿易体制をめぐる交渉過程で、日中民間貿易協定交渉の懸念材料であった通商代表部の設置問題が登場することはなかった。「日中総合貿易に関する覚書」の「取り決め事項」でも、覚書実施のために日本側が東京に高碕達之助事務所、中国側が北京に廖承志事務処を設置することは明記されていたが、通商代表部の設置は言及されていなかった。

しかし、このことは LT 貿易体制下で中国側が常駐事務所の相互設置に関心を有していなかったことを意味するものではない。1963 年 3 月、前年 12 月に訪中していた宇都宮徳馬は、帰国後に、島重信・外務事務次官と会談した。この時島は、「相互理解を深めるため、必要があれば高碕事務所を北京におき、廖承志事務処を東京においてはどうか」と、宇都宮に提案した。宇都宮は、安井薫を通じて中国側にその旨を打診する書簡を送付したが、中国側は早くもこれに関心を示した[40]。

1963 年 4 月 29 日、中国蘭花代表団として来日した孫平化、王暁雲らは、松村謙三、高碕達之助、宇都宮徳馬らと LT 貿易が一定規模に発展した後に常駐事務機構を設置すべきかどうか、常駐記者を交換できるかどうか、などを話し合った。

また孫平化は、河合良一の紹介で、通商産業省官房長であった渡辺弥栄司と会談した。渡辺は通産省のLT貿易に対する支持を表明すると同時に、将来中国に行き、常駐の通表代表になるか大使になりたいとの意思を伝えた。さらに宇都宮徳馬の手引きで会談した谷敷寛・通産省通産課長は、通産省としては、日中輸出入組合か高碕事務所の代表を北京に常駐させ、中国側にも廖承志事務処の代表を東京に常駐させることを希望する、と述べた。これに対して、孫平化も、我々としてもこれに関心があり、具体的に研究すべきであると回答した。このほか、孫平化らは大久保任晴・高碕事務所事務局長の提案で外務省アジア局中国課長の原富士男と会い、園田直の手配で河野一郎との会談にも成功した[41]。孫平化らの帰国報告が党中央に提出されたのは6月9日であったが、5月9日、日本側の公開情報に基づく、通産省幹部の常駐貿易事務所設置に対する前向きな発言をまとめた国務院外事簡報が党中央に配布されていた[42]。

こうした流れを踏まえ、1963年7月25日、廖承志より周恩来および陳毅外相に対して、相互に常駐事務所を設置する必要性が提案された。その理由として、ビニロン・プラントの輸入に関する協定が成立したことにより、日本に派遣する技術者の管理が必要となることに加え、目下日中間の国交正常化ができない状況下において、日本の動向を把握しうる常駐人員がいないことは、政治上不利であることが指摘された。また、常駐事務所の設置と併せて、相互に常駐記者を置くことも提案された。このように、中国にとってのLT貿易体制下での常駐事務所設置の主たる目的は、対日情報活動の拠点を構築することにあった。こうした廖承志の提案は、8月28日、毛沢東ら党中央指導部の審査を経て、周恩来の同意を得た。そして、同年9月から行われるLT貿易第二年度交渉で日本側に打診することが決定された[43]。

LT貿易第二年度交渉の事前指示のなかで、中国側は交渉の最終段階で、常駐事務所問題を提出し、日本側の意見を聞くことを決定していた。また、もしも日本側がこの問題を先に提出した場合には、同意する方針も決められた。さらに常駐事務所問題の交換条件として、日本側が中国に残されているすべての日本人戦犯の釈放を要求した場合、これに応じるよう指示された。同時に周恩来からも、「このことは先に決定を急がず、さらに軽々に応じてはならない」と指示されていた[44]。こうした中国側の慎重な姿勢は、かつての通商代表部問題における自らの対応への自省が込められていたのかもしれない。

実際、事前の方針に従って、常駐事務所問題が提起されたのは、交渉の最終段階であった。廖承志がこの話を提起した時、日本側の代表で会った岡崎嘉平太は

非常に緊張した表情を示した。そして岡崎は、日本側もこの問題を検討したが、以下の懸念事項があるため、それを放置していた、と述べた。岡崎が指摘した懸念事項とは、(1) 蔣介石集団の妨害による中国側代表の安全の確保の難しさ、(2) 中国側が多くの人数を派遣する可能性、(3) 中国側の国旗掲揚の実施、の3点であった。これに対して廖承志は、(1) 蔣介石集団の妨害は中国側も考慮したが、問題ないと判断している、(2) 人数は多くしない、(3) 中国側の代表所は非政府機構であり、毎日国旗を掲揚しなくてもよい、と応じた。廖承志の回答を得た岡崎は安堵し、この問題は実現可能であり、帰国後速やかに検討する、と返答した[45]。ただし、この合意は、作成されたコミュニケ・取り決め事項・付属書のいずれにも記載されなかった[46]。また、帰国した岡崎らは外務省への報告において常駐事務所問題に言及しなかったばかりか、取り決め事項で銘記された、「日本倉敷レイヨン株式会社と中国技術進口公司が相互に相手側の国に派遣駐在させる」とは、常駐事務所を意味するものではない、と説明した[47]。

　中国側の働きかけは、翌1964年初頭から一層本格化した。1964年1月、中国青年京劇団の一員として訪日した孫平化は、廖承志からの指示に基づき、再度松村謙三、高碕達之助と接触し、常駐事務所と常駐記者に関して話し合った。そして、2月7日、田川誠一と藤井勝志が訪中した。両者の訪中の目的は、表面的には日本人家族の訪中墓参問題とされていたが、実際には松村謙三の委託を受け、覚書貿易事務所と記者交換の問題で中国側と意見交換を実施することにあった[48]。

　廖承志が田川、藤井の両者と会談する前日の2月11日、日本から帰国した対外貿易部の李俊の報告が国務院外事簡報として党中央に配布された。そのなかでは、最近の日本政府は、(1) 相互常駐事務所に関して、人員が多くなることを懸念しているものの、基本的に肯定的であること、(2) 常駐記者交換に関しても肯定的である、と指摘された[49]。

　2月12日、田川らと会談した廖承志は、いずれの問題においても両者から早々に合意を獲得した。さらに記者交換については、数社の交換の早期実現は難しいと判断した田川がとりあえず2社ずつの交換を提案したのに対し、廖承志は「2社といわず、もっと多くよこして結構」と発言した。その日の午後、田川らは新華社の国際部副部長である丁拓と呉学文とも会談したが、両者の意見も廖承志と同様であった[50]。覚書貿易事務所設置の主たる目的が、情報活動にあったことに鑑みれば、より多くの記者を派遣することに廖承志らが熱意を有していたのは当然のことであった。

かかる田川らによる下準備が完了した後、1964年4月、松村謙三は自ら訪中し、名称、派遣人数、業務内容、設置開始時期などを話し合う最終交渉を行った。この時両者の間で、常駐事務所の人員の数に関して意見のやりとりがあったが、最終的には代表3名、随員2名で妥結した[51]。そして、4月19日、「連絡事務所の相互設置ならびに代表の相互派遣に関する高碕達之助事務所と廖承志事務所の会談メモ」(以下:「事務所相互設置メモ」)、「日中双方の新聞記者交換に関する高碕達之助事務所と廖承志事務所の会談メモ」(以下:「記者交換メモ」)が調印された[52]。連絡事務所は、民間機構とし、駐在員には外交特権は与えられず、法律上は一般の貿易関係者として扱われ、1年以上居住すれば、指紋押捺をしなければならなかった。そこで毎回1年居住の手続きがとられることとなった。また、第四次日中民間貿易協定の際に最後まで問題となった国旗掲揚権を認めず、暗号電報も使用しないことになった。そして、記者交換に関しては、双方とも新聞、放送局の記者8名を派遣することになった[53]。

　李恩民は、このような形でようやく合意へと辿りついた相互常駐事務所の設置を、中国の対日政策の理想から現実への転換として意味づけ、その成熟化を指摘する[54]。確かに、日中民間貿易協定交渉で見せた非妥協的な姿勢に比べれば、LT貿易体制下での常駐事務所設置をめぐる一連の交渉のなかで中国側が見せた姿勢は、自制的かつ慎重なものであった。その背後には、かつて固執した指紋押捺問題や国旗掲揚権において妥協すれば、日本側とすぐに合意できるという計算があったであろう。また、民間貿易協定交渉での通商代表部設置は、政府間関係、あるいは準政府間関係の構築という、象徴的な政治目的が重視されており、具体的な目的はいささか曖昧であった。これに対して、LT貿易体制下の常駐事務所の設置には、対日情報活動の拠点を構築するという、明確かつ現実的な目的が提起され、それが党中央レベルでも共有されていた。こうした具体的な目的を達成するためにも、中国側は現実的な姿勢を堅持したものと思われる。

3　東京連絡事務処の開設過程

　松村と廖承志の間で合意が形成された後、中国側は東京連絡事務処開設準備に着手する。まず、東京連絡事務処の首席代表に孫平化、代表に呉曙東(対外貿易部)、陳抗(外交部亜洲司(アジア局)日本処長)、随員に康敏、林波が任命された[55]。孫平化は、自身の首席代表任命は、廖承志の意向であったと回顧している[56]。孫平化が任命された理由としては、日中民間貿易協定交渉以来、通商代表部／常駐事務所問題に長らく携わっていたことに加え、中国建国以前、6年あ

まりにわたり満州国・中国東北地方で情報工作に携わっていたという経歴も重視されたのかもしれない[57]。

同時に、常駐記者として派遣される7名の人員の選抜は、国務院外事辦公室の指導の下、新華社により行われた[58]。ただし、そのうちの数名は廖承志自らが選抜した。選抜された7名は、1964年7月より新華社で学習会に参加させられた。主な学習内容は、中央政府が批准したLT貿易事務と駐日記者の仕事の方針および対日方針・政策であった。仕事の方針のなかに、「長期に立脚、人に口実を与えない」（長期にわたり日本に滞在するために、できるだけ口実を与えない）という重要な一項目があった。廖承志はこの点をくりかえして注意したといわれている[59]。

こうして中国側の準備は進んでいたが、問題となったのは、日本政府の対応であった。外務省、そのなかでも特に経済局は常駐事務所設置には前向きではなかった。1964年1月22日、経済局は貿易事務所の相互設置に関して「議論することさえ有害である」と指摘していた[60]。その後、大久保任晴から田川、藤井の訪中において、中国側から常駐事務所の相互設置の打診があったことが伝えられると[61]、外務省内でもその活動内容を貿易業務に限定することを厳格に要求するとの条件付きで、これを容認する考えも出てきた[62]。2月26日、外務省は、大平正芳外務大臣らに、「L・T貿易の実施振りにつき特に現状を変えることの利益は反面それが持つ政治的障害に比し余りにも小さいものと考えられる」と報告すると同時に、「どうしても交換するというのであれば、中共側派遣員の行動は、純然たるLT貿易の実施に限定すること（廖事務所という看板も掲げない）」として、条件付きながらも設置容認も視野に入れた文書を作成した[63]。一方、すでに渡辺、谷敷らが孫平化と接触し、事務所の相互設置を支持していた通産省は、常駐事務所設置を推進する意向を外務省に伝えていた[64]。

4月19日に「事務所相互設置メモ」、「記者交換メモ」が調印されると、外務省内では条件付きの設置容認の意見が再燃した。4月24日、原富士男・中国課長は、松村、岡崎らの取り決めは政府首脳と全くかけ離れたものではないとして、貿易事務所設置の支持へと傾いた[65]。同日、南漢宸が率いる中国経済友好訪日代表団に参加していた蕭向前と原は会談した。この時、原は5名という中国側の代表団の人数を減らすことができないかと尋ねたものの、常駐事務所の設置そのものは支持する姿勢を伝えた[66]。一方、経済局は常設的な連絡員の交換に限り容認する姿勢であり、連絡事務所の設置は認めない方針を有していた[67]。そして5月4日、外務省は経済局の原案を基にして、廖承志事務所の人間が高碕事

所との貿易事務連絡のため入国することは承認したものの、「『廖承志事務所東京駐在連絡事務所代表』或は『随員』の如き名目での入国を認めることは差支えがある」との方針を決定した[68]。同案は通産省にも伝達され、両者の合意が形成された[69]。

　通産省に加え、外務省にとって合議が必要であったのが、入国管理局を有する法務省であった。この時の法務大臣は親台湾派で知られる賀屋興宣であったこともあり、法務省は中国側の駐在員は貿易業務にのみ従事し、一切の政治活動をしない旨を誓約書として提出することを要求した[70]。経済局は中国側が誓約書の提出に応じないことにより、連絡員の交換が実現しないことを予想しつつ、こうした法務省の立場を支持した[71]。しかし、外務省案として採用されたのは、保証書、誓約書は在日保証人、すなわち高碕事務所からとるようにする、という方針であった[72]。その後、法務省は外務省に再考を要請したものの、外務省側は逆に外務省案への法務省の同意を求めた[73]。最終的に本件は、大平外務大臣が賀屋法務大臣、福田一通産大臣から同意を得て、法務省が外務省案に同意したことで解決された。しかし、法務省側は誓約書の内容を岡崎嘉平太より中国側に徹底させるために、事前に廖承志事務所に通告するよう要求した[74]。

　6月27日、岡崎嘉平太と外務省、法務省入国管理局、通産省の代表者との会合が開かれた。外務省は岡崎に対し、法務省との合議に基づき、保証人としての誓約書の提出を要求した。これに対して、岡崎は内容的にはおおむね問題はないが、その内容が細部にわたりすぎていることに苦言を呈した。そして、名称問題に関しては、事務所、代表などを禁止することは受け入れられないと反論した[75]。結局、外務省も名称問題については妥協した[76]。

　中国の方もこうした日本国内の状況をある程度理解していた。孫平化によれば、1964年5月以降、大久保任晴は連日のように国際電話をかけ、中国側に日本政府との交渉内容を伝えていたという[77]。そこで、1964年5月14日、訪中していた北村徳太郎、川崎秀二、松本俊一らと会見した周恩来は、常駐事務所の相互設置と常駐記者の相互派遣に言及し、この問題に関して、日本政府が受け身にならず、主体的に動いて欲しいと発言し、日本側が合意事項を履行することを再度要求した[78]。

　7月3日、外務省の要請を受け入れ、松村謙三は廖承志に自ら電話をかけ、中国側の常駐事務所の人員が日本国内で政治活動を行わないよう、改めて要求した。これに対して廖承志は、(1) バンドン10原則を順守する、(2) 主要な業務は貿易事務であるため、貿易上の正当な活動は当然実施する、(3) 二つの中国を承認

することを避けるためにも、常駐事務所は外交機構の役割を果たさない、と回答した[79]。松村は以上のやりとりをその日のうちに外務省に伝達した。さらに松村は中国側に念を押すために、大久保任晴を香港に派遣し、孫平化らの出迎えに当たらせた[80]。香港で孫平化らと会談した大久保は、重ねて中国側が日本国内で政治活動を行わないように要請した[81]。こうした紆余曲折を経て、1964年8月13日、孫平化が率いる東京連絡事務処の人員5名は、ようやく東京へとたどり着いた[82]。

II 東京連絡事務処の対日工作の胎動

1 対日情報ネットワークの構築と池田後継をめぐる自民党政局情報の収集

　孫平化が東京に到着した時、東京連絡事務処は事務所を持っていなかった。そのため、後に高碕事務所の隣である農研ビルに落ち着くまで、東京連絡事務処は都内のホテルを転々とすることを余儀なくされた。しかし、そうした状況にかかわらず、東京連絡事務処は到着早々、活発に活動を行った[83]。

　東京連絡事務処の接触範囲は非常に多岐にわたっていた。まず政界関係者では、東京連絡事務処創設に関与した松村謙三を中心とする自民党の親中派に加え、この時期訪中したばかりの久野忠治[84]、木村武雄[85]といった佐藤栄作派に属する国会議員とも交流を有していた。また、岡田春夫のような日本社会党の親中派議員[86]や、上村幸生のような議連関係者といった、革新陣営とも交流関係を有していた[87]。財界関係者に関しても、LT貿易体制の日本側の保証人である岡崎嘉平太はもちろんのこと、稲山嘉寛（八幡製鉄所）、河合良成（小松製作所）、川勝傳（日本スピンドル）、日向方斉（住友金属）、松原与三松（日立造船）のような大企業の経営者から、吉村孫三郎（吉村紡績）のような日中友好商社まで広範囲に人脈を形成していた[88]。

　さらに東京連絡事務処は日本の官僚組織の間にも交流のネットワークを拡大させていった。その際に中心となったのは、常駐事務所の相互設置に積極的であった通産省であった。東京連絡事務処は渡辺弥栄司・通産省官房長をはじめとする局長・課長クラスと「茜会」と称する定期会合を行っていた。この会合には、渡辺、谷敷寛をはじめ、山本重信・通産局長、川出千速・重工業局長、今井昇・同副局長、村上公孝・日本貿易振興会理事、通産大臣時代の佐藤の秘書官を担当した山下英明など、同省の有力なキャリア官僚が多数参加し、積極的な意見交換を

行った89)。

　一方、国交正常化が実現していない状況ということもあり、外務省との交流は限定的であった。しかし、そうしたなかでも、1964年9月14日、牛場信彦・外務審議官が都内の料亭で孫平化らと会談した。この時牛場は、「日本とアメリカの往来は見たところ非常に良好に見えるが、実際にはそうではない」と、日米間の矛盾を示唆する発言を行った90)。また、東京連絡事務処は外務省顧問に就任していた松本俊一と会合を重ねていた91)。

　一連の活動状況に鑑みれば、対日情報機関として、東京連絡事務処はかなり活発な活動を展開していたといえよう。それは孫平化自身が回顧しているように、日本外務省や法務省が課していた「政治活動」の制限を明らかに超えるものであり、岡崎が提出していた誓約書はすでに有名無実化していた92)。

　東京連絡事務処が収集した情報は、当時暗号電報を使用する権限が付与されていなかったため、手紙か電話、あるいは中国からの訪日団を「使者」とすることで、本国に連絡された。しかし、このような報告は時間を要するため、「後の祭り」になってしまうこともしばしばあったと、孫平化は回顧している93)。他方、北京では孫平化らの報告は重視されていた94)。一連の報告は、『国務院外事簡報』、『日本政局』、『廖承志辦事処駐東京連絡事務処報告』という名称により、国務院外事辦公室の手でまとめられ、党中央指導者や関係各機関に配布された。それらは1965年1月、東京連絡事務処の報告は『日本情況』という名称に統一されることになった95)。

　東京連絡事務処が最初に直面した重大任務は、池田後継をめぐる自民党政局であった。1964年7月10日、池田は佐藤栄作らに競り勝ち、自民党総裁に再選された。そして7月18日、第三次池田改造内閣が発足した96)。東京に到着したばかりの東京連絡事務処は、当時の池田の様子を「三選で別れを告げ、他人に禅譲する意思はないように見える」と報告していた97)。

　このように順風満帆に見えた池田であったが、IMF・世界銀行総会に出席した翌日の9月8日、喉頭炎治療のために入院することになった。しかし、実際の池田の病気は喉頭がんであった。池田の病状は前尾繁三郎、大平正芳ら池田の側近により秘匿されていたものの、首相の病状は隠し通せるものではなく、かなり早くから政界の消息通には伝わっていた98)。

　こうした池田の病状に関する情報を聞きつけた人間の1人に、田川誠一がいた。東京連絡事務処は、早くも9月15日には田川から池田の病状に関する情報を入手し、本国に対して「健康を回復し、政権を継続する可能性は低い」と報告した。

そして、池田の後継者候補として、佐藤栄作、河野一郎、藤山愛一郎の名前を挙げた。同報告は、このなかで佐藤栄作こそが最有力の候補であるため、現在中国を訪問中の佐藤派の国会議員である木村武雄、久野忠治への働きかけがきわめて重要となると、助言した。同時に毛沢東をはじめとする中国共産党指導者層がかねてから期待を寄せていた河野一郎[99]は政権を獲得する可能性は非常に低く、また松村謙三らは藤山愛一郎を支持する可能性があると告げた[100]。

その後も東京連絡事務処は日本政局に関する情報を提供し続けた。それらの情報では、経済界や自民党内で支持を得ていない河野が政権をとる可能性は低いと判断されており、自民党総裁選挙が行われれば、佐藤栄作が勝利すると分析されていた。同時に、誰が政権をとろうとも、その外交上の課題は中国問題であるため、いずれの候補者も中国側との接触を保持したいと考えており、そこに注意を払う価値があると指摘した。実際、東京連絡事務処は、木村武雄らと接触し、佐藤が政権をとれば日中関係は大きく前進することが可能となる、との情報を得ていた。こうした情報に基づき、東京連絡事務処は11月中に廖承志が来日することが中国にとっても有利である、と提案した[101]。また、10月30日、孫平化らと会見した松村謙三と竹山祐太郎も、誰が政権をとろうとも中国政策には変化はないと告げ、中国側に安心してもらうよう要請した[102]。このように中国側は、東京連絡事務処を通じて、かなり広範囲にわたる情報収集を行っており、そうした情報に基づいて、北京でも日本政局の推移に対して冷静な対応を見せていたのである。

2 佐藤政権の始動と彭真入国問題
(1) 政権獲得前の佐藤と中国の接触

1964年10月25日、池田首相は正式に退陣を表明した。その後、三木武夫・自民党幹事長の提案により、後継総裁は総裁選挙ではなく、話し合いによって決定されることになった。その結果、川島正二郎・自民党副総裁と三木が推薦した佐藤栄作が、池田によって首相に指名された。こうして池田政権に代わり、1964年11月9日、佐藤政権が発足することになった[103]。

従来、中国側の研究や日中友好史観に立脚した日本の研究者の間では、佐藤政権期の日中関係は停滞期として位置づけられてきた[104]。だが、政権を獲得する以前の段階において、佐藤は中国側との接触は必ずしも消極的ではなかった。1964年5月14日、久野忠治を通じて、佐藤は来日していた南漢宸と会談した。この時、佐藤は、「日本は現在自主的に行動できない。また長期的に見ても自主

的な行動には困難がある」と日本側の立場を説明しながらも、日中関係において は「政治と経済は分けることは出来ない」と発言した。さらに、「中国は一つの 中国を主張し、台湾も中国は一つだという。ほかの人間は二つの中国というべき ではない。台湾問題に関して、日本が発言するのは不都合である」と言及した[105]。

　また、1964年9月に訪中した久野忠治は、佐藤の東南アジア訪問に合わせ、 1964年11月、第三国で佐藤と周恩来が会談を行うことの是非を廖承志に打診し た。この打診に関して、久野は事前に佐藤と相談していたといわれている[106]。 久野の提案に対して、廖承志は佐藤が訪中するならば「非常に歓迎する」と発言 したものの、周恩来は11月より前の時期には外遊する時間がない、と回答した。 そのうえで、佐藤が東南アジアを歴訪する際、台湾は訪問しないよう佐藤に伝え てほしい、と久野に告げた[107]。このように少なくとも9月9日の廖承志・久野 会談では、佐藤・周恩来会談に関して合意は形成されなかった。

　しかし、久野の伝聞に基づいた田川誠一の著作では、両者の間で、ビルマの首 都、ラングーンで佐藤・周恩来会談を実現することに合意したものの、結局池田 の後継をめぐる政局が本格化するなかで、佐藤が翻意したことでこの話は幻にな ったとされている。なお、久野がそのことを廖承志に告げた際、廖承志は、「池 田首相は病気なのです。それも癌だそうです。これでは佐藤さんは日本を離れら れないわけです」として、久野をも驚かす回答を行い、佐藤の翻意を批判しなか ったという[108]。久野の証言が正しいか否かは、9月9日以降の久野・廖承志会 談の記録の公開を待つしかない。ただ、久野の証言が正しいとすれば、中国側は 一度拒絶した佐藤・周恩来会談の実現に対して、その後いずれかの段階で同意を 与え、さらに佐藤の翻意によって白紙となっても、それを批判しないという柔軟 な姿勢を示したことになる。こうした中国側の対応の背後には、前述の東京連絡 事務処からの日本政局に関する情報が、一定の役割を果たしたことは想像に難く ない。

　このように佐藤は、中国側と政治対話を行う意思を示していた。また、中国側 もそうした佐藤の姿勢に一定の評価を与えていた。だが、同時に佐藤は中国政府 に対する警戒心を抱いており、また当面、国府を中国の正統政府とする立場を堅 持する姿勢を持っていた。実際、7月の自民党総裁選挙に向けた政策的青写真を 準備した佐藤の私的プロジェクトチームであるSオペレーションが、中長期的 な中国政策転換を盛り込もうとした時、佐藤は明らかにそうした姿勢に消極的で あった。すなわち、佐藤は中国との政治対話には関心があったものの、そこから 話を進めて台湾問題や国交樹立をめぐって本格的な交渉を行う意思は当初から希

薄であった。その意味で、佐藤と中国側が折り合える可能性は、佐藤政権の成立前の段階ですでに低かった[109]。

(2) 彭真入国問題

このような対中姿勢を有する佐藤政権は、その発足と同時に早くも彭真・北京市長の入国問題という課題に直面することになった。この時彭真の来日の目的は日本共産党第9回党大会への参加であり、入国申請は日本共産党が行った。しかし、佐藤政権は11月20日、政治目的での入国であるとして、閣議決定で彭真らに対する査証発給を拒否した[110]。こうした佐藤政権の対応を、翌日、中国外交部の報道官は、「現在佐藤政権がとっているこの理不尽な措置は、明らかに日本の広範な人民の願いに背くものであり、日中関係の発展に害を与えずにはおかないだろう」と批判した。ただし、同時に、「佐藤政府がこの理不尽な措置を撤回するよう求めて日本の友人たちが努力していることを聞いて我々は嬉しく思っている」と指摘し、日本国内の親中勢力の支援への感謝の意を表明していた[111]。中国側は、こうした姿勢を示すことで、「日本人民の闘争を発動する」ことを意図していた[112]。その後、3日間にわたり、『人民日報』は彭真入国問題、中国核実験問題、国連代表権問題に関する佐藤政権の対応を批判する論説を掲載した[113]。

佐藤政権が発足すると同時に、東京連絡事務処は活発な情報収集活動を行った。その際、有力な情報源となったのは、松村らのLT貿易関係者に加え、久野忠治と木村武雄という佐藤派の親中議員であった。11月17日、孫平化は、佐藤は自主外交を唱え、また世論もそれを求めていることから、新内閣は中国問題を解決せざるを得ないだろう、と電話で本国に報告した。さらに11月20日、前日に佐藤と会談した松村からの情報として、①佐藤も中国問題における松村の考えに同意し、「すでにはじめたことは継続しなければならず、LT貿易も今後さらに発展しなければならない」と発言した、②廖承志の来日を佐藤も歓迎する意向である、という内容を孫平化は電話で伝えた[114]。

そして11月28日、「当面の日本政局に対する初歩的分析と今後の工作の想定」と題された、東京連絡事務処による情勢分析と政策提言をまとめた報告書が北京に届けられた。同報告書は①佐藤政権誕生の経緯、②佐藤新内閣の性格、③佐藤内閣の今後の政策に対する初歩的見通し、④我々の状況と今後の工作の想定、の四つの項目から成り立っていた。

まず①では、佐藤政権誕生に際して、岸信介、福田赳夫、木村篤太郎、石井光

次郎ら、池田政権に批判的であった「右派」勢力が大きな役割を果たしているものの、同時に田中角栄、愛知揆一、木村武雄、久野忠治らは軽率な行動を戒めており、佐藤としても後者の意見を無視できず、結果として池田内閣の閣僚が留任することになったと指摘した。そのうえで、②では、新内閣の誕生でも派閥の矛盾は緩和されず、かえって増加しているため、現在の佐藤内閣は過渡的な性質を有する不安定な内閣である、と分析した。また、今後佐藤は各派閥の分断工作を仕掛け、来年7月ごろを目途に内閣改造を行い、安定した佐藤政権の建設をめざすだろうと予測した。そのため、そうした真の佐藤内閣が誕生するまでは、佐藤は何をするにも難しいだろうと指摘した。③に関しては、現在日本経済は危機的状況にあるため日中関係打開への気運が高まっており、佐藤政権の政策は国内的にはますます反動・右傾化へと向かうであろうが、中国問題については大きな変化こそないものの、池田政権下での成果である日中貿易の拡大、相互事務所の開設、記者交換は後退することなく、現状が維持され、あるいはわずかながらでも前進する可能性が高い、と予測した。そして最後の④については、現在東京連絡事務処にはひっきりなしに客が押し寄せていることから、(1) 従来の松村謙三や竹山祐太郎といったLT関係者以外にも、自民党内部に対する浸透工作をさらに進め、親中派を育成する、(2) 日本との貿易は北京で交渉することが中国にとって有利であるため、廖承志の来日は見直す、(3) 蘆緒章が来日し第三年度のLT貿易交渉を行い、財閥に対する働きかけを通じて、佐藤政権に対するロビー活動を展開する、などが提案された[115]。

　この報告書が作成されたのは、到着した時期から判断して彭真入国問題が表面化する以前であると思われる。そのために、佐藤政権の「反動性」や「右傾化」に警鐘を鳴らし、その中国政策に期待するところは多くないとしながらも、なお佐藤を主たる対象とした対日工作の展開を提起していたところにその特徴があった。彭真入国問題が表明化した後の中国外交部の報道官発言や『人民日報』の報道ぶりを見る限り、佐藤を対日工作の対象とするという提案は、党中央や廖承志らに受け入れられたようには思われない。しかし、一連の中国の対日批判が、佐藤のみに攻撃対象を絞り、日本国内の親中勢力の支援への感謝を銘記していた点に鑑みれば、自民党内の親中派育成の重要性という提言は、北京でも考慮されていたといえよう。

　実際、彭真入国問題が表面化して以降、東京連絡事務処は、自民党国会議員を中心に、広範囲な情報収集活動を行っていた。11月24日と25日、久野忠治は孫平化と会談し、彭真は日本共産党が招聘したため、入国できなかったのだと説

第5章　知日派の対日工作　151

明した。そして、12月8日から久野が訪中することに対し、佐藤は同意している、と伝えた。これに対して孫平化は、久野の訪中希望を拒絶した。また久野は11月27日、佐藤の側近としてSオペレーションに参加していた楠田実を孫平化に引き合わせ、佐藤の対中姿勢を説明させた。しかし、孫平化の眼には、楠田の説明が中国側の佐藤批判の罪を問うものとして映ったため、この楠田・孫平化会談は物別れに終わった。さらに久野は翌28日にも名古屋から電話し、①前日佐藤と久野が会談した際、佐藤は久野が予定通り訪中することを希望していた、②現在佐藤の対外政策は反対派の攻撃に遭っており、今後関係閣僚と党三役を交えて、意見調整が行われる、ということを伝えた。

　11月30日、北京の中国人民外交学会が電報で久野訪中の拒絶を伝えると、久野はただちに孫平化と会談し、佐藤政権は2カ月以内に具体的な前進の動きを見せるだろうから、中国側に今しばらく待ってほしい、と懇願した。さらに12月1日にも久野は孫平化に電話し、佐藤は久野の訪中を希望しており、佐藤政権は目下中国の国連加盟に対して反対しているが、池田政権の時のように、「重要事項」提案を持ち出すようなことはしない、と伝えた[116]。

　ただし、この時期の『佐藤榮作日記』(以下：『佐藤日記』)には久野との会談を記述した跡はないことから、佐藤が久野をどの程度中国問題打開のキーパーソンとして考えていたのかは分からない。むしろ、『佐藤日記』の記述を見る限り、佐藤が頼りにしていたのは、石原広一郎や松村謙三というLT貿易関係者であったと思われる[117]。

　事実12月1日、佐藤と会談した松村らはその内容を中国側に伝えに来た。この時松村は佐藤に対して、①彭真を必ず来日させる、②廖承志を予定通り来日させる、③彭真、廖承志の来日に際して、日本側はチャーター機を上海に派遣する、という三つの提案を行ったことを孫平化に伝えた。またその翌日には竹山祐太郎が、松村が提案した対中プラント輸出に対して、佐藤も理解を示している、と電話で伝えてきた。

　こうした状況報告を踏まえ、周恩来の指示に基づき、北京でも佐藤政権に対する具体的な対日政策方針が検討され、決定された[118]。まず、中国側は、佐藤政権の中国政策は、米国に深く依存しながらも、中国とはあえて問題を起こさないという、中国に対する両面政策を遂行していると認識した。そして、今後の対日方針として、日本の民間に対しては友好的往来を継続する一方で、佐藤政権の「中国敵視」の言論には攻撃を加え、日本人民の革命闘争を支援し、日本の統治階級の内部分裂を促進するという、「区別して対応する」という既定方針を維持

することを決定した。その具体的な内容として、①第２回アジア・アフリカ会議開催までは自民党には少し冷たくし、久野やそのほかの自民党の人物の訪中を拒否する、②貿易面では現在の協定に基づき執行すると同時に、交渉において少し厳しく対応することで、佐藤政権に圧力を加える、③第三国の在外公館における接触は必要最小限にする、と決定された[119]。

12月3日、東京連絡事務処は北京の命令に従い、高碕事務所に対して、「貿易交渉は継続することが可能であり、すでに決まったことは必ず合同で履行する」と伝えた。同時に、本国に対して、彭真入国問題の表面化以後の中国の佐藤批判によって、日本人は非常に緊張し、あらゆる方面の人々が松村に救援を求めた結果、彼らの立場は急速に強化されている、と報告した[120]。

12月8日、中国外交部は、国務院外事辦公室、中共中央対外聯絡部（以下：中聯部）、中共中央調査部、対外貿易部、新華社、人民日報などの関係部門を集め、会議を開き、佐藤政権発足後の動向と対日闘争問題を検討した。同会議は、佐藤内閣の最近の言動と椎名悦三郎外相の国連演説を理由として、『人民日報』に論説を発表し、「佐藤内閣に対する暴露と糾弾を継続し、もって警告を示す」と決定した[121]。12月12日、この会議の決定内容に沿う形で、『人民日報』は再度、佐藤政権を批判する論評を発表した[122]。ただ、この論評のなかでも、「日本人民は中共との友好、日中貿易の発展、日中国交の回復を断固要求し、中共の国連における合法的権利の回復を支持している」と述べ、あくまでも攻撃対象を佐藤内閣に絞る方針には変更は見られなかった。

一方、12月7日、東京連絡事務処は本国に対し、「現段階の日本政局の動揺に対する若干の初歩的見解」と「彭真同志入国問題をめぐる闘争の経過情況及び日本側の反応」と題する二つの報告書を送付した[123]。前者の報告書では、政権発足後に党中央が行った佐藤批判は、佐藤内閣の反動的側面を暴露し、左派勢力の闘争を支持し、鼓舞したのみならず、自民党内部の親中派を支援し、佐藤内閣の一層の右傾化を阻止することに成功したという点で、「英明にして正確」であると分析した。また、今回の中国側の批判で明らかになった佐藤の対中姿勢として、①前後矛盾で、破綻だらけである、②左派が影響力を拡大させるのと同時に、対中貿易の断絶を恐れている、という二点を指摘した。そして今後とるべき政策方針として、①佐藤政権への批判を継続し、政治上孤立させることで、その「中国敵視政策」を是正させる、またはそのような行動をとれないようにする、②日中貿易と人事交流を活用し、日本国内の非親米／反米の独占資本家、経済界、中間人士を獲得する、③財界と保守政党内に対する宣伝と働きかけを継続し、日中

貿易の拡大は必ずそれにふさわしい良好な政治的雰囲気を必要とすることを強調し、二つの中国に反対する厳正な立場を強調し、国交正常化に向けて日中関係が積み上げ方式によって前進することを強調し、日本が自主外交を採用し、アジアへと回帰することを強調する、という政策提言を提示した[124]。

一方、後者の報告書は、松村謙三をはじめとするLT貿易関係者、久野忠治と木村武雄を中心とする佐藤派の親中派議員、岡田春夫らの日本社会党の親中派議員らが行った、彭真入国問題における支援の様子を従来の電話報告以上に詳細に伝えていた。電話報告では見られなかった内容として、12月4日に料亭で孫平化らと会談した松村が、自分は常に反佐藤の立場であり、政権獲得前から佐藤の中国姿勢を懸念していたが、日本および日中両国の利益のために行動しているのだと発言したことが伝えられた。また、「双方がちょっと様子を見るべきである。小さなことで簡単に貿易を中断してはならない」と、中国側が長崎国旗事件を再現することを松村が危惧している様子も伝えられた[125]。

以上の二つの報告書を作成した後、東京連絡事務処はなお活発な情報収集活動を継続した。その対象のなかには、宇佐美洵・三菱銀行頭取のような財界の大物や[126]、外務省顧問であった松本俊一らも含まれていた。彼らはいずれも日中関係の発展の重要性を指摘した。また、宇佐美は日本外交における対米関係の重要性に対して、松本は佐藤の日中関係改善への思いに対して、それぞれ中国側の理解を求めた[127]。通産省のキャリア官僚との定例交流会である「茜会」の第2回会合もこのころ開催されたが、日本側の参加者は日中貿易拡大への熱意を示した[128]。

また東京連絡事務処は久野との接触を継続していたものの、その発言内容を徐々に疑問視するようになっていた[129]。1964年12月9日に議連の上村幸生と会談した孫平化は、議連訪中団への参加をめぐって自民党内で佐藤派と河野派の矛盾が先鋭化しているとの情報を得た。孫平化はこの段階であえて訪中団への招聘状を出すことは、自民党内部の矛盾や、自民党と社会党、民社党との矛盾を先鋭化させる着火剤の役割を果たすことになるかもしれないと意見具申した[130]。しかし、12月16日、廖承志は、この議連訪中団は久野が提起したものであり、また日本共産党も議連に関心がないことから、今回の訪中団受け入れは延期するとの方針を党中央に提起し、周恩来、陳毅もこれに同意した[131]。

このように、中国側は佐藤政権を批判しつつも、同時に日本の政界、財界、官界への浸透工作を徐々に進めていった。また、その際、その発言内容が信頼できないものを、徐々に軽視する姿勢を見せはじめていた。そうしたなか、日中関係

で新たな問題となったのが、対中プラント輸出に対する日本輸出入銀行（以下：
輸銀）資金問題であった。

3 プラント輸銀問題と日中関係の継続
(1) プラント輸銀問題

　そもそもプラント輸銀問題は、池田政権期の1964年5月7日、吉田茂元首相
による書簡（「第二次吉田書簡」）という形で、1964年中は大日本紡績（以下：日
紡）のプラントの対中輸出を行わないと確約したことに起源を有していた。池田
内閣は、「吉田書簡」に従い、日紡プラントに対する輸銀資金の使用を承認しな
い方針であった。ただ、同時に池田は輸銀と同等の条件でプラント輸出を実現す
ることを考慮していたといわれている。結局この問題は具体的な解決方法が見出
されないまま、佐藤政権に引き継がれた[132]。

　東京連絡事務処は、開設早々からすでにこの問題で日紡の社長である原吉平や
岡崎嘉平太らとの交渉を進めていた。そこで得られた感触は、池田はプラント輸
出には積極的であり、輸出許可は来年には下りるだろうというものであった。他
方、輸銀資金の使用には必ずしもはっきりとした見通しを得てはいなかった[133]。

　中国側は日紡のプラント輸出の実現を重視し、1964年12月3日、訪中した原
吉平に周恩来自らが会見した。この時、周恩来は、中国は佐藤政権を批判してい
るが、LT貿易体制を維持すると原に伝えた[134]。また輸銀資金が使えない場合に
生じる損益に対して、中国側が半分負担することを周恩来が提案したと原は回顧
している[135]。原は王暁雲、蕭向前らと会談した時、佐藤内閣成立後、日中関係
は悪化したが、佐藤も日中関係を破壊するつもりはないと指摘し、中国側が佐藤
を揺さぶることはよいが、決して報復手段をとらないよう要請した。さらに原は、
帰国後佐藤に密使の訪中を提案するつもりだが、中国側が佐藤派の人間が気に入
らないのであれば、池田派の大平正芳か宮澤喜一でもよい、と発言した[136]。

　帰国後も原は、佐藤との会見の様子を東京連絡事務処に伝えた。原によれば、
佐藤は1965年1月にはビニロン・プラントの輸出は許可できるが、政府が直接
資金を出すことはよくないと述べた、ということであった。この時、原は最悪の
場合、民間金融機関から資金を調達するが、その結果生じる多額の利息に関して
は双方が負担するという周恩来との合意事項を、東京連絡事務処にも伝えた[137]。

　年が明け、1965年に入るとプラント輸銀問題は、日中間で一層現実的な課題
となった。佐藤政権も決して当初からプラント輸出そのものに否定的であったわ
けではない。実際、市中銀行が輸出業者から買い取った手形を輸出資金の8割ま

で年4～5％の低金利で、輸銀が手形割引を行い、原則として5年間手形で決済を猶予するという、「手形割引方式」の適用も検討された。しかし、自民党内や国府からの反対もあり、結局この方法も見送られることになった[138]。

一方、1965年1月12日、東京連絡事務処は、「日本の統治階級の『二つの中国』問題における新たな動向」と題する報告書を本国に送付した。同報告書は、まず現在佐藤政権がとっている中国政策は、「『二つの中国』にほかならない」と断定した。その上で、日本の統治階級のなかに、台湾を一つの中国を代表する国家と承認するものは、吉田茂を含めてほとんど存在しないが、松村謙三や宇都宮徳馬も含めて、現在自民党、民社党のなかにただちに中国と国交回復を行い、台湾と断交しようとするものはほとんどおらず、このような主張をするものは社会党ですら多数派ではないと指摘した[139]。

こうした状況で東京連絡事務処が特に注目した対象の一つが、通産省であった。2月6日、東京連絡事務処の呉曙東は、第二次吉田書簡は外務省が通産省に相談もなく勝手に作成したものであるとの山本重信（通産局長）の発言に基づき、プラント輸銀問題について通産省が強い不満を持っていることを本国に報告した[140]。

同じ2月6日、橋本登美三郎・内閣官房長官は、吉田書簡は、佐藤内閣としては関知していないと発言した[141]。しかし、国府からの反発を懸念した佐藤は[142]、2月8日の衆議院予算委員会の国会答弁のなかで、吉田書簡に関して、「直接ではございませんが、私はやはり拘束されるものだ、かように考えております」、「昨日の官房長官の談話というものは、私は全然これこそ関知しておりません」と述べ、橋本発言を否定した[143]。

こうした佐藤発言に対して、中国側はただちに『人民日報』紙上で、「佐藤は徹底的に米国に追随し、蔣介石反乱集団とグルになり、日中貿易を破壊し、一層露骨に中国を敵視する道を歩もうとしている」として、それを強く批判する論評を発表した。同時に、同論評は、佐藤に対し、日本の世論と日中貿易に従事する日本企業のなかからも強い不満と叱責が生じていると指摘した[144]。

ただ、佐藤もプラント輸出そのものは反対ではなく、また永続的に輸銀の使用を許可しない方針でもなかった。佐藤の考えは、国府の直接の反発を招く輸銀融資については、「冷却期間」を引き続き置く一方で、輸銀と同等条件での融資を可能にする代替案を国府に承諾させた後に、中国向け輸出に適用する考えであった[145]。2月28日、佐藤と会見した原吉平も、佐藤が今回の日紡のプラント輸出には輸銀資金を使うことはできないが、今後の対中プラント輸出には使用することはできる、と発言したことを中国側に伝えている。ただ、原自身が佐藤発言を

信用していない様子であったため、東京連絡事務処は日本の世論と実業界は佐藤が第二次吉田書簡に固執し、日紡のビニロン・プラントに輸銀資金を使わせなかったことに不満を有している、と電話で本国に報告した[146]。

2月15日、東京連絡事務処は「佐藤は『吉田書簡』という失策を堅持し、その立場は受動的となっている」と題する報告書を作成し、本国に送付した。この報告書は、中国の「吉田書簡」闘争により、佐藤内閣は四面楚歌で、きわめて孤立した、受動的な地位に陥ったとの情勢分析を提示した。さらに、「今回の闘争は、佐藤内閣に重大な打撃を与えたのみならず、『二つの中国』を考えているすべての人間に対しても深刻な教訓となった」、「熱心に日中貿易を拡大し、日中友好を発展させようとする人士に対しても、その目を覚まさせ、佐藤反動内閣への不満を激発し、闘争の信念を確定した」と、指摘した[147]。

この報告内容を、1月12日作成の報告書の内容と照らし合わせて検討すれば、プラント輸銀問題をめぐる中国の対日政策方針は、単に佐藤政権を批判することだけではなかったことがうかがい知れる。中国側は、松村謙三ら自民党の親中派やLT貿易関係者、日本社会党を中心とする革新勢力に対しても、LT貿易体制成立後の中国の比較的柔軟な対日姿勢は「二つの中国」を容認するものではないことを顕示しようとしていた。その意味で、プラント輸銀問題は、中国にとっては重大な政治問題であった。そして民間銀行の保証書の送付と技術調査団の派遣を打診してきた原吉平の電報に対し、中国側は、「中国の態度は明白であり、吉田書簡を日中貿易に介入させる限り受け入れるつもりはない」と回答し、これを拒絶したのであった[148]。

また2月15日作成の報告書において、東京連絡事務処は外務省と通産省および大蔵省という日本政府内部の対立構図を指摘し、外務省に対する日本政府内部の反対意見は、佐藤にも圧力となっていると分析した。特に「茜会」を通じて入手した情報に基づき、佐橋滋事務次官も含む通産省の多くの人間が「吉田書簡」と外務省の対応に反対した結果、外務省と通産省の対立が生じていると本国に伝えた[149]。3月に入ると、日本国内の新聞報道に依拠し、佐藤が最終的には輸銀資金の使用を認める可能性があるという見通しを、東京連絡事務処は報告した[150]。

結局、3月25日、佐藤は輸銀不使用の姿勢を公にすることを決意した。当日、来訪した石橋湛山に対し、佐藤は輸銀不使用の方針を伝え、3月27日、吉田茂にも同様の方針を伝えた[151]。そして、30日、佐藤の決定を受けて、日本政府は関係各省による「統一見解」を示し、「（日立造船）貨物船の輸出は契約通り速や

かに実行されるべきである。国内金融問題については別途考慮中である」と発表した。佐藤政権は、あくまで、輸銀融資ではなく代替策での輸出検討を継続する方針を明確にしたのである[152]。ただし、4月に入ってから、佐藤は岡崎に対して、「輸銀を使わせないとは言っていないんだ。が、時期を考えなきゃならん」と発言していたことから、将来的な輸銀使用にはなお含みを持たせていた[153]。原吉平も、「佐藤首相に三度会いにいったが、三度ともノーとは決していわない。それで希望を持つのだが、結局ダメなんだ」と、回顧している[154]。

この佐藤の姿勢に対し、4月6日、中国側は廖承志辦事処の名義で、第二次吉田書簡による輸銀資金の使用不可能を理由とし、プラント輸銀問題に先行して期日が迫っていた日立造船の1万トン級船舶の輸出契約は3月31日に失効したと高碕事務所に通告した[155]。4月8日の『人民日報』評論員論文は、佐藤政権について、「露骨に親米、露骨に中国を敵視する反動政府」として強烈に批判した。そして佐藤政権に中国はもはやいかなる幻想も抱かないと主張すると同時に、日本人民が「日米反動派に対する闘争を強化している」と指摘した[156]。

5月7日、廖承志辦事処は高碕事務所に対し、日紡のビニロン・プラント輸出契約の失効を告げ、翌8日には孫平化が記者会見でそれを明らかにした[157]。5月10日、『人民日報』評論員論文は、佐藤政府は日中貿易を破壊したことに対して一切の責任をとるべきであると指摘し、「佐藤政権の中国政策は、米国のアジア侵略の戦略的需要に完全に屈服している」と批判した[158]。このように、一見すると、中国の対日姿勢は、長崎国旗事件や60年安保闘争へ回帰したかのごとき様相を呈していた。

(2) 日中交流の継続

しかしこの時、中国側は日本との交流を途絶しなかった。それどころか1965年4月19日、アジア・アフリカ会議10周年式典に際してインドネシアのジャカルタで行われた川島正次郎と周恩来の会談は、バンドンで行われた高碕・周恩来会談以来、10年ぶりとなる日中の閣僚級の政治接触であった[159]。

この時、川島は制度は異なるものの、友好的に付き合いながら、共存共栄することは可能であり、日本は中国を敵視しておらず、また封じ込めるつもりもない、と強調した。さらに川島は、中国が日本の悪口をいい、日本の内政に干渉するのをやめることを希望すると述べた。これに対して周恩来は、中国側は一貫して主動的に日中関係を進めていると応じた。そして、「中国が日本の内政に干渉しているのではなく、日本が中国の内政に干渉している」、「日本は蔣介石と外交関係

を保持しているが、これは中国敵視ではないのか」と批判した。そのうえで、中国の対日政策として、①中国は日本政府に対して監視を継続する必要がある、②日本政府が台湾に対して友好的で、借款を与え、新中国を敵視するのであれば、我々は随時すべて批判する、③我々は日中関係に対してまだ希望を有しており、決して絶望していない、という三点を川島に伝えた160)。

次いで川島は、プラント輸銀問題に関して、佐藤と池田には政治上何らの違いもなく、(第二次) 吉田書簡は池田時代に作成されたもので、佐藤政府は吉田書簡ではなく、自己の政策と日本の金融事情により今回の決定を行ったのだと発言した。そして、日本がもしも別の資金を使い、その利息が輸銀と同様であれば、中国はこれに同意するか否かを尋ねた。しかし、周恩来は、佐藤政権は (第二次) 吉田書簡を執行し、日中関係の発展を阻害したが、これは政治と経済が不可分であることを証明した、と回答し、川島の申し出を拒絶した161)。

最後に、川島は日中の総領事級会談を提案した。ところが周恩来は、総領事級会談では問題を解決できないと述べ、首相や外相といった、より高級レベルでの会談を逆提案した162)。この周恩来の逆提案に対し、川島は、「それは結構。しかし私が派遣されたのは AA 会議記念式典のための特使 [だ] から、それをここで決定する裁量権はありません。帰国して一応、佐藤首相と相談し、近くアルジェリアで開かれる第二回 AA 会議に私が代表で行きますから、その時にご返事致します」と回答した163)。

また、東京連絡事務処は、日紡のビニロン・プラント輸出契約の失効後も日本側との接触を継続した。その対象は松村、竹山、岡崎、原らの LT 貿易関係者、渡辺弥栄司・通産省貿易振興局長、日本社会党の佐々木更三らが含まれていた。

1965年5月9日、松村はプラント輸銀問題の結果、中国側が友好貿易を重視し、LT 貿易を不必要なものとみなすのではないか、という懸念を孫平化に伝えた。しかし、孫平化は、「我々と高碕事務所の友誼は不変である」と述べ、LT 貿易を不要とするような考えを中国側は持っていないと回答した。また孫平化は、川島・周恩来会談の内容を松村に伝えたが、松村は自分の考えも周恩来のそれとほぼ一致している、と応じた164)。

1965年6月3日の佐藤内閣の改造を踏まえ、6月17日、党中央は、「佐藤新内閣に対する見通しと当面の幾つかの問題に関する指示」という命令を下した。同指示はまず佐藤改造内閣は親米右派が主導し、反動性が増加していると指摘した。また、①佐藤が反主流派を排除したことにより、自民党内左派が中間派と連携し、佐藤に対し攻勢を展開している、②日本の経済情勢は一層悪化している、③日本

第5章　知日派の対日工作　159

人民の反米・反佐藤闘争は広範囲に展開している、と日本の状況を分析した。そして今後の対日政策の方針として、「攻撃しながらも、味方を拡大する（有打有拉）」ことを提起した。その具体的な内容には、①佐藤政権の親米・反中政策への闘争を継続しながら、経済貿易問題では日本の情況と中国側の需要に基づき、佐藤に不満を有する独占資本主義勢力に支援を行うことで、日米の矛盾と日本統治階級の内部矛盾を利用する、②左派と日本人民の闘争の継続を大いに支持し、人々の友好往来と友好貿易を強化する、③社会党に工作を仕掛け、その反米・反佐藤の言説を鼓舞する、ことが決定された[165]。

このように、佐藤政権誕生と同時に、彭真入国問題とプラント輸銀問題が立て続けに生じたにもかかわらず、中国側は、LT貿易体制の継続を含む日本との交流を停止させない方針を決定した。実際、この後も東京連絡事務処は閉鎖されることもなく、また孫平化をはじめとする人員たちも、佐藤政権への抗議を意図して、帰国するようなこともなかった。1958年5月の長崎国旗事件において、「『断』すれども『絶』せず」という方針に基づき、すべての交流を停止したことと比較すれば[166]、この時の中国側の対応には、柔軟性が感じられよう。中国は、「二つの中国」政策に断固反対するという原則を堅持することを前提に、日本国内で親中派を拡大するという方針を定め、保革両勢力への浸透工作を継続した。その際、東京連絡事務処は引き続き重要な役割を担うことが期待されていた。

Ⅲ　日中国交正常化における東京連絡事務処の役割

1　文革における知日派の受難と日中関係の後退

1966年5月、中国全土は毛沢東が発動した文革による激流の渦に陥った[167]。そして、こうした文革の激流は、中国外交部、廖承志らの知日派、さらには東京連絡事務処まで巻き込むこととなった。

外交部では、陳毅・外交部長ら外交部の主要幹部に対する批判が、紅衛兵や外交部内の造反派によって行われた[168]。ただし、外交分野における文革は運動の核心となっていなかったため、ほかの分野に比べ、運動の深化が比較的遅く、収束も比較的早かったともいわれている[169]。

一方、廖承志をはじめとする知日派の置かれた環境はより厳しいものであった。まず、知日派の領袖たる廖承志は、文革のなかで造反派の主要な批判対象となった。そのため廖承志は、1967年2月に白土吾士・日中文化交流協会事務局長らと会談したのを最後に、日中関係の表舞台から姿を消した。以後、廖承志は周恩

来により、中南海に匿われ、その後国務院外事辦公室や北京郊外の西皇城にある民生部の施設、さらには北京医院において、「保護」されることになった[170]。外交部顧問という肩書きによって、廖承志が再び対日工作の表舞台に立つのは、日中国交正常化の直前まで待たねばならなかった[171]。だが、丁民氏は、こうした状況下にもかかわらず、廖承志は中南海より対日工作に関する指示を行っていたと回顧している[172]。

廖承志の部下である知日派の面々も過酷な状況に直面した。例えば1967年4月、北京に帰国した孫平化は、当初1カ月の休暇の後、すぐに東京に戻る予定であったが、そのまま北京において学習会に参加することとなり、1968年には五・七幹部学校に下放された。その復活は、廖承志同様、日中国交正常化の直前まで待たねばならなかった[173]。蕭向前も、1969年初めに五・七幹部学校に送られ、1971年9月までの3年近くの歳月をそこで過ごした[174]。

また、多くの中国の在外公館にも文革が飛び火するなかで[175]、東京連絡事務処もまた文革の影響を免れなかった。1967年9月、呉曙東は、佐藤栄作の訪台に対する反対声明と、右翼および警察が東京連絡事務処を襲撃したとする抗議声明文を立て続けに発表した[176]。この時外務省は、高碕事務所より中国側が「重大発表」を行うことを事前に通知されていた。そこで、こうした活動は事務処設置の際に岡崎嘉平太より提出された、「政府批判を含む一切の政治活動を行わせない」との誓約書に反するとして、松村謙三、岡崎嘉平太に対し、これを中止することを東京連絡事務処に申し合わせるよう要請した。しかし、松村、岡崎の両者は、「最近の情勢からみて呉は北京の指令によって動いているもので、事前にこれを阻止するのは難しい」と回答した[177]。

この後、孫平化に続き、呉曙東、陳抗も帰国したことで、東京連絡事務処にはすべての代表が不在となり、趙自瑞と王作田という2名の随員のみが滞在することになった。その後、趙自瑞も一時帰国したために、1969年5月段階では、王作田1人が滞在している状況であった。またこの時、記者協定により滞在していた常駐記者たちも、『文匯報』の蒋道鼎を除き、すべて帰国していた[178]。なお、当時、『光明日報』の新聞記者として東京に滞在していた劉徳有は、「1966年に文革大革命が始まってから、中国国内の情勢にピタリと合わせ『毛主席に忠実』であるように、我々は日本人民が毛沢東指導を『活字活用』（毛沢東思想を学習し活かすこと）することと、日本青年の間に日増しに強まってきた学生運動を一生懸命に報道した」と述べ、国内の造反派からの批判を恐れるがゆえに、対日報道に偏向性が生じていたと回顧している[179]。

そしてこの時期、日中関係も後退していった。特に1967年にLT貿易が5年の期限を迎えた後、その後継として1年ごとに締結されることとなった覚書貿易交渉において、日本側のLT貿易担当者たちは、中国側の強硬姿勢に悩まされた。1968年から1970年の覚書貿易交渉のなかで、中国側は古井喜實を中心とする日本側の代表者に対し、日本政府への対決姿勢を求めた。古井は中国側の要求に対し、譲歩せざるを得なかった[180]。日中貿易に際して、政治原則を強要する立場に中国側が再び転じたことは、友好貿易とは一線を画す形で開始されたLT貿易の位置づけが本質的に変化したことを示していた。協定が毎年の更新となったことは、事実上、貿易継続の主導権が中国側に委ねられたことを意味した。すなわち、LT貿易から覚書貿易への転換は、単なる期限の短縮にとどまらず、LT貿易の「友好貿易化」を顕著にするものであった[181]。

　このように、文革が日中関係に与えた影響は大きかった。だが、同時に見落としてはならないことは、それにもかかわらず長崎国旗事件の時のように日中関係が「断絶」状態に陥ることが回避されたことである。そして、ほとんど「開店休業」状態であったとはいえ、対日工作の最前線の橋頭堡である東京連絡事務処は存続し続けた。この東京連絡事務処の存続の意義は1970年代に入ってから中国を取り巻く国際情勢が激変するなかで、発揮されることとなった。

2　東京連絡事務処の対日工作の再開

　廖承志が「保護」されている間、中国の対日政策は周恩来が自ら指示することとなった。丁民氏によれば、この時期周恩来は、廖承志不在により機能不全となった大日本組に代わり、対日業務関連部門の処長、副処長、経験豊富な一般職員を人民大会堂に集め、1週間に1、2回のペースで不定期に会議を行っていたという。そして、韓念龍・外交副部長が対日業務を主管し、王暁雲がその下で実務を取り仕切るという対日政策の決定構造がこの時期成立していた[182]。また、1970年8月ごろには、廖承志に先んじて対日業務に復帰した張香山も、知日派に対して指示を下していた。1971年1月、張香山は、中聯部を中心に、外交部、対外友好協会、人民解放軍総参謀部第二部、新華社、対外貿易部、対外文化局、人民日報、放送事業局をまとめて、対日工作を研究するよう、周恩来に命じられていたという[183]。

　1969年5月23日、『北京日報』の記者として王泰平が東京に赴任した。王泰平は外交部が派遣する初の常駐記者であった[184]。その日記を管見する限り、来日当初の王泰平は、文革の路線に沿うような形で、日本の左翼運動や反米闘争を

重視し[185]、その取材を行っていた[186]。おりしも、この時期、中国は日本に対する「軍国主義復活」批判を展開していた[187]。

1970年5月、王泰平は報告を兼ねた休暇のため、一時帰国した。この時、王泰平は張香山から、「日本のマルクス・レーニン主義の動きにもっと留意すべきだ」との指示を受け取った。同時に、新華社の軍事代表からは、「報道は調査と研究に基づき、よく観察し、大量の資料を収集し、よく研究すべきだ」、「調査研究と宣伝・報道は、一方的にならないように注意すべきだ」、「マスコミの報道は公平でなければならない、というのが指導者の指示であり、その目的は、日本人民を団結させ広範な反米統一戦線を結成させることにある」と指示された[188]。

8月26日、東京に戻った王泰平は、日中友好協会や日本社会党といった左翼勢力とは接触を保ちつつも、その影響力に対し、懐疑的な見解を有するようになった[189]。また王泰平は、田川誠一をはじめとする自民党親中派や、日本の報道関係者との接触を増やした。そして、自民党総裁選挙や中曽根派の動向を中心に、自民党内の政局情報を収集した[190]。1970年9月23日には、創価学会『聖教新聞』の論説委員である大原照久とも会談し、創価学会および公明党の中国政策に関して意見交換を行った[191]。王泰平はこうして得られた情報を、日本に入港していた中国籍船舶を通じて本国に伝え、同時に本国からの指示を受け取った[192]。

1970年10月29日、佐藤栄作は4度目となる自民党総裁の地位を勝ち取った。ただし、この総裁選挙では三木武夫をはじめとする対立候補の獲得票に、無効票を加えた佐藤への批判票は128票に達していた[193]。こうした状況を踏まえ、王泰平は、「一、二年前に佐藤の支配力がピークに達したとすれば、これからは下り坂だ」と、日記に記した[194]。

中島琢磨は、「70年安保」を乗り切り、日米安保条約の自動延長を達成した1970年という時代を、「それまでの日本の政治体制を再確認した年であった」と評価している[195]。こうした時代の潮流を中国側が当時どれだけ理解していたのかは定かではない。ただ、王泰平は日本社会党を中心とする、日本の左翼勢力に対する失望を感じていた。1970年12月2日、日本社会党第34回党大会が終了した直後、王泰平はその日記に、「私が見るに、次の選挙で社会党はまたもや負け戦となる。社会党という『怪物』は、あるいは『ごった煮』と呼ばれ、今日の日本の政治社会において大きく躍進する余地はなかろう」と記した[196]。他方、王泰平は、12月9日の「日中国交回復促進議員連盟」設立大会で、藤山愛一郎が会長に選出され、95名の自民党議員が参加したことに期待を有していた[197]。

1971年1月6日、王泰平は業務報告のために再び一時帰国した。この時王泰

第5章　知日派の対日工作　163

平は同時に帰国した趙自瑞とともに、張香山（中聯部）、王海容、唐聞生、徐明（以上、外交部）、王国権（中国人民対外友好協会）らの同席の下、周恩来からいくつかの対日工作に関する指示を受けた。周恩来はまず東京連絡事務処の人員を増やすよう指示した。また、「日本問題は今後の闘争の重点の一つである」と指摘し、日本の華僑青年の文革への呼応に対して、東京連絡事務処が口出ししないように指示した[198]。

興味深いことに、『王泰平日記』の記述を見る限り、1月23日に東京に戻って以降、それまで頻繁に日本の報道関係者や与野党の政治家と接触していた王泰平は、なぜかそのような活動を停止している。あるいは、東京に戻る直前に命じられた、同年3月に名古屋で開催される世界卓球大会に参加する中国卓球代表団に関する業務に追われていたのかもしれない[199]。

この中国卓球代表団の副団長として随行していた王暁雲は、大平正芳、三木武夫らの自民党領袖や、竹入義勝・公明党委員長、東京、関西の財界指導者と会談し、いわゆる「ピンポン外交」により、日中国交正常化への地ならしを行った[200]。さらに中国は、毛沢東自らの決定に基づき、米国卓球代表団の訪中を許可し、大きな注目を集めた[201]。

1971年6月、初の訪中団を送った公明党との共同声明のなかで、中国は日中国交正常化の条件を明確化した。①中国はただ一つであり、中華人民共和国は中国を代表する唯一の合法政府である。「二つの中国」と「一つの中国、一つの台湾」をつくる陰謀に断固反対する、②台湾は中国の一つの省であり、中国領土の不可分の一部であって、台湾問題は中国の内政問題である。「台湾帰属未定」論に断固反対する、③「日台条約」（「日華条約」）は不法であり、破棄されなければならない、④米国が台湾と台湾海峡地域を占領していることは侵略行為であり、米国は台湾と台湾海峡地域からそのすべての武装力を撤退しなければならない、⑤国連のすべての機構での、並びに安全保障理事会常任理事国として中華人民共和国の合法的権利を回復し、蔣介石グループの「代表」を国連から追い出さなければならない、というのがその骨子であった。このうち第4項と第5項は、この年秋の中国の国連加盟と翌年のニクソン訪中によってほぼ解決したため、最初の三つが「日中復交三原則（国交回復三原則）」と呼ばれるようになった[202]。

1970年の王泰平の一時帰国の前後、中国側は文革期に見られた強硬な対日政策を徐々にではあるが緩和させていった。王泰平ら東京連絡事務処の情報収集も、文革以前のように、左翼陣営のみならず、自民党親中派や報道関係者を対象とする広範囲な活動へと戻っていった。同時に、中国側は「国交回復三原則」という

条件を明示化した。このように、1970年8月以降、徐々にではあるが、水面下で中国は日中関係の進展を模索していた。

3 ニクソン・ショック後の対日工作
(1) 自民党派閥領袖への接近

1971年7月15日に突如発表されたキッシンジャー極秘訪中の事実とニクソン訪中の決定という米中接近は、それまでの状況を劇的に変化させた。この米中接近を契機として、日中関係は日本の国内政局とも呼応しながら、大きく前進していった[203]。

ここで留意すべきは、中国側と同様に、この時、佐藤政権も対中関係の打開を模索していたことである。1969年以降、佐藤首相の命を受けた日本外務省は、在仏日本大使館を通じて対中折衝工作を図っていた[204]。また、1970年10月、中国とカナダが国交正常化を実現した後、アジア局中国課は橋本恕・中国課長を中心として、中国政策の再検討を進めた。その内容は、将来的には中華民国との関係断交を視野に入れつつ、中華人民共和国の国交正常化を実現するというものであった。この中国課の意見は、「一つの中国、一つの台湾」論を掲げる国際資料部の反対もあり、採用されなかったものの、それが協議の対象となったことは、日華断交が徐々に禁忌ではなくなってきたことを示すものであった[205]。

だが米中接近は、佐藤と多くの外務官僚にとって予想外の事態であった。確かに「ピンポン外交」以降の米中関係の変化の兆候は日本側も関知するところであった。だが、日本側は、米中関係は国連中国代表権を軸に動くと考えていた。その点で、日中関係に見通しが立たないまま、日米協調による国連中国代表権問題に努力を傾けていた外務省は、日本を頭越しにした米国政府に完全に裏をかかれた形となった[206]。

こうした劇的な状況変化を踏まえ、佐藤政権はそれまで以上に中国との接近を模索するようになる。その最初の接触の機会となったのは、1971年8月21日に逝去した松村謙三の葬儀であった。この時、中国は、周恩来、郭沫若、廖承志の名義で弔電を出すと共に、王国権・中国人民対外友好協会会長を代表とする弔問団を送り込んだ[207]。中国が弔問団を派遣した背景には、日本の世論動向に鑑みて、北京に地位の高い人物の葬儀参列を要望した王泰平の報告書が、周恩来に重視されたという事情があった[208]。

この時、佐藤政権は、田川誠一を仲介役として、佐藤・王国権会談を実現しようとした[209]。しかし、王国権に対して、周恩来は「〔佐藤〕首相が台湾を支持し

ている以上、こちらから接触すべきではない」と指示していたため、その実現可能性はなかった。結局、葬儀において、佐藤が「周総理によろしくお伝え下さい」と声をかけ、王国権が「ありがとうございます」と応じるだけにとどまった[210]。

　他方、中国側は佐藤以外の自民党の派閥領袖への接触を開始した。1971年8月27日、外交部の許可を得た王泰平はNHK記者であった依田実の手配で中曽根康弘と会談した。中曽根は、自身の松村への尊敬の念と日中国交正常化の早期実現への意欲を語った。王泰平は、中曽根は「戦略的頭脳の持ち主で、国際情勢の変化に非常に敏感であり、それに適切に対応できる政治家」と評価し、ただちに外交部に報告した。この王泰平の報告に対し、しばらくしてから外交部は中曽根との接触を継続するよう指示した[211]。

　同じ8月27日、王国権一行は田川誠一の仲介で、三木武夫と東京連絡事務処で会い、三木は訪中希望を明記した周恩来への手紙を手渡した。王国権は翌8月28日、三木と再び会談した。そして三木は田川に促される形で、①中華人民共和国は中国の唯一の正統政権であり、台湾は中国の領土である、②日中間にはまだ戦争状態が法的に存在しているが、これは両国にとってきわめて不幸なことで、一日も早く終結させ、国交正常化を実現したい、③日台条約をいま一挙に廃棄することはできないが、日中国交回復が実現した場合は、当然日台条約を清算しなければならないと述べ、「国交回復三原則」に沿う形で、自身の中国認識を披露した。これに対して王国権は「三木先生のご意見を、私たちは非常に評価している」、「三木先生の訪中希望は、帰国後周恩来首相に伝え、よく検討します」と回答した[212]。

　9月4日、王泰平は田川誠一と会談し、中国国連代表権問題に関する自民党内部の動向に関する情報を収集した。田川は、①福田赳夫は、日本が今期の国連総会で米国とともに「逆重要事項」指定決議提案国として、中国の国連復帰を阻止するよう主張した、②福田の意見には、佐藤派内部でも木村武雄、久野忠治が造反した、③保利茂・自民党幹事長も逆重要事項提案や二重代表制案に反対であり、佐藤にそれを進言した。ただ、保利は、台湾は中国の領土とはいえ、その帰属は未定であるとの立場を有している、④保利は佐藤政権の有力者であり、福田赳夫に対して大きな影響力を持つ。また、保利は中国との接触を希望し、東京駐在の中国人記者との会談を希望している、⑤中曽根は逆重要事項提案や二重代表制案に反対である、との情報を伝えた[213]。

(2) 佐藤政権の対中工作の挫折

　王国権との会談に失敗した佐藤政権は、複数のルートから中国への接近を図った。そのなかで最も謎が多いルートが、江鬮真比古による香港工作であった。江鬮の人物像に関しては、ほとんど何も分かっていない。だが9月2日、江鬮真比古と会見した佐藤は、「だまされたと思って話にのる事にした」として、対中工作を依頼した[214]。

　また佐藤は、岡田晃・香港総領事にも対中接触を指示した。岡田はバンドン会議で高碕・周恩来会談の通訳を務め[215]、長崎国旗事件の際にも、中国課長として香港で章士釗に、在ポーランド大使館の一等書記官として中国側への接触を図るなど[216]、困難な状況下で日中関係打開を試みた経験を有していた。

　1971年9月7日、アジア・太平洋地域大使会議に参加するために一時帰国していた岡田は、産経新聞の千田恒の紹介により保利茂・自民党幹事長に引き合わされ、9月11日、佐藤と会見した。この時佐藤は、日本政府の総理としていえるのは最大限、次の通りであるとして、①自分としても台湾が中国の領土の一部である、一省であることを認めるにやぶさかではない、②国連に中国が加盟することには反対しない、③中国は日本国内政治に干渉することはやめるべきである、④台湾の国連における議席は経過的なものではあるが、本年ただちに蔣介石政権を追放することに賛成することはできない、⑤外相または幹事長を日中国交正常化の準備をするために訪中させてもよいと考えているが、中国はこれを受け入れてくれるか、という5点を指示した。さらに、これは総理の特命事項であり、連絡・報告は佐藤または保利に直接行い、外務省事務当局には一切知らせる必要はないとの趣旨の訓達を与えた[217]。

　香港に戻った岡田は佐藤の意向を中国側に伝えるために、周恩来や廖承志につながると思われていた香港の利一族に仲介を求めた。また、章士釗への接触も試みた。このほか、江鬮真比古の接触相手の裏取りも行った[218]。

　中国側ではこの時期、劉徳有と王泰平が、周恩来と劉春・外交部亜洲司司長からの指示を受け取っていた。周恩来の指示は、①日本の支配集団各分野の動向に注意しなければならない。たとえきわめて小さな動向であっても、時を移さず報告書を書いて送ること。対日工作の重点は主に権力を握っている集団に置かなければならない。日本の支配階級は一枚岩ではない、②日本軍国主義を暴きだすには、日米の矛盾を研究しなければ誤りを犯す、③ニクソンの訪中宣言後の日本各方面への影響、国連の動向を研究すること、などというものであった[219]。

　一方、劉春は、①日本については日米の矛盾と支配階級内部の矛盾を利用する

ことを特に重視しなければならない、②中央は現在米国と日本を重視している、③王国権の派遣は周恩来の指示であるが、その目的は一つには友好を表し、二つには支配集団の内部を分断させることであった。この訪問はとても効果があり、大いに人心を得たし、影響が大きかった、④新しい友人と交際すること。佐藤（首相）に対して礼を失しないこと、⑤三木の訪中に同意してもよい。川崎秀二、新議員への働きかけを行わなければならない。河野謙三も来てもよい。中曽根は、国交回復三原則への同意を公に表明するなら、訪中を考慮できる。記者に対しては、関係を維持し続け、分断工作を継続する、⑥日本軍国主義復活に関して、日本の軍国主義と人民を区別しなければならず、また過去の軍国主義と新たな時代、変化を区別しなければならない、などと指示した[220]。

1971年10月以降、王泰平は日本の政局、特にポスト佐藤をめぐる自民党の党内政治に関する情報収集を強化していく。10月6日、フリージャーナリストの秋元秀雄より、①福田が中国問題に関して「佐藤の亜流」と見られることを懸念している、②三木・大平・田中が連合すれば、福田が次期総裁に当選する可能性はゼロに等しくなる、と伝えられた。10月8日には、久野忠治の面会に応じ、自民党内部の動向と日米関係に関する情報を得た[221]。

10月11日、王泰平は自民党の政局演説会に出席し、田中角栄、中曽根康弘といったポスト佐藤をうかがう自民党の有力議員の発言を聞いた。この時田中は、日中関係には一言も触れなかった。一方中曽根は、「中国を代表する政府は中華人民共和国」、「中国は一つしかない」、「台湾は中国の領土」と発言し、「国交回復三原則」のうち、少なくとも二つはこれを支持する姿勢を示した。同じ日の日記で王泰平は三木武夫に関して、「三木（武夫）は非常に積極的」、「主に『戦後処理』の角度から、日本と蔣介石の条約を破棄するという代わりに『日台条約は虚構である』という言い方を考えている」と記し、その対中姿勢を評価していた。また10月14日、依田実を通じて、「自分は（中国が提出した日中国交回復の）三原則から後退したことはない」という中曽根の伝言を受け取った[222]。

こうしたなかで、保利茂が田川誠一を通じて、東京連絡事務処への接触を模索した。そして1971年10月19日、保利茂は王泰平、劉徳有とホテル・ニュージャパンの一室で会談した[223]。このとき劉徳有と王泰平は、「相手の考えを把握し、情報を得、日本政府の中国に対する政策の方向性を探り出したい」と考えていた。また北京からも、「聞くだけにとどめ、言質は与えず、ただちに報告せよ」との事前指示があった[224]。

会談のなかで保利は、国連代表権問題は米国やオーストラリアとの関係から、

日本はやむなく提案国にならざるを得なかった、と説明した。そして、「佐藤首相は日中間の接触にかなりの意欲を持っており、いずれは北京政府を、中国を代表する唯一の合法政権として認めるようになる。私個人としては、すでにそのような考えに踏み切っており、台湾も中国の領土であると思っている。もし中国側の事情が許せば、一度貴国を訪問したい」と発言した。劉徳有と王泰平は、「国交回復三原則」、とりわけ台湾問題に関して、保利の態度は曖昧であると感じたため、「中華人民共和国は中国を代表する唯一の合法政権であって、台湾は中国領土の不可分の一部である。『二つの中国』論と『一中一台』論に反対する」という原則論で応じた[225]。

会談後、王泰平は会談記録を整理し、自分たちの意見も添えて報告した。その内容は、①佐藤政権の示した積極的な態度は評価でき、その目的は中国政府と連絡を取り合うルートの確立であり、それによって世論に応え、党の内外の圧力を緩和させようとしている、②しかし佐藤政権はまだ台湾を放棄し、「一つの中国」という原則を受け入れる決断を下していない、③もし佐藤政権と関係正常化問題について政府間での折衝をはじめるなら、佐藤政権にとっては、「雪中に炭を送ってもらう」ことになり、自民党内外の国交回復派にとっては痛烈な打撃となる。佐藤政権の下で中日国交正常化を実現することは不可能であり、たとえ佐藤政権を交渉相手とみなしても、政権の延命を助けるだけで、佐藤政権以後の政局に悪影響を及ぼす、というものであった。自民党の党内事情、および有力政治家の対中姿勢に関する情報を収集していた王泰平は、もはや佐藤政権との日中国交正常化は意味がなく、むしろ佐藤退陣を早期に促すべきであると判断していた。そしてすぐに横浜港に行き、中国貨物船の政治委員に報告書を託して外交部へと送付した[226]。

結局、佐藤政権の対中工作はすべて失敗した。第一に佐藤政権にとって大きな打撃となったのは、1971年10月26日（現地時間10月25日）の中国国連代表権問題における敗北であった。当時、野党のみならず自民党内でも三木や大平が、国連総会で「逆重要事項指定案」などにより、国府の議席確保を助け、中国の国連加盟を妨げることに反対していた。その意味では、米中接近という国際環境の急変のなかで、中国代表権問題は、中国政策のみならず政局にも密接に結びついており、佐藤にとっては負けられない戦いであった。そのため「逆重要事項指定案」が否決され、中国の国連加盟と国府の国連追放を含むアルバニア案が通過したことは、佐藤にとり決定的な敗北にほかならなかった[227]。

一方、中国は望外であった国連加盟の実現を受けて[228]、佐藤批判を強めてい

く。10月28日、周恩来は訪中していた後藤基夫・朝日新聞編集局長に、「今回の表決の結果は米国の願いに反するものであったが、同時に一貫して米国に追随してきた日本の佐藤政権の願いに反するものでもあった」と語った[229]。同日、『人民日報』も、国連代表権問題に絡めて佐藤政権を批判する論評を掲載した。ただ中国側は、「『重要事項指定決議案』の共同提案国になるという決定は、ほかでもなく佐藤栄作自身が下したものである」として、批判対象を佐藤に限定し、早期退陣を求める声は日本国内で与野党問わず強まっている、と主張した[230]。

次いで佐藤に追い打ちをかけたのが、「保利書簡」の拒絶とその対外公表であった。「保利書簡」は、楠田実ら佐藤側近らを中心に保利茂の私信として作成された[231]。10月25日、保利は訪中する美濃部亮吉・東京都知事に同書簡を託し、美濃部はそれを中日友好協会に手渡した。しかし、11月10日、周恩来は、①「保利書簡」は中華人民共和国が中国の「唯一の政府」という言葉を欠いている、②台湾を中国国民の領土としているが、この表現ではもう一つの国を作る可能性があること、などを理由として、その受け取りを拒否した。そして、「保利書簡」の内容を公表した[232]。

「保利書簡」の失敗は、岡田晃の対中工作にも影響を及ぼした。利財閥の利銘澤は、11月10日、岡田に対して、「あなたが現在の日本政府のために努力していることは、中国政府として受け入れることはできません」という北京からの回答を伝えた。その後、岡田は旧知の岑徳宏を通じた章士釗への働きかけや、宋慶齢にもつながるといわれていた林国才などと接触し、またマナック在中国フランス大使やパトリック・ノーソム在中国ベルギー代理大使などを通じた対中工作を佐藤退陣まで続けたが、いずれも成功しなかった[233]。

(3) 「ポスト佐藤」をにらんだ対日工作の始動

一方、この時期中国側はポスト佐藤をめぐる日本政局情報の入手に力を傾注していた。1971年12月、覚書貿易交渉のために北京を訪問した田川誠一は、党内情勢に関して、多くの質問を受けた[234]。12月11日、田川は、「保利書簡」をめぐる保利・田川会談の内容を伝えると同時に、①日中問題において、田中角栄は非常に慎重である、②佐藤と福田の中国問題に対する姿勢は本物ではなく、中国側が接触してくれば、過去の発言を翻す可能性がある、と指摘した[235]。12月20日、古井喜實、田川誠一らと会見した周恩来は、「ポスト佐藤」になっても日中国交正常化は楽観できるものではなく、福田が後継者になった場合はそれがますます難しくなる、との見解を示唆した[236]。

東京連絡事務処では12月19日、中国での休暇から東京に戻ってきた趙自瑞より、最近の周恩来の日本人との会談内容、韓念龍および劉春からの指示が伝えられた。韓念龍の指示は、①対日問題について、我々は焦らず、一歩一歩進むこと。台湾問題については、必ず明確にしなければならない。日本はニクソン訪中前に成果を出したいと思っているだろうが、我々はそうではない、②1972年度中日覚書貿易交渉の方針——勢いに応じて有利に導く、文化を促進する、原則を堅持する、佐藤を孤立させる、③幅広く交流すること。左派、中間派、右派を問わない、④電話では何でも話すな。秘密保持に注意すること。できるだけ船を使い、ゆっくりゆっくりと、というものであった。一方、劉春の指示は、①日本は見たところ、変わるに違いない。しかし、いつ変わるかを見なければならない。我々の方針は決まっている。佐藤を相手とせず、新内閣設立後、その態度を見て、方針が変わるかどうか見なければならない、②日米摩擦は現在緩和しているが、基本的矛盾は解決できていないので、米国は日本に対し懸念を抱いている、③日本の状況を見ながら、すべての局面を合わせて見なければならない。沖縄問題が終わった後は、中国問題が突出する、というものであった[237]。

　この指示から明らかなように、10月に保利と会談した直後に王泰平らが提案した通り、遅くとも1971年12月段階で、北京は「佐藤政権を相手とせず」との方針を確定していた。そして、1972年以降の中国の関心は、ポスト佐藤をめぐる自民党内の政局に徐々に絞られていったのである。

4　角福戦争と日中国交正常化をめぐる対日工作
(1)　角福戦争をめぐる対日工作

　ポスト佐藤をめぐる政局は、1972年に入ってから一層顕在化した。この政局は、田中角栄と福田赳夫という2人の主たる対抗者にちなみ、「角福戦争」と呼ばれた。

　佐藤栄作の意中の人物は、自派閥の田中ではなく、実兄・岸信介の後継者たる福田であった。佐藤は、サンクレメンテにおけるニクソンとの日中首脳会談に田中、福田の両者を同行させ、両者の調整を行おうとしていた。そうした佐藤の思惑を察知した田中は、佐藤、福田と3人になる場面を作らず、佐藤の調整を回避した。1972年2月、田中は二階堂進、西村英一、橋本登美三郎、愛知揆一、木村武雄、植木庚子郎の佐藤派長老6人に、次期総裁選挙への立候補の意思を打ち明けた。そして、5月9日、木村武雄の呼びかけによって、102名の佐藤派国会議員のうち、81名が集結して、事実上の「田中派」の決起大会が行われた[238]。

興味深いことに、日本の政局が動きはじめた時、王泰平は１月ごろから４月ごろまでの３カ月間、帰国していた[239]。帰国に先立ち王泰平は、依田実から周恩来、廖承志、王国権への中曽根の書簡を託された。北京に戻った王は、これらを外交部に手渡した[240]。

　この帰国において王泰平は、周恩来に直接呼ばれ、単独で接見した。周恩来は多忙を極めるなか、王泰平に１時間にわたり日本の政局について尋ねた。王泰平は、角福戦争の現状を伝えると共に、田中、大平、三木、中曽根の四大派閥連合が形成されつつあるなかで、形勢は田中に有利になっていると報告した。この報告を踏まえて、周恩来は田中の近況と田中が政権をとった場合の日中国交正常化の可能性をさらに尋ねた。この周恩来の下問に対して、王は「中日国交回復問題はすでに政局の焦点になっており、誰が政権をとっても次の首相は必ず解決しなければならない」と答えた。この後周恩来は、「今後は政局の取材に重点を置き、状況を逐一報告し、それについての考えや意見をできるだけ提出しなさい」と、指示した。さらに周恩来は創価学会の近況も尋ね、「創価学会は日中国交回復を主張している。創価学会と公明党が発奮するよう、なるべく多く接触すべきだ」と指示した[241]。

　実際、中国側は日本の政局に対して大きな関心を持っていた。例えば、幹部用に作成される内部刊行物である『参考資料』には、1972年３月ごろから、日本の次期政権をめぐる情報が目立つようになっていた。また、３月23日、衆議院予算委員会において、田中角栄が中国との関係改善に前向きな発言をしたことも、『参考資料』は掲載していた[242]。

　３月22日、訪中した藤山愛一郎にも、中国側は日本政局に関していろいろと尋ねた。特に３月28日、藤山と会見した周恩来は、自ら「ポスト佐藤」の見通しを直接、しかも徹底的に"取材"してきた。この時、藤山は「福田内閣はできない。絶対にできない」と自説を展開すると同時に、日中国交正常化に関して、「福田以外の三角大（三木、田中、大平）の誰が政権をとっても実行する。今度はいけます」と力説した[243]。

　４月後半、北京より戻った王泰平は、田川誠一に接触した。この時、王泰平は自分が田中と会ってもよい、と田川に伝えた。しかし、田川は総裁選挙を控えているなかで、田中も慎重である、と応えた[244]。５月２日、朝日新聞の政治部記者、古川万太郎と会談した際、王泰平は４月21日の田中・大平と古井喜實の会談内容に関する情報を入手した。古井との会談のなかで、田中は「国交回復三原則」を承認する決意を示し、首相になったらすぐさま北京に飛び、「日華条約」

の廃止を宣言すると発言した、と古川は語った。一方、同じ日に会談した日本国際貿易促進協会関西本部専務理事の木村一三は、田中は首相になってもすぐには中国に行けず、1972年の日中国交正常化は難しいと王泰平に伝えていた[245]。

　5月4日、東京山王経済研究所で、中曽根康弘が王泰平と蔣道鼎と会談した。会談の冒頭、王は、「北京を発つ時、周総理から中曽根先生への言づてを預かってきた。先生のお手紙を受け取ったことと、感謝の意を伝えてくれぐれもよろしくとのことだった」と切り出した。中曽根は「有難うございます。これで私も軍国主義者の汚名を返上することができる」と応じた。また王泰平は、中曽根が訪中を希望するならば、自分たちがそれを伝えることができると言及した。その後、王泰平は中曽根に当面の日本政局を尋ねた。これに対し中曽根は、「昨年12月以前、形勢は福田（赳夫）に有利だったが、今年1月以降、田中（角栄）に有利になった」と回答した。そして、自分はまだ福田、田中、大平、三木の各候補者に対して等距離をとっているが、「50票を掌握しており、誰であれ私が味方についた人が間違いなく当選する」と発言し、今回の政局で自身がキャスティングボートを握っていることをアピールした[246]。

　この後も王泰平は、積極的に日本政局情報の収集に努めた。5月上旬、王泰平ら中国駐日記者団は、読売新聞の顧問・政治評論家である小宮山千秋を招き、政局に対する見解を訊いた[247]。また5月15日、王泰平は田川誠一と会談し、二階堂進、橋本登美三郎、木村武雄、愛知揆一らとの接触に関して相談した。そして5月18日、木村武雄との会談を実現することに成功した[248]。この会談で木村は、①総選挙では田中の勝利は間違いない。今は田中・大平・三木・中曽根の反福田連合が形成されているので、福田はせいぜい103票だろう、②田中は今、大平正芳を新内閣の外相に、三木を副総裁にと考えている、③田中内閣は、中国問題では速戦即決による解決で、8月上旬にも自ら訪中するかもしれない。田中は直行便で北京に行くので、中国側に予め考えておいてほしい、などと王泰平に語った[249]。この後、王泰平やその同僚らは、木村以外にも、古井喜實、田川誠一、藤山愛一郎、川崎秀二、久野忠治らと秘密裏に接触し、常に外交部にその状況を報告した[250]。

　5月20日、王泰平は「今期自民党総裁選の焦点と観点」と題する内部報告書を作成した。同報告書は、まず今回の総裁選挙の焦点は角福戦争にある、と断じた。そのうえで、田中は佐藤派の80％を掌握しつつあり、さらに大平派、三木派、参議院主流派「清風クラブ」の支持も集めていると指摘し、わずかながら田中の方が優勢であると指摘した。ただ同時に、①一貫して福田を支持している佐

藤による田中の説得、②大平・田中・三木・中曽根の反福田勢力の分裂の可能性、③中曽根の態度は定まっておらず、依田実によれば「内心ではやはり福田支持に傾いている」、などの要因から、「福田の可能性は今なお大きい」とも分析していた。そして、暫定的な見方として、今回の総裁選挙では一度目の投票では新総裁が決定することはないとして、第一回選挙の得票として、「福田赳夫　120－140票、田中角栄　120－135票、三木武夫　85－90票、大平正芳　70－75票、（中曽根康弘　40－45票）」と予測した。また、日中国交正常化に関しては、「もし福田が政権をとった場合、日中関係の正常化はかなり困難となる」と断じる一方、「田中・大平・三木が政権をとった場合、積極的な手順を踏んで日中関係改善に着手する。しかし、すぐさま日中国交回復三原則を受け入れるかどうかは疑問である」と指摘した[251]。

一方、張香山は「5月15日に二宮文造が率いる公明党訪中団と会見する以前の段階で、周恩来は『誰が次の日本の首相になるかについて確信を持った』」と回顧している[252]。実際、二宮との会見において周恩来は、「もし田中氏が首相になった時、彼に中日問題を解決する用意があり、また自ら訪中して話し合うことを望むなら、それは吉田、岸から佐藤までの体制を打破するものになる。このような勇気がある人が来るのを、我々がどうして拒否することができよう」と言明し、この会談の内容を田中に伝えても構わないと発言した[253]。こうした北京と東京連絡事務処の間の情勢分析の違いに関して、劉徳有は、田中角栄の勝算が高いことは判断しつつも、「世のなかには『万が一』というものがあって、後に引けなくなるようなことをいってはならないと思い、我々は報告の最後に『福田当選の可能性を除外することもできない』との一句を加え、一応、『安全係数』の高い結論を出した」と回顧している[254]。

また、この時期、東京連絡事務処は中曽根に「貸し」を作ることに成功した。5月17日、依田実と会談した王泰平は、江鬮ルートの存在を聞かされた。そして、李先念・国務院副総理の佐藤宛の手紙のなかに、中曽根が佐藤の特使として北京に行き、佐藤の訪中問題を相談することを歓迎するとあり、佐藤も中曽根もこの案に非常に前向きである、と告げられた。しかし、本国からの指示と明らかに異なる内容に王泰平は疑問を感じた。そして、調査の結果、江鬮が持ってきた手紙は偽物であることが判明した。その日記に、「もし中曽根が香港に行って断られていたら、彼のその後の政治生命は終わっていただろう」と記していることから、王泰平は江鬮ルートの真相を、依田を通じて中曽根に伝えたものと思われる[255]。

この中国側の「貸し」に対する中曽根の評価は管見しうる資料からはうかがい知ることはできない。しかし、佐藤からの再三の働きかけがあったにもかかわらず、中曽根は日中国交樹立を条件に田中支持を固め、自身の出馬を見送った。中曽根は後に、日中国交正常化に対して当初田中は消極的であったが、自分の突きつけた条件により、田中は「いやいやながらやるといった」と回顧している256)。この中曽根の総裁選挙への出馬見送りと田中支持が、角福戦争での田中勝利に大きく寄与したと評価されていることに鑑みれば257)、あるいは王泰平の「貸し」は中国にとって大きな意味を有していたのかもしれない。

　さらに東京連絡事務処は田中角栄への接近も図った。1972年6月上旬、蔣道鼎は、突然田中角栄の選挙事務所に「押しかけ」た。だが、田中事務所は蔣道鼎を追い返さず、早坂茂三との会談を設定した。早坂は単刀直入かつはっきりと田中の対中政策の決心と計画を話した。その晩、蔣道鼎は早坂の話を整理し、ニュースとして北京に送付した258)。

　1972年6月7日、中国側は東京連絡事務処の駐在員を2名増員すると日本側に通告した。そして佐藤栄作が正式に退陣を表明した6月17日の2日後、東京連絡事務処の首席代表として蕭向前を送ると連絡した259)。蕭向前の回顧録によれば、東京連絡事務処の強化の必要性を指摘したのは、3月に訪中した藤山愛一郎であった。この藤山の助言を受けて、1972年5月、中国側は蕭向前を首席代表に内定した。首席代表内定後、蕭向前は日本政局を研究するために、日本人記者から多くの情報提供を受けた。それらの情報を基にして、角福戦争において、田中が勝利する可能性が高いと、蕭向前は判断した260)。

　6月末から周恩来はほとんど毎晩、人民大会堂に外交部および日本問題担当者を集めて会議を開き、日本政局の動きについて検討した261)。一方、7月1日に香港に到着した蕭向前はすぐに7月3日の切符を購入し、急ぎ東京へと向かった。7月3日、東京に赴任した蕭向前は真っ先に藤山愛一郎を訪ねた。藤山は、「田中内閣の大枠は決まっており、大平正芳が外相になる。接触を開始してもよいでしょう」と語った262)。

　7月5日、自民党総裁選挙が行われた。第一回投票の結果は、田中角栄　156票、福田赳夫　150票、大平正芳　101票、三木武夫　69票であった。いずれも過半数に達しなかったため、ただちに1位、2位の決選投票に入った。決選投票の結果は、田中角栄　282票、福田赳夫　190票、無効　4票であった。ここに田中角栄内閣が誕生することになった263)。そして7月7日、新内閣の初閣議後、田中は、「外交については中華人民共和国との国交正常化を急ぎ、激動する世界

情勢のなかにあって、平和外交を強力に推進していく」という談話を発表した[264]。また、外相に就任した大平は、橋本恕・中国課長に対し日中国交正常化に向けた準備を開始するよう極秘裏に指示した[265]。

(2) 日中国交正常化をめぐる対日工作

　田中政権誕生に対し、中国側は速やかに反応する。7月8日、周恩来は、外交部およびそのほかの外事工作・宣伝部門の責任者を集め、田中談話の検討を行った。この時周恩来は、新華社が前日に送ってきた新内閣成立に関する原稿は、新内閣の誕生の経緯や外交政策に触れておらず、簡単すぎると批判した。そして、情勢は変わったのだから、我々は積極的に工作を行う必要があり、報道にもそうした精神を反映しなければならない、と指示した[266]。翌7月9日、『人民日報』に掲載された田中内閣誕生に関する報道は、こうした周恩来の指示を受け、7月7日の田中談話を引用し、田中が日中国交正常化に意欲を有していることを伝えた。また、田中以外の主要閣僚である、大平正芳外相、三木武夫・国務相、中曽根康弘・通産相の日中国交正常化への考えについても掲載した[267]。同日、イエメン民主人民共和国政府代表団へのレセプションで、周恩来は、「7日に成立した田中内閣は、外交方面で日中国交正常化実現に努力することを宣言した。これは歓迎に値するものである」と発言し、同発言は7月10日の『人民日報』に掲載された[268]。

　7月10日、孫平化が率いる上海バレエ団が東京に到着した。このバレエ団の派遣は、すでに1972年の年初には決まっていた[269]。そして、5月下旬、五・七幹部学校に下放されていた孫平化が呼び戻され、同バレエ団団長に任命された[270]。東京に到着後、孫平化は蕭向前に会ったものの、両者には日中国交正常化を推進する具体的な任務は与えられておらず、何をしてよいのか分からなかった[271]。

　7月17日、陳抗・外交部亜洲司日本処長率いる農業代表団が東京に到着した。陳抗は出発前に周恩来が招集した会議に出席し、直接周恩来の重要指示を聞いていた。日本に着いた後、陳抗は、孫平化、蕭向前らに対して、以下のような周の指示を伝達した。

　　　私が、田中内閣が中日国交正常化の実現に努めているのは歓迎に値するといったのは、毛主席が私に積極的な態度を取るべきだといったからである。毛主席の思想と戦略部署の後にしっかり続かなければならない。（相手が）やって来

るなら、もう大丈夫だ。話がまとまるにしても、まとまらないにしても、今はころあいだ。しっかりと情勢をつかまねばならない。今回は「旋風」ではだめだ。落ち着かねばならない。孫平化は万丈の高楼を平地に建て、蕭向前は引き続き前進しなければならない。この二人が着実にやって初めてうまくいくのだ272)。

　周恩来からの指示を受け取った孫平化、蕭向前は早速田中政権への接触を開始した。両者は財界、政界、報道関係者と積極的に会談し、日中国交正常化に関して意見交換を行った。そして、すでに暗号電報の使用が解禁となっていたため、毎日国内に電報を打ち、報告し、指示を仰いだ273)。
　7月20日、藤山愛一郎主催の上海バレエ団歓迎レセプションで、孫平化らは田川誠一と小坂善太郎に対し、田中首相と大平外相との会談を設定してくれるよう要請した。田川はその日のうちに二階堂進官房長官に中国側の意向を打診した。翌7月21日、田川は田中首相に直接孫平化との会談を要望した。しかし、党内の紛糾を気にしていた田中は、大平に任せるとして、自分は孫平化には会わない、と発言した。その後、大平との調整が済んだ小坂から、会談の実現が告げられ、橋本恕と唐家璇を双方の連絡責任者とすることが決められた274)。
　7月22日、ホテルオークラで、大平外相と孫平化、蕭向前による秘密会議が行われた。冒頭、大平は田中が孫平化に会えないことを釈明し、自分が田中と一心同体であると主張して、中国側の理解を求めた。これに対して孫平化は、自民党総裁選挙や新政権発足後の田中および大平の対中姿勢を評価し、「田中先生・大平先生が北京に行かれ直接首脳会談を行う考えならば、中国側は歓迎を表明する。今回、私たちは非公式会談だが、今、お話ししたことは責任を持ってやる」と発言した。さらに、「田中先生・大平先生が北京に行かれれば、私たちの側は難題を出したりしない。『三原則』の問題は当然、最終的には解決しなければならない。さもなくば国交は回復できない。しかし、中国側は日本政府首脳の訪中に対して、『三原則』の承認を前提として求めたりしない」と言及した275)。この段階で中国側が「国交回復三原則」を田中訪中の前提条件としないことを告げたことは、佐藤政権末期の対日姿勢を振り返れば、画期的な譲歩であった276)。
　こうした中国側の発言に対し、大平は、「私たちが表明している姿勢を中国側に十分理解していただき、非常に感謝している」と答えた。そして、現在の問題は自民党内部にあると指摘しつつ、「孫先生が先ほどいわれた基本線に沿って事を進めれば、党内の理解を得ることができる」と、「国交回復三原則」を前提条

件としないという孫平化の発言を重視する姿勢を示した。また、両者は今後の連絡ルートとして、日本側が橋本恕、中国側が東京連絡事務処の許宗茂、および上海バレエ団の唐家璇と江培柱を連絡係とすることで合意した。最後に、日本側の懸念を打ち消すために孫平化は、「報道によると、田中首相は、北京に行ったら、まず謝罪しなければならないと話している。私は必要ないと思っている。もう終わったことを、再び持ち出す必要はない」と告げた。続いて蕭向前も、「周総理は以前からいっている。田中先生が北京に来ても、謝罪する必要はない」と補足した[277]。

このように、中国側はこの大平との会談において、「国交回復三原則」を訪中の前提条件としないという譲歩を行い、さらに歴史問題に関しても日本側に配慮する姿勢を示した。しかし、こうした中国側の姿勢にもかかわらず、田中の姿勢はなお慎重であった。その理由としては、この段階では中国が賠償請求を放棄するか否か、日米安保体制を容認するか否か、という二点に関して、確約がとれていなかったことがあった[278]。また、田中は軽率な行動をとれば、党内の親台湾派の反発を招き、自身の政権基盤を掘り崩す可能性があると懸念していた[279]。

こうした田中の懸念を払拭させたのが、7月25日に訪中した竹入義勝・公明党委員長からもたらされたいわゆる「竹入メモ」であった。竹入訪中は7月下旬に蕭向前より同党の大久保直彦に打診されたものであった。この時蕭向前は、大久保と東京連絡事務処で会談していたにもかかわらず、人に聞かれることを恐れ、筆談で訪中を促した[280]。訪中した竹入は7月27日から合計3回、周恩来と会談を行った。周恩来は竹入に対し、①中国側が、日米安保には触れず、1969年の佐藤・ニクソン共同声明にも言及しないこと、②戦争による「賠償請求権」を放棄すること、の二点を明らかにした。また日華条約については、日中の共同声明や宣言には盛り込まないことを提案した。さらに周恩来は、田中訪中時の日中共同声明に盛り込む8項目、台湾に関する黙認事項3項目[281]を読み上げ、竹入にすべて記録させた。帰国した竹入は8月4日、首相官邸で田中と面会した。この日、竹入は周恩来から示された項目のみを記した草案を田中に提示した。翌8月5日、竹入は再び田中と会談し、周恩来との詳細な会談記録を持参した。この会談記録を一読した田中は、その内容の正確さを竹入に確認すると、ついに訪中の決意を固めた[282]。

8月11日、ホテルオークラで大平は再び孫平化、蕭向前と会談した。この時、大平は田中首相がまもなく中国を訪問することと上海バレエ団帰国前日に首相が両者と会談することを伝えた[283]。また、大平は、田中訪中の前に、自民党国会

議員を中心として、そこに外務省の2名の事務官を加えた訪中団を中国に派遣し、田中訪中の具体的な日程について打ち合わせを行うことを提案した[284]。翌8月12日、姫鵬飛・外交部長は、「周総理は田中首相の訪中を歓迎し、招請する」と発表した[285]。

　1972年8月15日、孫平化、蕭向前は帝国ホテルで田中角栄と会談した。田中はまず周恩来による訪中の招請に感謝の意を伝えた。そして、「私はなるべく早く訪中することを決めている。これを招請の正式な受諾としていただいてよい」と発言した。さらに会議録にとどめない非公式なものだと断りながら、「貴国のご都合がよろしければ、私は9月下旬から10月初頭のある時期に中国を訪問するつもりでいる」と、具体的な訪中日程に言及した。これに対して孫平化は、「帰国したら必ず、すぐに周恩来総理に報告します」と応じた。また、11日に大平から提案のあった自民党訪中団に関しても、「現在すでに本国より指示が届いており、正式に歓迎を表明している」として、これを迎え入れる用意があることを告げた[286]。そして、二階堂進官房長官が提案した田中訪中に関するコミュニケに孫平化も合意した[287]。こうして、田中訪中は正式に決定した。

　8月16日孫平化が率いる上海バレエ団は、藤山愛一郎の提案に応じ、日本航空と全日本空輸が用意した特別機に乗って、香港を経由することなく直接上海へと帰国した。この時、当初孫平化は藤山の提案を不要だと考えていたが、周恩来の指示に従い、藤山の提案を受諾した。この時周恩来は、「これが政治だ」と発言したという。上海に戻った孫平化は翌日ただちに北京に戻り、人民大会堂で周恩来に一連の訪日の成果を報告した。その際、孫平化は、「田中首相は9月下旬、遅くとも10月初めには間違いなく北京を訪問するでしょう」と伝えた。これを聞いた周恩来は関連する状況を詳しく尋ね、また孫平化らを賞揚し、激励した[288]。

　孫平化の帰国後も、東京連絡事務処は引き続き、日中国交正常化に関する情報収集を継続した。例えば、8月20日、王泰平が起草した内部報告「田中角栄の人となり」は、田中の性格、味付けの好みや好きな料理、汗かきという体質などに関して、詳細な報告を送付した[289]。訪中した田中は、中国側が自らの嗜好を調べ尽くしていたことに驚嘆した[290]。また、9月8日、8月末に行われた田中とニクソンのハワイ会談を踏まえ、「日米首脳会談に対する見方」と題する内部報告書を作成し、北京に送付した[291]。このように、日中国交正常化の最終段階まで東京連絡事務処は対日情報収集を継続し、中国の対日工作には欠かすことのできない一翼を担っていた。

　北京における激しい日中交渉を経て、1972年9月29日、田中角栄と周恩来に

よって「日本国政府と中華人民共和国政府の共同声明（日中共同声明）」が締結された。こうしてようやく日中国交正常化が実現したのである[292]。そして、1973年2月1日、東京に中華人民共和国大使館が開設された。大使館開設後、1年間は引き継ぎ事務のため存続したものの、1973年の年末から74年の年始にかけて、蕭向前と岡崎嘉平太は、それぞれの事務所で宴会を開き、任務が終わったことを宣言した[293]。1964年8月の開設から10年近くにわたり、中国の対日工作の最前線における拠点として活躍した東京連絡事務処は、こうしてその役目を終焉させたのであった。

おわりに

　本章では、1955年5月の第三次日中民間貿易協定交渉から1972年9月の日中国交正常化に至る17年間という比較的長い時期を対象として、①東京連絡事務処の開設過程とその目的、②日本の政局と自民党政権の中国政策に対する東京連絡事務処の対日工作の実態、③東京連絡事務処の活動に見る知日派の対日政策における影響力、を明らかにしてきた。本章の結論は以下のようにまとめられよう。

　第一に、当初中国は「日本中立化」政策の象徴とするために、一連の日中民間貿易協定のなかで、通商代表部設置とそれに対する政府保証を日本側に要求し続けた。その結果、指紋押捺問題や国旗掲揚権問題という、実務面よりも象徴性の強いテーマに固執する傾向が顕著であった。しかし、長崎国旗事件による「断絶」を経て、大躍進と中ソ対立という国内外の激変を経験した中国は、LT貿易体制を始動させた。そして、常駐事務所の設置に関して、対日情報活動の拠点を構築するという、明確かつ現実的な目的を持つようになった。そのために、それまで固執した象徴的問題を前面に出すことなく、日本側との間で東京連絡事務処の設置の合意を形成することができたのである。

　第二に、東京連絡事務処はその設置目的に沿う形で、積極的な対日工作を展開した。そして、1964年11月に佐藤栄作政権が登場した時、彭真入国問題とプラント輸銀問題が立て続けに生じたにもかかわらず、中国側は、LT貿易体制の継続を含む日本との交流を継続した。東京連絡事務処もその役割を縮小することなく、中国は、「二つの中国」政策に断固反対する原則にこそ固執したものの、日本国内で親中派を拡大するために、保守、革新を問わず、幅広く浸透工作を継続した。それは、1958年5月の長崎国旗事件での「『断』すれども『絶』せず」という方針とは対照的な対応であり、柔軟性を感じさせるものであった。

その後、文革の激流のなかで、統括者たる廖承志も含めて知日派が批判される過程で、東京連絡事務処も強硬姿勢を示していくようになる。しかし、1970年5月に王泰平が一時帰国したころより、周恩来の直接指導の下、中国の対日政策は徐々に文革以前の姿を回復させていく。そうしたなかで、東京連絡事務処は、中国の対日工作の最前線の拠点として、その存在感を増していく。王泰平らは自民党議員や報道関係者への接触を開始し、その成果を北京に報告した。こうした対日工作は、1972年7月のニクソン・ショック後、一気に加速した。東京連絡事務処は、これ以降、ポスト佐藤の自民党政局を視野に入れつつ、従来から関係を有していた自民党親中派のみならず、中曽根康弘や三木武夫といった、佐藤後継において重要な役割を担いうる有力政治家にも接触することに成功した。さらに政治家および報道関係者から、貴重な政局情報を獲得していた。

　そして、角福戦争が激化するなかで、東京連絡事務処は積極的な対日情報収集活動を展開し、それを絶えず北京にいる周恩来らに報告した。それに加え、角福戦争のキャスティングボートを握っていた中曽根に対して、「貸し」を作ることにも成功した。さらに、ポスト佐藤をめぐる自民党総裁選挙に勝利するであろうと中国側が認識していた田中角栄に対しても接触を試みて、これに成功した。そして、田中政権誕生後には、東京連絡事務処を舞台として日中国交正常化の事前交渉を行った。一連の経緯に鑑みれば、日中国交正常化において、東京連絡事務処は1970年8月以降、一貫して重要な役割を果たし続けてきたといえよう。

　第三に、情報収集／政策提言／浸透工作という東京連絡事務処の活動内容から知日派の対日政策における影響力を考察するならば、知日派が収集した対日情報は周恩来をはじめとする中国共産党中央指導者層に高く評価されていた。また、彼らの行う提案が政策指導者層に採用されることも少なくなかった。さらに、東京連絡事務処の浸透工作は、角福戦争の帰趨に一定の影響力を及ぼすことに成功した。以上の点を考慮すれば、知日派たちは、中国の対日政策のなかで少なからぬ影響力を有していたと評価できよう。

　他方、文革期の受難に示されるように、知日派も中国の国内政治動向とは無縁ではいられなかった。また、周恩来による対日政策体制の再建が達成されてから、王泰平の活動が活発化したことに示されるように、知日派の活動は、あくまでも党中央指導者層の適切な指導があって初めて有効に機能するものであった。そして、本章における多くのケースが示しているように、知日派にできるのは対日政策の提案までであり、最終的な決定過程には参画することはできなかった。その意味では、一定の影響力は有していたとはいえ、毛沢東や周恩来といった党中央

指導者と比較した場合、そこには明らかな限界が存在していたといえよう。

1) 古川万太郎『戦後日中関係史　改訂・増補新装版』原書房、1988年。
2) 添谷芳秀『日本外交と中国　1945-1972』慶應通信、1996年。李恩民『中日民間経済外交（1945-1972）』北京：人民出版社、1997年。鹿雪瑩『古井喜実と中国――日中国交正常化への道』思文閣出版、2011年。
3) 井上正也「日中LT貿易の成立と池田政権1960-1962」神戸大学『六甲台論集　法学政治学篇』第1巻第53号、2006年7月、1-29頁。井上正也『日中国交正常化の政治史』名古屋大学出版会、2012年。
4) 日本側の高碕事務所の役割に言及した研究として、木村隆和「LT貿易の軌跡――官製日中『民間』貿易協定が目指したもの」大阪歴史学会『ヒストリア』216号、2009年8月、109-134頁などを参照。
5)「第二次日中民間貿易協定（1953年10月29日）」石川忠雄・中嶋嶺雄・池井優編『戦後資料　日中関係』（以下：『戦後資料』）日本評論社、1970年、70頁。
6) 伊藤武雄編『村田省蔵追想録』大阪商船株式会社、1959年、322頁。
7)「中国訪問日本貿易代表団談判方案及附件」（1955年2月1日－6月30日）中華人民共和国外交部档案館档案（105-00300-02）。
8)「中国訪問日本貿易代表団活動方案」（1955年2月26日）中華人民共和国外交部档案館档案（105-00300-01）。孫平化（安藤彦太郎訳）『日本との30年　中日友好随想録』（以下：『日本との30年』）講談社、1987年、48頁。中国の「日本中立化」政策に関しては、杉浦康之「中国の『日本中立化』政策と対日情勢認識――岸信介内閣の成立から「岸批判」展開まで」『法学政治学論究』第70巻、2006年9月、99-101頁を参照。
9)「中国訪日貿易代表団工作報告」（1955年6月1日－6月30日）中華人民共和国外交部档案館档案（105-00300-06）。
10) 同上。
11) 増田弘「第三次日中民間貿易協定とアメリカの対応」中央大学法学会『法學新報』第11・12巻第117号（2011年3月）、248-259頁。
12)「第三次日中民間貿易協定（1955年5月4日）」、「日中貿易にかんする往復書簡（1955年5月4日）」石川忠雄ほか『戦後資料』71-72頁。
13) 経済一課「『日中貿易協定』に関する政府の態度の件（昭和30年5月18日）」、外務省「説明書　『日中貿易協定』に関する政府の態度についての次官会議申合（閣議報告）（案）に関する件」『本邦対中共民間貿易協定関係』（E'212）外務省外交史料館。
14) 李恩民『中日民間経済外交（1945-1972）』214-218頁。
15)「常設民間貿易事務所について（昭和32年9月12日、大臣より池田氏に示されたもの）」戦後外務省記録『本邦対中共民間貿易協定関係』（E'212）外務省外交史料館。
16) 日本通商使節団「第四次日中貿易協定交渉記録（1957年9月17日－11月1日（於北京）」戦後外務省記録『本邦対中共民間貿易協定関係』（E'212）外務省外交史料館。

17）同上。
18）実際には9月12日の事前の申し合わせにおいて、藤山愛一郎外相は池田に対し、通商代表部の要員は、家族を範囲外として5名とする旨が示されていた。「常設民間貿易事務所について（昭和32年9月12日、大臣より池田氏に示されたもの）」戦後外務省記録『本邦対中共民間貿易協定関係』（E'212）外務省外交史料館。
19）池田正之輔『謎の国　中共大陸の実態──民族性と経済基盤の解明』時事通信社、1969年、353頁。
20）杉浦康之「中国の『日本中立化』政策と対日情勢認識──第四次日中民間貿易協定交渉過程と長崎国旗事件を中心に」アジア政経学会『アジア研究』第4巻第54号、2008年10月、73頁。
21）中共中央文献研究室編『周恩来年譜　1949-1976』（上）北京：中央文献出版社、1997年、114頁。
22）池田正之輔『謎の国　中共大陸の実態──民族性と経済基盤の解明』380頁。
23）木村隆和「岸内閣の『中国敵視政策』の実像」『日本歴史』（日本歴史学会）第741号、2010年2月、75頁。
24）「常設民間貿易事務所について（昭和32年9月12日、大臣より池田氏に示されたもの）」戦後外務省記録『本邦対中共民間貿易協定関係』（E'212）外務省外交史料館。
25）日本通商使節団「第四次日中貿易協定交渉記録（1957年9月17日-11月1日　於北京）」戦後外務省記録『本邦対中共民間貿易協定関係』（E'212）外務省外交史料館。
26）「第四次中日貿易協定談判過程的主要情況」（1957年7月22日-11月1日）中華人民共和国外交部档案館档案（105-00547-02）。
27）『読売新聞』1958年2月2日（夕刊）。
28）杉浦康之「中国の『日本中立化』政策と対日情勢認識──第四次日中民間貿易協定交渉過程と長崎国旗事件を中心に」74頁。
29）『読売新聞』1958年2月28日。
30）『読売新聞』1958年3月2日。
31）「中国、日本関係大事記」（1958年1月16日-12月31日）中華人民共和国外交部档案館档案（105-00899-19）。
32）池田正之輔『謎の国──中共大陸の実態　民族性と経済基盤の解明』356-365頁。
33）「第4次日中貿易協定」、「第4次日中貿易協定覚書」（1958年3月5日）石川忠雄ほか『戦後資料』248-249頁。
34）「中日貿易協定終于簽字了」『人民日報』1958年3月6日。
35）日華紛争から長崎国旗事件までの一連の経緯およびその際の中国の対日政策については、杉浦康之「中国の『日本中立化』政策と対日情勢認識──第四次日中民間貿易協定交渉過程と長崎国旗事件を中心に」75-81頁。
36）「配慮物資」による両国の貿易関係に関しては、李恩民『中日民間経済外交（1945-1972）』248-250頁。杉浦康之「中国の『日本中立化』政策と対日情勢認識──日本社会党の訪中と日本国内の反米・反岸闘争の相互連鎖（1958年6月-1959年6月）』近

きに在りて——近現代中国をめぐる討論のひろば』第 56 号、2009 年 11 月、59-60 頁などを参照。

37) 友好貿易に関しては、李恩民『中日民間経済外交（1945-1972）』258-271 頁、大澤武司「戦後初期日中関係における『断絶』の再検討（1958-1962）——『闘争支援』と『経済外交』の協奏をめぐって」添谷芳秀編『現代中国外交の六十年——変化と持続』慶應義塾大学出版会、2011 年、99-101 頁などを参照。

38) 井上正也『日中国交正常化の政治史』243-248 頁。

39) 「日中貿易覚書（LT 第 1 次）」（1962 年 11 月 9 日）石川忠雄ほか『戦後資料』358-359 頁。

40) 「国務院外辦外事簡報：日本安田薫来反映自由民主党議員宇都宮徳馬回国的状況」（1963 年 3 月 9 日）中華人民共和国外交部档案館档案（105-01591-07）。

41) 「孫平化、王暁雲関于日本情況的報告（国務院外辦外事簡報）」（1963 年 6 月 3 日－1963 年 6 月 9 日）中華人民共和国外交部档案館档案（105-01863-03）。孫平化『日本との 30 年』118-119 頁。孫平化『中国と日本に橋を架けた男【私の履歴書】』日本経済新聞社、1998 年、111-113 頁。

42) 「国務院外辦外事簡報：日本通産省官員談中日互設常駐商務機構問題」（1963 年 5 月 9 日）中華人民共和国外交部档案館档案（105-01591-11）。

43) 「廖承志的下半年対日工作的請示報告」（1963 年 7 月 25 日－8 月 28 日）中華人民共和国外交部档案館档案（105-01863-01）。

44) 「廖承志関于接待商談第二年度中日備忘録貿易日方代表団的請示、接待安排等」（1963 年 8 月 31 日－1963 年 9 月 23 日）中華人民共和国外交部档案館档案（105-01589-05）。

45) 「国務院外辦第二度中日備忘録貿易日方代表団簡報（第 1-9 期）」（1963 年 9 月 16 日－9 月 26 日）中華人民共和国外交部档案館档案（105-01589-06）。

46) 日中国交回復促進議員連盟編『日中国交回復関係資料集』日中国交資料委員会、1972 年、217-219 頁。

47) 経通「昭和 39 年度 L/T 取引交渉経緯（大久保任晴高碕事務所事務局長帰国報告談）（1963 年 10 月 1 日）」戦後外務省記録『本邦対中共貿易関係　高碕・廖覚書に基づく貿易関係』（E'213）外務省外交史料館。ただし、その後何らかの形で廖承志側の提案は外務省に伝えられた模様である。経通「日中貿易駐在員について（昭和 39 年 2 月 25 日）」戦後外務省記録『本邦対中共貿易関係　民間協定　高碕・廖事務所関係』（E'213）外務省外交史料館。

48) 孫平化『日本との 30 年』126-127 頁。

49) 「国務院外辦外事簡報：日本政府準備最近在中日関係上採取的五個歩驟」（1964 年 2 月 11 日）中華人民共和国外交部档案館档案（105-01657-02）。

50) 田川誠一『日中交渉秘録　田川日記～14 年の証言』（以下：『田川日記』）毎日新聞社、1973 年、56-58 頁。

51) 経済局「古井・岡崎両氏による大臣への報告要旨（昭和 39 年 4 月 28 日）」、経通「大

久保高碕 LT 事務局長訪中帰国談」(昭和 39 年 5 月 12 日)」戦後外務省記録『本邦対中共貿易関係　民間協定　高碕・廖事務所関係』(E'213) 外務省外交史料館。

52)「連絡事務所の相互設置ならびに代表の相互派遣に関する高碕達之助事務所と廖承志事務所の会談メモ (1964 年 4 月 18 日)」、「日中双方の新聞記者交換に関する高碕達之助事務所と廖承志事務所の会談メモ (1964 年 4 月 18 日)」石川忠雄ほか『戦後資料』364-365 頁。田桓主編『戦後中日関係史年表』北京：中国社会科学出版社、1994 年、230 頁。

53) 孫平化『日本との 30 年』130 頁。

54) 李恩民『中日民間経済外交 (1945-1972)』306 頁。

55)「中央関于同意孫平化、呉曙東、陳抗同志為廖承志辦事処駐東京連絡事務所首席代表和代表的通知」(1964 年 6 月 19 日) 中華人民共和国外交部档案館档案 (122-00250-01)。孫平化『日本との 30 年』132 頁。

56) 孫平化『中国と日本に橋を架けた男【私の履歴書】』121 頁。

57) 孫平化の情報工作活動に関しては、孫平化『中国と日本に橋を架けた男【私の履歴書】』49-69 頁を参照。

58) この時選抜されたのは、丁拓（新華社）、李紅（人民日報）、劉徳有（光明日報）、劉宗孟（大公報）、劉延洲（文匯報）、田家農（北京日報）、李国仁（中国新聞社）であった。劉徳有（王雅丹訳）『時は流れて　日中関係秘史五十年』(以下：『時は流れて』)（上）藤原書店、2002 年、429 頁。

59)『時は流れて』(上) 428-429 頁。呉学文・王俊彦『廖承志与日本』北京：中共党史出版社、2007 年、346-350 頁。

60) 経済局「中共貿易事務所問題について (昭和 39 年 1 月 22 日)」戦後外務省記録『本邦対中共貿易関係　民間協定　高碕・廖事務所関係』(E'213) 外務省外交史料館。

61) 経通「LT 駐在員について (昭和 39 年 2 月 13 日)」、経通「藤井代議士言明の日中関係促進策に関する件 (昭和 39 年 2 月 19 日)」戦後外務省記録『本邦対中共貿易関係　民間協定　高碕・廖事務所関係』(E'213) 外務省外交史料館。

62) 経通「日中貿易駐在員について (昭和 39 年 2 月 25 日)」戦後外務省記録『本邦対中共貿易関係　民間協定　高碕・廖事務所関係』(E'213) 外務省外交史料館。

63) 外務省「L・T 貿易駐在員について (昭和 39 年 2 月 26 日)」戦後外務省記録『本邦対中共貿易関係　民間協定　高碕・廖事務所関係』(E'213) 外務省外交史料館。

64) 通産省「日中間の貿易駐在員常置について (昭和 39 年 2 月 26 日)」戦後外務省記録『本邦対中共貿易関係　民間協定　高碕・廖事務所関係』(E'213) 外務省外交史料館。

65) 中国課長「中国課長コメント (昭和 39 年 4 月 24 日)」戦後外務省記録『本邦対中共貿易関係　民間協定　高碕・廖事務所関係』(E'213) 外務省外交史料館。

66)「国務院外辦外事簡報：南漢宸訪日時日本壟断資本上層人士所談話的一些情況」(1964 年 5 月 8 日) 中華人民共和国外交部档案館档案 (105-01657-10)。

67) 経済局「LT 貿易駐在員の件 (昭和 34 年 4 月 24 日)」、経済局「LT 貿易駐在員の件 (昭和 34 年 4 月 27 日)」戦後外務省記録『本邦対中共貿易関係　民間協定　高碕・廖

事務所関係』（E'213）外務省外交史料館．

68）外務省「高碕・廖承志両事務所の駐在員交換問題に関する件（昭和39年5月4日）」戦後外務省記録『本邦対中共貿易関係　民間協定　高碕・廖事務所関係』（E'213）外務省外交史料館．

69）「LT連絡員（5月4日）」戦後外務省記録『本邦対中共貿易関係　民間協定　高碕・廖事務所関係』（E'213）外務省外交史料館．

70）「入管の意見（5月4日）」、「日中貿易駐在員交換問題に関する法務省見解について（昭和39年5月23日）」戦後外務省記録『本邦対中共貿易関係　民間協定　高碕・廖事務所関係』（E'213）外務省外交史料館．

71）経済局「高碕・廖両事務所の駐在員交換問題について（法務省見解）（昭和39年5月25日）」、「日中貿易駐在員交換問題に関する法務省見解について（昭和39年5月23日）」戦後外務省記録『本邦対中共貿易関係　民間協定　高碕・廖事務所関係』（E'213）外務省外交史料館．実際、4月の訪中段階で、政治活動を行わないとの誓約書を文書として提出してほしいと松村らが中国側に要求したものの、中国側は、過去そのような活動を一切しておらず、日本側の要求には応じることができないと回答していたことを、外務省は把握していた．経通「大久保高碕LT事務局長訪中帰国談（昭和39年5月12日）」戦後外務省記録『本邦対中共貿易関係　民間協定　高碕・廖事務所関係』（E'213）外務省外交史料館．

72）外務省「高碕・廖承志両事務所の連絡員交換に関する法務・通産両省の見解について（昭和39年5月30日）」戦後外務省記録『本邦対中共貿易関係　民間協定　高碕・廖事務所関係』（E'213）外務省外交史料館．

73）東西通商課「高碕・廖事務所連絡員交換問題（法務省回答）（昭和39年6月9日）」、入国管理局「中共貿易事務連絡員に対する誓約書について（昭和39年6月9日）」、経済局「高碕・廖事務所連絡員交換について（法務省への回答案）（昭和39年6月11日）」戦後外務省記録『本邦対中共貿易関係　民間協定　高碕・廖事務所関係』（E'213）外務省外交史料館．

74）経済局「高碕・廖両事務所の連絡員交換について（昭和39年6月25日）」、経済局「高碕・廖両事務所の連絡員交換について（昭和39年6月26日）」戦後外務省記録『本邦対中共貿易関係　民間協定　高碕・廖事務所関係』（E'213）外務省外交史料館．

75）経済局「高碕・廖両事務所の連絡員交換について（中山・岡崎会談）（昭和39年6月27日）」、「中山局長・岡崎会長会談要旨（昭和39年6月27日）」戦後外務省記録『本邦対中共貿易関係　民間協定　高碕・廖事務所関係』（E'213）外務省外交史料館．

76）木村隆和「LT貿易の軌跡――官製日中「民間」貿易協定が目指したもの」『ヒストリア』（大阪歴史学会）216号、2009年8月、118頁．

77）孫平化『日本との30年』133頁．

78）「周恩来総理会見日本外賓北村徳太郎、川崎秀二、松本俊一、徳田与吉郎的談話記録」（1964年5月14日）中華人民共和国外交部档案館档案（105-01293-03）．

79）「国務院外辦外事簡報：日本松村謙三和廖承志通話要点」（1964年7月3日）中華人

民共和国外交部档案館档案（105-01658-05）。
80）東西通商課「高碕・廖両事務所の連絡員交換について（松村氏より廖承志への電話連絡）（昭和39年7月3日）」戦後外務省記録『本邦対中共貿易関係　民間協定　高碕・廖事務所関係』（E'213）外務省外交史料館。
81）「国務院外辦外事簡報：大久保任晴在香港談話要点」（1964年8月18日）中華人民共和国外交部档案館档案（105-01658-12）。
82）孫平化『日本との30年』134頁。
83）同上、135頁。
84）「中国人民外交学会接待日本自由民主党議員久野忠治一行計画」（1964年8月11日－9月1日）中華人民共和国外交部档案館档案（105-01655-04）。
85）「中国人民外交学会接待日本自由民主党衆議員木村武雄計画」（1964年8月10日－9月10日）中華人民共和国外交部档案館档案（105-01655-07）。
86）「中国駐東京廖承志辦事処来信匯有関日本政局情況」（1964年9月26日－12月31日）中華人民共和国外交部档案館档案（105-01296-01）。
87）「廖承志辦事処駐東京連絡事務所孫平化与日中貿易促進議員連盟上村幸生談話紀要」（1964年12月9日）中華人民共和国外交部档案館档案（105-01659-02）。
88）孫平化『日本との30年』141-142頁。
89）同上、145頁。「国務院外辦：日本政府通産省官員同我駐東京辦事処代表建立定期聯系《日本情況》第1期」(1965年1月23日）中華人民共和国外交部档案館档案（105-01759-01）。
90）「廖承志辦事処駐東京連絡事務処代表来信」（1964年8月28日－12月7日）中華人民共和国外交部档案館档案（105-01659-01）。
91）「廖承志辦事処駐東京連絡事務所孫平化等給廖承志的信」、「廖承志辦事処駐東京連絡事務所孫平化与久野忠治、松本俊一談話紀要」（1964年12月9日）中華人民共和国外交部档案館档案（105-01659-03）。
92）孫平化『日本との30年』132-134頁。
93）同上、145頁。
94）丁民氏へのインタビュー（2011年11月23日、北京）。
95）「国務院外辦：日本政府通産省官員同我駐東京辦事処代表団建立定期聯系《日本情況》第一期）」（1965年1月23日）中華人民共和国外交部档案館档案（105-01759-01）。
96）吉村克己『池田政権・1575日』行政問題研究所、1985年、303-333頁。
97）「廖承志辦事処駐東京連絡事務所給廖承志的信」（1964年8月28日）中華人民共和国外交部档案館档案（105-01659-13）。
98）伊藤昌哉『池田勇人とその時代——生と死のドラマ』朝日新聞社、1985年、292-304頁。吉村克己『池田政権・1575日』348-353頁。
99）杉浦康之「中国の『日本中立化』政策と対日情勢認識——日本社会党の訪中と日本国内の反米・反岸闘争の相互連鎖（1958年6月～1959年6月）」58頁。
100）「廖承志辦事処駐東京連絡事務所代表来信」（1964年8月28日－12月7日）中華人

民共和国外交部档案館档案（105-01659-01）。
101）「中国駐東京廖承志辦事処来信匯報有関日本政局情況」（1964 年 9 月 26 日－12 月 7 日）中華人民共和国外交部档案館档案（105-01296-01）。
102）「廖承志辦事処駐東京連絡事務所代表来信」（1964 年 8 月 28 日－12 月 7 日）（105-01659-01）。
103）北岡伸一『自民党——政権党の 38 年』読売新聞社、1995 年、117-118 頁。
104）古川万太郎『日中戦後関係史』原書房、1981 年。林代昭『戦後中日関係史』北京：北京大学出版社、1992 年。羅平漢『中国対日政策与中日邦交正常化　1949－1972 年中国対日政策研究』北京：時事出版社、2000 年。
105）「国務院外辦外事簡報：南漢宸訪日期間和各界人士接触状況」（1964 年 6 月 4 日－6 月 22 日）中華人民共和国外交部档案館档案（105-01657-13）。田川誠一『日中交流と自民党領袖たち』読売新聞社、1983 年、25-29 頁。
106）田川誠一『日中交流と自民党領袖たち』29-31 頁。
107）「中国人民学会関于日本国会議員久野忠治同廖承志談話情況簡報」（1964 年 9 月 10 日）中華人民共和国外交部档案館档案（105-01655-05）。田川誠一『日中交流と自民党領袖たち』30-32 頁。
108）田川誠一『日中交流と自民党領袖たち』30-32 頁。
109）井上正也『日中国交正常化の政治史』300-313 頁。
110）古川万太郎『日中戦後関係史』233-234 頁。井上正也『日中国交正常化の政治史』324 頁。
111）「彭真氏らの入国拒否問題　中共外交部スポークスマン談話（11 月 22 日　人民日報記事）」外務省アジア局中国課編『中共対日重要言論集（第 10 集）——1964 年 1 月より同年 12 月まで』1965 年、20-21 頁。
112）「佐藤内閣拒発彭真為首的中共代表団参加日共九大的入境簽証」（1964 年 11 月 21 日）中華人民共和国外交部档案館档案（105-01896-01）。
113）「佐藤政府の中共人民敵視行為（11 月 23 日　人民日報社評）」、「時勢をわきまえぬ佐藤政府（11 月 24 日　人民日報オブザーバー論文）」、「佐藤栄作氏の白日夢（11 月 25 日　人民日報オブザーバー論文）」外務省アジア局中国課編『中共対日重要言論集（第 10 集）——1964 年 1 月より同年 12 月まで』1965 年、21-32 頁。
114）「国務院外辦外事簡報：駐東京廖承志辦事処孫平化電話簡報」（1964 年 11 月 17 日－12 月 5 日）中華人民共和国外交部档案館档案（105-01658-16）。
115）「中国駐東京廖承志辦事処来信匯報有関日本政局情況」（1964 年 9 月 26 日－12 月 7 日）中華人民共和国外交部档案館档案（105-01296-01）。
116）「国務院外辦外事簡報：駐東京廖承志辦事処孫平化電話簡報」（1964 年 11 月 17 日－12 月 5 日）中華人民共和国外交部档案館档案（105-01658-16）。
117）佐藤榮作『佐藤榮作日記』（第二巻）朝日新聞社、1998 年、195-204 頁。
118）中共中央文献研究室編『周恩来年譜　1949－1976』（中）北京：中央文献出版社 1997 年、690 頁。

119)「日本新内閣成立和我対策」(1964年12月3日) 中華人民共和国外交部档案館档案 (105-01896-02)。
120)「国務院外辦外事簡報：駐東京廖承志辦事処孫平化電話簡報」(1964年11月17日—12月5日) 中華人民共和国外交部档案館档案 (105-01658-16)。
121)「外交部商議佐藤栄作上台後的中日関係及日本政局及推遅"日本貿促議連"訪華団来華」(1964年11月26日-12月25日) 中華人民共和国外交部档案館档案 (105-01656-08)。
122)「佐藤政府は国連でどんな役割を演じているか（12月12日　人民日報オブザーバー論評）」外務省アジア局中国課編『中共対日重要言論集（第10集）――1964年1月より同年12月まで』1965年、33-37頁。
123)「廖承志辦事処駐東京連絡事務所代表来信」(1964年8月28日-12月7日) 中華人民共和国外交部档案館档案 (105-01659-01)。
124)「中国駐東京廖承志辦事処来信匯報有関日本政局情況」(1964年9月26日-12月7日) 中華人民共和国外交部档案館档案 (105-01296-01)。
125) 同上。
126) 宇佐美はこの会談の1週間後、日本銀行総裁に就任している。日本銀行HP、http://www.boj.or.jp/about/outline/history/pre_gov/sousai21.htm/。
127)「廖承志辦事処駐東京連絡事務所孫平化与久野忠治、松本俊一談話紀要」(1964年12月9日) 中華人民共和国外交部档案館档案 (105-01659-03)、「廖承志辦事処駐東京連絡事務所孫平化与三菱銀行総経理宇佐美洵談話紀要」(1964年12月10日) 中華人民共和国外交部档案館档案 (105-01659-04)。
128)「国務院外辦：日本政府通産省官員同我駐東京辦事処代表建立定期聯系（《日本情況》第1期)」(1965年1月23日) 中華人民共和国外交部档案館档案 (105-01759-01)。
129)「廖承志辦事処駐東京連絡事務所孫平化与久野忠治、松本俊一談話紀要」(1964年12月9日) 中華人民共和国外交部档案館档案 (105-01659-03)。「国務院外辦外事簡報：日本久野忠治鼓吹我国領導人訪日時不宜遅」(1964年12月12日) 中華人民共和国外交部档案館档案 (105-01658-18)。
130)「廖承志辦事処駐東京連絡事務所孫平化与中日貿易促進議員連盟上村幸生談話紀要」(1964年12月9日) 中華人民共和国外交部档案館档案 (105-01659-02)。
131)「外交部商議佐藤栄作上台後的中日関係及日本政局及推遅"日本貿促議連"訪華団来華」(1964年11月26日-12月25日) 中華人民共和国外交部档案館档案 (105-01656-08)。
132) 井上正也『日中国交正常化の政治史』282-287頁、294-295頁。
133)「廖承志辦事処駐東京連絡事務所代表来信」(1964年8月28日-12月7日) 中華人民共和国外交部档案館档案 (105-01659-01)。「対外貿易部第四局駐東京事務所孫平化、呉曙東来電話要点」(1964年8月30日) 中華人民共和国外交部档案館档案 (105-01659-07)。
134) 中華人民共和国外交部外交研究室編『周恩来外交活動大事記　1949―1975』北京：

世界知識出版社、1993年、430頁。田桓『戦後中日関係史年表　1945-1993』247頁。
135) 原吉平「ニチボーのプラント商談顛末記」川勝傳『友好一路　私の「日中」回想記』毎日新聞社、1985年、131頁。
136)「国務院外辦外事簡報：駐東京廖承志辦事処孫平化電話簡報」(1964年11月17日－12月5日) 中華人民共和国外交部档案館档案（105-01658-16）。
137)「国務院外辦：日本政府通産省官員同我駐東京辦事処代表建立定期聯系（《日本情況》第1期）」(1965年1月23日) 中華人民共和国外交部档案館档案（105-01759-01）。
138) 井上正也『日中国交正常化の政治史』325頁。
139)「国務院外辦：日本統治階級在"両個中国"問題上的新動向（1965年1月12日駐東京辦事処報告）」(1965年1月12日) 中華人民共和国外交部档案館档案（105-01759-02）。
140)「国務院外辦：日本輿論界最近対日当局不批准向我出口成套設備延期付款的反映（《日本情況》第3規）」(1965年2月6日) 中華人民共和国外交部档案館档案（105-01759-03）。
141) 井上正也『日中国交正常化の政治史』326頁。
142) 佐藤榮作『佐藤榮作日記』(第二巻) 235頁。
143)『第48回国会衆議院予算委員会会議録第8号』(昭和40年2月8日)、18-19頁。
144)「佐藤政府必須取消"吉田信件"」『人民日報』1965年2月12日。
145) 井上正也『日中国交正常化の政治史』327頁。
146)「国務院外辦：佐藤表示向中国出口成套設備可用国家資金（《日本情況》第5期）」(1965年2月24日) 中華人民共和国外交部档案館档案（105-01759-05）。
147)「国務院外辦：佐藤堅持"吉田書簡"失着，処境被動（《日本情況》第7期）」(1965年3月2日) 中華人民共和国外交部档案館档案（105-01759-07）。
148) 原吉平「ニチボーのプラント商談顛末記」131頁。
149)「国務院外辦：佐藤堅持"吉田書簡"失着，処境被動（《日本情況》第7期）」(1965年3月2日) 中華人民共和国外交部档案館档案（105-01759-07）。
150)「国務院外辦：関于廖承志訪日和日紡成套設備問題（《日本情況》第9期）」(1965年3月19日) 中華人民共和国外交部档案館档案（105-01759-09）。
151) 佐藤榮作『佐藤榮作日記』(第二巻) 254-255頁。
152) 井上正也『日中国交正常化の政治史』328頁。
153) 伊藤武雄・岡崎嘉平太・松本重治『われらの生涯のなかの中国――六〇年の回顧』みすず書房、1983年、224頁。
154) 原吉平「ニチボーのプラント商談顛末記」132頁。
155)「廖承志辦事処就佐藤政府破壊中日貿易復電高碕辦事処（1965.4.5）」田桓主編『戦後中日関係文献集　1945-1970』北京：中国社会科学出版社、1996年、782頁。「廖承志辦事処復電高碕辦事処　佐藤政府必須承担破壊中日貿易責任　日輿論和経済界反対佐藤政府屈従美国阻撓中日貿易」『人民日報』1965年4月7日。
156)「佐藤政府反動面目進一歩暴露」『人民日報』1965年4月8日。

157）田桓『戦後中日関係史年表　1945-1993』251 頁。
158）「佐藤政府必須承担破壊中日貿易的責任」『人民日報』1965 年 5 月 10 日。
159）井上正也『日中国交正常化の政治史』330 頁。
160）「周恩来総理同日本川島会談情況」（1965 年 4 月 21 日）中華人民共和国外交部档案館档案（105-01409-01）。
161）同上。
162）同上。
163）川島正次郎追想録編集委員会編『川島正次郎』交友クラブ、1971 年、400-401 頁。
164）「廖承志辦事処駐東京連絡事務所報告」（1965 年 2 月 25 日-5 月 7 日）中華人民共和国外交部档案館档案（105-01409-03）。
165）「外交部対日本佐藤新内閣的估計和我対日方針（外交通報第 104 期）」（1965 年 7 月 9 日）中華人民共和国外交部档案館档案（105-01410-02）。
166）「我対中国、日本民間交流的方針」（1958 年 6 月 25 日）中華人民共和国外交部档案館档案（105-00899-08）。
167）文革に関する最新の研究としては、ロデリック・マックファーカー、マイケル・シェーンハルス（朝倉和子訳）『毛沢東最後の革命』（上、下）青灯社、2010 年などを参照。
168）外交部内における文革の経緯に関しては、馬継森『外交部文革紀実』香港：中文大学出版会、2002 年、67-84 頁。青山瑠妙「文化大革命と外交システム」国分良成編『中国文化大革命再論』慶應義塾大学出版会、2003 年、181-213 頁などを参照。
169）青山瑠妙「文化大革命と外交システム」207 頁。
170）鉄竹偉『廖承志伝』北京：人民出版社、1998 年、297-321 頁。
171）呉学文・王俊彦『廖承志与日本』363-364 頁。
172）丁民氏へのインタビュー（2011 年 9 月 26 日、北京）。
173）孫平化『日本との 30 年』147-150 頁。孫平化『中国と日本に橋を架けた男【私の履歴書】』128-132 頁。
174）蕭向前（竹内実訳）『永遠の隣国として――中日国交回復の記録』サイマル出版会 1997 年、134-136 頁。
175）馬継森『外交部文革紀実』67-83 頁。青山瑠妙「文化大革命と外交システム」197-201 頁。
176）「廖承志事務所東京連絡事務所の抗議声明　全文（9 月 8 日）」、「廖承志事務所東京連絡事務所および中国駐日記者の緊急声明（全文）（9 月 9 日）」戦後外務省記録『本邦対中共貿易関係　民間協定　高碕・廖事務所関係』（E'213）外務省外交史料館。
177）経通「廖事務所在京駐在員呉曙東の新聞記者会見について（昭和 42 年 9 月 8 日）」、経通「廖事務所在京駐在員呉曙東の新聞記者会見について（2）（昭和 42 年 9 月 8 日）」、経通「廖事務所在京駐在員呉曙東の新聞記者会見について（昭和 42 年 9 月 8 日）」。
178）丁民氏へのインタビュー（2011 年 11 月 22 日）。王泰平（山本展男監訳・仁子真裕美訳）『あのころの日本と中国――外交官特派員の回想』日本僑報社、2004 年、9 頁。

179）劉徳有『時は流れて』（上）438頁。
180）日中覚書貿易交渉に関しては、鹿雪瑩『古井喜実と中国——日中国交正常化への道』111-202頁などを参照。
181）井上正也『日中国交正常化の政治史』387-388頁。
182）丁民氏へのインタビュー（2011年11月23日、北京）。
183）王泰平（福岡愛子監訳）『「日中国交回復」日記——外交部の「特派員」が見た日本』（以下：『王泰平日記』）勉誠出版、2012年、27頁、229-230頁。
184）王泰平『あのころの日本と中国——外交官特派員の回想』9-10頁。
185）王泰平『王泰平日記』16-17頁。
186）王泰平『あのころの日本と中国——外交官特派員の回想』25-32頁。
187）朱建栄「中国の対日関係史における軍国主義批判——三回の批判キャンペーンの共通した特徴の考察を中心に」『年報近代日本研究』（第16号）山川出版社、1994年、318-322頁。
188）王泰平『王泰平日記』16-17頁。
189）同上、30頁、61頁。
190）同上、79-80頁。
191）同上、77-78頁。
192）同上、205-206頁。丁民氏に対するインタビュー（2011年11月22日、北京）。
193）中野士郎「絶頂のかぎり」楠田実編『佐藤政権・二七九七日』（下）行政問題研究所、1983年、137頁。
194）王泰平『王泰平日記』143頁。
195）中島琢磨『現代日本政治史——高度経済成長と沖縄返還　1960〜1972』吉川弘文館、2012年、251頁。
196）王泰平『王泰平日記』202頁。
197）同上、207頁。
198）同上、230頁。
199）王泰平『あのころの日本と中国——外交官特派員の回想』35頁。
200）田川誠一『日中交流と自民党領袖たち』39-46頁。王泰平『王泰平日記』35-41頁。
201）金冲及主編（劉俊南・譚佐強訳）『周恩来伝　1949-1976』（下）岩波書店、2000年、322-323頁。
202）田中明彦『日中関係　1945-1990』東京大学出版会、1991年、70頁。
203）米中接近の日中国交正常化および日本の国内政局への影響に関しては、田中明彦『日中関係　1945-1990』63-73頁、添谷芳秀『日本外交と中国　1945〜1972』187-217頁、井上正也『日中国交正常化の政治史』440-452頁などを参照。
204）増田弘「米中接近と日本——日本政府（外務省）・自民党の対中国接近政策の失敗」増田弘編著『ニクソン訪中と冷戦構造の変容——米中接近の衝撃と周辺諸国』慶應義塾大学出版会、2006年、117-151頁。
205）井上正也『日中国交正常化の政治史』405-415頁。

206) 同上、440 頁。
207) 王泰平『王泰平日記』270 頁。丁民氏に対するインタビュー（2011 年 11 月 23 日、北京）。
208) 王泰平『あのころの日本と中国——外交官特派員の回想』74 頁。
209) 田川誠一『日中交流と自民党領袖たち』63-66 頁。
210) 王泰平『あのころの日本と中国——外交官特派員の回想』76-77 頁。
211) 同上、56-57 頁。王泰平『王泰平日記』274 頁。
212) 田川誠一『日中交流と自民党領袖たち』52-56 頁。
213) 王泰平『王泰平日記』276-279 頁。
214) 佐藤榮作『佐藤榮作日記』（第四巻）413 頁。井上正也『日中国交正常化の政治史』472-473 頁。
215) 岡田晃『水鳥外交官秘話——ある外交官の証言』中央公論社、1983 年、45-58 頁。
216) 藤山愛一郎『政治・わが道』朝日新聞社、1977 年、172-177 頁。「日本駐波蘭使館要求与我駐波蘭使館接触及我方対策」（1959 年 6 月 17 日－10 月 23 日）中華人民共和国外交部档案館档案（105-00668-01）。
217) 岡田晃『水鳥外交官秘話——ある外交官の証言』147-151 頁。佐藤榮作『佐藤榮作日記』（第四巻）420 頁。
218) 岡田晃『水鳥外交官秘話——ある外交官の証言』154-172 頁。なお、この香港ルート以外にも、浅利慶太を通じ、白土吾夫にも中国との接触を働きかけていた（井上正也『日中国交正常化の政治史』475 頁）。さらに、保利茂によれば、渡辺弥栄司による対中接近ルートも存在していたという。田川誠一『日中交流と自民党領袖たち』142 頁。
219) 王泰平『王泰平日記』288 頁。
220) 同上、288-291 頁。
221) 同上、302-308 頁。
222) 同上、302-304 頁、305-308 頁、311-315 頁、319 頁。
223) 田川誠一『日中交流と自民党領袖たち』119-132 頁。
224) 王泰平『あのころの日本と中国——外交官特派員の回想』51 頁。
225) 同上、119-132 頁。劉徳有『時は流れて』（上）447 頁。
226) 王泰平『あのころの日本と中国——外交官特派員の回想』51-52 頁。
227) 井上正也『日中国交正常化の政治史』441-463 頁。
228) 金冲及『周恩来伝 1949-1976』（下）329 頁。
229) 中共中央文献研究室編『周恩来年譜 1949-1976』（以下：『周恩来年譜』）（下）北京：中央文献出版社、1997 年、492-493 頁。
230) 「重大な苦境にたつ佐藤内閣（10 月 28 日 人民日報記事）」外務省アジア局中国課編『中国対日重要言論集（第 19 集）——1971 年より同年 12 月まで』1972 年 8 月、11-14 頁。
231) 楠田実『楠田実日記——佐藤栄作総理首席秘書官の 2000 日』中央公論新社、2001 年、657 頁、808-809 頁。

232）田川誠一『日中交流と自民党領袖たち』138-142 頁。王泰平『あのころの日本と中国――外交官特派員の回想』52-53 頁。
233）岡田晃『水鳥外交官秘話――ある外交官の証言』162-184 頁。
234）田川誠一『田川日記』309-312 頁。
235）王泰平『王泰平日記』374-377 頁。『王泰平日記』の記述からは王泰平と田川がこの時期に会見していたかのような印象を受けるが、田川は北京におり、王泰平は東京に滞在していたため、この箇所は後日入手した情報をそのまま記載しているものと思われる。
236）田川誠一『田川日記』328-330 頁。
237）王泰平『王泰平日記』378-381 頁。
238）中野士郎『田中政権・886 日』行政問題研究所、1982 年、63-68 頁。早野透『田中角栄　戦後日本の悲しき自画像』中央公論新社、2012 年、229-231 頁。
239）王泰平『王泰平日記』425 頁。
240）王泰平『あのころの日本と中国――外交官特派員の回想』57 頁。
241）同上、81-84 頁。
242）**NHK** 取材班『周恩来の決断――日中国交正常化はこうして実現した』日本放送出版協会、1993 年、68-70 頁。
243）藤山愛一郎『政治わが道――藤山愛一郎回想録』212-214 頁。
244）田川誠一『田川日記』339 頁。なお、『田川日記』の記述では、「東京駐在の中国側 A 氏」となっているが、その記述内容および『王泰平日記』との対照から、この人物が王泰平であることはほぼ間違いない。
245）王泰平『王泰平日記』433 頁。
246）同上、435-440 頁。
247）同上、449-452 頁。
248）田川誠一『田川日記』340-342 頁。
249）王泰平『王泰平日記』454-457 頁。
250）王泰平『あのころの日本と中国――外交官特派員の回想』93 頁。
251）王泰平『王泰平日記』458-469 頁。
252）張香山（鈴木英司訳・構成）『日中関係の管見と見証――国交正常化 30 年の歩み』三和書籍、2002 年、126-127 頁。
253）同上、126-127 頁。王泰平（加藤優子訳）「田中総理訪中前の周総理の対日アプローチ」石井明・朱建栄・添谷芳秀・林暁光編『記録と考証――日中国交正常化・日中平和友好条約締結交渉』（以下：『記録と考証』）岩波書店、2003 年、267 頁。中共中央文献研究室『周恩来年譜』（下）525-526 頁。
254）劉徳有『時は流れて』（上）459 頁。
255）王泰平『王泰平日記』452-454 頁。他方、中曽根の回顧録では、6 月に江鬮から佐藤に対して周恩来の手紙が来たものの、すでに佐藤が退陣していたために立ち消えになったと記述されている。中曽根康弘『天地有情――50 年の戦後史を語る』文藝春秋、

1996 年、262 頁。中曽根康弘『自省録――歴史法廷の被告として』新潮社、2004 年、90 頁。なお、佐藤栄作は退陣後の 8 月 16 日になってからようやく江鬮真比古にその対中工作をやめるよう指示している。佐藤榮作『佐藤榮作日記』（第五巻）朝日新聞社、1997 年、176 頁。

256）中曽根康弘『天地有情――50 年の戦後史を語る』266 頁。中曽根康弘『政治と人生 中曽根康弘回顧録』講談社、295-296 頁。
257）中野士郎『田中政権・886 日』行政問題研究所、1982 年、69-70 頁。伊藤昌哉『自民党戦国史』（上）ちくま文庫、2009 年、89-90 頁。
258）蔣道鼎「はじめての常駐記者時代の思い出」段躍中編『春華秋實　日中記者交換 40 周年の回想』日本僑報社、2005 年、116 頁。
259）NHK 取材班『周恩来の決断――日中国交正常化はこうして実現した』88-89 頁。
260）蕭向前（竹内実訳）『永遠の隣国として――中日国交回復の記録』サイマル出版会、1997 年、146-150 頁。
261）張香山『日中関係の管見と見証――国交正常化 30 年の歩み』127 頁。
262）蕭向前『永遠の隣国として――中日国交回復の記録』154 頁。
263）中野士郎『田中政権・886 日』2-3 頁。
264）服部龍二『日中国交正常化――田中角栄、大平正芳、官僚たちの挑戦』（以下：『日中国交正常化』）中央公論新社、2011 年、53 頁。
265）井上正也『日中国交正常化の政治史』492 頁、496-500 頁。服部龍二『日中国交正常化』55-58 頁。
266）中共中央文献研究室『周恩来年譜』（下）534 頁。
267）「田中新内閣組成　田中角栄出任首相」『人民日報』1972 年 7 月 9 日。
268）中共中央文献研究室『周恩来年譜』（下）535 頁。「在歓迎也門民主人民共和国政府代表団宴会上　周恩来総理的講話」『人民日報』1972 年 7 月 10 日。
269）王泰平『王泰平日記』491 頁。
270）孫平化『日本との 30 年』150 頁。
271）蕭向前『永遠の隣国として――中日国交回復の記録』155 頁。
272）孫平化『日本との 30 年』156 頁。中共中央文献研究室『周恩来年譜』（下）535-536 頁。
273）孫平化『日本との 30 年』157-158 頁。王泰平『王泰平日記』489 頁。
274）孫平化『日本との 30 年』159-160 頁。田川誠一『田川日記』344-347 頁。
275）王泰平『王泰平日記』493-494 頁。
276）井上正也『日中国交正常化の政治史』504 頁。
277）王泰平『王泰平日記』497-498 頁。
278）服部龍二『日中国交正常化』60 頁。
279）井上正也『日中国交正常化の政治史』505 頁。
280）NHK 取材班『周恩来の決断――日中国交正常化はこうして実現した』102 頁。
281）台湾に関する黙認事項 3 項目は以下の諸点であった。①台湾は、中華人民共和国の

領土であり、台湾を解放することは、中国の内政問題である、②共同声明が発表された後、日本政府が台湾からその大使館、領事館を撤去し、また、効果的な措置を講じて、蔣介石集団の大使館、領事館を日本から撤去させる、③戦後、台湾における日本の団体と個人の投資および企業は、台湾が解放される際に、適当な配慮が払われるものである。石井明ほか『記録と考証』33-34 頁。

282）石井明ほか『記録と考証』3-51 頁、197-206 頁。井上正也『日中国交正常化の政治史』505-507 頁。服部龍二『日中国交正常化』61-66 頁。

283）孫平化『日本との 30 年』161 頁。

284）王泰平『王泰平日記』504 頁。

285）「姫鵬飛外長受権宣布　周総理歓迎并邀請田中首相訪華」『人民日報』1972 年 8 月 13 日。

286）王泰平『王泰平日記』501-505 頁。

287）孫平化『日本との 30 年』165 頁。

288）同上、168-171 頁。

289）王泰平『王泰平日記』507-515 頁。

290）NHK 取材班『周恩来の決断——日中国交正常化はこうして実現した』141-142 頁。服部龍二『日中国交正常化』130-131 頁。

291）王泰平『王泰平日記』525-530 頁。

292）北京における日中交渉の内容に関しては、井上正也『日中国交正常化の政治史』523-536 頁。服部龍二『日中国交正常化』127-194 頁などを参照。

293）蕭向前『永遠の隣国として——中日国交回復の記録』165-172 頁。

第6章
日本から見た廖承志の対日工作
―― 自民党親中国派を中心に

井上正也

はじめに

　廖承志は、快活な性格と博識、江戸弁を完璧に使いこなす言語能力によって、多くの日本人を魅了した知日派として名高い。1950年代前半から、中国政府における対日工作の中心的役割を果たしてきた廖は、裏舞台における対日業務の実務統括者と、表舞台における知日派政治家という二つの顔を持っていた。

　とはいえ、廖は戦後初期から、一貫して日中交渉の表舞台にあったわけではない。第3章で示したように、1950年代の日中民間貿易協定の締結交渉において、日本側の交渉窓口は、中国国際貿易促進協会（以下：中国貿促会）であり、具体的な交渉方針は、対外貿易部を中心とした「貿易小組」が策定した。そのため、交渉の最前線にあったのは、南漢宸（中国貿促会主席）や雷任民（対外貿易部副部長）であった。1950年代において、廖承志と廖班の役割は、対日情報収集や日本からの訪中団への接遇が中心であり、日中交渉の前面で活動する機会は限られていたのである。

　廖承志の役割が一変したのが、1958年5月の長崎国旗事件を契機とする中国政府による民間交流の断絶であった。中国の対日断絶は「人民外交」の手段の変化にほかならなかった。1954年以降、中国政府は「以官促民」の方針をとり、民間交流による日本人民への広範な働きかけを通じて、日本政府の政策変化を促すことをめざした。しかし、中国政府は日米関係を強化する岸信介政権との断絶を決定し、革新勢力や自民党内の反主流派といった「友好人士」への工作を強化する方針に切り替えたのである[1]。この「以官促民」から「断而不絶」へともいうべき中国政府の政策転換は、対日業務における廖承志の比重を高めた。経済文

化関係の断絶によって、政治工作を担う廖承志が日中接触の経路を全面的に統括するようになったためである。

　本章では、1958 年の日中断絶から 1972 年の日中国交正常化までを対象に、日本から見た廖承志の対日工作の展開を明らかにする。廖の対日工作は、共産党から社会党、民間団体にまで及んだが、とりわけ、本章は自民党親中国派との関わりに焦点を絞り、LT 貿易の成立とその展開を中心に論じていきたい。

　ところで、本章で「日本から見た」視点を重視したのは以下の二つの理由からなる。第一には史料的制約である。廖承志の対日工作を知るうえで、最も有用なのは中国外交部文書であるが、現在公開されているのは 1965 年までである。一方、中国側より公開が進んでいる日本の外務省記録には日中貿易交渉関係者による「内話」が多く含まれており、廖承志や廖班の動向を明らかにするうえで有用である。だが、管見の限り、日本側文書を用いて、1960 年代後半の廖承志の対日工作を明らかにした先行研究は存在せず、とりわけ、文化大革命（以下：文革）期に関しては研究史上の空白となっている。本章では情報公開法に基づき新たに開示された外務省文書を用いることで、1960 年代初頭から日中国交正常化に至る対日工作を描き出そうとするものである。

　第二は中国側の対日工作に併せて、日本側の意図を分析することで、日中関係における廖承志の役割を浮き彫りにする狙いである。本章第Ⅰ節で論じるように、中国側は社会党による政権奪取が困難であると見ており、保守分断をめざして自民党親中国派に対する工作を重視していた。他方、自民党親中国派の方でも、安保条約や台湾問題をめぐる中国側の政治主張を受け入れない形で、日中関係を進展させることを模索していた。そのため、彼らは廖承志の影響力に期待をかけ、訪中を模索していたのである。1960 年代以降、廖承志が日中関係の表舞台に浮上してきたのは、中国側の対日工作における廖承志の比重の高まりと、廖承志を通じて日中関係を打開しようとする親中国派による期待の相互作用によるものであった。

　以下、第Ⅰ節では 1958 年の日中断絶後の廖承志の対日工作を分析し、自民党親中国派の形成過程を明らかにする。第Ⅱ節と第Ⅲ節では、廖承志と自民党親中国派との間で LT 貿易体制が構築され、「半官半民」関係が拡大していく過程を明らかにする。第Ⅳ節では、文革期において廖承志を欠いた日中関係がいかに変容したかを明らかにし、第Ⅴ節では、日中国交正常化における廖承志と自民党親中国派の役割を中心に論じていきたい。

I 廖承志と自民党親中国派の形成

1 中国による反岸闘争の展開

　日中断絶後の 1958 年 8 月、中国政府は「政治三原則」を日本側に提示した。同原則は、(1) 直ちに中国を敵視する言動と行動を停止し、再びくり返さないこと、(2)「二つの中国」を作る陰謀を停止すること、(3) 中日両国の正常関係の回復を妨げないこと、からなるものであり、岸政権がこれらの原則を履行するまで、「あらゆる面の交流中断は継続する」としたのである[2]。

　岸政権に圧力を加える一方で、中国側は岸政権への対決姿勢を強めつつあった社会党による大衆闘争に期待をかけた。当時、社会党は警察官職務執行法（以下：警職法）改正案の国会提出に際して反対闘争を展開していた。法案成立をめざす岸政権に対して、議席数に劣る社会党は、ストライキやデモ隊の国会包囲による院外闘争に持ち込むことで、警職法改正案を審議未了に追い込むことに成功したのである。この勝利は、同年 10 月 4 日に開始された日米安保条約改定交渉にも波及した。警職法闘争の成功によって勢いを得た社会党は、次なる大衆闘争の目標を日米安保条約改定の阻止に向けたのである[3]。

　日本国内で反岸気運が高まりつつあると認識した中国政府は、安保闘争に向かう社会党を正面から支持することで、反岸・反安保闘争を高揚させる方針を打ち出した[4]。こうした中国側の対日工作が大きな成果を挙げたのは、1959 年 3 月の社会党第二次訪中団であった。中国側は訪中した浅沼稲次郎団長から、「米帝国主義は日中両国人民共通の敵」とする発言を引き出した[5]。さらに浅沼と張奚若（中国人民外交学会会長）との共同コミュニケでも、日本社会党使節団が「日米『安全保障体制』を打破」することで「日本の自主独立を確立」することを表明した一節を盛り込ませ、社会党を反岸・反安保闘争に引き込むことに成功したのである[6]。

　しかし、中国政府は、社会党の政権獲得能力には疑問を抱いており、反岸・反安保闘争を展開するためには、最終的には与党自民党の反主流派を取り込む必要があると考えていた[7]。自民党内では、警職法問題を契機に池田勇人、三木武夫、灘尾弘吉の 3 閣僚が辞表を提出するなど、盤石と見られた岸政権の党内基盤も揺らぎはじめていた[8]。この機に廖承志は、自民党内における反岸勢力を対象にした分断工作を強化していくのである。

　この廖の動きを支援したのが社会党顧問の風見章であった。風見は、廖も一時期籍を置いていた早稲田大学の出身であり、朝日新聞記者や信濃毎日新聞主筆を

経て、1930 年には衆議院議員に初当選した。その後、1937 年に近衛文麿内閣の書記官長に抜擢されるが、風見は結局、日中戦争の拡大を阻止することができなかった[9]。1951 年に追放解除された風見は、マルクス主義への傾斜もあり、日中友好運動に積極的に参画するようになる[10]。自身も 1953 年と 1957 年に 2 度にわたり訪中し、日本国際貿易促進協会（以下：国貿促）の発足に際して中心的役割を果たした。また近衛内閣で同じくブレインを務めた西園寺公一が、廖承志の誘いを受けて、1958 年 1 月に「民間大使」として北京へ移住する際には、これを支援している[11]。

　風見は、イデオロギーや党派こそ異なっていたが、共に早稲田大学出身で新聞記者を経て政治家となった石橋湛山、松村謙三の双方と親交があった。それゆえ、日中関係の現状を憂いた風見は、両名に日中関係改善に取り組むよう積極的に働きかけていた[12]。

2　石橋訪中と廖承志

　訪中を求める中国側の意向が石橋に伝えられたのは、1959 年 1 月である。日中貿易促進会専務理事の鈴木一雄が、宇都宮徳馬を通じて石橋に面会し、中国側の意向を伝えた[13]。だが、石橋は慎重であった。国内では反岸姿勢を明確にする一方で、不用意な訪中は、中国側の保守分断工作に乗せられると警戒していたのである。それゆえ、石橋は、6 月 4 日付で周恩来に書翰を送り、次の条件を中国側が受諾すれば訪中したいという意向を伝えた。

> 一、中華人民共和国と日本との両国はあたかも一国の如く一致団結し、東洋の平和を護り、併せて世界全体の平和を促進するよう一切の政策を指導すること。
> 二、両国は右の目的を達するために、経済において、政治において、文化において、できる限り国境の障碍を撤去し、お互い交流を自由にすること。その具体的方法に就いては実際に即して両国が協議決定すること。
> 三、両国がソ連、北米合衆国その他と結びたる従来の関係は両国互に尊重して俄に変更を求めざること。但しできる限りこれら関係を前記の目的の実現に有用に活用することに務めること。その具体策についてはこれまた両国の隔意なき協議によること[14]。

　後に「石橋三原則」と呼ばれたこれらの条件は、中国側の「政治三原則」を意識したものであった。石橋は、保守政党に属する立場から、日米関係の変更を日

中関係の前提とする中国側の主張に異議を唱えたのである。しかしながら、反米統一戦線の構築をめざす中国政府は、石橋訪中による政治的効果に期待しつつも、「石橋三原則」を受け入れるわけにはいかなかった。廖承志は8月20日付で風見に宛てた書簡で次のように述べている。

　　石橋湛山先生がわが国への訪問を計画されていることについて、周恩来総理は歓迎する旨表明し、九月はじめに一〇日間訪中されることにもすでに同意しています。ここに、招請状を同封いたします。もし松村謙三先生も同行されるつもりなら、周総理が正式に招請状を出すことになるでしょう。両先生の訪中を招請する目的は、日本政府の政策および岸信介政府が現在とっている態度にたいするわが国の基本的政策をお二人に説明することにあります。われわれは張奚若・浅沼稲次郎共同声明の原則的立場を堅持し、絶対に一歩も譲りません。友人の方々にわれわれの意見を伝えてください[15]。

　石橋に対して、廖承志は中国側の主張を伝達する役割を担った。9月7日に日本を出発した石橋は、北京到着後、すぐに周恩来と会見できなかった。廖承志との間で、政治原則をめぐる3度の「予備会談」が交わされたためである。12日朝の第1回会談では、廖は「岸批判」に終始した。すなわち、日中民間貿易に対する姿勢や、岸の訪台時の発言を根拠に岸政権の「敵視政策」を論難したのである。しかし、これに対して石橋も、岸は米国では米国人受けする議論を行い、台湾でも台湾受けする議論を行っているにすぎず、中国を敵視する言論は行っていないと反論した[16]。

　翌朝の第2回会談でも両者は平行線をたどった。廖は米国の中国政策を批判し、さらに岸が「二つの中国」の隠謀を企んでいると論難した。これに対して石橋は、中国人自身が台湾問題を解決する以前においては、日本は台湾との過去の関係もあり断交は行えないと明言した[17]。14日朝の第3回会談でも、在日米軍基地に関する激しいやりとりが続いた。石橋は「我々は何とか中国との友好関係を構築したいと考えているが、直ちに米国並びに台湾との関係を断絶することはできない」と述べている。結局、廖は石橋との同意に達しないまま、会談内容を周恩来に報告するとして締めくくったのである[18]。

　石橋がようやく周恩来と会談できたのは16日夕方であった。石橋と周恩来の会談は、廖との会談とは対照的に和やかな雰囲気で進められたというが、「紳士協定」によって、今なお非公開とされている[19]。

　だが、日中双方の見解の相違は、最後の共同声明の起草に至るまで埋められな

かった。姜克實の研究が示すように、中国側は当初、岸批判を基調にして、日本政府が「二つの中国をつくる隠謀」に荷担しない点や、「政経不可分」原則について、双方の意見一致が見られたかのような原案を提示した。これに対して石橋は自身の説いた趣旨が全く生かされていないとして、交渉中止と帰国までほのめかした。結局、最終的に「政経不可分」については石橋が同意した形で共同声明に盛り込まれたが、それ以外の岸政権の「中国敵視政策」や「二つの中国」の隠謀に関しては、双方の意見を併記する形で解決が図られたのである[20]。

このように、「石橋三原則」の提示による日中和解をめざした石橋であったが、廖承志との「予備会談」を通じて、中国の対日不信の強さを痛感することとなった。帰国した石橋は、非公式の場において中国政府の政治姿勢への不満を口にしつつも[21]、公には日中関係の打開を持論とするようになる。

3　松村訪中と廖承志

前述した風見宛の廖承志書簡にもあるように、中国側は、石橋と並行して松村謙三の中国招聘工作も進めていた。松村と戦後の中国政府との最初の接点は、1956年12月に訪日した郭沫若中国科学院長との会見であった。郭から訪中を薦められた松村は、石橋湛山政権が成立すると、自ら訪中する決意を固めた。松村は中国問題は自身が担当し、米国には高碕達之助を派遣して対米・対中国関係の調整を図ることを石橋に提案したという[22]。しかし、松村の訪中構想は、石橋政権の退陣によって実現せずに終わった。岸政権の成立後、松村は自民党内の反岸勢力の先鋒となり、1959年1月には自民党総裁選に岸信介の対抗馬として出馬している[23]。

自民党反主流派の中心である松村を中国側は重視していた。廖承志は1957年12月に訪日した際に、石橋湛山邸で松村と面会している。この時、松村は早稲田の同窓である廖と意気投合したという[24]。この縁もあって、1959年夏には、廖承志は複数のルートを通じて松村訪中を働きかけていた[25]。こうした中国側の要請に応え、松村は、実業家の堀池友治を密かに中国に派遣して廖承志と訪中の打ち合わせを行わせた。そして堀池を通じて、周恩来からの招請状を受け取ったのである[26]。

しかし、松村は未だ慎重であった。訪中という政治的成果を重視した石橋と異なり、松村は日中関係を実務面から再構築すべく中国本土の視察を申し出ていた。それゆえ、石橋と異なり、当初から、共同声明や合意事項を取り決める意志がないことを明確にしていた[27]。堀池を通じた事前調整を経て、松村一行が出発し

たのは10月18日である。訪中団には、自民党から竹山祐太郎、古井喜實、井出一太郎の三代議士、随行員として田川誠一、田林政吉、堀池が参加し、高碕達之助秘書の大久保任晴が通訳として同行した。一行は二度の北京滞在を挟んで、中国各地を約1カ月半にわたって周遊した[28]。中国側は、反岸勢力の中心である松村を厚遇し、訪中団のために特別列車を用意したうえ、周恩来も松村と延べ四度にわたる会談を行った[29]。

松村が中国側との会談で強調したのは、岸以後の日中関係であった。10月21日の廖承志との会談で、松村は「岸信介内閣は一時的に過ぎず長くは続かない」と述べた。そして、次期総理の有力候補と目されていた池田勇人が、自分を訪中させることを望んでいたと述べ、藤山愛一郎外相も、現在の安保条約改定が終了した後に訪中することを希望していると語った[30]。また日中経済を担う人物として、松村は高碕達之助を周恩来に推挙している[31]。松村訪中は、中国側指導者との政治対話をめざした石橋訪中とは異なり、中国の経済状況を視察し、将来的な日中経済関係の再開につなげることに狙いが置かれていた。訪中を通じて、松村一行は農業事情を中心とした中国大陸の状況に関する知見を広げたのである。

このように、石橋や松村といった自民党反主流派を、社会党と同じく反米統一戦線に取り込もうとした廖承志の目論見は外れた。石橋や松村は、訪中に際してあくまで自身の立場を崩すことはなかったためである。

だが、廖承志の工作は、岸政権に楔を打ち込み、自民党内に親中国派を形成することに成功した。中国から帰国した石橋と松村は、日中関係打開の立場を明確にし、自民党内で「中国問題研究会」と「日中国交改善研究会」が相次いで発足している。「中国問題研究会」は、松村と井出一太郎を中心に三木・松村派と池田派が主体であった。他方、「日中国交改善研究会」は石橋派の宇都宮徳馬が中心となった[32]。この自民党親中国派と廖承志との結びつきが、日中関係再編の大きな原動力となる。そして、松村に随行して訪中した古井喜實、田川誠一、大久保任晴らは、1960年代のLT貿易体制の中核を担うことになるのである。

Ⅱ　LT貿易の成立

1　高碕訪中と幻の廖承志訪日

新安保条約の成立と引き替えに岸政権が退陣して池田勇人政権が発足すると、中国政府は再び対日姿勢の緩和を図った。1960年8月、周恩来首相は日中間の諸協定の締結は「政府間協定」を原則とするが、日本政府がこれに応じられない

場合は、民間貿易を可能とする「貿易三原則」を示したのである[33]。中国政府が「貿易三原則」を提示した背景には、大躍進政策の破綻による経済システムの崩壊があった[34]。さらにこの苦境に追い打ちをかけたのが中ソ対立である。ソ連政府による1960年7月の技術顧問団の引揚の決定と、新規貿易協定交渉の停止による中ソ貿易の激減は、ソ連の代替市場としての日本の価値を高めたのである[35]。

だが、中国側は無条件での貿易再開を受け入れたわけではない。中国側が新たに採用したのは友好貿易方式であった。友好貿易とは、中国側の政治条項に同意し、日中貿易促進会や国貿促から友好商社として推薦された企業のみが貿易に参入できる制度である。かくして、中国政府は日本との政府間レベルでの接触は拒否し続ける一方、友好商社を通じた対日貿易を再開したのである。

中国側の対日姿勢に変化の兆しが見えるなか、日本側からも日中民間貿易再開をめざす動きが浮上した。この中心になったのが高碕達之助である。実業界から政界に入り、鳩山政権で経済審議庁長官に就任した高碕は、1955年の第1回アジア・アフリカ会議(バンドン会議)に政府全権として周恩来と会見し、その際に廖承志とも面識があった[36]。

その後、岸政権の通産大臣に就任した高碕は、中国産漆の輸入再開を中心に日中民間貿易の再開を模索したが果たせなかった[37]。そして、1959年6月に通産大臣を退任した高碕は、廖承志に書翰を送付して、訪中して周恩来との会談と旧満州地域の重工業視察を申し入れている[38]。しかし、この時は中国側の反応はなかった。高碕の関心が貿易再開に向けられており、政治的効果に期待する中国にとって、この時点で高碕はそれほど重視されていなかったためと推測される。

中国政府が高碕訪中を受け入れたのは、前述した松村謙三の推挙によるところが大きい。池田政権成立後の10月8日に出発した高碕訪中団の目的は、日中貿易の再開による「積み上げ」方式の再建であった。それは、鉄鋼、紡績、化学、造船の専門家を中心に実務家による訪中団を編成したことにも現れている。だが、高碕は、日中経済関係の再開には政治的条件を整えることが不可欠であると理解していた。訪中に先立ち、高碕が作成したと思われるメモには、議題の第一項目に「廖承志氏の総選挙後の訪日招待」という記載がある[39]。高碕は、対日政策に影響力を持つ廖承志に狙いを定めていたのである。

また、高碕は訪中に際して、中国側に池田政権との連携を強調していた。高碕秘書の大久保任晴は、孫平化に対して、「高碕先生は政府外交関係の首脳と接触を保ちつつ、国内政局の推移を慎重に検討」していると述べ、「できるだけ自己

の方針を日本政府の方針に導き、政府と或る程度の了解をとげた上で訪中致したいと考えております」と書き送っている40)。

　訪中した高碕は、10月12日の周恩来との会談で、政府間貿易協定の再開を主張し、廖承志の訪日を求めた。そして漁業協定、記者交換、航空機の相互乗り入れに関する協定交渉を提案した。だが、周恩来は、貿易協定や漁業協定は、「双方の政府代表の資格」を有するものが交渉すべきであると拒絶した。また、廖承志の訪日も不可能として、最初に日本から「大臣級の人物」が訪中しなければならないと述べたのである41)。

　その後、特別列車でハルビン、長春、瀋陽といった東北地方を視察して北京に戻った高碕は、10月23日に周恩来と再び会談を行った。だが、ここでも歩み寄りは見られなかった。日中貿易に関して、周恩来は政府間協定を否定し、友好貿易の正当性を主張した。結局、廖承志を「個人の立場」で日本に招きたいとする高碕の要望に対して、周恩来から考慮するという言質を得るにとどまったのである42)。

　第一次高碕訪中は具体的成果を挙げられなかったが、その後も、親中国派を中心に、廖承志訪日が模索された。帰国した高碕は衆議院選挙終了後の12月12日付で廖承志に書簡を送付している。この書簡で高碕は、廖承志訪日をめぐって池田政権の小坂善太郎外相と相談した結果、「小坂も非常に喜んでおり［中略］民間の構成を以て御招待すべく、名称、格付そのほか関係者とも協議をすゝめております」と述べている43)。さらに翌1961年1月、渡米して民主党有力者と中国問題について意見交換してきた高碕は44)、帰国後の2月4日、池田首相、松村謙三との合議を経て、石橋、松村、高碕の連名で、4月に廖承志を招聘することを決定した45)。

　しかし、依然として中国政府は慎重であった。3月15日、廖承志はインド訪問を理由に春の訪日は難しいとして、「紅葉満山の時季」に情況が許せば訪日可能という返信を行った46)。廖が訪日に応じなかった背景には池田政権への不信感があった。中国側が重視していたのは、池田政権の国連中国代表権問題に対する態度であった。廖承志が秋の訪日の含みを持たせたのは、9月に開始される国連総会での中国代表権問題の日本の姿勢を見据える狙いがあったといえよう。だが、松村や高碕の反対にもかかわらず、池田政権は、11月15日に米国と協力して重要事項指定案の共同提案国の決定を下した。中国政府は、池田政権を批判し、親中国派による廖承志招日計画も幻に終わったのである47)。

2 岡崎構想の登場

池田政権に対して頑なであった中国側に変化が訪れるのは 1962 年以降である。劉少奇と周恩来を中心に経済調整政策が本格的に開始され、対外貿易部でも、対日貿易における延べ払い方式を用いた化学肥料、合成繊維などのプラント設備の輸入について検討されはじめた[48]。

日本側でも松村謙三が再訪中を模索していた。松村は 1961 年 11 月に来日した孫平化に対して、農業技術の供与や肥料農薬の輸出といった「日中農業合作」を話し合いたいとして周恩来、廖承志への伝達を求めた。だが、孫からは積極的な回答が得られず、またその後も中国側から反応もなかったため、1962 年 4 月下旬に大久保任晴を北京に派遣して、廖承志に書簡を届けさせた。松村は書簡のなかで、「日中農業合作」について政府要路で話し合っていると述べて、欧州歴訪の帰途、4 月 30 日から 5 月 1 日まで香港に滞在するので、予備会談のために適当な人物を深圳まで派遣して欲しいと要求したのである[49]。

北京で大久保と会見した廖班の趙安博は、松村書簡は周総理まで伝達されているとしたうえで、中国側の協議結果を大久保宛の覚書として示した。この覚書のなかで中国側は、国連中国代表権問題への池田政権の対応を批判しながらも、松村、高碕、石橋が訪中を希望する場合は歓迎するというメッセージを伝えた。そして、延べ払いで化学肥料を中国に売却するといった貿易交渉に前向きな姿勢を示したのである[50]。

松村は中国側が国連中国代表権問題の話題を持ち出してきたこと、廖承志自身の返信がなかったこと、さらに中国側が肥料の問題のみを論じたことを不満とし、一時は「訪中につき消極的な気持ちになっていた」という[51]。だが、このころ、財界人の岡崎嘉平太によって、友好貿易に対抗すべく新たな貿易方式の検討が進められていた。池田首相から依頼を受けた岡崎は、6 月末に日中貿易に関する私案（岡崎構想）を官邸に提出していた。この岡崎構想は以下の三点を中心とするものであった。

(1) 友好商社とは異なるメーカーやメーカー団体などを直接参加させたグループを形成する。
(2) このグループを主体として、複数年の延べ払いを含むバーター取極を中国側と結ぶ。
(3) 日中間の合意を文書で明記し、日本と中国の双方に契約の立会保証人を立て、日本側の保証人は松村謙三とする[52]。

岡崎構想の特徴は、日中民間貿易の調整業務を、国貿促や日中輸出入組合といった機関ではなく、業界単位の企業グループが担う方式であった。岡崎の狙いは、企業グループによる延べ払い輸出の実現によって、友好貿易では不可能であった大規模取引を可能にすることであった53)。

　岡崎は、池田政権との調整を進める一方で54)、8月に孫平化が来日すると岡崎構想の説明を行った55)。そして、松村からも孫に日本製の農薬肥料輸入に関して、招待があれば訪中を考えるというメッセージが伝えられた56)。岡崎構想に対する中国側の反応は迅速であった。孫平化は、帰国後の8月21日、北戴河で中央工作会議に出席していた周恩来に報告を行った。周は廖承志を交えて検討を加え、松村と高碕の北京招請を決定し、廖承志名義で招請状を送付したのである57)。

　中国側が岡崎構想を受け入れた最大の要因は、経済事情であったことは想像に難くない。岡崎構想は、延べ払いによる大型機械やプラントの輸入可能性を開くものであり、前述したようにプラント設備の輸入を検討していた中国側にとって魅力的な提案であったといえよう。中国側は、池田政権への不信感を払拭できたわけではなかったが、池田との結びつきを強調する松村ら親中国派の影響力に期待をかけたのである58)。

3　LT貿易の成立

　松村一行が北京に向けて出発したのは9月12日であった。訪中団には、古井喜實、小川平二、田川誠一、藤井勝志に加えて田林政吉が加わった59)。北京に到着した松村は、その日に廖承志と会談を行い、「今回は政治的な話は抜きにして、日中間の貿易の拡大をはかり、積み重ね方式で日中友好を促進させる」ことで一致を見た。

　9月16日から開始された周恩来との会談では、当初、「政経分離」と「政経不可分」をめぐり対立を見せたが平行線をたどり、会談2日目後半から貿易問題の討議に入った60)。貿易問題では、中国側が岡崎構想をほぼ受け入れ、連絡機関の設置、保証人の選定、貿易品目別のメーカー集団の形成に合意した。しかし、岡崎が当初構想した友好貿易を廃止して新貿易体制に一本化する構想には周恩来が反対した。結局、日中民間貿易は新貿易と友好貿易が併存する形となる61)。すべての交渉を経た後、19日夜に「松村・周会談に関する共同発表メモ」が口頭で公表された。松村は中国側の「政治三原則」を受け入れることなく、日中貿易再開の足がかりを築き、実務交渉を予定していた高碕訪中への橋渡しを成し遂

げたのである。

　高碕達之助一行が中国に出発したのは10月26日である。訪中団は、高碕が団長、岡崎が副団長兼顧問に就任し、自民党から松本俊一、野田武夫、竹山祐太郎の3名が加わって、業界団体の代表を合わせて総勢33名となった[62]。

　訪中に先立ち、訪中団と政府との間で延べ払い供与の条件をめぐる対立があったが、北京での交渉はスムーズに進められ、11月9日に「日中総合貿易に関する覚書」（以下：「覚書」）が調印された。この覚書によって、日中双方は1963年より1967年までを「第一次五カ年」と定め、日本側から鋼材、化学肥料、農薬、プラントを輸出し、中国側より石炭、鉄鉱石、大豆などを輸入する長期総合貿易が取り決められた[63]。この貿易枠組は、署名者であった廖承志と高碕の頭文字をとって「LT貿易」と呼称されることになる。

　「覚書」で特筆すべきは以下の2点である。第一に、廖承志自らが中国代表として調印した点である。1950年代に締結された4度の日中民間貿易協定は、いずれも南漢宸が中国貿促会主席の肩書きで署名していた。だが、LT貿易では中国貿促会が前面に出ることなく、これまで水面下で対日工作にあたっていた廖が中国代表として署名したのである。岡崎嘉平太の回想によれば、高碕に周恩来は「この協定の交渉には、私が直接あたります。[中略] しかし、私が毎回会談に出るわけにはいかないから、廖承志を私の代理としておきます」[64]と述べたという。このことは周恩来の「代理人」たる廖承志が、対日政策の表舞台に現れる転機であったと同時に、廖班が自民党親中国派とのパイプを全面的に担っていくという意思表示でもあった。

　さらに第二に、「覚書」には、高碕と廖の氏名だけが署名され、資格や肩書きは無記載であった点である[65]。これは日中双方に「立会保証人」を立てるという岡崎構想の趣旨に沿ったものであったが、同時に「民間協定」と「政府間協定」の両義性を持たせるための配慮でもあった。黒金泰美官房長官が回顧するように、池田政権との調整を経て成立したLT貿易を、関係者は「準政府間協定」と理解していたのである[66]。

　以上に見るように、LT貿易協定は、廖承志と自民党親中国派の合作というべきものであった。日中断絶後、廖は、自民党を分断して岸政権への圧力を加えるために、石橋、松村といった親中国派の役割を重視した。他方、自民党親中国派も、周恩来に近く対日政策に影響力を持つ廖承志を、日中関係打開の突破口にしようとしていた。かくして、日中両政府が公式な関係を持てないなか、個人的な人脈を拠りどころにしたLT貿易が成立したのである。

Ⅲ　拡大する「半官半民」関係

1　貿易事務所設置とプラント問題

　LT貿易の開始に伴い、「取引関係の円滑な連絡」を目的とした「日中総合貿易連絡協議会」が東京に設立された。通称「高碕事務所」と呼ばれた同協議会は、霞ヶ関の鋼板ビルに拠点を構え、会長には高碕、顧問に岡崎と田林政吉が就任した。そして、事務局代表には小松製作所副社長の河合良一が務め、大久保任晴が事務局業務主管者（事務局長）として運営を取り仕切った67)。

　他方、中国側でも高碕事務所に相当する「廖承志辦事処」が設置された。1963年2月に訪中した大久保が外務省中国課に語ったところによると、廖承志辦事処は、対外貿易部の建物内に置かれ、廖承志の統括の下、政治分野では人民外交学会所属の趙安博、孫平化、王暁雲、蕭向前、金蘇城、経済分野では対外貿易部第四局所属の劉希文（局長）、呉曙東（参事官）からなる人員構成であったという68)。

　LT貿易の開始によって生まれた連絡ルートは、貿易関係にとどまらず、自民党や財界にとっての中国との窓口となった。1965年の小坂善太郎率いる自民党議員団の訪中や、財界による経済産業訪中団の打診や招請状などの手続き、さらには記者交換を含めた人事交流は、LTルートなしには不可能であったといえよう69)。

　また、「覚書」に基づく個別品目の取引交渉も開始された。前述したように、2月に個別調整のために訪中した大久保は、廖承志主催による歓送迎会が行われるなど「非常に厚遇された」という。また、廖は大久保に「現在日中間の最大の問題は、高碕・廖覚え書に基づく貿易を実行することである。あの覚え書は充分検討し周総理まで煩わして出来上がったものであり、単なる思いつきとかジェスチャーとかいうものではない。少しは実情にそぐわない部分もあったかもしれないが、それは1964年以降の取引について双方で話し合って適宜調整できる。日本側において修正を要する点、希望する点があれば連絡してほしい」といった趣旨の内容を述べて、LT貿易の運用に柔軟な姿勢を示したという70)。

　この時期、中国側がLT貿易に最も期待していた品目は、単年度決済の友好貿易では取引不可能であった大型プラントであった。中国側が倉敷レイヨン製のビニロン・プラントの輸入に関心があることを知っていた高碕は、LT貿易の初年度取り決めに、プラントの支払い総額を100万英ポンド、実質7年間の延べ払い期間、分割払い金利を4.5%とする条項を挿入していた71)。

　しかし、政府の許可を得ずに行われた高碕の独断に対して、当初は大蔵省と外

務省を中心に反発が強かった[72]。だが、ビニロン・プラントの対中輸出に熱意をかける倉敷レイヨンの大原總一郎会長の働きかけと[73]、池田首相の支持もあって、関連官庁も態度を徐々に軟化させ、「西欧並み」水準での延べ払い輸出であれば承認するという立場に転じた[74]。

1963年6月30日、北京で倉敷レイヨンと中国技術進出口公司との間でプラント売買契約が調印されると、延べ払いをめぐる政府内協議も大詰めを迎えた。池田政権は、ほかの開発途上国向けの融資との均衡を維持するという観点から、延べ払い期間を「船積み後5カ年」、金利を6％の条件に変更した後に、8月20日、ビニロン・プラントの日本輸出入銀行（以下：輸銀）融資による延べ払い輸出を承認したのである。高碕は、最終決定に先立つ8月14日、廖承志宛の電報を送り、当初に約束した利率4.5％から6％への増額分は、契約総金額から差し引き、中国側の負担総額には変化がないとして、「本契約の重要性を考慮下さって、速かに電信にて同意の程希望いたします」と伝えた[75]。これに対して廖承志からも3日後に了承の返電があったのである[76]。

高碕も「本契約の重要性」について言及しているように、輸銀融資によるプラント輸出が認められた意義は大きかった。政府系金融機関の融資による対中輸出実現という政治的意義に加えて、倉敷レイヨンに続いて契約交渉が進んでいた大日本紡績製ビニロン・プラントなどほかの案件の大きな後押しになったためである。

他方、中国側でも、日本政府のビニロン・プラント輸出の決定は重要な局面と捉えていたようである。LT貿易の第二年度協議が9月16日から開始されたが、訪中した大久保任晴は、北京からの帰途、在香港日本総領事館員に、中国側の反応を次のように要約している。

> 日中貿易に関してはビニロン・プラントに対する日本政府の態度が仲々決定しなかったため、中共内部でも大分論争があり、廖承志が中ソの對立を理由に対日貿易擴大促進論をぶち、大いに頑張った。幸いビニロン・プラント問題が一應落着したので周恩来、陳毅、廖承志路線の勝利となった。そういう意味で倉敷ビニロン・プラントは日中貿易拡大の一つの試金石であり、かつ関ヶ原であったと言い得よう[77]。

こうした論争が存在したかは、公開されている中国側文書からは確認できない。仮に事実とすれば、日本政府のプラント輸出決定は、積極的な日中関係拡大を主張する廖承志の立場を強化することにつながったといえよう。

2 日中民間関係の拡大と自民党

　ビニロン・プラントの輸出承認後、中国の対日政策は一段と積極的になった。7月25日付で廖承志が陳毅外交部長に宛てた報告書には、ビニロン・プラント契約の成立を前提として、日中関係発展のために、10月に中日友好協会を組織して友好代表団の訪日を計画することが提案されていた[78]。そして、廖の提案通りに、1963年10月4日、中華全国総工会、中国貿促会、人民外交学会など19の団体が加盟する形で中国日本友好協会（以下：中日友好協会）が設立される。会長には廖自らが就任した。当日は北京で盛大な設立大会が開かれ、日本からは石橋湛山が参加した。中国が国交関係のない国に対して、友好協会を設立したのは日本が初めてであった[79]。

　また、LT第二年度交渉の訪中団が帰国する際に、廖承志は空港で「貿易事務所の相互交換」について提案している[80]。廖承志が東京に貿易事務所を設置することを求めたのは、ビニロン・プラント成約後に中国人技術者や労働者を日本に派遣する必要があり、彼らの管理を行う拠点が必要なためであった。また、対日情報収集のためにも常駐事務所の設置が求められたのである[81]。

　東京と北京に貿易常駐事務所の相互設置が取り決められたのは、1964年4月の第三次松村訪中においてであった。交渉は、松村に同行した竹山祐太郎、岡崎嘉平太、古井喜實、大久保と中国側の孫平化、王暁雲との間で行われた。その結果、廖承志辦事処の駐日代表として、東京に「廖承志辦事処東京連絡事務処」（以下：東京連絡事務処）が設置され、高碕事務所の駐中国代表として北京に「高碕事務所北京連絡事務所」の相互設置が取り決められた[82]。また貿易事務所の設置に合わせて同時に記者交換協定も締結され、日中双方から8名以内で新聞記者を相互に派遣することも決定された[83]。

　常駐の駐日事務所の設置は、1950年代の日中民間貿易協定における「通商代表部」構想以来の中国側の悲願であった。これまで各種団体の訪日団と共に来日していた廖班にとっても、日本に拠点を構えることで対日工作や情報収集の機会が増加し、政府関係者とも非公式に会見することが容易になった。東京連絡事務処の初代首席代表となった孫平化が回顧するように、「中日関係はこの時期にきて初めて、半官半民の状態に移り変わっていった」のである[84]。

　こうしたなか、1964年4月に南漢宸が中国経済貿易展覧会（見本市）に出席するために、訪日経済友好代表団を率いて来日し、約1カ月半にわたって大阪や九州など各地を視察した。中国人民銀行の初代行長を務め、全国人民代表大会常務委員であった南漢宸は、これまで訪日した最高位の中国政府関係者であった[85]。

第6章　日本から見た廖承志の対日工作　211

中国側は、日中民間関係が軌道にのるなか、対自民党工作を、従来の親中国派からほかの有力政治家へと拡大させようとしていた。国務院外事辦公室による南の訪日計画は、日本の政財界上層部に対する広範な「友好工作」の展開が目的とされ、さらに池田政権の重要人物との接触を求めていた[86]。こうした指示もあって、訪日した南は、共に池田政権の閣僚で、池田後継の有力候補と見られた河野一郎建設大臣と佐藤栄作北海道開発庁長官と会見している。河野に南を引き合わせたのは田川誠一であった。河野と縁戚関係にあった田川は、1963年5月に中国蘭花愛好者代表団として訪日した孫平化と王暁雲を、密かに河野に引き合わせていた。河野は田川を通じて中国人脈を築きつつあったのである[87]。

　他方、佐藤栄作を南漢宸に引き合わせたのは、周山会（佐藤派）に属していた久野忠治であった。佐藤からの意向を受けた久野は、訪日団に同行した蕭向前を通じ、5月14日に南を佐藤に引き合わせた[88]。会談後に久野が、佐藤と蕭から聞いた話によれば、会談は約1時間にわたり、佐藤は、日中関係のあり方について、「政経不可分」の考えを強く打ち出したために、きわめて友好的に推移したという[89]。

　佐藤については中国側の積極姿勢を示す後日談がある。この会見の後、同年秋の国慶節に合わせて訪中予定であった久野は、中国側から予定を前倒しして訪中することを要請された。北京に到着した久野は廖承志と協議を行い、11月にビルマのラングーンで、佐藤と周恩来が会見することで合意した。しかし、この時、池田首相の病状はすでに深刻であり、政局が緊迫していたことから、佐藤はこの話の打ち切りを久野に伝え、佐藤・周会談は幻に終わったという[90]。仮にこの会談が実現していたとしても、佐藤政権の中国政策にどれほど影響を与えたかについては議論の余地がある[91]。だが、中国側から見た佐藤の首相就任後の「変心」は、その後の日中関係に暗い影を落とすことになるのである。

　戦後日中関係を振り子に喩えれば、1964年春は、断絶状態にあった両国関係の揺り戻しが頂点に達した時期であった。同年1月のフランスによる中華人民共和国の承認も追い風となり、中国政府は「半官半民」関係の拡大を通じて、日中国交正常化の実現に向けた期待も高まりつつあった。中国側の狙いとしては次期総理候補である佐藤と河野の双方との関係を築いておくことで、ポスト池田政権での国交正常化をめざしていたといえる。また日本側でも岡崎嘉平太は、国交正常化の際には、池田を「特命全権大使」として北京に送る考えがあったと後年回顧している[92]。

　しかしながら、拡大する日中民間関係を背景に、池田政権への発言力を増加さ

せる親中国派への反発も強まりつつあった。1963年8月、池田政権がビニロン・プラントの延べ払い輸出を承認し、続いて10月に中国訪日代表団通訳が亡命した周鴻慶事件が発生すると、台湾の中華民国政府(以下:国府)は日本に対して国交断絶も辞さない強硬姿勢を示した[93]。

　この国府の反発に連動したのが自民党内の反池田勢力であった。岸信介元首相を中心とする反池田勢力は、「親台湾派」として対決姿勢を強め、水面下で国府と連携して池田政権に圧力を加えた。池田と反池田勢力の対立が深まるなか、仲裁に動いたのが吉田茂元首相であった。1964年2月に台湾を訪問した吉田は、蔣介石総統と三度会談を行い、国府の対日不信を和らげることに成功した。だが、その代償として5月に「第二次吉田書簡」が台湾に発出される。「第二次吉田書簡」は、池田政権が1964年内は中国向けプラント輸出に輸銀資金を用いないことを約束したものであった。この「吉田書簡」が、結果として池田政権の対中プラント輸出に歯止めをかけることになる[94]。

　LT貿易成立の推進力となったのがビニロン・プラントの輸出であったとすれば、停滞の要因となったのもまたプラント問題であった。この後、日中関係の振り子は、再び逆転することで、廖承志と自民党親中国派との間で築かれたLT貿易は苦難の時代を迎えるのである。

IV　廖承志なき日中関係

1　佐藤政権と日中関係

　池田首相の病気退陣と、1964年11月の佐藤栄作政権の成立は、LT貿易をめぐる環境を大きく変化させた。元来、LT貿易は池田首相と松村との信頼関係に多くを負っていた。池田政権は、松村や高碕といった親中国派を通じて、「民間」の建前で事実上の対中接近が可能になり、他方、廖承志も親中国派を池田政権の「代理人」として重視していたのである。

　しかし、佐藤政権の成立は、政権と親中国派の関係に変化をもたらした。佐藤政権の成立を支持したのは、実兄の岸信介や吉田茂であり、さらには自民党親台湾派であった。親台湾派を中心とする党内の右派は、中国問題に対する世論の関心の高まりと、佐藤政権の対中国姿勢への不信感から、12月16日に「アジア問題研究会」(以下:A研)を結成した。同研究会には佐藤政権を支える主流派議員が多く参入した。だが、この動きに親中国派は反発を強める。翌年1月28日には宇都宮徳馬、川崎秀二、久野忠治を中心に「アジア・アフリカ問題研究会」

（以下：AA 研）が結成され、顧問に松村謙三、藤山愛一郎を迎えた。AA 研は、中国の国連加盟、日中大使級会談の開催、日中貿易の政府間交渉による拡大などを主張し、A 研と真っ向から対立した。この対立は佐藤政権主流派と反主流派の対立とほぼ重複する形で、自民党を二分することになる[95]。

とはいえ、佐藤政権も、当初から親中国派と敵対することを意図していたわけではない。佐藤の私的ブレインの S オペレーションは、政権発足後の最初の政策提言で、松村謙三を官邸に招いて日中問題に関する意見を聞くことを提言した。親台湾派と距離を置き、穏健な中国政策を志向する佐藤側近は、佐藤政権の対中国外交には、北京とのパイプを持つ親中国派の協力が不可欠と考えていた[96]。だが、松村は国内政局においても佐藤と常に敵対関係にあった。池田首相の後継をめぐっても、河野一郎と藤山愛一郎を一本化して佐藤の対立候補にすることを画策していた[97]。そのため、松村と佐藤の提携はついに実現しないまま終わったのである。

中国政府の佐藤政権への姿勢を決定づけたのは、ビニロン・プラント輸出問題であった。前述した「第二次吉田書簡」によって、池田政権は 1964 年内には中国向けプラント輸出には輸銀資金を用いないと約束した。だが、岡崎嘉平太やニチボー社長[98]の原吉平は、日本政府が翌年には輸銀融資を再開すると見越しており、ニチボー製ビニロン・プラントや日立造船の貨物船といった延べ払いを要する大型契約を進めていた。そのため、1965 年に入ると、佐藤政権が中国向けプラント輸出に輸銀融資を認めるかが問題になったのである。

佐藤にとって不幸であったのは、「第二次吉田書簡」の文言は曖昧であり、解釈の余地が残されていた点である。政権末期の池田首相は、1965 年以降も輸銀輸出を抑制する意図であったが、輸銀融資と同金利での延べ払いが可能になる代替策を考えていた。しかし、代替策が決定されないまま、佐藤政権に引き継がれたのである。佐藤としては、日中関係の悪化を避けたい一方、吉田茂や親台湾派の手前、国府との関係には慎重にならざるを得なかった。佐藤は、輸銀融資には「冷却期間」を置く一方で、国府の承諾を得た後に、輸銀と同等条件での融資を可能にする代替案を中国向け輸出に適用する考えであったと思われる[99]。

輸出契約の期限を盾に、輸銀融資を迫る日中貿易関係者に対して、佐藤が輸銀不使用を示したのは、3 月末の政府統一見解の発表であった。日記に「殊ベトナム情勢険悪なる折柄なので止むを得ないかと思ふ」と記しているように、佐藤の念頭にはインドシナ情勢があった[100]。米国政府は 1965 年 2 月に北ヴェトナムへの空爆を開始していた。また北爆と並行して 3 月には地上兵力派遣も開始され、

本格的なヴェトナム戦争への道を進みはじめたのである101)。

　だが、この時中国側にとってのプラント問題は、単なる輸出案件を超えた佐藤政権の中国政策の試金石ともいうべき政治問題となっていた。中国側は「日本政府が日中民間貿易への蒋介石一味の干渉を容認する態度」をとったとし、契約失効を通告する102)。これを契機に、中国政府は、かつて岸政権に対してとった政治闘争路線に回帰し、激しい佐藤政権批判を展開するようになるのである。

2　LT貿易の後退

　佐藤がヴェトナム問題を重視したのと同様に、中国政府にとっても、北爆開始による米中緊張の高まりは深刻な事態であった。中国政府の狙いは、ヴェトナム反戦が高揚する日本国内の大衆運動に期待をかけ、ヴェトナム反戦と佐藤政権打倒を結びつけることにあった103)。かくして、日中貿易関係者も中国の反米・反佐藤闘争に組み込まれていくことになる。1965年8月に原水爆禁止世界大会に出席するため再訪日した南漢宸は、日中貿易関係5団体歓迎会の演説で次のように述べている。

　　　日本政府は米帝国主義に追随し新中国に対し敵視政策を採っており、これが中日貿易の正常な発展に影響を及ぼしております。［中略］私達は、日本の経済界、貿易界の友好的な人士が広はんな日本人民とともに、米帝国主義に断固たる闘争を推し進め、幾重にも重なった人為的障害を克服し、両国間の貿易を更に発展させることを希望しております104)。

　また、中国政府の対日姿勢の変化はLT貿易の取引額にも影響を及ぼした。同年9月、北京において岡崎嘉平太・高碕事務所所長と劉希文・廖承志辦事処代表との間で第四年度LT貿易取り決めが調印された。当初、日本側は次年度の貿易総額が5億ドルを超えることを予想していた。だが、高碕事務所関係者によると「中共側の日本政府に対する不信感が非常に強く、現政府のメリットになることはしないという態度」が見られたために2億ドル程度にとどまったという105)。

　とはいえ、中国側は1958年とは異なり、反米・反佐藤運動を高揚させるために、日中貿易を断絶させることはなかった。1966年4月23日、東京連絡事務処首席代表の孫平化は、松村謙三の邸宅を訪れ、1967年末で期限切れが控えていたLT貿易の第二次協定締結の予備交渉のための訪中を要請している106)。これを受けて松村は、5月11日から訪中して廖承志と会見を行った。北京での会談で日本側は、LT貿易の延長については、「現行取極を多少手直しする程度で単純

に 5 カ年延長」を求めたが、中国側は 5 カ年では「佐藤首相を安心させることになる」として反発した。結局、期間については明示することなく、「周恩来総理の裁断にまで持ち込んだ趣で、松村議員と周総理の会見において、来年早い機会に岡崎嘉平太氏（高碕事務所長）が北京に赴き、1968 年以降の LT 貿易につき話合いを行い、具体的な取極を締結することに意見の一致を見た」という107)。

　史料的制約のため、LT 貿易協定の継続をめぐる中国側の判断には不明な点が多い。だが、この当時、対ソ貿易が途絶状態にあった中国側にとって、1966 年から予定された第三次 5 カ年計画を実現するためにも日中貿易の継続は不可欠であったことは間違いない。中国側が LT 貿易の延長を認めながらも、協定交渉に曖昧な姿勢であった背景には、佐藤政権への政治闘争を継続する一方で、LT 協定については時間を稼ぐことによって、国際環境の好転を待ちたいとする思惑を看取することもできよう。

　また、中国側は、松村らを中心とする反佐藤勢力の政治的影響力への期待を失ったわけではなかった。日本の国内政局は、1965 年 5 月の河野一郎、8 月の池田勇人の相次ぐ逝去によって、佐藤政権の長期体制が確立されつつあった。だが、佐藤に反発する松村グループは、早ければ 1966 年秋に予定された自民党総裁選に備えて、旧河野派や藤山愛一郎ら党内非主流派を糾合しようとしていたのである108)。

　同年 8 月に、中国政府が小坂善太郎元外相を中心とする自民党議員団の訪中を受け入れた背景にも、自民党内の反佐藤勢力への期待があったと見るべきであろう。小坂訪中を主導したのは古井喜實であった。古井は外交調査会副会長であった小坂に訪中を働きかけ109)、さらに党内有志と計らって訪中団を結成した。当時、古井に近かった朝日新聞記者の古川万太郎は、「派閥の力関係では佐藤に太刀打ちできなくとも、党内各派に日中関係改善の重要性を理解する人材を育成しようという意欲が読みとれる」と記している110)。

　訪中した小坂らとの会談で周恩来は、「あなた方は自民党内の在野派 6 コ師団の代表であり、訪中したのだから中国に敵意を抱いていない方々と判断し、我々は 6 コ師団と協力して政府を作ることを願っている」と述べたという111)。

　しかし、親中国派を背後から支えた池田や河野といった実力者亡き後、佐藤政権に立ち向かうには、松村グループだけではあまりに非力であった。また、共にLT 貿易の成立に尽力した高碕達之助も 1964 年 2 月に病没しており、松村自身にも老いが目立つようになっていた。LT 貿易の実務については岡崎嘉平太が高碕の後継者となったが、松村の後任たる「日中総連絡役」が必要であることは明白

であった。だが、松村が望んだ藤山愛一郎は、その態度を明確にせず、さらに古井との関係もあって、LT 貿易は有力な政治的後継者を見出せない状況にあった[112]。

3　文化大革命下の日中関係

　LT 貿易をめぐる政治状況の変化のなかで、その凋落を決定づけたのが、中国のプロレタリア文化大革命（以下：文革）であった。1966 年 5 月の「五・一六通知」によって正式に幕を切られた文革は、その実質において、毛沢東が自らの復権を企図して発動した権力闘争であった。8 月以降、若者を中心とする紅衛兵運動が中国各地に広がり、「赤色テロ」が猖獗を極めた。そして、翌年 1 月には上海をはじめとする各地で文革派による奪権闘争が展開されるようになったのである[113]。

　文革による混乱はイデオロギー急進化という形で対外政策に波及した。日中貿易において、文革の影響を最初に受けたのは友好貿易であった。10 月には国貿促と並んで友好貿易の窓口であった日中貿易促進会が解散する。この背景には中ソ対立の煽りを受けた日中両共産党の決裂があった。1966 年 3 月の宮本顕治書記長を団長とする日共使節団の訪中後、日中両共産党の関係は次第に悪化していた[114]。元来、日共系の影響力の強かった日中貿易促進会は、中国側から批判を受け、最終的に内部対立から解散に追い込まれたのである[115]。また、同じく日本日中友好協会も、日共系と親中国系に分裂することとなる[116]。

　他方、国貿促は日中貿易促進会とは対照的に親中路線を選択した。国貿促は、1967 年 2 月、友好貿易の今後の進め方を協議すべく、川瀬一貫を団長とする訪中団を派遣した。そして、2 月 27 日に「友好貿易促進に関する議定書」に調印し、中国貿促会との間で共同声明を発表した。この議定書と共同声明は、いずれも文革を賞賛し、米国、ソ連を激しく非難する政治的な内容であった。しかも、議定書は国貿促理事会にも諮られず、「抜き打ち的」に調印されたものであったため、対ソ貿易を行っていた友好商社からの非難が相次いだ[117]。だが、国貿促と国貿促関西本部はこうした批判は覚悟のうえであった。国貿促は、中国側の政治姿勢を受け入れ、対ソ貿易を断念し、日共系を排除するという苦渋の選択によって、友好貿易の窓口たる立場を維持したのである[118]。

　文革の激化に伴って、外事業務に関わる多くの中共幹部も「走資派」として批判の対象とされた。それは対日工作を担当する廖承志と廖班も例外ではなかった[119]。1967 年 5 月の日本の外務省文書には、廖承志に関して、壁新聞などで厳

しい批判にあっているものの、「相変わらず訪中日本人との会見、レセプションなどに出席している」が「口数も少なく往年の気安さはない」という観測が示されている。また同文書は、中国貿促会関係者の発言として、昨年の国慶節以来長く姿を現していなかった南漢宸が、同年1月27日に自殺したとする情報をもたらしている[120]。

1967年5月になると文革は、「造反外交」という形で、北京駐在の各国関係者にも直接影響をもたらし、北京におけるインド大使館、ビルマ大使館の打ち壊し事件や、さらに英国外交公館に対する造反派と紅衛兵による焼き討ち事件が発生した[121]。また同年9月に佐藤首相が、現職総理として岸首相以来の台湾訪問を行うと、これに反発した中国政府は、9月10日、日中記者交換協定に基づき、北京に派遣されていた駐在記者3名に対して、「反中国宣伝」を理由に退去命令を下した[122]。

高碕事務所の大久保任晴らは、佐藤訪台の直前に以下のような観測を示している。

　　北京には現在高碕事務所関係者15名（駐在員5名、家族10名）、報道関係者家族併せ約30名が滞在しており、総理訪台の結果及びそれに関する中共側の報道次第で大衆が激昂して、在北京高碕事務所関係者、報道関係者などにたいして英国大使館焼き討ち事件のようなことが起こらないとは限らない[123]。

文革の拡大によって、それまで積み上げられた「半官半民」関係の存続すら危ぶまれるようになってきていたのである。

4　廖承志の失脚とMT貿易

逆境のなかで自民党親中国派は日中民間貿易の維持に苦心していた。1967年末のLT貿易協定の期限切れを前に、松村謙三は廖承志に書簡を送付している。松村は、姿を見せなくなった廖承志に「身体の具合が悪いのではないか」と安否を尋ねると同時に、第二次LT協定締結の交渉を速やかに開始し、事情が許せば自身が訪中すると伝えた。これに対して11月7日、孫平化から交渉団の訪中受け入れの連絡が届いた[124]。LT貿易関係者は協議の結果、古井、田川、岡崎の訪中を決定したが、その後中国側から入国ビザが発給されず、12月の松村による孫平化への再度の電話照会に対しても「目下検討中」という回答しか得られなかった。

このころになるとLT関係者にも温度差が生じていた。同年12月に大久保事務局長が外務省関係者に語ったところによれば、岡崎嘉平太は、「LT貿易ないし日中関係の将来に可成り悲観的」になっていたが、松村は「事態をそれ程深刻に考えて」いなかったという[125]。

　1968年1月、訪中した社会党議員の石野久男を通じて、ようやく松村訪中を受け入れる連絡が届けられた。これを受けて、2月1日に古井喜實、田川誠一、岡崎嘉平太ら代表団が出発した。北京では劉希文、王暁雲、孫平化といった旧知の廖班が応対したが、廖承志自身は姿を見せなかった[126]。

　日本側は当初、1週間で交渉をまとめて帰国する予定であったが、中国側は貿易交渉に先立ち、まず政治問題の協議を求めるという異例の姿勢で臨んだ。中国側はコミュニケのなかに「米帝国主義に追随する佐藤政府」という表現を盛り込むことを求め、さらに「政経不可分」の原則への同意を迫った。これに日本側が反発したため、政治問題の協議のみで3週間を要したのである[127]。さらにこの会談で中国側は、貿易協定の期限を従来の5年から1年間に短縮することを主張した。そして、高碕の逝去を理由に、個人名を冠した両国貿易事務所の名称変更を申し入れたのである。

　結局、共同声明と覚書貿易協定の調印式は3月6日までずれこむこととなった。共同声明の内容は、日本側の抵抗にもかかわらず、最終的に中国側の主張する「政治三原則」と「政経不可分」原則に、日本側が「同意した」とする内容が盛り込まれた。そして、中国側の要望通り、日本側事務所は日本日中覚書貿易事務所、中国側のそれを中国中日備忘録貿易辨事処とされ、LT貿易は覚書（MT）貿易と略称されることになる[128]。

　LT貿易草創期から会談に同席してきた大久保は、帰国後、外務省の石橋太郎中国課長に対して、「前のLT交渉は廖承志が中心となってやったから、やりやすかったが今回は劉希文以下の官僚で、やりにくかった」と感想を述べた。そして、姿を消した廖承志の近況について以下のような情報をもたらしている。

　　廖承志は紅衛兵による、つるし上げのため、心身ともに衰弱し、心臓が悪くなって病臥しているようだ。彼は日本の「救心」しかきかないと思い込んでいるので、娘が西園寺のところや日本代表団に「救心」を貰いにくる。「自己検査」すれば許されるのだが、彼が仕事で関係していた30近くの職場単位に、一つつ出かけて行って、造反派・紅衛兵の批判に、すべてパスしなければならないが、それでは身体がもたない[129]。

また、大久保は、交渉において「[中国側は]重要な点はすべて周恩来の指示を仰いでいたようだ。したがって周恩来は人が変わったように疲れ切っている」と述べ、周恩来自らが対日交渉の細かい決定に関与していたことを示唆している[130]。大久保はじめとするLT関係者は、廖承志を欠いた日中交渉がいかに苦しいかを痛感せねばならなかった。

　かくして、LT貿易の独自性は失われようとしていた。1962年のLT貿易交渉に際しては、中国側による「政経不可分」の主張に対しては、松村が協定文にそれを盛り込むことを拒絶し、中国側もこれを受け入れるという柔軟性があった。だが、廖承志が姿を消し、残った廖班も、「造反派」が同席するガラス張りの交渉を強いられるなかで、彼らは日本側が受け入れるまで延々と原則論を主張し続けるほかなかった。

　また、覚書貿易の期限が1年に区切られたことで、「毎年『覚書貿易』交渉の際に、中共側が日本政府の対中共姿勢について厳重にチェックするのでなければ新取りきめが延長されず『覚書貿易』は全く中共側に握られる結果」となった。外務省経済局が文書に記したように、LT貿易の「友好貿易化」が顕著になったのである[131]。

　新たな協定に基づき、翌1969年2月22日から北京で開始された覚書貿易交渉はこれまでにない厳しいものとなった。王暁雲、孫平化、呉曙東、蕭向前、金蘇城といった廖班の多くが姿を消し、旧知の関係者は、劉希文（対外貿易部副部長代理）ほか数名だけであった[132]。中国側の交渉の中心となったのは劉希文と新たに加わった厳夫（中国中日備忘録貿易辦事処代表）であった[133]。交渉に同席した田川誠一は、厳夫について、「非公式会談では、上司に一々伺いをたてて意見を述べるほかの連中とは異なり、自由に自分の意見を吐き、その点彼は上部から可成りの権限を与えられているものの如く、現在のMT事務所での重要人物の1人であると印象づけられた」と述べている[134]。厳夫は職業外交官であり、廖承志不在の北京での中国中日備忘録貿易辦事処を一時的に統括していたと推測される。

　古井、田川を中心とした日本側交渉団に対して、中国側は激しい佐藤政権批判を展開し、日米安保条約破棄への同意を迫った。中国側は、佐藤政権による台湾との「結託」と「二つの中国」を作る陰謀に対して、覚書貿易の当事者が明確に闘う姿勢を示すこと、「政経分離」の政策が「政経不可分」の原則と全く相反する点を明確にすること、さらに日米安保条約が、中国に向けられた「侵略的」な条約という認識に立つことを共同宣言に明示することを求めたのである[135]。

日米安保に固執する中国側との協議は3週間が経っても平行線のままであった。公式協議が難航するなか、途中から厳夫との非公式折衝を重ねていた田川は、古井に交渉を打ち切り帰国すべきであると主張するようになった。当初、遅れて訪中する予定であった岡崎嘉平太も、「来年の交渉を考えてのこと」と出発を渋るようになっていた[136]。日中双方は3月10日から共同声明の案文交渉に入ったが、ここでも日中双方の意見の隔たりは大きく、交渉を打ち切り帰国するか、中国側の主張をある程度受け入れて交渉に合意するかは、団長の古井の判断に委ねられたのである。

　結局、苦悩のなかで古井は交渉継続を選んだ。4月4日に発表された共同声明では、「日本側は、日中関係を悪化させているさまざまな原因が日本政府の側にあったことを率直に認め、[中略]日本側は、中国側の立場を理解し、日米安全保障条約が中国とアジア諸国国民とに脅威を与え、日中関係の重大な障害になっていることを重視する」という文言が盛り込まれた。LT貿易関係者は、佐藤政権への批判と、中国側の主張する日米安保条約の「脅威」を受け入れる形となったのである[137]。

　なぜ、古井は中国側の政治主張に屈してまで、LT貿易を維持する選択をしたのか。古井や松村の説得を受けて、遅れて3月17日に訪中した岡崎嘉平太は、帰国後、外務省の須之部量三アジア局長に次のように語っている。

　　自分としても古井氏としても覚書貿易を中断しても、日中貿易は「友好商社」を通じ行われ、且つ覚書貿易といっても実際は「友好商社」が貿易業も行っているので、この点は必ずしも大きな問題ではないが、問題は北京に日本側覚書事務所を置き、且つ新聞記者を交換しているという状態を断念せざるを得ないということ、およびその結果日中間のパイプは中共側に迎合する「友好商社」のみになる事態を憂慮している[138]。

　LT貿易協定の最大の意義は、廖承志と高碕という個人関係に依拠しながら、日中両国が政治問題を棚上げした形で民間貿易を再開した点にあった。その意味では廖承志が姿を消し、中国側が政治条項を日本側に強要した時点でLT貿易の政治的意義は消滅していた。だが、岡崎らを協定維持に踏みとどまらせたのは、LT貿易協定の生み出した記者交換協定と駐在事務所という制度を白紙に戻すわけにはいかないという使命感であった。だが、そのためにLT貿易関係者は、高い代償を払わねばならなかった。帰国した古井は自民党代議士会で厳しい非難を浴びた[139]。田川も須之部アジア局長に次のように苦しさを吐露している。

自分達がやっていることは、本来外務省がやるべき仕事であって、実際外務省の方が日本政府を代表して中共との対話をもつ時期が既に来たという感じが強い。このまゝの形では、古井氏にしても自分にしてももうこの役割は耐えられないというのが偽らざる実感である[140]。

　貿易とは名ばかりの果てしない政治交渉に毎年翻弄されるなかで、LT関係者にも忍耐の限界が近づきつつあったのである。

V　日中国交正常化

1　中国による対日工作の再始動

　古井らによる日中覚書貿易交渉が続けられていた1969年3月、ウスリー江の珍宝島（ダマンスキー島）で中ソ国境武力衝突が発生した。1960年代を通じて関係悪化の一途をたどった中ソ両国は、この武力衝突を契機に文字通りの臨戦態勢に入った。ソ連からの先制核攻撃すら想定される軍事的脅威に直面した中国指導部は、今や「ソ連修正主義」を「米帝国主義」以上の脅威とみなすようになったのである。中ソ武力衝突は、朝鮮戦争以来の対中封じ込め政策を展開してきた米国にとって政策転換の契機となった。ヴェトナム戦争からの脱却をめざすニクソン政権は、対中貿易と渡航制限の緩和を発表し、1970年2月には米中大使級協議の再開を決定するなど、対中関係の転換へと舵を切りはじめたのである[141]。

　しかしながら、そのことはただちに日中関係の好転へと結びついたわけではなかった。1969年11月に発表された日米共同声明（佐藤・ニクソン共同声明）は、沖縄返還に際して、日本が自国の安全にとどまらず、韓国と台湾を含めた東アジアの安全にも「責任」を有していることを初めて対外的に表明した。それは経済協力のみならず安全保障においても、日本が将来的に東アジアの地域的責任を分担することを示唆するものであり、米国のアジアでの軍事的役割を日本が代替するという最悪のシナリオを中国側に想起させた。とりわけ、中国政府が恐れたのは、日本が台湾に対して経済のみならず、軍事面においても影響力を拡大することであった[142]。

　そのため、中国政府は対外関係を全般的に緩和させる方針と逆行して、対日批判を強化していた。1970年4月から本格化した「日本軍国主義復活」批判は、前例のない規模で展開された。これまで中国は基本的に「日本は軍国主義を復活しようとしている」という未来形または進行形を用いていた。だが、周恩来の北

朝鮮訪問に際しての共同声明で、初めて「日本軍国主義」は復活したという表現を用い、各種メディアを動員し、以後1年以上にわたる大規模な対日非難を展開したのである143)。

1970年3月10日から開始されたMT貿易交渉は、前年度と同様、佐藤政権に対する中国側の憎悪を古井が一身に受ける形となった144)。「日本軍国主義」や安保問題をめぐる議論が平行線をたどり、古井が安保体制を弁護したことから、中国側は古井の姿勢をも激しく批判するに至る。古井に同行した訪中団内部でも完全に意見が割れていた。交渉を継続して中国側との妥協を見出すよう主張する渡辺弥栄司や大久保に対して、田川は帰国を主張し、岡崎も長期休会を主張した145)。だが、古井は最終的に自身が全責任を負う形で、コミュニケ作成を決断し、中国側の主張を受け入れての交渉妥結を決断する。そして、帰国した古井は自民党内で激しい批判を受けるのである146)。

だが、佐藤政権には相変わらず厳しい姿勢を採る一方で、中国側はポスト佐藤の日中関係を見据えていた。この年、松村謙三も「後見役」として古井に続いて3月20日に訪中している。87歳の高齢になっていた松村を中国側は丁重に受け入れた。またこの時、松村の推挙によって、藤山愛一郎元外相の訪中を初めて受け入れている。訪中した藤山は帰路、香港総領事に対して、周恩来の自民党内部事情の分析は精密を極めており、各派閥の勢力の消長についての見方は驚くほど正確であったと語っている147)。

中国政府が対西側外交を本格的に展開するのは、1970年秋以降である。10月にカナダ、翌11月にイタリアとそれぞれ国交を樹立するなかで、中国政府は対日工作も再始動していた。当時、日本に駐在していた王泰平の日記によれば、1971年1月に中国に一時帰国した際に、周恩来が、張香山に対して、中共中央対外聯絡部（以下：中聯部）が先頭に立って、関連機関を召集し、対日業務を研究して欲しいと伝えたという148)。

張香山は、1930年代に日本留学の経験があり、中聯部部長の王稼祥の政治秘書を務め、日本共産党を含めた党際外交の経験が豊富であった。張によれば「文化大革命の期間総工会、青年団、婦女連は皆『ドアを閉め革命をしていた』が、外国の多くの労働者、青年、婦人団体が依然として中国訪問を要求したため、周恩来総理はこの受け入れを臨時的に中聯部に担［わ］せることを決めた」と回顧している149)。このことから、周恩来が、文革で未だ機能不全に陥っていた廖承志の代わりに、張香山を中心に対日業務を再開させていたことがうかがえる。

さらに周恩来は、王国権を中日友好協会副会長に任命して対日外交を担当させ

た。張と同じく1930年代に日本留学の経験を持つ王は、1957年に外交部に入り、駐東独大使、駐ポーランド大使を歴任し、ワルシャワでの米中大使級会談の首席代表を務めた経験豊かな職業外交官であった。王は、1970年10月の成田知巳委員長が率いる社会党訪中団の接遇を担当したのを皮切りに、翌年8月に松村謙三が死去した際に弔問に訪日するなど、対日外交の表舞台に姿を現すようになる150)。このように、周恩来は、廖承志が統括した対日業務を、張香山と王国権に分担させる形で本格的な対日関係改善に向けて動き出したのである。

2 廖班の復活と親中国派の役割

一方、日本政界でも超党派による国交正常化への動きが活発となった。その中心となったのは1958年の日中断絶以来、休眠状態にあった日中貿易議員促進連盟であった。同連盟を改組した日中国交回復促進議員連盟は、1970年12月9日に正式に発足している。自民党90名、社会党130名、公明党71名、民社党30名を中心とする320余名が参加し、会長には藤山愛一郎が就任している151)。

1971年度の覚書貿易交渉は2月15日から北京で開始された。覚書貿易交渉団は岡崎嘉平太が団長となり、藤山愛一郎を団長とする議員連盟訪中団も同行した。藤山にとっては、昨年、松村に同行して以来の二度目の中国訪問であり、松村謙三の政治的後継者の地歩を築けるかが試される訪中であった152)。

しかし、藤山は松村の後継者として、その後の日中関係の中心的役割を果たすことができなかった。訪中した藤山は王国権との会談で、台湾問題をめぐり、日華条約を破棄しなければ国交正常化交渉に入ることは不可能なのかという「出口論」を主張し、中国側から失望される。また、藤山は自民党内で批判にさらされてきた覚書貿易交渉と距離を置こうとしたことから、覚書貿易の政治交渉を担ってきた古井喜實との確執を深めた153)。さらに藤山が会長を務める日中国交回復促進議員連盟は、与野党の寄り合い所帯であり、佐藤政権の政策転換を促すような統一的行動もとれなかった154)。中国側にとって、政治的影響力に乏しい藤山は、象徴的意義を超えるものではなかったのである。

1971年7月にキッシンジャー大統領補佐官が北京を訪問し、劇的な米中接近が演出されると、日本国内でも急速に日中国交正常化に向けた動きが加速する。国交交渉を見据えた周恩来は、このころより文革で「五・七幹校」に流されていた廖班の復活を進めている。蕭向前は、同年9月末に北京を訪問した日中国交回復促進議員連盟の訪中団との会談に姿を現した。また廖承志も10月15日に北京を訪問した中日文化交流協会の中島健蔵の前に姿を現した155)。そして、12月に

は訪中した覚書貿易関係者が廖承志の自宅を訪問して数年ぶりの再会を果たし、廖の政治的健在が明らかになったのである156)。

しかしながら、日中国交正常化への最終局面において、廖承志の役割は補助的であった。なぜなら、国交正常化に向けた対日政策の検討は、周恩来自らが統括していたためである。廖は外交部顧問として周の相談役を務め、日本人訪中団との接見に同席するようになる157)。

ニクソン大統領が訪中して上海コミュニケが発表された1972年2月以降、中国政府は、佐藤政権による水面下の打診を拒絶する一方で158)、ポスト佐藤をめぐる田中角栄と福田赳夫を中心とした党内政争の情報収集に精力を注いだ。同年3月に藤山愛一郎、4月に三木武夫が相次いで訪中した際も、周恩来は、自民党の派閥状況や、日中国交正常化に対する彼らの姿勢や態度を詳細に尋ねている。

また、5月に周恩来は古井喜實を中国に招請した。訪中した古井は、周恩来や廖承志らに日本政局に関して説明し、「田中氏は総裁選に必ず立候補する。もはや腰がくだけることはない。角福連繋は成り立たず、田中と大平は必ず連合する」という見通しを伝えた159)。このころ、古井は大平正芳ともたびたび接触して中国問題についての助言を行っており、4月21日には大平の仲介で田中角栄とも会見していた160)。周恩来の命令で対日情報を分析していた張香山は、5月段階で「誰が次の日本の首相になるかについて確信を持った」と述べている。中国側は、田中・大平連合の成立による田中の勝利を確信したのである161)。

6月17日、佐藤首相は引退を表明し、自民党総裁選への出馬を表明した福田、田中、大平、三木が、内政、外交両方の政権構想を相次いで発表した。中国側はこれに先立つ6月7日、東京の備忘録貿易辦事処の駐在員を2名増員することを日本側に通告し、同月19日には、空席であった東京連絡事務処の首席代表に蕭向前を任命して日本へ派遣することを決定した162)。さらに「五・七幹校」にいた孫平化も、5月下旬に北京に戻り中日友好協会に復帰した。そして、周恩来の命令を受け、総裁選後の新政権と接触を図るべく、7月4日、日本公演の予定があった中国上海バレエ団の団長として北京を出発した163)。日本に幅広い人脈を持つ廖班の孫と蕭が本格的に活動を再開したのである。

張香山によれば、6月下旬から、周はほぼ毎晩、人民大会堂に外交部および日本問題担当者を召集して会議を開き、日本政局の検討を行ったという164)。7月7日に総裁選に勝利した田中角栄が首相に就任すると、周恩来は、姫鵬飛外交部長、喬冠華外交部副部長、韓念龍外交部副部長と廖承志らに日本組を構成するよう命じ、自ら国交正常化の準備作業に対して詳細な指示を与えた165)。

東京に到着していた蕭向前と孫平化の両名に、「田中訪中と、中日国交正常化の交渉を歓迎する」メッセージを日本政府に伝達するよう周恩来から「重要指示」が伝えられたのは7月20日である[166]。両名は22日にホテルオークラで大平外相と秘密裏に会談を行った。この会談で、孫平化は田中、大平の両名が北京を訪問するのであれば、中国側は難題を出したりしないと述べ、柔軟な政治姿勢を示した。さらに日中間の接触ルートに関して、大平は「双方の交渉について、これまで私はたくさんのルートを考えていたが、今は状況が変わった」と述べ、以後の連絡は、中国側と外務省の橋本恕中国課長との間で直接行われることがとり決められた[167]。この後、8月3日に帰国した竹入義勝公明党委員長が持ち帰った竹入・周恩来会談記録（「竹入メモ」）によって、国交正常化の実現を確信した田中首相と大平外相は、9月末の訪中を決意する[168]。
　中国側と日本外務省との間で公式な交渉ルートが確立されるなかで、非正式接触者たる覚書貿易関係者が果たした役割はあくまで黒子であった。大平の助言役を務めてきた古井喜實は松本俊一らと共に9月9日に訪中した。一行は田中訪中に際して、テレビ中継を担当する放送関係者を乗せた初めての北京直行便に同乗した。一行は松村謙三と高碕達之助の遺影をいだいて飛行機から降りた。
　古井の訪中は、表向きは覚書貿易交渉の下打ち合わせのためであったが、実際には、大平から託された日中共同声明の日本側原案を中国側に内示するためであった[169]。だが、覚書貿易関係者が、北京での田中首相一行と共に日中国交正常化の晴れ舞台に立つことはついになかった。古井や田川に対する自民党内の反発に加え、外務省もこれから行われる日中首脳交渉において二元外交の虞(おそれ)がある覚書貿易関係者の残留を望んでいなかった[170]。結局、9月25日に予定された田中訪中の前日に彼らは帰国する。日中共同声明が発表され、日中国交正常化が成立したのは9月29日のことであった[171]。

おわりに

　日中国交正常化から半年が過ぎた1973年4月16日、国交樹立後初となる中国訪日代表団が東京に到着した。団長は中日友好協会会長を務める廖承志であり、孫平化、張香山ら55名からなる大型代表団であった。32日間に及んだ訪日で、廖承志一行は、田中首相、大平外相はじめ、藤山、古井といった自民党親中国派、各党の代表と会談を行った。さらに一行は日本各地を訪問して友好団体から大きな歓迎を受け、空前の日中友好ブームを巻き起こした[172]。知日派の象徴である

廖承志の訪日は、亡き松村や高碕の悲願の達成であり、中国側にとっても「人民外交」の集大成であった。
　本章で論じたように、1960年代は、廖承志がLT貿易の主導者として対日外交の表舞台に登場した時代であった。1960年代以降、保守分断を図り、国交正常化に向けた環境を整えるために、廖承志は池田政権と密接な自民党親中国派との関係を重視した。他方、親中国派にとっても、周恩来から絶大な信頼を受ける廖承志の存在は、政治問題を棚上げして日中関係を前進させるために不可欠であった。1962年のLT貿易協定は、廖承志と自民党親中国派の思惑が一致するなかで成立した。対外貿易部ではなく、周恩来の支持の下、廖承志が対日折衝の前面に立ったのは、LT貿易が単なる貿易交渉ではなく、高度の政治性を帯びていたためであった。中国政府が国交を持たない日本との間で異例の5年間という長期協定を締結し、さらに常駐連絡事務所設置まで受け入れたのは、対日関係の拡大を主張し続けた廖承志の存在に負うところが大きかった。
　ところが池田首相の病気退陣は、日中双方の目論見を大きく狂わせた。松村と佐藤首相の政治的反目もあって、自民党親中国派は政権への影響力を失い、佐藤政権下での「第二吉田書簡」問題から日中関係は再び悪化していく。さらに文革によって、廖承志と廖班の大半が機能停止に追い込まれると、LT貿易は日中双方での政治的庇護者を失うこととなった。覚書貿易と名称を変更したLT貿易関係者は、文革のなかで、廖承志を欠いた日中交渉がいかに困難かを痛感することになる。
　日中国交正常化は、中ソ武力衝突から米中接近に至る急激な国際環境の変動のなかで実現した。それは民間関係の積み上げによって、国交正常化に向かうと考えていた廖承志や自民党親中国派の予想とは異なる形であった。1960年代後半、廖承志や自民党親中国派が影響力を喪失したことによって、長年の悲願であった日中国交正常化の局面で、彼らの役割は周縁的なものにとどまらざるを得なかったのである。
　とはいえ、国交正常化以前から培われてきた廖班と自民党親中国派との人脈はその後も絶えることはなかった。とりわけ、古井喜實らが苦境のなかで日中のパイプを絶やさなかったことは、中国側の信頼を確固たるものにした。文革という苦難の記憶を共有することで、日中双方の関係者には、当初の打算や政治的思惑を超えて、いつしか友情が培われていた。国交正常化によって正規の政府間関係が構築された後も、彼らが築いた人脈はバック・チャネルとして機能し、1980年代末までの日中関係の安定的発展に寄与したのである。

1）大澤武司「戦後初期日中関係における『断絶』の再検討（1958-1962）」添谷芳秀編著『現代中国外交の六十年』慶應義塾大学出版会、2011 年、94-97 頁。
2）佐多忠隆参議院議員「中国訪問の報告書」（1958 年 8 月 29 日）日中国交回復促進議員連盟編『日中関係資料集（1945〜1971 年［増補改訂］）』日中国交回復促進議員連盟、1971 年、221-222 頁。
3）『朝日新聞』1958 年 10 月 4 日。原彬久『戦後史のなかの日本社会党』中央公論社、2000 年、128-130 頁。
4）杉浦康之「中国の『日本中立化』政策と対日情勢認識――日本社会党の訪中と日本国内の反米・反岸闘争の相互連鎖（1958 年 6 月〜1959 年 6 月）」『近きに在りて』56 号、2009 年 11 月、56-57 頁。
5）古川万太郎『日中戦後関係史［新装版］』原書房、1988 年、170-171 頁。
6）「日本社会党訪中使節団団長浅沼稲次郎と中国人民外交学会会長張奚若との共同コミュニケ」（1959 年 3 月 17 日）日中国交回復促進議員連盟『日中関係資料集』116-118 頁。杉浦康之「中国の『日本中立化』政策と対日情勢認識」59-60 頁。
7）同上、60 頁。
8）伊藤昌哉『池田勇人その生と死』至誠堂、1966 年、50-53 頁。
9）内閣書記官長時代を中心とする風見の回顧録として以下を参照。風見章『近衛内閣』中央公論社、1982 年。
10）中国政府は風見に資金援助も行っていたようである。警視庁の調査では、1952 年 7 月 5 日に「中共政府　劉寧一」名義で、風見個人に 770 万 2,276 円が送金されている。「中共よりの送金額」（1957 年 5 月）戦後外務省記録「日本・中共関係雑件」（A'0356）外務省外交史料館。
11）須田禎一「日中問題に生涯をかけて――風見章の人と思想」『世界』207 号、1963 年 3 月、271 頁。須田禎一『風見章とその時代』みすず書房、1965 年、第 5 篇。
12）古川万太郎『日中戦後関係史』173-174 頁。詳細な時期は不明であるが、西園寺公一も石橋と松村の「訪中を熱心に招請するよう中国に提案」していたという。王泰平（福岡愛子訳）『「日中国交回復」日記――外交部の「特派員」が見た日本』勉誠出版、2012 年、1970 年 9 月 1 日の条、33 頁。
13）姜克實『晩年の石橋湛山と平和主義』明石書店、2006 年、22 頁。
14）石橋湛山『石橋湛山全集』第 14 巻、東洋経済新報社、1970 年、424-425 頁。「日本前首相石橋湛山致周恩来総理函」（1959 年 6 月 4 日）中華人民共和国外交部档案館档案（105-00669-01）。
15）「風見章宛廖承志書簡 1959 年 8 月 20 日」「廖承志文集」編輯辦公室編（安藤彦太郎監訳）『廖承志文集』（下）徳間書店、1993 年、434-435 頁。
16）「廖承志同志和石橋湛山的談話記録」（1959 年 9 月 12 日）中華人民共和国外交部档案館档案（105-00669-02）。
17）「廖承志同志和石橋湛山第二次的談話記録」（1959 年 9 月 13 日）中華人民共和国外交部档案館档案（105-00669-02）。

18）「廖承志同志和石橋湛山第三次的談話記録」（1959 年 9 月 14 日）中華人民共和国外交部档案館档案（105-00669-02）。
19）姜克實『晩年の石橋湛山と平和主義』32-34 頁。姜は石橋に同行した宇都宮徳馬の講演を基に同会談で石橋が「日中米ソ平和同盟」構想を提案したと論じている。
20）同上、35-36 頁、46-66 頁。
21）同上、42-44 頁。
22）田川誠一『松村謙三と中国』読売新聞社、1972 年、79-80 頁。
23）『朝日新聞』1959 年 1 月 24 日（夕刊）。
24）田川誠一『松村謙三と中国』80-81 頁。
25）「廖承志先生宛書翰原稿（第一次訪中の件）」（1959 年 7 月）［日付不明］松村謙三記念館、富山県南砺市。廖承志宛松村謙三書翰（1959 年 8 月 5 日）松村正直編『花好月圓——松村謙三遺文抄』青林書院新社、1977 年、212-213 頁。
26）堀池友治『布衣之友』日経事業出版社、1990 年、39-40 頁。
27）劉徳有（王雅丹訳）『時は流れて——日中関係秘史五十年』（以下：『時は流れて』）（上）藤原書店、390 頁。
28）松村訪中については以下の記録が詳細である。古井喜実・井出一太郎・田林政吉「訪中所見」（1959 年 12 月）波多野勝ほか編『日中友好議員連盟関係資料　帆足計・中尾和夫文書——資料編』現代史料出版、2002 年、629-683 頁。田川誠一『日中交渉秘録』毎日新聞社、1973 年、10-31 頁。
29）古川万太郎『日中戦後関係史』179-180 頁。
30）「廖承志同志和松村謙三談話記録」（1959 年 10 月 21 日）中華人民共和国外交部档案館档案（105-00667-03）。
31）松村謙三「半生のつきあい——高碕達之助君を偲ぶ」松村正直編『花好月圓』249-250 頁。劉徳有『時は流れて』395 頁。
32）『朝日新聞』1960 年 3 月 2 日。
33）「中華人民共和国周恩来総理と鈴木専務理事との会談記録正文」「石橋湛山文書」国立国会図書館憲政資料室（整理番号 693-102）。
34）フランク・ディケーター（中川治子訳）『毛沢東の大飢饉——史上最も悲惨で破壊的な人災 1958-1962』草思社、2011 年、11 頁。
35）Lorenz M. Luthi, *Sino Soviet Split: Cold War in the Communist World,* Princeton University Press, 2008, Ch.5；ディケーター『毛沢東の大飢饉』14-15 章。
36）高碕達之助「十三年ぶりの満州」高碕達之助集刊行委員会編『高碕達之助集』（下）東洋製罐株式会社、1965 年、178-179 頁。
37）『朝日新聞』1959 年 1 月 18 日。
38）廖承志宛高碕達之助書翰（1959 年 7 月 20 日）「高碕達之助文書」（管理番号 57）、公益財団法人東洋食品研究所、兵庫県川西市。
39）「訪中議題」［日付不明］「高碕達之助文書」公益財団法人東洋食品研究所（管理番号 57）。

40）大久保任晴「高碕先生訪中時期に関する件」（1960 年 8 月 28 日）「高碕達之助文書」公益財団法人東洋食品研究所（管理番号 57）。
41）「周・高碕会談記録　第一回会談」（1960 年 10 月 12 日）情報公開法に基づく外務省開示文書（2002-00175）［以下：外務省情報公開、() 内は開示請求番号］。
42）「周・高碕会談記録　第二回会談」（1960 年 10 月 23 日）外務省情報公開（2002-00175）。
43）廖承志宛高碕達之助書翰（1960 年 12 月 12 日）「高碕達之助文書」公益財団法人東洋食品研究所（管理番号 57）。
44）高碕の対米工作については以下を参照。井上正也「高碕達之助の対米工作と日中関係」香川大学法学会編『現代における法と政治の探求──香川大学法学部創設 30 周年記念論文集』成文堂、2012 年。西園寺公一宛高碕達之助書翰（1961 年 9 月 1 日）「高碕達之助文書」公益財団法人東洋食品研究所（管理番号 57）。
45）中曾根康弘宛高碕達之助書翰（1961 年 2 月 27 日）「高碕達之助文書」公益財団法人東洋食品研究所（管理番号 57）。廖承志宛高碕達之助書翰（[1961 年] 2 月 26 日）「高碕達之助文書」公益財団法人東洋食品研究所（管理番号 57）。
46）高碕達之助宛廖承志書翰（1961 年 3 月 15 日）「高碕達之助文書」公益財団法人東洋食品研究所（管理番号 57）。
47）池田政権期の国連中国代表権問題については以下を参照。井上正也『日中国交正常化の政治史』名古屋大学出版会、2010 年、171-194 頁。
48）大澤武司「戦後初期日中関係における『断絶』の再検討（1958-1962）」104 頁。
49）中国課長「国連における中国代表権問題をめぐる松村、高碕両氏の動き」（1961 年 11 月 27 日）外務省情報公開（2002-00181）。中国課長「日中関係に関する松村謙三氏の動き」（1962 年 7 月 30 日）外務省情報公開（2004-00621）。Reischauer to Rusk, September15, 1962, Central Decimal File, 493.9441/9-1562, Record Group59, National Archives II, College Park, MD, USA.
50）中国課長「日中関係に関する松村謙三氏の動き」（1962 年 7 月 30 日）外務省情報公開（2004-00621）。大澤武司「戦後初期日中関係における『断絶』の再検討（1958-1962）」104-105 頁。
51）中国課長「日中関係に関する松村謙三氏の動き」（1962 年 7 月 30 日）外務省情報公開（2004-00621）。
52）伊藤昌哉『日本の政治──昼の意思と夜の意思』中央公論社、1984 年、110 頁。日中経済協会『「日中覚書の 11 年」報告書付属資料──岡崎・黒金回顧』（以下：『岡崎・黒金回顧』）日中経済協会、1975 年、16 頁。
53）「岡崎構想」（1962 年 6 月）外務省情報公開（2004-00548）。
54）日中経済協会『岡崎・黒金回顧』7 頁。伊藤武雄・岡崎嘉平太・松本重治（阪谷芳直・戴国煇編）『われらの生涯のなかの中国──六十年の回顧』みすず書房、1983 年、216-217 頁。
55）日中経済協会『岡崎・黒金回顧』7-8 頁。

56)「松村謙三氏と大平外相との会談録」(1962年9月11日) 外務省情報公開 (2004－00548)。
57) 中共中央文献研究室編『周恩来年譜』(中) 中央文献出版社、1997年、494頁。孫平化 (安藤彦太郎訳)『日本との30年——中日友好随想録』(以下:『日本との30年』) 講談社、1987年、107頁。松村謙三・高碕達之助宛廖承志書翰 (1962年8月26日) 松村謙三記念館。
58) 大澤武司「戦後初期日中関係における『断絶』の再検討 (1958-1962)」107頁。
59) 古井喜實『日中十八年』牧野出版、1978年、77頁。
60) 中国課「松村議員訪中に関する件」(1962年9月29日) 外務省情報公開 (2004－00617)。田川誠一『日中交渉秘録』39-40頁。
61) 古井喜實『日中十八年』77頁。
62) 日中経済協会『日中貿易の11年』日中経済協会、1975年、62頁。
63) 井上正也『日中国交正常化の政治史』257頁。
64) 日中経済協会『岡崎・黒金回顧』12頁。
65)「覚書」1962年11月9日、戦後外務省記録「本邦対中共貿易関係」(E'0212)、外務省外交史料館。覚書の署名は個人名であったが、1964年2月の高碕逝去後も、外務省は「同氏の逝去により失効するというような法的解釈は日中貿易関係者が何人も取らないところと思われる」と判断している。経通「高碕達之助の逝去とLT貿易について」1964年2月24日、戦後外務省記録「本邦対中共貿易関係」(E'0213) 外務省外交史料館。
66) 日中経済協会『日中貿易の11年』52頁。
67) 経済局東西通商課 (以下、経通)「高碕事務所 (日中総合貿易連絡協議会) について」(1964年2月28日) 戦後外務省記録「本邦対中共貿易関係」(E'0213) 外務省外交史料館。
68) 中国課「大久保任晴氏の訪中帰国談」(1963年3月15日) 戦後外務省記録「本邦対中共貿易関係」(E'0212) 外務省外交史料館。対外貿易部第四局は、アジア・アフリカ諸国との貿易関係を主管する部局である。
69) 日中経済協会『日中覚書の11年』53頁。
70) 中国課「大久保任晴氏の訪中帰国談」(1963年3月15日) 戦後外務省記録「本邦対中共貿易関係」(E'0212) 外務省外交史料館。
71) 添谷芳秀『日本外交と中国』162-163頁。経通「倉レビニロン・プラントの中共向延払輸出に対する政府の措置等について」(1965年2月21日) 戦後外務省記録「本邦対中共貿易関係」(E'0213) 外務省外交史料館。
72) 松永事務官「日中貿易覚書及び取極に関する三省間連絡の件」(1962年11月27日) 外務省情報公開 (2004－00599)。
73) 井上太郎『大原總一郎』中央公論新社、1998年、242-253頁。
74) 経通「対中延払輸出に対する外務省方針 (案)」(1963年5月29日) 外務省情報公開 (2004－00599)。

75)「高碕→廖承志宛発電」（1963年8月14日）「高碕達之助文書」公益財団法人東洋食品研究所（管理番号59）。
76)「廖承志→高碕　来電訳文」（1963年8月17日）「高碕達之助文書」公益財団法人東洋食品研究所（管理番号59）。
77) 新関駐香港総領事発外務大臣宛電報（1963年10月9日）戦後外務省記録「本邦対中共貿易関係」（E'0213）外務省外交史料館。
78)「廖承志的下半期対日工作的請示報告」（1963年7月25日）中華人民共和国外交部档案館档案（105-01863-01）。
79)『朝日新聞』1963年10月5日。
80) 経通「大久保高碕LT事務局長の訪中帰国談」（1964年5月12日）戦後外務省記録「本邦対中共貿易関係」（E'0213）外務省外交史料館。
81)「廖承志的下半期対日工作的請示報告」（1963年7月25日）中華人民共和国外交部档案館档案（105-01863-01）。
82)「廖承志辦事処和高碕辦事処関于互派代表并互設連絡事務所的会談紀要」（1964年4月19日）中華人民共和国外交部外交档案館档案（105-01299-03）。
83) 田川誠一『日中交渉秘録』56-60頁。
84) 孫平化『私の履歴書──中国と日本に橋を架けた男』日本経済新聞社、1998年、126頁。
85)『朝日新聞』1964年4月9日。
86)「関于南漢宸同氏訪日方案的請示」（1964年2月24日）中華人民共和国外交部档案館档案（105-01654-01）。
87) 田川誠一『日中交流と自民党領袖たち』読売新聞社、1983年、9-17頁。
88) 同上、28頁によれば、会見は18日であるが、佐藤榮作（伊藤隆編）『佐藤榮作日記』（第二巻）朝日新聞社、1998年によれば、14日に会見を行っている。ここでは佐藤日記に従った。
89) 田川誠一『日中交流と自民党領袖たち』28-29頁。
90) 同上、25-32頁。楠田実『首席秘書官』文藝春秋、1975年、32-33頁。
91) 井上正也『日中国交正常化の政治史』309-313頁。
92) 伊藤武雄・岡崎嘉平太・松本重治『われらの生涯のなかの中国』226頁。
93) この時期の日台関係の展開については以下を参照。川島真・清水麗・松田康博・楊永明『日台関係史　1945－2008』東京大学出版会、2009年、76-78頁。
94) 自民党内の親台湾派形成過程並びに「吉田書簡」の発出経緯については以下を参照。井上正也『日中国交正常化の政治史』258-291頁。
95) 堀幸雄・竹内静子「中国政策を問われる保守・革新」『エコノミスト』43巻8号、1965年2月、14-16頁。添谷芳秀『日本外交と中国』115-116頁。
96)「Sオペの存続」（1964年11月14日）楠田實（五百旗頭眞・和田純編）『楠田實日記』中央公論新社、2001年、930頁。
97) 池田後継をめぐる松村の画策については以下を参照。古川万太郎『日中戦後関係史』

227-232頁。
98) 1964年4月に大日本紡績からニチボーへ商号改称。
99) 井上正也『日中国交正常化の政治史』326-327頁。
100) 佐藤榮作『佐藤榮作日記』（第二巻）1965年3月25日の条。
101) Andrew Preston, *The War Council: McGeorge Bundy, the NSC, and Vietnam*, Harvard University Press, 2006, pp.191-207.
102) 中国課「日立造船の貨物船輸出契約失効に関する中共の態度」（1965年4月13日）外務省情報公開（2004-00621）。
103) 井上正也『日中国交正常化の政治史』第五章。
104) 「日中貿易関係5団体歓迎会における南漢宸演説（全文）」（1965年8月3日）外務省情報公開（2005-00012）。
105) 経總参（星川氏執筆）「経済局特別情報（第458号）」（1965年11月1日）外務省情報公開（2004-00604）。
106) 『朝日新聞』1966年4月23日（夕刊）。
107) 経通「松村議員の訪中について」（1966年5月30日）外務省情報公開（2004-00604）。
108) 古川万太郎『日中戦後関係史』247-250頁。
109) 小坂善太郎『あれからこれから――体験的戦後政治史』牧羊社、1981年、166-167頁。
110) 古川万太郎『日中戦後関係史』250頁。
111) ［作成者不明］「最近中共の対日政策」（1967年5月1日）外務省情報公開（2004-00621）。
112) 同上、255-261頁。
113) 文化大革命についての多くの研究が存在するが、さしあたり以下を参照。Roderick MacFarquhar and Michael Schoenhals, *Mao's Last Revolution*, Harvard University Press, 2006（ロデリック・マックファーカー、マイケル・シェーンハルス（朝倉和子訳）『毛沢東最後の革命』（上・下）青灯社、2010年）。
114) 中国課「最近の日中関係」（1967年10月15日）外務省情報公開（2004-00621）。日中両共産党の対立については以下も参照。小島優編『日中両党会談始末記――共同コミュニケはどうして廃棄されたか』新日本出版社、1980年。
115) 日中貿易促進会の解散過程については以下を参照。日中貿易促進会の記録を作る会編『日中貿易促進会――その運動と軌跡』同時代社、2010年。辻誠『日中民間貿易史――日中貿易商社第一通商の興亡から』王禅寺チャイナセンター、2012年、第10章。
116) 日中友好協会の分裂経緯については以下を参照。日本中国友好協会（正統）中央本部編『日中友好運動史』青年出版社、1975年、137-144頁。
117) 経通「『日中友好貿易促進に関する議定書』の問題点とこれが反響について」（1967年4月3日）外務省情報公開（2004-00604）。
118) 国貿促については以下が詳細である。添谷芳秀『日本外交と中国』139-144頁。
119) 廖承志は、文革の発生当初しばらくは健在であり、関係者の前に出てこなくなった

のは 1967 年初頭であったという。周斌氏に対する筆者らのインタビュー（2011 年 8 月 6 日・7 日、上海）。
120）［作成者不明］「最近中共の対日政策」（1967 年 5 月 1 日）外務省情報公開（2004-00621）。
121）青山瑠妙『現代中国の外交』慶應義塾大学出版会、2007 年、244-249 頁。
122）井上正也『日中国交正常化の政治史』386-387 頁。
123）経通「総理訪台の日中貿易に対する影響、来年度 LT 貿易取極交渉等に関する高碕事務所員の内話」（1967 年 9 月 6 日）外務省情報公開（2006-00939）。
124）中国課「LT 交渉の開始について」（1967 年 11 月 13 日）外務省情報公開（2005-00009）。
125）中国課「LT 協定延長問題」（1967 年 12 月 11 日）外務省情報公開（2005-00009）。
126）遠藤駐香港総領事発外務大臣宛「石野、枝林両議員の訪中談」（1968 年 1 月 24 日）外務省情報公開（2006-00939）。古川万太郎『日中戦後関係史』262-263 頁。
127）中国課「最近の北京における日中会談（政治問題・LT 協定延長問題等）に関する内話」（1968 年 3 月 12 日）外務省情報公開（2006-00939）。
128）古川万太郎『日中戦後関係史』268-269 頁。
129）中国課「最近の北京における日中会談（政治問題・LT 協定延長問題等）に関する内話」（1968 年 3 月 12 日）外務省情報公開（2005-00009）。
130）同上。
131）経通「1968 年度『覚書貿易』（旧 LT 貿易）交渉の妥結について」（1968 年 3 月 14 日）外務省情報公開（2006-939）。
132）田川誠一『日中交渉秘録』200-201 頁。岡田晃駐香港総領事発外務大臣宛電報（1969 年 2 月 27 日）外務省情報公開（2005-0009）。
133）厳夫の肩書きについては以下を参照。中国課「古井・周恩来会談の記録」（1969 年 4 月 14 日）外務省情報公開（2005-0009）。
134）岡田（晃）駐香港総領事発外務大臣宛「MT 代表団代表の内話（報告）」（1969 年 3 月 22 日）外務省情報公開（2006-00939）。
135）1969 年の覚書貿易交渉については以下を参照。田川誠一『日中交渉秘録』136-204 頁；鹿雪瑩『古井喜実と中国』思文閣出版、2011 年、第 7 章。
136）田川誠一『日中交渉秘録』152-153 頁。
137）中国課「日中覚書貿易の『会談コミュニケ』について」（1969 年 4 月 4 日）外務省情報公開（2006-00939）。
138）中国課「日中覚書貿易交渉に関する岡崎所長の内話」（1969 年 3 月 31 日）外務省情報公開（2005-00009）。
139）毎日新聞社政治部編『転換期の安保』毎日新聞社、1979 年、45-48 頁。
140）中国課「日中覚書貿易交渉に関する田川議員の内話」（1969 年 4 月 4 日）外務省情報公開（2005-00009）。
141）中国政府の対米政策転換の過程については以下を参照。Gong Li, "Chinese Decision

Making and the Thawing of U.S.-China Relations," Robert S. Ross and Jiang Changbin, eds. *Re-examining the Cold War: U.S.-China Diplomacy, 1954-1973*, Harvard University Press, 2001.

142) 井上正也『日中国交正常化の政治史』401-404 頁。
143) 朱建栄「中国の対日関係史における軍国主義批判」『年報・近代日本研究』(16)、山川出版社、1994 年、320 頁。
144) 1970 年の MT 貿易交渉については以下が詳細である。鹿雪瑩『古井喜実と中国』第 8 章。
145) 田川誠一『日中交渉秘録』225 頁。
146) 鹿雪瑩『古井喜実と中国』190-196 頁。
147) 岡田駐香港総領事発外務大臣宛電報「訪中代表団員の内話(報告)」(1970 年 4 月 23 日)外務省情報公開(2005-00009)。
148) 王泰平『「日中国交回復」日記』1971 年 1 月 11 日の条、229 頁。
149) 張香山(鈴木英司訳)『日中関係の管見と見証』三和書籍、2002 年、266-267 頁。
150) 『朝日新聞』1971 年 8 月 25 日。松村の弔問外交については以下を参照。田川誠一『松村謙三と中国』第 5 章。
151) 古川万太郎『日中戦後関係史』307-308 頁。
152) 田川誠一『日中交渉秘録』268 頁。
153) 古川万太郎『日中戦後関係史』327-329 頁。
154) 同上、309 頁。
155) NHK 取材班『周恩来の決断』日本放送出版協会、1993 年、34-36 頁。
156) 田川誠一『日中交渉秘録』317-319 頁。
157) 周斌氏に対するインタビュー(2011 年 8 月 6 日・7 日、上海)。
158) 佐藤政権末期の対中接触工作については以下を参照。井上正也『日中国交正常化の政治史』471-478 頁。
159) 古井喜實「日中国交正常化の秘話」『中央公論』87 巻 12 号、1972 年 12 月、142-143 頁。
160) 早坂茂三『政治家田中角栄』中央公論社、1987 年、364-365 頁。
161) 張香山『日中関係の管見と見証』126-127 頁。
162) NHK 取材班『周恩来の決断』88-90 頁。
163) 孫平化『日本との 30 年』150-151 頁。
164) 張香山『日中関係の管見と見証』127 頁。
165) 金冲及『周恩来伝』(下) 336-337 頁。
166) 王泰平『「日中国交回復」日記』1972 年 7 月 17 日の条、492 頁。
167) 同上、1972 年 7 月 22 日の条、493-498 頁。
168) 井上正也『日中国交正常化の政治史』504-507 頁。
169) 田川誠一『日中交渉秘録』356-359 頁。
170) 同上、377-378 頁。

171) 日中国交正常化交渉に関しては以下を参照。井上正也『日中国交正常化の政治史』第 8 章、服部龍二『日中国交正常化』中央公論新社、2011 年。
172) 孫平化『日本との 30 年』191-194 頁、[無署名]「廖承志訪日団の足跡」『世界』332 号、1973 年 7 月、186-188 頁。

第7章

廖承志の対日工作と中華民国
―― LT 貿易協定・廖承志訪日を中心に

戴　振豊（翻訳：杜崎群傑）

はじめに

　1949年10月の中華人民共和国中央人民政府（以下：中共）成立後、廖承志は中共の対日工作における重要な役割を演じた。しかし、1962年に「日中貿易に関する（廖承志・高碕達之介の）覚書」（以下、LT貿易協定）が成立する前まで、中華民国政府（以下：国府）は、廖承志個人に直接的な対応策をとることはなかった。当時、国府は日本政府との間に正式な外交関係を持っていた。そのため、中共による対日接触の試みに対しては、国府は正式な外交ルートを通じて日本政府に圧力を加え、日中間のいかなる接触にも全面的に反対していた。このような状況下で、廖承志という個人名が国府の対日政策に現れることはきわめてまれであった。しかし、1962年に高碕達之助と廖承志の頭文字を冠したLT貿易協定が締結されると、廖の対日工作に対抗すべく国府でも対応策が検討されるようになる。廖承志の対日工作は、国府にとっては単なる対日接近にとどまらないインパクトがあった。国府は、廖承志の中華民国の在外居留民に対する統一戦線（以下：統戦）活動を特に重視しており、これに対応する必要に迫られていたのである。
　LT貿易をめぐる廖承志の対日工作に対する国府の対応策は、これまで十分に研究されてこなかった。しかし、近年の中華民国外交部档案の公開により研究環境は徐々に整いつつある。本章は、国府がいつから廖承志を敵対人物とみなすようになったのか、廖の対日工作はいかなるものであり、国府はどのように対応したのか、また日華断交以前、国府が日本政府にどのような圧力をかけたのか、日華断交後に国府はいかなる措置を行うようになったのか、といった問題を念頭に置いて分析を行う。

I LT貿易協定に関する日華の外交交渉

1 LT貿易に対する外交部の態度

　LT貿易協定の締結以前、日本と中共の間には計4回の民間貿易協定が締結された。日本政府と正式な外交関係にあった国府は、当初、中共の対日工作の一部にすぎない廖承志の動きを、大きく扱うことを望んでいなかった。しかし、LT貿易協定成立後、国府は、対日交渉の場に廖承志の名前を持ち出すようになる。これは廖の名がLT貿易の名称に盛り込まれたことに加えて、この協定が半官半民の性質を帯びていたためである。廖承志に目を向けざるを得なくなった国府では、これ以後、「廖匪承志」（匪賊廖承志の意――訳者注）と記された多くの対策案が提出されるようになる。

　1962年11月に締結されたLT貿易協定は、1958年の長崎国旗事件を契機に、日中経済関係が全面断絶して以来の日中貿易の再開を意味した。1963年4月15日、中華民国駐日大使館の外交部への電報において、過去4回の日中民間貿易協定の交渉経緯を説明している[1]。駐日大使館は、2日後さらに外交部に打電し、LT貿易協定に国府が対応策をとるべき理由を説明して、台北の指示を仰いだ。駐日大使館は、通産省が北京で日中輸出入組合の日本事務所を設立する意思があると報告し、この問題が発展すれば、過去の日中民間貿易協定の際に論じられた日本と中共の通商代表部の相互設置という主張につながることを懸念していた[2]。

　駐日大使館から報告を受けた外交部亜東司は、5月27日に沈昌煥外交部長に報告し、事態を重視した沈は、関係機関を招集して対策案について協議することを指示した[3]。沈の指示に基づき、亜東司は、以下の原則を軸とした対応方針を定めた。

　　一、第四回日匪［中］貿易協定［第四次日中貿易協定］の時、我々は日本側が匪賊（中共匪賊――訳者注）の商務代表に官員の身分と外交特権を与え、これによって匪賊の旗を掲げることを認めることに厳重に反対した。我々の現在の立場は、やはり貿易は政治に及ぶべきではなく、もし政治に及ぶ場合は、情勢を見極め、商業交流の停止などの断固とした措置をとるべきである。いわゆる政治に及ぶことの範囲は、政府間協定を結ぶこと、政府としての貿易代表あるいは機構を設立すること、匪賊側の商務人員に外交特権を与えること、匪賊の旗を掲げることを許可することなどの各項目が含まれる。
　　二、政治に及ばない日匪間の貿易拡大の措置に対しては、我々は成敗にこだわらずに日本側を説得し、これを利用して日本と匪賊の関係が発展する速度を

遅らせ、日匪貿易関係が発展し、これによって政治にまで問題が及ぶという厳重な局面を極力阻止するべきである4)。

　亜東司の対応方針に同意した沈昌煥部長は、外交部の朱撫松次長を通じて関係部局による会議の開催を指示した。第1回会議は7月6日に開催され、外交部は財政部、経済部、外匯貿易審議委員会および台湾省政府を招請して協議を行った。この会議では以下の4点の結論に達した。

　　一、中日5)貿易における我々の日本への依存度が大きいこと、特に我々の砂糖、米、塩、バナナなどの対日輸出が最も重要であることに鑑みて、匪賊の対日貿易については、経済的な制裁手段をとるべきではない。
　　二、我々が日匪貿易を阻止する場合は、政治的な方面から着手し、米国の日本への影響力を利用するべきである。
　　三、日本政府が政経分離の原則を厳守するよう促す。
　　四、日匪貿易の事項に関する策略に応じて、重点的反対の方法をとるべきである。もし日匪貿易が政治問題に及んだ時、我々はさらに厳重な措置をとるべきである6)。

　すなわち、外交部が主導した対応策は、日本のLT貿易に対して直接的な報復を加えるものではなく、日本政府に政経分離の原則を遵守することを要求することにとどまり、日中貿易が政治的な問題に及ぶ場合には、国府は厳重な措置をとるというものであった。

2　ビニロン・プラントの対中輸出をめぐる日華首脳外交

　1963年6月30日に倉敷レイヨン株式会社が、ビニロン・プラントを中共に売却する契約を締結し、同年8月20日、日本政府は日本輸出入銀行融資による延べ払い輸出を決定した。このため、国府は政経分離の原則に違反したとみなし、この後様々なルートを通じて日本政府に決定変更の圧力が加えられた。例えば、総統府秘書長の張羣は、日華協力委員会（中日合作策進会）のメンバーである大野伴睦や岸信介などの代議士にこの事実を伝え、池田内閣に圧力をかけようとした7)。

　さらに蔣介石総統も、8月22日に吉田茂に電報を発した。吉田茂元首相は池田勇人首相の政治上の師であることから国府は吉田の影響力に期待していた。蔣介石電報は、「ビニロン・プラントを分割払いの方式によって匪賊に売却する議

案の通過は、ただ匪賊に経済的な援助を与えるだけではなく、盗人に糧食を与えることとなり、その経済的力量を強め、その侵略的野心を助長するであろう」と池田政権の決定を厳しく批判し、「もし実施に付すれば、必ずさらなる民情の沸騰を招き、制止できなくなり、新旧の怨みが発生し、これが両国の友好に憂いをもたらすであろう」と日華関係への深刻な影響を示唆した。そして、吉田に対して、こうした事態を「極力制止」することを要請したのである[8]。

張厲生駐日大使は、蔣介石の親電を受け取った後、8月24日に吉田茂に面会して親電を手渡した。吉田は当初、池田首相は中共が支払い能力を有しておらず、貿易の数量も限りがあることを熟知しており、日本は生産の増大によって市場開拓を迫られているだけであると述べ、延べ払い方式による中共との貿易は、日本が市場を開拓する方法の一つであると池田政権の方針を擁護した。

だが、同時に吉田は、倉敷レイヨンが中共に売却しようとしているビニロン・プラントを中華民国が購入するという代案を提起した。すなわち、吉田は、倉敷レイヨンが中共に売却予定のプラントを中華民国が購入することで、倉敷レイヨンの損失を避けることができるうえ、もし中華民国の資金が不足しているのであれば、合弁方式を採って各国が半分ずつ出資するのはどうかと提案したのである。吉田は、この方法によって日華経済協力を具体化することができ、かつ米国政府が希望していた、日本が中華民国を経済的に援助する方針にも合致すると述べたのである。

そして、最後に吉田は、国府と池田政権との意見の相違を調整させるために橋渡しをする用意があると返答した。吉田は、その晩に池田首相と大平正芳外相に電話をかけ、蔣介石親電の内容を伝え、池田と大平の意見を聞いている[9]。

しかし、池田首相は吉田の要請を事実上拒絶した。8月27日、吉田は腹心の北沢直吉代議士を張厲生大使のもとに派遣した。北沢は、ビニロン・プラントを中華民国に購買させるという提案を池田に伝えたが、池田首相は、(1) 延べ払いについては西欧各国の基準と同じである、(2) 中共に対する延べ払い条件は、自由主義陣営が後進国に与えるものと比較して優れているとはいいがたい、(3) 中共に与える信用は一定程度のものであり、倉敷レイヨンの後はしばらく中共と同様の貿易を行わない、という理由から拒絶されたと伝えた。

池田を説得できなかった吉田は、9月4日に蔣介石親電に対する返電を認めた。吉田は、改めて蔣介石に日本が決定を変更できない理由を説明した。吉田は、ビニロン・プラントの輸出は、純民間の商業貿易であり、決して経済的に中共を援助するものではないと強調した。そして、人造繊維は、非戦略物資かつその技術

は一般的に知られており、政府による長期間の慎重な考慮を経たものであると述べている。さらに吉田は、最近の池田によるオーストラリア、ニュージーランド訪問に際して訪問先に台湾を含めなかったことは、臨時国会の招集が間近であったためであり、他意は全くないとした10)。

9月5日、吉田は自ら張厲生を訪ね、日本政府の決定を変更させることができず、池田が訪台しなかったことを謝罪した。張厲生は外交部への報告のなかで、吉田に池田訪台を要求したことはなく、吉田が暗黙のうちに池田に訪台するよう仕向けたことを示しており、ここから日華間の緊張関係を解決しようとしていたと伝えている11)。

こうしたなか、池田が国府の「大陸反攻」能力に疑念を示したという発言が報じられると、国府は抗議のために張厲生駐日大使の召還を決定した。さらに10月7日、中共訪日代表団通訳が亡命した周鴻慶事件が起きると、国府は代理大使を務める張伯謹駐日公使や多くの大使館員に対しても召還命令を下し、日華関係の緊張は一挙に高まりを見せたのである12)。

張伯謹は、帰国前に国民党中央委員会第六組主任である陳建中と共に、12月30日に吉田を訪問した13)。吉田はこの会談で、池田に訪台するよう説得すると表明し、もし池田訪台が実現しない場合は、自ら訪台する意志があることを示した。翌日、毛利松平外務政務次官は、陳建中に対して、吉田が訪台し、その後に大平外相を派遣して台湾で会談を行うことを通知した。また、木村四郎七駐華大使は、吉田の電文を張羣に渡し、国府が吉田訪台に同意するよう要請した。これに対して張羣は、日本政府が吉田に全権を付与し、池田首相の親書を携帯することを条件とするならば、吉田訪台に同意すると回答したのである14)。

訪台に先立ち、吉田は、日本の国内政局に引き込まれるのを避けるために、日中貿易問題および国際連合における中国代表権問題を、声明に含めないという要求を提示し、国府側もこの要求に同意した。日本側も吉田が池田親書を携帯し、吉田の訪台は個人名義であるが、中華民国が特使として待遇することで同意がなされ、最終的に1964年2月23日に吉田が北沢直吉と娘の麻生和子を伴って訪台することが決定された。

訪台した吉田は、2月24日から26日の期間に蒋介石との間で3回の会談を行った。会談において、吉田は親米反共を表明したが、依然として日本の民間が中共と貿易を行うことについて支持する態度を貫いた。また、吉田は日中貿易について蒋介石に持論を述べている。吉田は、中国大陸には6、7億の人口があり、現在世界各国と小麦・綿花などの貿易を展開しており、日本が長期にわたって中

国大陸を放置することは、不可能であると伝えた。そして、吉田は間接的な表現で日中貿易は必然的であるということを示したのである。

こうした吉田の態度に対して、蒋介石が反対したのは、ビニロン・プラントの延べ払い輸出と、戦略的物資やその他の中共の侵略を助長する大規模貿易の実施であった。蒋は、日本が純粋な民間関係を基礎として、中共に分割払いの方式によって輸出することには黙認する姿勢を示したのである[15]。

吉田訪台は、プラント問題については解決できなかったが、国府に日中民間貿易の必要性を確認させたと同時に、吉田が政治的な反共姿勢をとることで、台湾と日本との経済協力を進めること、双方の経済提携は日華協力委員会において具体的な協議を行うことを表明した。

蒋・吉田会談において両者は、共通認識には到達したが、その後、蒋介石・張羣と吉田茂の間の書簡の往復によって、いわゆる第二次吉田書簡問題を引き起こした。

第二次吉田書簡は、吉田宛張羣書簡（3月4日付）に対する吉田からの返信（4月4日付）のことを指し、内容は張羣が提示した「中共対策要綱案」を吉田が確認したものである。「中共対策要綱案」は、吉田茂の会談時における発言を要約したものであり、張羣と吉田側近の北沢直吉との間で合意された共通認識であった。その内容は以下の通りである。

一、中国大陸六億の民衆が自由主義諸国と平和的に共存しつつ自由主義諸国との貿易を拡大して世界の平和と繁栄に寄与出来るようにするためには、中国大陸の民衆を共産主義勢力の支配より解放し自由主義陣営内に引き入れることが肝要である。
二、右目的のため、日本、中華民国両国は具体的に提携協力して両国の平和と繁栄を実現し、自由主義体制の具体的規範を中国大陸民衆に示すことにより大陸民衆が共産主義勢力より離反し共産主義を大陸より追放するように誘導すること。
三、中華民国政府が中国大陸内の情勢その他世界情勢の変化に依り客観的に見ていわゆる政治七分軍事三分の大陸反攻政策が成功すること確実と認むる時は日本は大陸反攻に反対せず、これに精神的道義的支持を与えること。
四、日本はいわゆる二つの中国の構想に反対すること。
五、日本と中国との貿易は民間貿易に限り、日本政府の政策として中国大陸に対する経済的援助に支持を与えるが如きことは厳にこれを慎むこと[16]。

実際、吉田は4月4日付返信で「中共対策要綱案」を確認する前に、新聞紙上

で日華関係への考え方を表明していた。吉田は3月13日付の『朝日新聞』での「あえて一言」と題する署名記事で、訪台の感想について、日本統治時代に残した砂糖やその他の産業は、継続して発展しており、またその他の日本の遺産、すなわち島民教育も普及していると述べた。そして、7億の人口を有する中国大陸の市場は無視できないが、共産主義体制下の中共との間では、たとえ通商を行うことができても、大きな期待は持てず、共産主義国家との間には政経分離はありえないことを十分考える必要があるとした。一方、吉田は日本政府に対しても、韓国および台湾とは強固な友好関係を築き上げることができ、これによって三国相互の繁栄のみならず、日本と西欧各国、特に米国との親善関係もさらに促進できるとの考えを示した[17]。

吉田は、一貫した親米反共の立場を示し、これに基づく国府との外交関係の重要性を主張した。しかし、同時に吉田は、3月20日付の張羣宛の書簡において、日本の利益のために倉敷レイヨン製ビニロン・プラントについては、会談時における国府の要求を池田首相に伝達したが、日本政府の決定は変更できないと説明し、同時に国府が新しい駐日大使をすぐに派遣することを要求していた[18]。

木村四郎七大使を通じて吉田書簡を受け取った蔣介石は、吉田に返信し、大使の派遣は近日中に決定するが、ビニロン・プラントの案件については、日本政府が政府系金融機関によらないことを保証し、民間貿易の方針を確実に守ることを希望した[19]。その後、吉田は5月7日にもう1通の書簡を張羣に送った。ここで吉田は以下の2点を国府に表明している。

> 一、中共向プラント輸出に関する金融を純粋の民間ベースによることについては、貴意に沿い得るように研究を進めたい。
> 二、いずれにしても、本年［1964年］中には、日本輸出入銀行を通ずる大日本紡のビニロン・プラントの対中共輸出を認める考えはない[20]。

5月9日、黒金泰美内閣官房長官は、政府がビニロン・プラント輸出について、民間銀行による融資を考えており、大日本紡績製のビニロン・プラント輸出については、日本輸出入銀行による融資は行わないとした[21]。5月末、池田首相は、LT貿易に従事していた岡崎嘉平太と面会し、1965年から日本輸出入銀行によるビニロン・プラントの延べ払い輸出に同意できなくなったと説明した[22]。これは吉田が、池田政権の対中政策に影響を及ぼしたことを示している。これを受けて、国府は6月に魏道明を新駐日大使として派遣し、日華関係を正常状態に戻す

ことに同意したのである。

　中華民国のLT貿易への対応策は、外交当局による交渉から、蔣介石自身による関与に変化し、池田首相に影響力を有した吉田が具体的な工作対象となった。その成果から見れば、きわめて成功した戦略であったといえよう。吉田の影響力は池田政権期のみならず、その次の佐藤栄作政権期になった後も継続した、1965年2月には佐藤は国会において、継続してプラント輸出に関する吉田書簡を遵守することを表明した[23]。これによって、日本のビニロン・プラントは、中共の第三期五カ年計画から排除され、日中民間貿易は伸び悩むことになるのである。蔣介石の主導下によって吉田を対象に進められた対日工作は、日本政府に政経分離を厳守させるという目的を達成したのである。

II 「谷振海」と「山田武雄」の地下情報活動

1 「谷振海」と「山田武雄」の連携活動の組織構造

　LT貿易協定の締結後、国府は、外交部および張群による対日交渉以外のルートを活用するようになった。具体的には「谷振海」と「山田武雄」と呼ばれる架空の人名を冠した地下情報活動のネットワークを通じて、廖承志のLT貿易に対する経済闘争が進められた。「谷振海」は、国民党の第六組、駐日大使館の外交員、国家安全局の日本駐在員を含んでおり、その活動は主に地下情報活動を担っていた。秘書長は張炎光が務め、台湾における対日工作のネットワークを統括していた。他方、「山田武雄」は、駐日大使が責任者を務め、主な活動は日本現地における対日工作を担うことにあった。

　1965年3月18日、「谷振海」は、外交部長発公文の附属文書「経済貿易と歩調を合わせた日本における敵への闘争活動を強めることに関する意見（加強経済貿易配合在日対敵闘争工作意見）」において、日本における経済闘争を強める理由を次のように示した。すなわち、同文書は「匪賊の廖承志東京事務所[24]を設立してから、匪賊の孫平化は9名の記者と共に日本に到着後、その緊密な組織力、豊かな経済力、貿易を拡大させるという魅力、文化宣伝人員の交流による影響力を利用し、匪賊の核実験成功の後、匪賊の幹部は華僑のコミュニティと日本社会において宣伝を拡大し、脅迫と恐喝を進めている」という現状分析を示した。そして、「今後は全力かつ積極的に日本の各地区における有力な反共親華人士と共に、日華親善団体を組織し、我らの在日華僑および留学生組織と相互に協力し、互いに呼応し合い、［中略］これによって現在の劣勢に置かれている状態を挽回

する」必要があると主張したのである[25]。

そして、これらを踏まえて「谷振海」は、対日経済闘争についての二つの方法を提示した。第一は、外国商人や華僑商人の企業に対する制裁措置である。すなわち、「谷振海」は、①「輸出の特に有利な産品は、政府の外貨収入と国際市場の開拓に影響を及ぼさないという原則の下、海外の忠実な華僑商人の権益を保護し、共匪と貿易をする外国商人と華僑商人への販売を絶対に禁止するべきである」、②「対日経済貿易と輸出入商品は、積極的な面では日本側の反共の力量と歩調を合わせ、それらを勝ち取るために、外交部すなわち駐日大使館が主管機関に意見を提供するべきであり、［中略］消極的な面においては共匪と貿易を行った企業のいかなる商品も購入しないようにするべきである」と提言していた[26]。

第二に「谷振海」と「山田武雄」の連係が協調された。具体的には、「山田武雄」との協調・連係の活動を強めるために、「山田武雄」の下に日本連係協調小組の設置が提案された。日本連係協調小組は、駐日大使館の経済参事・中信局・中国銀行・国民党の在日駐在員・安全局の在日駐在員から構成され、経済参事が招集を担うことが提起された。その活動内容は以下の3点が想定された。①日本商人・中国商人で共匪と貿易関係のあるもののリストを調査し、中央に提供し秘密裏に参考とさせる。②現地の財政経済貿易機構の責任者による定期的な業務報告を聴取し、わが国の日本における経済貿易業務について随時協議し検討する。③わが国と経済貿易の交流を持つ日本商人・中国商人と計画的に連係・運用し、反共協力関係を強める[27]。

「谷振海」が提起した「山田武雄」との連携は、組織面では、駐日代表処・国民党・安全局のみならず、また中国銀行や中信局も含まれており、工作内容も中共に対する経済闘争の色彩の強いものであった。

2　中国貿易振興会の構想

「谷振海」による意見提出の後、駐日工作小組すなわち「山田武雄」は、この方法に依拠して、日本貿易振興会を模倣した中国貿易振興会の設置を提案した。「山田武雄」は、正式な規約を制定して理事選挙を実施し、総会を台北に支部を海外各地に設置すべきであると主張した。そのうえで、東京分会を優先的に成立させ、そのなかに文書・会計・人事・庶務・交際・調査・研修・編集翻訳・宣伝展開の各課を設け、東京において匪賊に対する闘争活動を行っている人員を、各課に編入して、課長・副課長・課員を担当させることを提案した。分会の組織については、主任と副主任の2名からなり、「山田武雄」・国民党の在日駐在員の責

任者および安全局の在日駐在員の責任者が担当し、全体の工作者を監督するとした。

また財源については、第一に愛国人士および関係商工業者による寄付を想定し、第二に外貿会により対外貿易専用の口座を斟酌し、経合会・中央信託局・台湾省物資局・中国生産力及貿易中心・中国手工業推広中心などが費用分担することが想定された。以上の計画の下で、まず小規模な中国貿易振興会を成立させて、「谷振海」がこれを主管し、その後、東京で総会直属の貿易センターを設置して、「山田武雄」に調査・展覧・連係などの業務を主管させることを提案したのである[28]。

提言のなかで、「山田武雄」は、「もし綿密かつ有効に反共協力という目的を執行し、達成したいのであれば、大規模な機構が多くの財力や人力を有しなければ成功しない」と述べ、さらに「日本の警察・政治・税務の執行は厳密であるので、居住者の活動および金銭収支は、必ず現行法令に符合させなければならない」と主張している[29]。

「山田武雄」の提案に基づき、「谷振海」は関係部門を招請して会議を開いた。1965年5月5日、張炎光秘書長が主導して、財政部・経済部・僑委会・外貿会・中信局・安全局・国民党第六組・外交部といった各部門を招請し、意見交換が行われた。しかし、この会議の席上で中国貿易振興会の設立については、外貿会・財政部が反対を表明し、経済部・中信局・僑委会も暗に不賛成であることを示した。

各部門が中国貿易振興会の設立に消極的であった理由は、その役割の曖昧さにあった。すなわち、モデルとなった日本貿易振興会は巨大組織であり、基金も豊富で、貿易を拡張する実在の機構であった。仮に中国貿易振興会が、反共闘争活動だけを援護する目的であれば、このような巨大機構を設立する必要性が薄く、もし貿易促進と匪賊への闘争活動を同時に行おうとすれば、両者は性質が全く違うものであるために、将来の業務分担および機構運営に困難をもたらすことが想定されたためである[30]。

さらに国府には日本貿易振興会を模倣して組織した「中国生産力及貿易中心」という組織が存在しており、米国の援助を利用して拡充が予定されていた。中国貿易振興会という同様の組織を成立させることは組織の重複につながり、日本人に猜疑の念を抱かせることが憂慮されたのである。このような事情のため、結局「谷振海」は、中国貿易振興会の設立を保留とし、駐日連係協調小組によってさらに慎重に審議することを決定している[31]。

3 「谷振海」と「山田武雄」による対日経済闘争

　その後、「山田武雄」は、日本連係協調小組設立後の編成に基づき、経済闘争活動を進めた。現存する 1965 年 6 月の日本連係協調小組の活動月報によれば、「山田武雄」の下の日本連係協調小組は、貿易金融組、交通事業小組、僑商組の三つに分かれていた。「山田武雄」はこの三つの組の関係情報を収集することで、日本における中共との経済闘争を進めようとした。また、「山田武雄」は、地下活動を担うこれらの三つの組に加えて、合法的な社団を設立し、活動を支援するべきであると依然として考えていた。そのため、「中国生産力及貿易中心」の名義を利用し、日本に事務所を設立することを提案している[32]。しかし、公開された史料からは、「谷振海」と「山田武雄」の地下活動が、実際に「中国生産力及貿易中心」の内部に関与していたかは不明である。

　「山田武雄」の活動の主要成果は、中共との貿易関係を持つ日本企業と国府系の華僑商人のブラックリストを作成した点である。国府に提供されたブラックリストが、日本への経済制裁に利用される際は、外交部・経済部・行政院国際経済合作発展委員会・行政院外匯貿易審議委員会が共同で進めた。このブラックリストの作成が開始されたのは 1965 年 6 月以降と思われる。なぜなら、同年 6 月の活動月報で「山田武雄」は、「谷振海」に対して、未だ「匪賊との貿易を行っている日本商社に、わが国は貿易を行わないということについて、現在その他の修正があるかどうか」の指示を仰いでいるからである[33]。

　この問題をめぐり「谷振海」から指示があったかは不明である。しかし、国府は、7 月から「匪賊」企業を食い止める問題の議論を始めており、ここから「山田武雄」の「匪賊との貿易を行っている日本商社には、わが国は貿易を行わない」という提言が受け入れられたと推測できよう。経済部は、7 月 7 日に行政院への公文書において、「いかにして匪賊と通じる日本企業を制御するかについては、駐日の各機関によってすでに組織されている日本連係（協調）小組が、現在このような日本商人を調査し、ブラックリストを作成している」と述べている。同時に経済部は「各機関および公営事業にブラックリストに載っているいかなる企業へも物資を販売しないように秘密裏に指示する」ように行政院に提案している[34]。このことから「山田武雄」による「匪賊」に通じる日本商社・企業のブラックリストの作成は、すでに始められていたことが分かる。

　ところで、中共との貿易に関わる日本企業に対する輸出禁止に関して、経済部の文書には、「原則的にこの制約を受けることはなく、特殊な状況下で外匯貿易審議委員会が個別の状況を判断して執行できる」とする一文が含まれていた[35]。

経済部は、経済制裁によって自国の利益を毀損することを望まず、そのために対日輸出が制約を受けない一文を規定していたことが分かる。

しかし、経済部の主張に対して、「谷振海」は対日輸出における有力商品（砂糖・バナナなど）を販売できるかについて経済部は明確に説明していないと判断していた。「谷振海」は、『海外活動の統一的指導と協調を強めることに関する実施方法』および『経済貿易と協力し日本における敵への闘争活動を強めることに関する意見』を提出し、このなかで明確に、我々の輸出で特に有力な商品は、「共匪」と貿易を行っている外国商人・華僑商人には販売を禁止すべきであると明確に規定した。「谷振海」は8月20日に、経済部に「海指（54）953号」を発し、経済部の対日輸出は制約を受けないという結論に関して、輸出品に砂糖・バナナが含まれているか確認し、「もし含まれているのなら中央常会で定められた原則に抵触すること、もし含まれないのであれば、第1項の結論において明確な説明か指示を追加すべきである」とした[36]。

この「谷振海」の指示を受けて、経済部は、9月9日に行政院に対して、「対日輸出が制限を受けない品目は、わが国の輸出で有力産品である砂糖・バナナなどは含まれず、これによって執行に利する」という説明を追加した[37]。

こうした「谷振海」の指示からは、当時の国民党と政府との間にあった「党政不分（党と政府を分けないの意）、以党領政（党によって政府を指導するの意）」の状況が見てとれる。同様の関係は中日借款協定の締結においても表出した。1965年4月26日、国府側代表の李国鼎経済部長と日本代表の木村四郎七大使によって「円借款に関する中華民国と日本との間の交換公文」が交わされた。これによって日本政府から台湾に総額1億5,000万ドルの円借款が実施されることになったのである。この時期、米国は国府に毎年1億ドル前後を供与してきた「米援」の打ち切りを決定しており、日本の円借款は「米援」の一部を肩代わりする意味があった。

しかし、その後、行政院各部会が、中日借款協定に関係する日本企業をどのように統制するかが問題となった。6月17日に外匯貿易審議委員会は、「院が提案した政府および公営事業機関の日本における入札、匪賊と通じる企業の統制、わが国と修復した企業に対する、優先や便宜を与えるのかに関する議題は［中略］、中日借款を経済部が主管されているために、経済部が会議を開き議論するべきである」と外交部に伝えた[38]。

このような行政院の各部会による議論に際して、「山田武雄」の下にあった対日連係協調小組は、「日本円の融資案の内容における各計画の入札は、『工場』と

『商社』を分ける原則によって、小松製作所を排斥しないことを希望する」という個別的配慮を求めた[39]。対日連係協調小組の月報からは、日本の外務省が、国府による日本企業への統制を察知していたことを示しており、そのため、中日借款案の日本企業の入札について、「工場」と「商社」を区別する原則を遵守するという形で、対日連係協調小組が、個別の製造業者のために関係をとりなしていたことがうかがえる。

　結局この問題の解決が図られたのは1965年11月であった。11月24日、李国鼎（経済部長）、厳家淦（行政院国際経済合作発展委員会主任委員）、徐柏園（行政院外匯貿易審議委員会主任委員）は、協議の結果、共同で行政院に伺い書を提出した。この伺い書は「駐日各機関の連係協調小組が調査したブラックリストに依拠して、匪賊と通じる日本企業を制御し、わが国の各機関および公営事業は、ブラックリストに名を連ねるいかなる企業にも物資を販売しない」と結論づけられた[40]。

　伺い書によれば、「山田武雄」により作成されたブラックリストは、駐日大使館経済参事処名義によって政府に発送されたものであった。リストは、1965年10月に、「経参（54）字第〇四六九号」および「経参（54）字第〇四九六号」として上程され、そのなかには日中輸出入組合の会員名簿、日中貿易に関わる友好商社の名簿が含まれていた[41]。そして、行政院各部会の討論を経た後、日本の円借款計画にある企業も制裁対象に含まれると決定したと説明している。また、LT貿易協定および、その後に中共と契約した日本企業を名指しして、これらにも販売を行わないとした。伺い書は次のように記している。

　　　倉敷レイヨン株式会社が、ビニロン工場のプラント設備を延べ払い方式で匪賊に役立てようとした点を再検査し、外貿会は以前、統制を加えて当該企業に販売しないことを決定した。この他にも、日立造船株式会社および大日本紡績株式会社がかつて匪賊と締結した契約は、延べ払い方式によって船舶や第2ビニロン・プラント設備を匪賊に役立てようとしたものであるため、これらの二つの企業は、倉敷レイヨンのやり方に基づいて処理し、これらに対して販売を行わないこととする[42]。

　本節で議論したように、LT貿易協定の締結後、日本政府と国府の緊張は高まりを見せたが、第二次吉田書簡の発出によって、日本政府の中日民間貿易への不介入が保証され、日華間における外交関係は回復した。この後、国府は日中の民間貿易に打撃を与えるべく、「谷振海」と「山田武雄」という地下情報活動シス

テムを利用し、日中民間貿易の情報を収集した。「谷振海」の指示によって、各政府部門は秘密裏に経済統制を執行しており、ここから国府の「以党領政」のモデルを見てとることができよう。

Ⅲ　廖承志の訪日への中華民国の対策

1　廖承志訪日代表団の日本における活動

　1972年の日華断交以前において、廖承志の対日活動に対する国府の対応は、正規の外交ルートを通じた圧力行使と、非公式の情報活動という二つの手段に依拠していた。しかし、日華断交以後は、廖承志の対日活動に対して、国府は受動的な役割しか果たせなくなった。1973年の廖承志の訪日に際しての国府の対応は、当時の中華民国の置かれた苦境を如実に示している。

　日華断交後の1973年4月、廖承志は54人という大規模な代表団を引き連れて、日本を訪問した。廖承志訪日代表団（以下：廖訪日団）は、社会党・公明党・民社党という3野党、および日中友好協会「正統」本部、国際貿易促進協会、日中文化交流協会など22の団体の招請に応じる形で実現した。運営委員会代表は西園寺公一が務め、ホテルニューオータニに記者クラブを新設する名目で商社や新聞社から約7,000万円を募り、廖承志の訪日経費に充てたという。廖承志一行は、1973年4月16日から5月18日まで約1カ月滞在し、4月16日から東京、4月25日から全員が名古屋・京都・大阪を訪問し、5月2日からは4組に分かれて日本各地を訪問し、5月10日に東京に再集合して、18日に帰国した[43]。

　訪日した廖承志は政財界の重要人物を訪問している。廖承志は訪日期間中、田中角栄首相（2回）、中曽根康弘通産相、大平正芳外相、三木武夫環境庁長官といった政府有力者を訪れている[44]。さらに廖承志の訪日中の4月25日、日中双方は、北京において中国原油の輸入窓口についての協議を行い（1974年に「日本中国石油輸入協議会」として発足）、5月4日には「日中間海底ケーブル建設に関する取極」を締結した[45]。

　廖承志訪日の目的は、第一に当時の東アジアの国際情勢があり、第二に日中関係における台湾問題の解決という狙いがあった。

　第一の東アジア国際情勢として重要な背景は、日中ソの三角外交関係の変化である。中ソ関係の緊張は1969年の珍宝島事件によって頂点に達していた。他方、日ソ関係については、国際的な孤立状況を打開したいソ連と、北方領土問題の打開をめざす日本の思惑が一致することで、ハイレベルの接触が開始された。1972

年10月にソ連を訪問した大平正芳外相は、ソ連と北方領土および政治問題について論じず、シベリアの共同開発を進め、1973年秋に2回目の平和条約締結の会談を希望すると表明していた。1973年4月に廖承志が訪日した背景には、日本を取り込むことで日中関係を拡大強化し、これによって日ソ関係を牽制することにあった[46]。

第二の日中間の台湾問題は、中国側の主張する台湾問題の原則に関わる問題であった。1973年3月、訪中した西園寺公一と接見した周恩来は、将来日中双方は各種の実務的な条約を締結する時に、台湾問題の原則を貫徹するよう示した[47]。この台湾問題の原則は、中華人民共和国が中国人民を代表する唯一の合法政府であり、台湾は中国領土の不可分の一部であって、台湾問題は中国の内政問題であるとする考えである。

廖承志訪日は、これらの原則に基づいて、以下の活動に重点が置かれた。すなわち、国際スポーツ組織において中華人民共和国が、中華民国が持っていた代表権を委譲する問題を提起する際に日本政府の支持を得ること。第二に、在日台湾華僑（台僑）を対象に統線活動を進めることである。

中国の国際スポーツ組織参加問題について、廖訪日団の趙正洪副団長は中華全国体育総会副主席であり、4月20日、中国田径（陸上競技）協会委員の鄭鳳榮、中国遊泳（水泳）協会委員の戚烈雲といった中国スポーツ界の代表を同行して、日本体育協会の石井光次郎会長を訪問した。これは8年ぶりの日中スポーツ界の交流であった。会見では将来いかに日中体育交流を進めるのか、また、どのように中国が国際的なスポーツ界に復帰するかについて、日本の体育界が中国側の意向を探る意図もあった。例えば、日本水泳連盟の藤田明会長は、中国が早期に国際水泳界に復帰し、日中間がより進んだ交流を行うことを希望すると述べ、これに対して趙副団長が慎重に考慮すると返答した[48]。

中国の国際スポーツ組織への参加の障壁になっていたのは台湾問題であった。当時、中国が1976年夏に開催予定であったモントリオールオリンピックに参加する可能性は低いと見られていた。なぜなら中国政府は、台湾が国際オリンピック委員会から退出しなければ、いかなる活動にも参加しないと表明しており、国際オリンピック委員会はこの問題を秋の総会で検討するとしていたためである[49]。

この問題については、廖承志も、5月8日に箱根を訪れる途上、日本陸上競技連盟の河野謙三会長を訪問していた。河野は廖に、翌年のアジア大会の現状を説明して、中国のオリンピック参加を希望すると述べ、あまりいい方法とはいえな

いが、もし中国が同意するのであれば、台湾を中国の一つの省としてオリンピックに参加させることを提案した。廖承志は反対を示すことはなかったが、台湾を除名しないか否か、中国がオリンピックに参加するか否かについて、中国は柔軟な方針をとっており、いかなる方法にも固執しないとした[50]。

廖承志と趙正洪の日本スポーツ界関係者との面会において、中国側は、どちらも国際的なスポーツ活動に参加することを表明し、台湾問題にはこだわらず柔軟な方針をとることを示した。だが、同時に廖訪日団は日本側関係者との面談を通じて、中国の国際スポーツ組織への加入が支持されたという談話を発表しており、ここから廖訪日団が、日本スポーツ界の支持をとりつけることに成功したと認識していたことがうかがえる。

一方、在日台僑への統戦活動も積極的に展開された。そもそも、廖訪日団はその構成から統戦活動を強く意識していた。代表団には、国民党と複雑な歴史的淵源を持つ廖承志以外にも、王芸生・馬純古・榮毅仁・林麗韞・謝冰心といった台湾問題に関わりが深い人物が含まれていた。彼らは北京で開催された「二・二八蜂起26周年」の記念集会にも参加していた。この集会は中共が台湾に対して平和統戦を進めることを誓う大会でもあった。このなかでもとりわけ林麗韞は台湾出身の代表的な人物である。彼女は台湾で生まれ、日本で教育を受け、後に日本から大陸に入り、田中角栄の訪中時には周恩来の通訳を担当した。これらの人物が廖訪日団に参加していた事実は、中共側が在日華僑に統線活動を展開し、在日華僑を通して、その触手を台湾に侵入させる目的があると国府側は見ていた[51]。

廖訪日団は、日本滞在期間中に、在日台湾華僑に対して人心を囲い込む呼びかけを合計5回実施している。

第1回目は、4月20日に、廖承志と張香山副団長、孫平化秘書長、董其武団員らによる、新橋の東京華僑総会への訪問である。廖承志の談話によれば、台湾問題に関して、「東京華僑総会幹部に、台湾支持の華僑も中華人民共和国の同胞として迎え、結束するように強く呼びかけた」と述べたという。さらに廖は、「在日華僑の日中友好、愛国団結に果たした役割を周首相は、高く評価している。祖国は、日々すばらしくなっている。しかし、大国主義に陥らないように、日本人民、朝鮮人民と仲よくしていってほしい。それと同時に、華僑の団結を強め、拡大し、後から来る人も歓迎するようにしてほしい。台湾の人たちも、そのなかに含まれる」と述べた。

また、元国民党軍の将校であり、後に中共に投降した団員の董其武は、政治協商会議全国委員会常務委員であった。彼もまた談話を発表し、「特に台湾僑胞を

団結させてほしい。台湾へ行った同胞にとって米国はもう頼りにならない。他の勢力を頼ろうとしても中国は許さないし、台湾人民も許さないだろう。中国共産党は表裏なく人民に奉仕する。人民解放軍は誠心誠意やっている。私は部隊を引き連れて、蜂起したが、いまは人民解放軍の高級指揮官であり、政治協商会議の全国委員会常務委員を務めている。現在台湾にいる人たちに何も心配ないと伝えてほしい。祖国に貢献するなら、必ず祖国は歓迎する」と述べた。

　廖訪日団の第2回目の呼びかけは、名古屋・京都・大阪訪問に際して、在阪の華僑協会が4月29日に開催した歓迎会の席上で行われた。この席で廖承志は「愛国には前後の区別はなく、祖国の統一のために、台湾同胞が団結することを望む」と述べ、同時に「華僑商人が中共と合作し台湾を解放する」ことを希望し[52]、また「もし台湾軍政の高級人員に会ったならば、彼らに帝国主義と社会帝国主義に幻想を抱くべきではないと告げていただきたい。もし台湾の解放と中国の統一に貢献すれば、中共は台湾の軍政人員を熱烈に歓迎し、過去の過ちは問わない」とした[53]。

　第3回目の活動は、廖訪日団が4組に分かれて日本各地を訪問した際であり、主に廖承志による京阪神訪問で、神戸中華同文学校が開催した歓迎会である。廖承志は5月2日午前、張香山・孫平化・経普椿・林麗韞・丁民・陳木森ら12人を連れて、日中友好協会開催の「日中友好展」を参観した後、神戸中華同文学校を訪問した。この日、500人ほどの保護者が参加したが、このうち、広東省・福建省の華僑が比較的多く、年齢が高い女性が半数以上を占め、台湾省籍の人は三十数人であったという。

　廖承志は歓迎会で「まずあなた方のなかで台湾から来た人は手を挙げてください」と述べたという[54]。続いて「愛国は前後を問わず、今年の愛国と去年の愛国には何ら区別はない。このたびの来日は日本の総理大臣の招請を経て、在日台湾籍の華僑同胞の熱烈な歓迎を受けたものであり、毛主席は、皆さんに北京へ来てもらい、祖国の政治経済の各方面の進歩の状況を見ていただきたいと思っている」と述べた[55]。

　第4回目と5回目の活動は、日本各地を訪問した代表団メンバーが、東京に再集合した後、東京華僑総会主催によってホテルニューオータニで開催された全日本華僑代表による歓迎パーティ、および六本木で開催された台湾華僑との座談会である。

　5月11日に開かれた華僑総会の歓迎パーティの挨拶で、廖承志は「華僑は大同団結し、大陸に戻って観光をしてください。愛国は前後を問わない。同時に台

湾は解放しなければならない」と述べている56)。また、13日に開かれた台湾華僑との座談会は、馬純古副団長が主催し、これに董其武・榮毅仁・王芸生・陳木森・李国仁・林麗韞・陳瑞華、そのほかに中共駐日大使館参事の李連愛などの4名も参加した。参加した台湾華僑は、東京華僑総会の甘文芳会長、陳焜旺副会長、ほかに台湾籍の理事三十数名がおり、東京・横浜の親中共系商人も加わり、合計百数人が参加した。

この座談会において、馬純古は台湾華僑に対する統戦について発言したが、その要点は（1）台湾解放後に政策を急変しない、(2) 民族資本家の改造を急変しない、(3) 教育制度の実情を変更しない、(4) 大陸への観光を歓迎する、(5) 台湾解放後は、台湾の現状を基礎として適当な政策を遂行し、経済方面では、生活水準は現在より下がることはなく、政治方面では、適当な人物に適切な活動を担当させる、といったものであった57)。

2　国府による対応措置

廖訪日団の活発な活動を前に、国府は有力な対抗手段を持っておらず、もっぱら廖承志が台僑に進めた統戦活動に反撃を加えるのみであった。国府の活動としては、廖訪日団の日本での活動情報を収集すると同時に、亜東関係協会を通じて具体的な対応措置が提出されている。当時の国府の情報収集には三つのルートがあった。第一は国交断絶後に日本に駐在していた亜東関係協会であり、外交部に関連情報を報告していた。第二は国民党に所属する海外工作会による情報収集である。そして第三は、中央通訊社が国民党中央党部に提供した参考情報である。

亜東関係協会が外交部に提供した情報は、主に駐東京辦事処および駐大阪辦事処によるものであり、これらは、日本駐在の外交人員がそれぞれの人脈を通じて入手したもの以外に、『読売新聞』、『毎日新聞』、『朝日新聞』といった新聞報道を収集したものである。雑誌報道は、廖承志訪日を分析した記事を中心に収集され外交部に提出された。例えば、『廿世紀』誌に掲載された「鄧小平復活のねらい」、「廖承志代表団（廖訪日団）は日本で何を学んだか」、「台湾の憂鬱」などの廖承志訪日関連の特集記事が収集されている58)。

このほか、国民党直属の海外工作会も直接外交部に報告を提出している。例えば「匪賊廖承志訪日団の日本とわが国に対する影響への願」（「為廖匪承志訪日団対日本及我方之影響函請參辦」）の公文は、沈昌煥外交部長が受け取っている59)。最後は中央通訊社も国民党中央党部に参考情報を提出している。中央通訊社はもともと国民党の組織に属していたが、廖承志の訪日期間は「央秘參（62）」とい

うナンバーが振られた参考情報を発送し、国民党秘書処の参考として提供している[60]。

　国府は、廖承志訪日への対抗策として、情報収集以外に、亜東関係協会が提出した具体的な対応措置に同意していた。亜東関係協会による対応措置は以下の四つであった。

　第一は、廖訪日団が4組に分かれて日本各地を訪問した際の対応措置である。亜東関係協会も日本駐在の外交人員を5組に分けて各地の華僑組織を訪問させた。この5組はそれぞれ、東北組・関東組・信越組・関西（大阪）組・九州組に分けられ、主要メンバーは駐東京辦事処・駐大阪辦事処・駐福岡分処の活動人員および、国府に忠実な華僑団体のリーダーと、華僑の状況に詳しい党務の同志から構成された。

　各組の訪問目的は三つあった。一つ目は華僑同胞に対して中共の陰謀を説明し、華僑同胞が誘惑されて廖訪日団の送迎活動に参加することや、中共の華僑会に登記して中共のパスポートを取得することを阻止させようとしたことであった。廖訪日団による華僑同胞の奪取に対して、亜東関係協会は、個別の有力な台湾籍の華僑団体の指導者を通じて、台湾籍の華僑（台籍僑）に警戒を促した。二つ目は、亜東関係協会が華僑同胞の質疑に回答することであった。三つ目は、華僑団体の部署を改選し、中共に奪取されないようにすることであった。この目的について、亜東関係協会は華僑団体に注意を促し、改選を控えた千葉・静岡・山形・東京などの華僑団体に人員を派遣して密接に連携し、中共による華僑団体の奪取を阻止しようとした。

　第二の対応措置は、反対デモを組織して中共の陰謀を暴露するというものであった。亜東関係協会は廖訪日団の到着日に、東京の華僑と日本の反共団体と共同で合計500人ほどの反対デモを行った。このほか、デモ活動に歩調を合わせて、亜東関係協会は、日本の右翼団体である大日本愛国党や大日本生産党などと協力し、日本の全国各地において宣伝ビラを頒布し、廖訪日団による日本赤化の陰謀を暴露した。講演の出席機会を利用する面では、主に亜東関係協会の馬樹礼代表によって進められた。このなかには、中国問題研究会、日華関係議員懇談会（2回）、日華協議会、中華民国支援委員会、日本アジア中小企業連盟、アジア議員連盟が主宰するアジア講座・留学生座談会などが含まれた。

　第三の対応措置は、日本の各界人士の支持をとりつけることであった。亜東関係協会は関係者を動員して、日本の政治・経済・警察の有力人物を訪問した。このほかにも、亜東関係協会は論壇で日本人民の支持をとりつけようとし、このた

め廖訪日団に関係する資料を日本のメディアに提供し、また台湾に友好的なメディアに廖訪日団の陰謀を暴露した。

亜東関係協会が採用した第四の対応措置は、馬樹礼代表が廖訪日団の離日後に、日本各地を訪問し、これによって廖承志訪日の影響を相殺することであった。廖承志訪日の影響を弱めるために、馬代表は6月初めから福岡・大阪・山形などを訪問した。馬代表はこの時、華僑団体を訪問する以外に、華僑の台湾に対する支持を回復しようとした。また日華親善協会に参加して講演を行い、日本各地の人士に中共による「日本赤化の陰謀」を成功させないように呼びかけた[61]。

日華断交によって、外交関係を失った国府は、廖訪日団による日中間の政府関係の進展に対して、ほぼ無力であった。とりわけ、廖承志が訪日期間に、田中首相や大平外相を訪問したことは、日中平和友好条約ならびに貿易・航海・航空・漁業などの実務協定の締結交渉と関係していた。この時の訪日で具体的な進展はなかったが、その後の1974年の大平正芳外相訪中は、日中交渉の基礎を築き、1974年1月には北京で日中貿易協定、4月には日中航空協定、11月には東京で日中海運協定、1975年8月には東京で日中漁業協定が締結された。いずれも廖承志訪日によって基礎が固められた結果であった。

こうしたなかでも、国府は廖承志訪日の政治的影響を最小限にとどめようとした。国府の対応策は、国府が日本で進めた反共闘争戦略の一環であり、日本の親台湾人士の支持を勝ち取ることであった。しかし、親台湾勢力は日本政界でもすでに主流を占めておらず、中華民国の努力は、国府に対する支持を固めるにとどまり、日中国交正常化後の政治情勢に大きな影響を与えることはできなかった。ここに1973年の廖承志訪日において国府が置かれた困難な状況を見ることができよう。

おわりに

1949年に国共内戦に敗北して台湾に後退した後、中華民国が台湾を根拠地として進めた外交政策を「反共外交」と呼ぶことができよう。この反共外交の下、中華民国は、正式な外交関係のある国家に対して中共と交流しないよう主張していた。こうした中華民国の反共外交は対日関係でも例外ではなく、廖承志の対日活動に対して、国府は対応策を策定していた。1962年に締結されたLT貿易協定への国府の対策は、一方で日本との外交交渉を通じて、日本政府に「政経分離」の原則を厳守させ、他方で非公式な組織を活用することで、日中民間貿易に関す

る情報を収集し、中国と貿易を行う日本企業に対して取引制限を課すことであった。

　国府の反共外交の名目の下で、「谷振海」と「山田武雄」の名で行われた経済闘争は、党が政府を指導する国府の「以党領政」を象徴するものであったが、他方で日本企業に対する貿易統制は、台湾経済に悪影響を及ぼす可能性があり、円借款協定に見られるように反共外交による統制を重視するか貿易拡大による経済的利益を重視するかでの国府内部で意見の相違があった。

　国府の反共外交は、日本と正式な国交関係があった時期は有効に機能した。しかし、日華断交後、中華民国の反共外交は苦境に陥り、1973年の廖訪日団ではその限界を示した。1973年の廖承志訪日は、その後の日中平和友好条約および貿易・航海・航空・漁業協定の締結などに間接的な影響を及ぼしたが、日中両国が正式な外交関係を樹立していた以上、国府は有効な対策を打つことができなかった。国府が実行できたのは、廖承志が台湾華僑に対して行った統戦活動に対抗して、その影響を相殺することにとどまった。

　国府の反共の外交政策は、日華国交断絶前においては、国府は国交を持つ国としての優位を十分に利用し、日本政府が「政経分離」の原則を厳守するように仕向け、日中間の政府間接触を持たせることを阻止した。同時に地下情報活動のシステムを利用し、LT貿易協定の後、中共と経済・貿易の交流のある日本商人や華僑商人に対して経済統制を実行した。国府は、日華断交後も反共外交を継続したが、日中国交正常化という政治的現実の前には、国交断絶前のように活動に具体的成果を見出すことは困難であった。1973年の廖承志訪日は国府の置かれた政治的苦境を一層浮き彫りにしたのである。

1)「中華民国駐日大使館電」（1963年4月15日）『我対日匪貿易態度』近代史研究所档案館蔵『中華民国外交部档案』（档案番号：005.240036）。
2)「中華民国駐日大使館電」（1963年4月17日）『我対日匪貿易態度』近代史研究所档案館蔵『中華民国外交部档案』（档案番号：005.240037）。
3)「亜東司簽呈」（1963年5月27日）『我対日匪貿易態度』近代史研究所档案館蔵『中華民国外交部档案』（档案番号：005.240036）。
4)「亜東司簽呈」（1963年6月10日）『我対日匪貿易態度』近代史研究所档案館蔵『中華民国外交部档案』（档案番号：005.240036）。
5) 本章では、国府の資料を使用しているため、「中日」という表現は「中華民国と日本」を意味し、「日中」は「日本と中華人民共和国」を意味する。
6)「日匪貿易問題座談会」（1963年7月6日）『我対日匪貿易態度』近代史研究所档案館

蔵『中華民国外交部档案』(档案番号：005.240036)。
7)　張群(羣)(古屋奎二訳)『日華風雲の七十年——張群外交秘録』サンケイ出版、1980年、242頁。
8)　「吉田茂訪華経過概要」(日付不明)『吉田茂訪華案』(第3冊)近代史研究所档案館蔵『中華民国外交部档案』(档案番号012／22071、原档案番号70-3)。
9)　「張厲生電外交部」(民国52年8月24日)『日本維尼龍工廠設資匯案』(第1冊)近代史研究所档案館蔵『中華民国外交部档案』(档案番号：005.24／0004、原档案番号：癸／52)。
10)　「吉田茂訪華経過概要」(日付不明)『吉田茂訪華案』(第3冊)近代史研究所档案館蔵『中華民国外交部档案』)(档案番号：012／22071、原档案編集番号：70-3)。
11)　「張厲生電外交部」(民国52年8月27日、民国52年9月4日)『日本維尼龍工廠設資匯案』(第1冊)近代史研究所档案館蔵『中華民国外交部档案』(档案番号005.24／0004、原档案番号癸／52)。
12)　サンケイ新聞社『改訂特装版　蔣介石秘録』(下)サンケイ出版、1985年、502-506頁。
13)　陳建中(1911—2008)は、長期間国民党の党務に従事した人物である。1949年に台湾に赴き、総統府機要室資料組副主任に任じられ、蔣経国の助手として包括的な情報の業務に当たった。1952年党中央第六組主任となり、後に第一組主任に転任。その他、党中央政策委員会委員、第8・9・10期中央委員、国民党12期中央評議委員、中国大陸問題研究所所長、国民大会秘書長、中日関係研究会会長、総統府資政などの職を歴任。1963年当時、国民党中央委員会第六組主任であった陳建中は、張厲生大使の召還後、日本に赴き、駐日大使館による日本との連係強化の活動に協力した。
14)　「吉田茂訪華経過概要」(日付不明)『吉田茂訪華案』(第3冊)近代史研究所档案館蔵『中華民国外交部档案』(档案番号：012／22071、原档案編集番号：70-3)。
15)　「吉田茂訪華前後」(民国53年2月26日-53年4月28日)『吉田茂訪華案』(第4冊)近代史研究所档案館蔵『中華民国外交部档案』(档案番号：012／22072、原档案編集番号：70-4)。
16)　「中共対策要綱案」(1964年2月26日)情報公開法に基づく外務省開示文書(2004-00609)。
17)　吉田茂「あえて一言」『朝日新聞』1964年3月13日。
18)　筆者が引用した「総統致吉田茂先生函稿」の档案の名称は、清水麗論文で引用されているものと同一である(清水麗は中華民国外交部档案である『対日本外交』第65巻を引用している)。しかし、筆者が閲覧した文書の日付は3月20日であり、清水麗論文では3月10日となっている。理屈からいえば、10日以内に吉田が二つの電信を受け取ったとは考えがたい。したがって日付の違いには二つの理由が考えられる。第一に吉田茂が署名したのが3月10日で、台湾に到着したのが20日であるということ、第二に清水麗の書き違いである。清水麗「第二次吉田書簡(1964年)をめぐる日中台関係の展開」『筑波大学地域研究』19、2001年、175-187頁。

19)「総統致吉田茂先生函稿」(民国53年2月26日-53年4月28日)『吉田茂訪華案』（第4册）近代史研究所档案館蔵『中華民国外交部档案』(档案番号：012／22072、原档案編集番号：70-4)。

20)「吉田元総理から張羣秘書長あて返翰」(1964年5月7日)情報公開法に基づく外務省開示文書（2004-00609)。

21)『朝日新聞』1964年5月9日。

22)添谷芳秀『日本外交と中国』慶應義塾大学出版会、1995年、171頁。

23)「衆議院予算委員会会議記録第8号」1965（昭和40）年2月8日。

24)台湾の中華民国側の史料に廖承志辦事処東京連絡事務処のことを「廖承志東京事務所」と表記していたため、本章では、台湾の史料の表記をそのまま使用する。

25)「海指（54）発字第〇六八号」(民国54年3月18日)付属文書「加強経済貿易配合在日対敵闘争工作意見」『谷振海在日対匪経済闘争案』近代史研究所档案館所蔵『中華民国外交部档案』(档案番号：005／24、原档案編集番号：272)。

26)同上。

27)同上。

28)同上。

29)「海指（54）発字第一二八号」(民国54年5月1日)『谷振海在日対匪経済闘争案』近代史研究所档案館蔵『中華民国外交部档案』(档案番号：005／24、原档案番号272)。

30)「外交部亜太司簽呈」(民国54年5月5日)『谷振海在日対匪経済闘争案』近代史研究所档案館蔵『中華民国外交部档案』(档案番号：005／24、原档案番号272)。

31)「海指（54）発字第一五六号」(民国54年5月29日)『谷振海在日対匪経済闘争案』近代史研究所档案館蔵『中華民国外交部档案』(档案番号：005／24、原档案番号272)。

32)「日本連繋協調小組工作月報　五十四年六月份」(日付不明)『谷振海在日対匪経済闘争案』近代史研究所档案館蔵『中華民国外交部档案』(档案番号：005／24、原档案番号272)。

33)同上。

34)経済部呈行政院　「事由：呈復対於抵制与匪通商之日本廠商一案之意見　敬祈　鑒核」(民国54年7月7日)『谷振海在日対匪経済闘争案』近代史研究所档案館蔵『中華民国外交部档案』(档案番号：005／24、原档案番号272)。

35)同上。

36)「海指（54）発字第953号」(民国54年8月20日)『谷振海在日対匪経済闘争案』近代史研究所档案館蔵『中華民国外交部档案』(档案番号：005／24、原档案番号272)。

37)経済部呈行政院「事由：密不録由」(民国54年9月9日)『谷振海在日対匪経済闘争案』近代史研究所档案館蔵『中華民国外交部档案』(档案番号：005／24、原档案番号272)。

38)行政院外匯貿易審議委員会函外交部「事由：密」(民国54年6月17日)『谷振海在日対匪経済闘争案』近代史研究所档案館蔵『中華民国外交部档案』(档案番号：005／24、原档案番号272)。

39）「日本連繋協調小組工作月報　五十四年九月份」（日付不明）『谷振海在日対匪経済闘争案』近代史研究所档案館蔵『中華民国外交部档案』（档案番号：005／24、原档案番号272）。
40）経済部、行政院国際経済合作発展委員会、行政院外匯貿易審議委員会呈行政院「事由：密不録由」（民国54年11月24日）『谷振海在日対匪経済闘争案』近代史研究所档案館蔵『中華民国外交部档案』（档案番号：005／24、原档案番号272）。
41）同上。
42）同上。
43）「廖匪承志率団訪日之経過与影響」（1973年5月28日）『廖承志訪日』近代史研究所档案館蔵『中華民国外交部档案』（档案番号：005.20037）。
44）同上。
45）「中国国民党中央委員会海外工作会函」（民国62年6月20日）『廖承志訪日』近代史研究所档案館蔵『中華民国外交部档案』（档案番号：005.20037）。
46）「廖匪承志訪日的背景」（1973年3月19日）『廖承志訪日』近代史研究所档案館蔵『中華民国外交部档案』（档案番号：005.20037）。
47）同上。
48）「八年ぶり固い握手――中国代表、体協とも懇談」『毎日新聞』1973年4月20日。
49）「秋の総会で台湾問題を検討」『毎日新聞』1973年4月20日。
50）「中国参加柔軟に？　廖氏河野陸連会長と会談」『読売新聞』1973年5月8日。
51）「廖承志訪日与匪対台之統戦攻勢」（1973年4月26日）『廖承志訪日』近代史研究所档案館蔵『中華民国外交部档案』（档案番号：005.20037）。
52）「廖匪承志率団訪日之経過与影響」（1973年5月28日）『廖承志訪日』近代史研究所档案館蔵『中華民国外交部档案』（档案番号：005.20037）。
53）「外交部情報司呈 AFP 之消息」（1973年5月1日）『廖承志訪日』近代史研究所档案館蔵『中華民国外交部档案』（档案番号：005.20037）。
54）「廖匪在日積極煽惑華商」央秘参（62）第1184号（1973年5月13日）『廖承志訪日』近代史研究所档案館蔵『中華民国外交部档案』（档案番号：005.20037）。
55）亜東関係協会至外交部函「『廖承志訪日代表在日一個月』、請参核」（1973年5月17日）『廖承志訪日』近代史研究所档案館蔵『中華民国外交部档案』（档案番号：005.20037）。
56）「『廖匪承志訪日代表在日一個月』、請参核」（1973年5月17日）『廖承志訪日』近代史研究所档案館蔵『中華民国外交部档案』（档案番号：005.20037）。
57）「匪幹甜言密語誘惑旅日台籍人士」央秘参（62）第0032号（1973年5月14日）『廖承志訪日』近代史研究所档案館蔵『中華民国外交部档案』（档案番号：005.20037）。
58）亜東関係協会呈外交部「呈報『廿世紀』月刊六月号刊載対我有利専文三篇」（1973年7月1日）『廖承志訪日』近代史研究所档案館蔵『中華民国外交部档案』（档案番号：005.20037）。
59）中国国民党中央委員会海外工作会致外交部函「為廖匪承志訪日団対日本及我方之影

響函請参辦」(1973 年 5 月 17 日)『廖承志訪日』近代史研究所档案館蔵『中華民国外交部档案』(档案番号:005.20037)。
60) 例えば「廖匪在日積極煽惑華商」央秘参(62)第 1184 号(1973 年 5 月 13 日)「匪幹甜言密語誘惑旅日台籍人士」央秘参(62)第 0032 号(1973 年 5 月 14 日)近代史研究所档案館蔵『中華民国外交部档案』(档案番号 005.20037)。
61)「廖匪承志率団訪日之経過与影響」(1973 年 5 月 28 日)『廖承志訪日』近代史研究所档案館蔵『中華民国外交部档案』)(档案番号:005.20037)。

第 3 部

現代中国から見る廖承志とその時代

第8章
周恩来と廖承志
―― 中国革命から中日友好へ

胡　鳴

はじめに

　廖承志は、中華人民共和国（以下：中国）の対日外交の実務統括者として、中日民間交流の推進や中日国交正常化の実現に重要な役割を果たした。廖の活躍の背景には、中国外交の最高責任者であった周恩来との信頼関係の存在が欠かせない。廖と周は共に日本留学を経験した知日派であった。国民党との関わりや、長征を通じて育まれた2人の友情は、戦後中日関係の発展に大きな影響を与えた。

　中国革命史ならびに新中国外交史において、周恩来と廖承志は傑出した歴史的人物であるといえる。彼らは共産革命の勝利と新中国建設に多大な貢献をし、同時に中国外交の発展に多くの業績を残した。また、彼らは中国の対日業務において、強力なリーダーシップを発揮した。とりわけ中日国交正常化は、廖承志と周恩来の存在を抜きに語ることができない。中国の対日外交の開拓者であり実践者でもあった2人の足跡は中日関係史に深く刻まれている。

　長きにわたる中国革命のなかで、周恩来と廖承志は「特殊な友誼」ともいうべき特別な関係を築いた。廖は周の指導に忠実に付き従い、周も彼に全幅の信頼を寄せた。周恩来にとって、廖はいつも重要な任務を委ねることができる欠かせない存在であった。阿吽の呼吸ともいうべき彼らの連携を通じて、中国の外交事業は大きく発展し、中日国交正常化の実現がもたらされたといえよう。

　廖承志について研究する際、廖と周の人間関係への考察が不可欠であると同様に、周恩来研究においても、2人の関係を知ることは重要である。とりわけ、廖承志の対日業務を理解するうえで、2人の関係を手がかりにすることで、廖承志への理解と認識を一層深めることができよう。廖承志は常に周恩来の補助的な役

割を担っていたが、2人の関係は相互補完的でもあった。それゆえに、2人の関係を明らかにすることは、中国の対日政策を理解するうえでも重要な意義があるであろう。

　中日双方の関係者が、廖承志を敬愛し、その人間的な魅力に惹かれた背景には、周恩来への尊敬も含まれている。2人の献身的な努力は、日本の政界、経済界、一般大衆に中国への親近感を抱かせ、中日友好の神話化に成功した。例えば、鈴木善幸元首相は、「廖承志氏と周恩来氏は、日本国民の心のなかに永遠に銘記されている。両氏は中日両国の友好と親善の事業に献身した卓越した人物である」と評している[1]。

　本章では、革命戦争期から中国建国後にかけての、周恩来と廖承志との信頼関係の形成過程に着目し、その特徴を分析する。そして、周恩来が廖承志に対日業務を委ねた背景を明らかにし、廖が部門横断的な対日業務グループを構築しえた要因を解明する。周恩来との信頼関係を背景にした廖承志の存在があったからこそ、中国の対日外交は、他国への外交活動とは全く異なる超越的な地位を占めるに至った。本章はこのような特殊な対日外交が形成された背景知識を深める材料を読者に提供したい。

I　廖承志と周恩来との信頼関係の礎

　廖承志は、中国政府の華僑関連部門の責任者、対日外交活動の実務統括者として、周恩来の直接指導の下で業務を行っており、周から絶大な信頼を得ていた。2人の信頼関係の礎には、「私は廖家と三代の友情がある」[2]という周恩来の言葉に象徴されるように、長年に及ぶ家族を含めた結びつきと、共産主義革命活動を通じて育まれた深い絆があった。

　1908年9月25日、廖承志は廖仲愷と何香凝の長男として東京で生まれた。廖仲愷は広東華僑であったが、サンフランシスコ出身であったため、英語が堪能であった。1893年に帰国し、しばらくして、香港生まれで中国画家として後年有名になる何香凝と結婚した。1902年、廖仲愷・何香凝夫妻は日本に渡り、中央大学などで学んだ。日本滞在期間中に夫妻は中国同盟会に参加し、その後孫文が亡くなるまで、後援者として孫文の革命運動を支えた。1919年の中国国民党の成立時に廖仲愷は財政部主任となり、1924年の国民党第1回全国代表大会では中央執行委員会の常務委員にも選ばれた。孫文死後も、その主張を遵守する国民党左派の代表的存在として活躍したが、1925年8月20日、国民党右派によって

暗殺された[3]。

　1924年10月、黄埔軍官学校で国民党代表を務めていた廖仲愷は、当時フランスに滞在していた周恩来を政治業務担当の幹部に抜擢した。周を廖に推挙したのは、同校の政治部副主任であった張申府である。張は周恩来と共にフランスに留学しており、周が中国共産党に入党する際には紹介者となっていた。当時フランスで帰国旅費さえ捻出できず、困窮にあった周恩来に対して、廖は即座に帰国資金の送金を指示した。1924年9月初頭、周恩来は香港経由で広州に到着し、黄埔軍官学校の教官として赴任した。そして、翌月には同校の政治部副主任に就任したのである。

　周恩来が廖仲愷の業務を多方面から補佐するなかで、廖は周の才能を高く評価し親交を深めた。当時、周は時々廖家に赴き、廖仲愷と共に朝食を食べてから、同じ車で軍官学校へ出勤したという。廖承志は初めて周恩来に会った時のことを次のように回想する。

　　初めて周恩来に会ったのは1924年で、私は16歳の時であった。初秋のある晩、家の玄関近くにいたら、一人の白い麻の背広を着ている男性が入ってきて、父と小さい声でしばらく話をするのを見た。その時、彼の鋭い目と濃い眉毛は、私にとっては非常に印象的だった。私は「この人は誰ですか」と父に聞いたら、父は「あなたは彼のこと、知らないのか？」と聞き直してきたので、「知らない」と答えた。そこで、父は敬意をこめて「彼は共産党の大将である周恩来だよ」と教えてくれた[4]。

　1925年8月20日、廖仲愷が暗殺されると、周恩来はすぐさま病院まで駆けつけた。周は、暗殺の首謀者を突き止めるために、「廖案検察委員会」に参加して暗殺犯を追いつめた。犯人を自ら取り調べた周は、「党の恨みを忘れてはならない」という追悼文を書いている。このなかで周恩来は、孫文の志を継いだ廖仲愷が革命に一生を捧げ、党や国のために犠牲になったことを称賛し、国民党右派の悪行を激しく非難している[5]。

　周恩来夫人である鄧穎超もまた廖家と深い交わりがあった。1925年8月、鄧穎超は、天津から広州へ到着し、国民党広東省婦女部の秘書長に就任した。当時婦女部の部長は、廖仲愷夫人の何香凝であった。鄧の着任からまもなく廖仲愷暗殺事件が発生する。鄧は悲痛のなかで、何香凝の生活と健康状態に常に目配りし、婦女部の業務全般を積極的に担当した。2人は次第に互いに理解しあい、共に活動したり会議に参加したりするようになった。当時、広州には中国各地から人が

集まっていたが、多くの人々は広東語が話せなかった。広東語しか分からず標準語（北京語）が話せない何香凝のために、鄧穎超は時には彼女の通訳も担当した[6]。

　北伐の勝利に伴い、1926年12月、国民党中央婦女部は国民党中央と共に武漢へ移転する。鄧穎超は広東省婦女部の業務のため、しばらく広州に残留したが、何香凝は中央婦女部の一等秘書の職を空席にしておき、彼女の赴任を待ったほどであった[7]。

　鄧穎超は、何香凝の娘の廖夢醒と誕生日が同じ日であったため、何香凝を母と呼んでいた。また、廖夢醒も周恩来を兄と呼んでおり、彼女が孫文夫人であった宋慶齢の秘書を務めた際には、宋と周恩来との連絡役を担当していた。また、廖夢醒と結婚した李少石は、1945年10月に国民党に暗殺されるまで、周恩来の秘書を務めた。2人の娘の李湄は、李少石が亡くなった後、周恩来夫婦の養女になった。このように、廖家と周夫婦は家族のような付き合いをしていたのである[8]。

　1949年の中国建国後、何香凝は政務院華僑事務委員会主任委員、全国政治協商会議副主席などの要職に就いた。国務院総理の任にあった周恩来は、多忙にもかかわらず、何度も何香凝の家を訪問した。廖承志は、最晩年の何香凝と周の関わりを次のように回想している。

　　　1972年8月、母が病気で危篤状態に陥った時、周総理は病院まで見舞いにきた。すでに昏睡状態に陥った母は、周恩来の来往を察し、家族が来たように突然目が覚めた。さらに周総理に自分の遺体を南京に運び、父親と同じ墓に入れるようお願いした。周総理は即座に「私が毛主席と党中央を代表して、あなたの要求に同意する」と回答した。母親が死去した後、中央は中央統戦部の責任者と鄧穎超に、母の遺体を南京まで運び、父親と同じ墓に合葬することを指示した[9]。

　周恩来夫婦は廖仲愷夫婦を尊敬し、両家は革命活動を通じて深い友情を育んだ。廖仲愷没後は、周恩来は廖承志を実の弟のように心を配った。中共の長征、中日戦争、文化大革命などで廖承志が危機に陥った時、何度も力を尽くして彼を保護したのである。

II　廖承志の保護者・周恩来

　廖承志はその74年の生涯のなかで8度、投獄や軟禁などで自由を失った。彼の人生のうち、7日に1日は、自由が奪われていた計算となる。投獄経験の前半

4回は海外であり、うち3回は日本留学期間中であった10)。中国国内でも廖は4度にわたって「投獄」された。上海の租界で捕まり、張国燾に収監され、国民党にも逮捕された。さらに文化大革命（以下：文革）期には長期間隔離された。廖を襲った多くの苦難からは、いずれも周恩来によって助け出された。

1　革命のさなかに廖承志を救い出した周恩来

　廖承志が共産党内で初めて投獄されたのは長征の時期であった。1933年8月、廖承志は上海から四川陝西ソヴィエト地域へ向かい、中国工農紅軍に入った。廖は四川陝西ソヴィエト地域中共省委員会常務委員と四川陝西総工会宣伝部部長を兼任し、後に紅四方面軍総政治部秘書長へ転任した。廖は共産党の原則を守り、権威を恐れずにいつも意見や提案を具申した。しかし、1934年12月、廖承志は張国燾の極左路線に意見を提起したため、張から国民党のスパイ容疑をかけられ収監される。1935年5月、廖は手足にかせをはめられ、党の保安部門に護送されながら、紅軍の長征に参加した11)。

　廖承志の収監を知った周恩来は、すぐに廖を救い出す機会を探りはじめた。1936年2月、周恩来は毛沢東と連名で、コミンテルン中共代表の林育英に、張国燾に向けて以下の内容の電報を打つことを依頼した。「張国燾の『極左的な間違いとその拡大化』を批判すると同時に、明確に『廖承志、曾鐘聖は反動的な容疑があるにしても、その生命の安全を守る必要があり、さらに優待すべきである。これは代表団の切実な願い』と提言させた」という12)。

　さらに同年10月、周恩来は中共中央代表として紅四方面軍を迎えるために甘粛省へ出向く途中、護送される廖承志に偶然出会った。廖は周恩来に挨拶すべきか迷ったが、周は護衛者の前で何もいわずにしっかり廖の手を握っただけで立ち去った13)。闘争戦略に熟知した周恩来は、廖承志を保護したいと考えていたが、同時に張国燾に疑念を持たせるわけにはいかなかった。当日夜、周は通信員に廖承志を司令部に連れてくるよう指示し、張国燾、朱徳、劉伯承らの面前で、わざと怒った振りをしながら、「廖承志、自分の間違いが分かったのか」と尋ねた。廖が「分かった」と答えると、周はさらに「改めるか」と問い直し、廖の「改めます」という回答を聞いて、すぐに「改めたら、よい同志だ！　張主席もやはりあなたを歓迎しますよ」と語った14)。このようにして周恩来は機知に富んだ方法で張国燾の発言を封じ、廖承志の「間違い」を「結審」したのである15)。張国燾はもともと廖承志を死刑にするつもりであったが、周恩来が張の立場に立って、廖承志を叱責したことで、自分の体面も保たれたため、怒りも収まり、「廖

第8章　周恩来と廖承志　269

承志を死刑にせず、その後の行動を見て判断する」という命令を下したのである[16]。

結局、2カ月後の1936年10月、張国燾は、預旺堡で積極分子大会が開かれた際に、廖承志などの同志を逮捕したことが間違いであり、彼らに「悔しい思いをさせた」と認めた。廖承志は周恩来によって命を救われただけでなく、党籍と自由も回復したのである[17]。

廖承志が次に直面した危機は中日戦争期であった。1937年3月、中共中央党報委員会が設立された。同委員会は、張聞天、博古、周恩来などのメンバーによって構成され、廖承志も秘書長に任じられた[18]。1937年7月7日の盧溝橋事件勃発後、周恩来は、廖承志を香港に派遣して、八路軍の事務所を設置することを中共中央に提案した[19]。翌年1月、中共中央の命令を受けた廖承志は香港に到着した[20]。

香港に赴任した廖承志は特別任務を受けていた。それは中共中央代表として、香港で八路軍辦事処を設立し、海外や香港、マカオの華僑から寄付された資金と物資を受け取り、国内への輸送を担当することであった。また、同時に廖は、中国南方各省での寄付集めの業務も担当した。廖の努力によって、辦事処の活動は順調に進められ、各地域から集められた寄付金と物資は、継続的に武漢と重慶に届けられたのである[21]。

1941年12月、太平洋戦争の開戦と同時に、日本軍が香港を占領すると、廖承志は周恩来の指示を受けて、香港滞在の親中共文化人と民主人士を中国大陸の後方地域に移動させた。この業務が完了した翌1942年初めに廖承志は秘密裏に香港から撤収した[22]。

しかし、広東省の楽昌に到着した廖は、裏切り者の通報によって国民党に逮捕される。周恩来は廖の逮捕を知った後、すぐに廖の消息を探り、彼の救出に力を尽くした。廖は1通の手紙と監獄生活を描いた6枚の自画像を、看守の姚保珊と中共の地下党員を通じて、周恩来へ届けさせた。廖は周に宛てた手紙のなかで次のように記している。

> 私は5月3日に逮捕され、現在泰和近くのいわゆる青年訓練所のなかにいる。ここの状況は書きにくいが、小廖（廖承志の自称）が死ぬまで栄光の伝統を侮辱することがないことを信じてほしい。ほかのことはお会いする機会があれば申し上げたいが、もしその機会がないなら、仕方がない。中国共産党万歳、この手紙を持って貴方と握手する[23]。

廖承志を救出するため、周恩来と董必武は連名で孫文の息子である国民党要人の孫科（中華民国政府立法院院長）に手紙を送り、廖承志を釈放するよう要求した。だが、この時は蔣介石の同意が得られなかった。日本が降伏した後の1946年初め、政治協商会議が重慶で開かれ、蔣介石が政治犯を釈放することを約束したため、周恩来は、それを機に、葉挺と廖承志を含めた中共関係者の釈放を要求した。国共両党の数回の交渉を経た後、国民党第十一戦区副司令長官だった馬法五らを中共が釈放する引き替えとして、国民党も葉挺、廖承志たちを釈放することに同意したのである[24]。
　廖承志は後に、釈放された当時のことを以下のように回想した。

　　1946年1月22日午後、私は重慶の歌楽山頂から旧政協邵力子辦事処に護送された。その時、私は釈放されることをまだ知らず、また別の場所に移され監禁が続くのだと思い込んでいた。しかしほどなく、階下でだれかが咳をするのが聞こえた。それは周恩来同志の声であった。私は身体中の血がわき立ち、感動のあまりことばもでなかった。彼は入ってきて私を見るなり、しっかりと私を抱擁した。これこそ、久しぶりの肉親の再会、赤子の心表し難しであった。周恩来同志に会って、党の懐に帰りついたことをはじめて知ったのである。その後、紅岩でしばらく休息するように組織がとりはからってくれた。ある日、周恩来同志がふたたび会いにきてこのようにいった。君は「七回大会」[25]の中央委員候補になった。蔣介石を罵ったり、あえて逆らったり、慎重を欠く行動があったが、同志たちが君を選んだのだ。だが、君にはまだ少なからず欠点がある。自分に厳しく要求して、すべてにわたって政治的な影響に注意しなければならない[26]。

　以上のやりとりを見て、周恩来は廖承志のことを援護し、救出するだけではなく、上司として廖を教育していたことも分かる。

2　文革のさなかに廖承志を復帰させた周恩来
　1949年の中国成立後、廖承志は政務院華僑事務委員会副主任に就任し、さらに周恩来の直接指導下で日本関連情報の収集業務を展開した。とりわけ1950年代から始まった日本人訪中団の接待や中国代表団の訪日といった民間外交の舞台で廖承志は大いに活躍した。しかし、文革が始まると「造反外交」の嵐が吹き荒れ、中国と諸外国との交流はほとんど停止状態に追い込まれた。中日交流も覚書貿易や友好貿易によるわずかなつながりを除いて断絶することになる。その後、中国国内で展開された「幹部下放」運動によって対日業務担当者の大半は「五・

七幹部学校」に下放され、廖自身も対日交流の舞台から姿を消した。

　周恩来の指示により、廖承志が「五・七幹部学校」に下放されることは避けられたが、それでも廖は紅衛兵からの批判を受けることとなった。1967年8月、廖承志を保護するため、周恩来は「廖承志専案組」を設立することを指示し、廖承志を中南海や病院に「軟禁」して外界から隔離した[27]。対日業務の実務統括者を失ったことで、その後、周恩来が対日業務の全般を担うようになる[28]。文革開始後もLT貿易に代表された中日貿易は細々と継続されていたが、対日交渉の責任者は、廖承志ではなく対外貿易部の劉希文が務めることとなった[29]。

　1971年7月のキッシンジャー米大統領補佐官の電撃訪中による米中和解、いわゆるニクソン・ショックの後、周恩来は中日国交正常化に向けて、日本各界へのアプローチを再開した。これと同時に周は廖承志の「解放」を考えはじめた。周は次に述べるような3段階を経て廖承志を中日国交正常化交渉の舞台に戻らせることに成功した。

　まず、周恩来は廖承志を「復出」させるシグナルを日本に送った。1971月8月20日、中日民間貿易の功労者である松村謙三が死去した。当時、大日本組の人員はほとんど下放され、人民解放軍から派遣されて外交部で対日担当をしていた関係者は、日本の事情に疎い状況であった。8月21日、周恩来は外事関係者を招集して会議を開催し、中国政府代表を松村の葬儀に派遣することを決定し、周恩来、郭沫若および廖承志の名義で、松村家と日本の関連団体にそれぞれ弔電を送るよう指示した[30]。廖承志の弔電は、対日民間交流の責任者であった廖承志が「解放」されたというシグナルを日本側に送ることになり、それは中日交渉に向けた中国国内の人的態勢の準備が整った合図でもあった。

　次に周恩来は、廖承志を中日交流の舞台に登場させた。1971年10月の国慶節の時期まで、廖承志はいまだ「隔離審査」を受けており、実際の業務には復帰していなかった。「隔離審査」とは、対外連絡を一切禁止された一種の軟禁を意味しており、ほかの「五・七幹部学校」に下放されたメンバーよりも厳しい待遇であった。

　この年、多くの日本代表団が中国を訪問したことから、周恩来は秘書を通じて、廖承志に北京で待機するよう指示した。10月15日に日本松山バレエ団の公演に出席予定だった周恩来は、廖承志が軟禁状態にあることを承知しながら、中日友好協会に廖承志も出席するよう指示した。公演に出席した党指導者の氏名は、翌日の中国各紙に報道され、そのなかで「病気療養中の中日友好協会会長廖承志」という表現が盛り込まれた[31]。

1972年4月17日、廖承志は北京の病院から人民大会堂に向かい、周恩来と同席して自民党の三木武夫と会見した[32]。廖承志は約5年ぶりに日本代表団と会見し、対日業務に本格的に復帰した。その後、日中国交回復促進議員連盟会長の藤山愛一郎、日本国際貿易促進協会関西本部専務理事の木村一三などが相次いで訪中し、廖との会見を求めるようになった。

　最終段階に至ると周恩来は毛沢東の許可を得て、廖承志を中日国交正常化交渉の表舞台に立たせた。1972年6月、周恩来は、中日国交正常化をめぐる日本国内の情勢を報告するため、廖承志を伴って毛沢東の居所を訪問した。2人は日本の各界はすでに「対日三原則」（復交三原則）を受け入れ、佐藤政権が孤立しているといった日本の国内状況を報告した。毛沢東は、対日外交にもっと力を入れるよう指示し、同時に廖承志に「なぜ、長い間私の所へ来なかったのか」と尋ねた。これに対して廖は「私は打倒された」と答えたが、毛沢東は、周恩来に「なぜ彼が打倒されるのか」と語ったようである[33]。

　毛沢東のこの発言は廖の復活を意味し、その後、廖承志は完全な復職を果たした。廖承志は中日友好協会会長のほか、国務院華僑事務委員会主任にも復帰すると同時に外交部顧問として中日国交正常化交渉に参加し、1972年9月の毛沢東・田中角栄会談にも同席した。このように周恩来は、慎重な段取りを経ることで自身の対日外交の右腕である廖承志を復帰させ、再び中日交渉の表舞台に立たせたのである。

Ⅲ　周恩来・廖承志の対日外交活動の特徴——中日関係発展への示唆

　相手を確実に理解するからこそ、相手を正確に判断することができ、結果的に正しい決断が可能になる。中日両国が友好の扉を開き、国交正常化を実現できたのは、周恩来と廖承志による日本に対する理解が決定的に重要であったといえる。彼らの日本理解の源は、長期間にわたる精緻な情勢分析と、各界人士との広範に及ぶ交流であった。それゆえ、今日の我々中国人も日本を理解して正しい判断を下すためには、日本および日本文化を深く研究する必要があるといえよう。そのことが中日両国の友好関係を継続させ、アジアと世界の平和と発展に貢献することにつながると考えるのである。廖承志は対日業務の実務統括者として、周恩来総理の対日外交方針を忠実に実行した。その点で、2人は戦後中日関係の発展に大きな貢献をしたのである。

1　広範な知中派人脈の形成

　周恩来は「外交は国と国の関係という形式で行われるが、その拠って立つところは人民を感化し、（その気持ちを）獲得することである」[34]と述べている。また、彼は「外交活動は、まず人に対する活動をしなければならない」[35]とも語っている。一方で、日本国駐中国大使を務めた中江要介は、2003 年に北京で中日平和友好条約締結 25 周年の記念講演を行った際、「30 年前、中国側と日本側のいろいろな人の努力によって、中日国交正常化が実現された。我々は、中国側の周恩来、廖承志、日本側の松村謙三、高碕達之助、岡崎嘉平太らを忘れてはいけない」と語っている[36]。

　周や中江の言葉が示すように、戦後中日関係において、両国の人的交流はきわめて重要な役割を果たした。中国側の周恩来、廖承志と、日本側の松村、高碕、岡崎らは多大な努力を払い、中日交流のルートを作りあげた。とりわけ、文革のさなか、中国政府の外交活動はほとんど停止したが、中日民間交流は、彼らの信頼関係という細い糸で支えられた。

　中国の対日外交の最高責任者として、周恩来や廖承志は、日本の政治家や財界人といった上層レベルとの交流にとどまらず、農民代表団や婦人代表団、学生代表団など大衆の代表とも頻繁に会見した。日本各界との交流を通じて彼らは多くの日本人を魅了した。実際、松村や高碕、藤山愛一郎といった政治家、岡崎に代表される財界人、さらに白土吾夫、草野心平といった文化人、さらには遠藤三郎、藤田茂のような中日戦争に参戦した旧軍人に至るまで、「友好人士」の訪中に際して周と廖はその都度会見した。2 人は彼らが代表する「友好パイプ」を通じて、日本に関する正確な情報や対日交渉の助言を得ると同時に、時に日本政府に宛てたメッセージを彼らに託した。周と廖は民間外交を通じて多くの日本人を友人にすることに成功し、中日交流を効果的に進めたのである。

　こうした姿勢は日本国内からも高く評価され、彼らは最大の知日派として称えられた。藤山愛一郎は、廖承志について「周恩来総理の外交路線の忠実な実行者と継承者であり、真の中日親善友好の道に邁進していた」と評している[37]。

2　中日間の問題解決と「求同存異」という理念

　「求同存異（小異を残して、大同を求める）」という外交理念を最初に提唱したのは周恩来である。それは中国共産党の統一戦線理論に依拠するものであると同時に、根底は東洋的な「和」の理念に由来したものだと考えられよう。

　1955 年 4 月、周恩来は第 1 回アジア・アフリカ会議（バンドン会議）で、初め

て「求同存異」の方針を提唱した。彼は「各国は政治制度もイデオロギーも違うから、すべての点を一致させるのは不可能である。我々はその共通点を探さなければならない」と述べ、世界各国と「平和共存」するためには、イデオロギーの相違や、国家制度の違い、過去の恩讐にこだわるべきではないと語った[38]。

　対日外交においても周恩来はしばしば「求同存異」を語った。中日国交正常化における「復交三原則」は、まさしくこの理念の下で誕生したものであった。1972年9月の中日国交正常化交渉において、周恩来は田中角栄首相一行の接待と会談の場で繰り返し「求同存異」に言及した。9月26日の第2回首脳会談では、田中首相も「具体的問題については小異を捨てて大同につくという周総理の考えに同調する」と述べて、周恩来の戦略に賛同する態度を示した[39]。田中に同行した橋本恕アジア局中国課長が証言するように、国交正常化における中日共同声明の作成に際して、「双方は過去にこだわるよりも、現在および将来についての善隣友好関係」のために、「求同存異」という理念の下で妥結したのである[40]。

　中日両国は異なる社会制度を有しており、国益観念、両国政治家の問題意識や立場も異なる。さらに大陸民族の中国人と、海洋民族の日本人では発想や文化にも違いがあるといえよう。客観的存在としての相違から摩擦が生じるのは当然といえる。大切であるのは、問題の発生に直面して思い悩むことなく、また悲観もせず、大きな流れを把握し、問題解決のための最大公約数の可能性を追求していくことであろう。これが「求同存異」を強調した周恩来が残した、今後の中日関係に対する貴重な啓示ではなかろうか。

3　「過去」よりも「未来」を考える――中日関係のさらなる改善の知恵

　中日国交正常化の交渉過程において、周恩来が歴史問題を積極的に持ち出さなかったことが、今日の中日関係に後遺症を残したという指摘がある[41]。しかし、マクロ的に見れば、「過去」よりも「未来」を重視するという姿勢こそが、中日関係のさらなる発展を望んだ周恩来と廖承志が残した遺産であろう。

　1964年4月、周恩来は日本経済界訪中団との談話で、「中日両国はもし真に友好共存し、友好協力すれば、中日両国は完全に独立し、両国人民に有利だけでなく、アジアと世界の平和を守るのにも有利だ。これは我々二つの民族と国家にとって、みな遠大な理想である。[中略] 中日経済協力の問題について、我々は目線をさらに遠いところに置かなければならない」[42]と語っている。

　また1972年9月の田中首相訪中時に開かれた歓迎宴会でのスピーチでも、周は「中日国交を回復し、平和共存五原則の基礎の上で友好・善隣の関係を作るこ

とは、一段と我々両国人民の友好往来を促進し、両国の経済と文化交流を拡大するのに広々とした未来の可能性を提示することになる」(43)と述べている。中日交渉に関する記録をひもとけば、周恩来のこのような未来志向の発想を随所に見出すことができる。

　周恩来が「未来志向」を強調したのは、その発言の文脈から主に二つの含意があるといえよう。一つは、過去の問題を関係拡大の過程において未来志向で解決し乗り越えていくということである。「岡目八目」という言葉が示すように、過去の細かい問題に没頭すると、問題を根本的に乗り越える道は逆に見つけられなくなるというのが、周恩来の示した知恵である。もう一つは、自国の発展と将来の可能性に自信を持ち、アジアないし全世界に対する今後の「国際責任」を常に意識し、責任を果たしていく姿勢を忘れることなかれというメッセージである。

　中日国交正常化以来の40年間で、「過去」の問題は幾度となく中日関係の負の要因となり、それへの対処に追われるなか、未来への視野と責任感は忘れられがちであった。周恩来や廖承志の対日外交理念や活動の研究は、今日の中日関係への貴重な啓示を授けてくれるといえよう。

1) 孫東民「緬懐故人　遥寄哀思　日本各界挙行追悼大会深切悼念廖承志」『人民日報』1983年7月1日。
2) 何立波「廖承志與周恩来的連綿戦友情」『党史縦横』2006年第7期、10頁。
3) 夏林根主編『中日関係辞典』大連：大連出版社、1991年、429-430頁。
4) 廖承志「教誨銘心頭　恩情重如山」『人民日報』1978年3月11日。ディック・ウィルソン（田中恭子・立花丈平訳）『周恩来——不倒翁波瀾の生涯』時事通信社、1987年、66頁。ハン・スーイン（川口洋・美樹子訳）『長兄——周恩来の生涯』新潮社、1996年、62-70頁。
5) 廖承志「教悔銘心頭　恩情重如山」。廖承志「教訓は心頭に刻み、温情は山のごとく重し——一九七八年三月十一日」「廖承志文集」編輯辦公室編『廖承志文集』（下）徳間書店、1993年、118-132頁。蒙光励「廖仲愷與周恩来」『嶺南文史』1992年第4期、29頁。李栄徳『廖承志』シンガポール：永昇書局、1992年、7頁。
6) 古島琴子「何香凝，その95年の生涯：廖仲愷，廖承志，そして人民と共に」『アジア経済旬報』(881号) 1972年11月11日、18-24頁。呉琴「何香凝與鄧穎超的友誼」、http://news.artxun.com/momeitu-634-3167981.shtml （2012年12月13日）を参照。
7) 廖承志「教誨銘心頭　恩情重如山」。
8) 蒙光励「風雨同舟——周恩来與廖仲愷一家両代人的深厚友誼」『党史縦横』1993年第1期、17頁。
9) 廖承志「教悔銘心頭　恩情重如山」。

10) 李紅「架設中日友好大橋的人──廖承志」『北京党史研究』1994年第4期、52頁。
11) 李慶生「廖承志帯鋳長征」『鐘山風雨』2010年第6期、50頁。
12) 王旭道「周恩来三救廖承志」『福建党史研究』2000年第4期、14頁。
13) 廖承志「教訓は心頭に刻み、温情は山のごとく重し──一九七八年三月十一日」118-132頁。
14) 廖承志「教悔銘心頭　恩情重如山」。
15) 光輝「周恩来智保廖承志」『福建党史研究』1991年第3期、21頁。
16) 「周恩来智救廖承志」『光明日報』1999年2月26日。
17) 「廖承志文集」編輯辦公室編『廖承志文集』（下）572頁。李栄徳『廖承志』111-112頁。
18) 王俊彦『廖承志伝』北京：人民出版社、2006年、36頁。
19) 鉄竹偉『廖承志伝』北京：人民出版社、1988年、156頁。
20) 「廖承志文集」編輯辦公室編『廖承志文集』（上）徳間書店、1993年、572-575頁。
21) 何立波「廖承志與周恩来的連綿戦友情」12頁。
22) 尚貴鳴「廖承志與八路軍駐香港辦事処」『百年潮』2005年第6期、52頁。
23) 何立波「廖承志與周恩来的連綿戦友情」12頁。
24) 于継増「廖承志：名門之後　敬重包裏」『紅岩春秋』2008年第5期、82頁。
25) 中共第七回全国代表大会。
26) 廖承志「教訓は心頭に刻み、温情は山のごとく重し──一九七八年三月十一日」118-132頁。
27) 呉学文・王俊彦『一門忠烈　廖氏家族』（下）北京：中央党史出版社、2007年、549頁。
28) 王雪萍「廖承志と中国の対日「民間」外交」劉傑・川島真編『対立と共存の歴史認識』東京大学出版会、2013年、361-389頁。
29) 鹿雪瑩『古井喜実と中国──日中国交正常化への道』思文閣出版、2011年、127頁。
30) 呉学文・王俊彦『廖承志与日本』北京：中央党史出版社、2007年、363頁。
31) 霍英華「周恩来『文革』中力保廖承志」『党史博覧』2012年第4期、12頁。
32) 中央文献研究室『周恩来年譜』（下）北京：中央文献出版社、1989年、520頁。
33) 王俊彦『廖承志伝』374頁。
34) 中華人民共和国外交部・中央文献研究室編『周恩来外交文選』北京：中央文献出版社、1990年、52頁。
35) 程湘君『女外交官』北京：北京体育出版社、1995年、64頁。
36) 中江要介「三十而立：飲水不忘掘井人」『社会観察』2000年、第4期、20頁。
37) 陳国文「廖承志與中日友好事業統一戦線的建立」『貴州大学学報』2006年、第5期、98頁。
38) 中華人民共和国外交部・中央文献研究室編『周恩来外交文選』北京：中央文献出版社、1990年、145頁。
39) 「田中総理・周恩来総理会談記録──日中国交正常化交渉記録」外務省外交史料館所

蔵、開示文書（写）（整理番号 01-42-1）。または石井明ほか編『記録と考証——日中交正常化・日中平和友好条約締結交渉』岩波書店、2003 年、197 頁。
40）NHK スペシャル『周恩来の選択——日中交正常化はこうして実現した』1992 年 9 月 27 日放送。
41）胡鳴『日中国交正常化における周恩来の史的役割』早稲田大学博士論文、2009 年 2 月提出、252-253 頁。
42）程湘君『女外交官』412-421 頁。
43）『朝日新聞』1972 年 9 月 26 日。

第9章
「廖承志時代」をどう理解するか
―― 戦後中日関係の情報政治学

劉　建平（翻訳：大澤武司・山影　統）

はじめに

　1983年6月25日、中華人民共和国（以下：中国）の外交における重要な指導者であった廖承志（中日友好協会会長を兼任）の追悼式が北京で開催された。その席上、中日友好協会副会長であった孫平化は、日本の友人であり、1960年代には『毛沢東選集』の翻訳にも携わった早稲田大学の安藤彦太郎教授に対して「一つの時代が終わったんだなあ」とつぶやいた[1]。

　1986年、孫平化は中日友好協会会長の職を引き継いだ。回想録のなかで彼は幾度も、対日外交における「廖承志時代」が終わりを迎え、「中日友好は廖承志なき時代に入った」と記している。加えて彼は「廖承志なき時代」が「多様かつ深き意味」を持ち、「簡単に説明できるものではない」とも指摘している[2]。だが、「廖承志時代」をどのように理解すべきかという問いについて、廖承志に近かった孫平化は答えを与えてはくれなかった。

　日本においても「廖承志時代」の終焉は議論された。例えば『朝日新聞』は廖承志の逝去を受けて社説を掲載し、中日関係は「古き友人」を失い、「個人の影響力に依存する時代は終わりを告げつつある。ますます幅広い交流の積み上げが必要だ」と論じた[3]。これはきわめて鋭い洞察であり、「友人に依存」する「人民外交」が国家間政治に代わりうるものではなく、必ず最終的には国家間政治へと帰結するものであるという認識を示すものであった。

　廖承志時代の終焉に伴い、その後の中日関係の見通しについては危機感や懸念を抱かれていた。だが、歴史の流れはこのような見通しに比べ、さらに無情なものであった。1980年代以降、「歴史認識」や領土問題などの残された問題は、中

日関係を周期的に悪化させることとなった。その後、1990年代を経て、特に21世紀に入ると、これらの問題は外交関係を対立的な状況に陥らせるだけでなく、世論調査においても互いが継続的に相手を嫌悪するという状況を生み出すに至った。

これらの事実は、「中日友好が廖承志なき時代に入った」だけでなく、「中日友好」が統計学的な裏付けさえも失ったことを意味している。このように考えるならば、経済的な「相互依存」関係や人的交流が深まりつつあるなかで発生している「周期的悪化」であるともいえるため、いわゆる「幅広い交流の積み上げ」ということの意義やその手段も危機に瀕しているといえよう。

それでは、我々は「廖承志時代」というものをどのように理解すべきなのであろうか。その歴史過程に関する研究と社会科学的分析を行うことによって、戦後中日関係の歴史的発展のロジックとその問題点を探る一助になると考えるのである。

I 戦後中日関係におけるイシューの設定
―― 情報の意義と権力メカニズム

日本と中国の関係は、国際共産主義運動期、「人民外交」期、そして国交正常化交渉期などに時期区分することができる。現代国際法的な意味からいえば、戦後中日関係の主たる課題は、国家間による戦争責任の処理や平和外交条約の締結によって、両国の和解を実現することであった。しかしながら、米ソ冷戦によって日本と中国は切り離され、中国建国初期の対日外交は、国際共産主義運動の枠組みのなかで開始されることとなった。

中日両共産党の協力関係は抗日戦争期に始まった。1940年3月、日本共産党（以下：日共）の指導者であった野坂参三がコミンテルンによって延安に派遣され、在華日本人の反戦運動を指揮し、中国共産党（以下：中共）による日本研究を支援した。日本敗戦後、野坂は延安を離れて帰国の途に就いたが、その途上、秘密裏にモスクワに向かい、日ソ両共産党の連絡ルートを確立させた。この過程でソ連は、民主日本の樹立、ならびに米帝国主義との闘争を支援する立場を表明した[4]。

中国成立直前の1949年6月、劉少奇が秘密裏にソ連を訪れた。スターリンはアジアの植民地と半植民地国家で積極的に活動を行うことを中共に求め、特に日本問題と中日関係について詳細な指示を与えた。「あなたがたは日共と密接に連

携しなければならない。現在、米国は日本を取り込もうとしている。もしも米国が日本での目的を達成するならば、その後の中国の困難は大きなものとなるであろう。もしもあなたがたが日本を取り込むことができたら、資本主義は極東から崩壊するだろう。つまり、日本がいかなる方向に向かうのかが決定的な意味を持つのである。日本人民は素晴らしい。中国人民が抱く日本人に対する恨みの感情が日本を味方に引き入れる障害になってはならない。もっとも、日本ではまだ反動分子が打ち倒されていない。今後のあなたがたの任務は、日本共産党やそのほかの進歩的勢力を支援し、日本の反動分子に打撃を与えることで日本をあなたがたの方に引き入れることだ」という内容であった[5]。

この結果、中日両共産党の関係を構築し、日共に対する支援を行い、日本を味方に引き入れ、共同で米帝国主義に反対することが、中国の対日外交の基本方針となった。

中国成立初期、アジアの兄弟党との連携は、中共中央統一戦線工作部（以下：統戦部）が担当していた。廖承志は1949年11月に統戦部の副部長に就任した。日本関係の実務を担当していたのは、抗日戦争時期に延安で野坂の指導を受けて日本研究に従事した荘濤であった。

1949年12月、日共は中国に代表を派遣して北京に駐在させる旨、中共に伝えた。これと同時に日共は中共に対して、日本人民の日共に対する信頼を高め、日米の反ソ反共宣伝を打破し、ブルジョア階級の日共に対する支援を促進するために、残留日本人の送還と通商貿易の実現を求めた。1950年2月初め、中共中央がこの情報を受け取った後、劉少奇は関係部門に対して、日共の代表を迎え、残留日本人に関する調査を行い、問題を解決するよう指示を与えた。

1950年1月、日共は、若き日に中国で学び、長年にわたり活動した経験を持つ経済調査代理部長の安斎庫治を連絡係として中国に派遣した。安斎は3月初めに中国に到着した。当初は統戦部が受け入れを行い、後には中共中央対外聯絡部（以下：中聯部、1951年設立）が受け入れ先となった[6]。この結果、日共を通じて中日貿易を発展させ、残留日本人帰国問題を解決することで、中日関係を構築するチャンネルが確立されることとなった。

ここで注目すべきなのは、日共との連携の過程において、中日関係の主要なイシューが「日本人民」の利益に置かれ、これが戦争責任の処理という本来ならば主要となるべきイシューにとって代わってしまったことである。このことが、その後の残留日本人帰国支援や戦犯釈放、通商貿易問題、賠償放棄問題などを主たる内容とする「人民外交」の展開を規定することとなったのである。

例えば、1953年2月、中国紅十字会代表団が日本代表団と残留日本人帰国問題に関する会談を行った際、中国人民は米帝国主義の指揮の下で「日本軍国主義の復活を企図」している吉田政権に断固反対しているが、両国の人民はいずれも平和を愛し、互いの友好を願っているとして、廖承志は「我々は日本人民が今日置かれている境遇、そして独立、民主、平和を勝ち取るために奮闘している努力に共感している。日本人民のこのような努力は、多くの事実が示している通りである。したがって、我々は平和を愛するすべての日本人民を自分たちの友人とみなし、彼らを吉田政権とは区別して考えている」と語った[7]。

　また、1960年8月11日、廖は社会党政策審議会代表団との会見の際にも、日本人民を重視するという中国側の対日観を強調し、「日本人民は偉大な人民であり、闘いと鍛錬を経てきた人民であると考える。したがって、彼らに対して真の友好を示し、その友好を深めなければならない」と明確に述べている[8]。

　つまり、「人民外交」というイデオロギー・ロジックは、「日本人民」が独立、民主、平和を追求し、日本の反動政府の政策に反対するという思い込みに由来するものであった。そのため、中国政府は日本人民の要求を満たし、中日人民の友好関係を構築して残留日本人の帰国などを支援することが、日本人民が独立、民主、平和を勝ち取る努力を支持することにつながると考えていた。

　これらのことからも明らかなように、国際共産主義運動体制とイデオロギーという前提の下、「日本人民」の利益代表者が、イニシアティブを持つ伝達者として、平和や民主、中日友好のために日本人民を支持して闘争するという「共通言説」の枠組みにおいて、実際には中国の対日業務担当者に向けて「日本人民」の期待する利益を伝達していたのである。

　他方、中国の対日外交は党政部門による厳格な統制の下、秘密裏に活動が行われてきた。その結果、中国人民が戦争で受けた被害や戦争責任処理に関する利益主張は抑制され、対日外交政策の決定過程においては、情報が「日本人民」の利益へと偏るという非対称的なものとなったのである。

　例えば、中国の対日外交政策の決定過程には、「日本人民」が伝える残留日本人の帰国支援や戦犯釈放に対する期待、さらには戦犯家族の苦痛の感情などの情報が大量に織り込まれることとなった。その一方で、中国人民が戦争で受けた被害などは「過去のもの」とされ、「大局」に従うべきものとして、その伝達が阻害されることとなった。

　この結果、必然的に、日本政府に対して侵略戦争や日本人戦犯による犯罪行為の責任を負わせ、中国人民の尊厳を回復するというような政策的思考は生まれに

くい状況となった。「日本人民」の利益的要求が満たされるかどうかが、中日関係における政治的妥当性と道徳的責任を満たす基準となり、中日関係は日本側の利益的要求を満たしていく過程となった。「日本人民」は、中国の対日外交を促進させ、日本の利益を満たさせるような権力が生まれるに至ったのである。

このような権力は、中国の指導者に国内政治を適当にあしらわせるように影響していたのである。例えば1956年6月27日、周恩来は残留日本人の帰国業務にあたった日本側民間三団体と戦犯を引き取るために中国を訪れた帰還輸送船の代表に接見した。この時、日本側代表から中国の戦犯釈放に対する重光葵外相の謝辞が伝えられると、周恩来総理は「我々は3回に分けて日本人戦犯を釈放することを決めた。釈放者数は1,000名を超えるが、重大な犯罪者であるがゆえに刑を科す準備を進めている者が45名だけいる。中国人民の手前、1人の日本人戦犯にすら刑を科さないとなると、説明がつかなくなってしまうのです」と率直に語った。

また、翌28日、周恩来は日本国営鉄道労働者訪中団と会見したが、その際にも「なぜ我々が一部の日本人戦犯に刑罰を科すのか？ それは中国人民に対して説明する責任があるからです」と述べている[9]。

すなわち、日本側の要求を可能な限り満足させる一方で、中国人民に対しては多少の強引な説明を行うという、伝達された「日本人民」の利益的要求の情報とこれに基づく主たるイシュー設定に基づき構築された「人民友好」関係という権力構造が浮き彫りになるのである。

後に公開された回想録によれば、戦犯の裁判や調査尋問、拘留、教育などに携わった幹部さえも、日本人戦犯釈放に関する中国政府の説明は筋が通らないとの認識を抱いており、彼らに対して繰り返し教育・指導する必要があった。幹部ですらこのような状況であれば、一般の中国人民にはなおさら受け入れがたいものであっただろう。

このように、「日本人民」の利益に偏った中日関係の「友好」においては、最初から現代国際法上における日本の侵略戦争の責任問題という主たるイシューを排除し、中国人民の戦争被害者としての尊厳回復を目的とする外交的な思考や努力の堅持が軽視されたといえる。この結果、中日関係においては「歴史問題」が残され、これが周期的に問題を起こすことで、国内政治の緊張までをも誘発している。このような国際的な情報伝達をめぐる歴史的事実と情報政治学のロジックを明らかにすることで、我々は中日関係を構造的に認識することの必要性を知ることができるのである。

Ⅱ 「人民友好」という言説創造・利益実現のメカニズム

　日共の代表として安斎庫治が中国を訪れたのとほぼ同時期、スターリンが反米闘争を激化させたことで、ソ連共産党は野坂参三の「平和革命論」批判を開始し、日共に対して議会闘争路線を改めるように求めた。スターリンの干渉を受け、日共は派閥分裂の泥沼状態に陥り、より積極的な群衆闘争を行うに至った。米国の占領当局は弾圧政策を採り、1950年後半には多くの日共幹部が秘密裏に北京へと渡った。

　それでもなお、スターリンは日共がいわゆる「民族解放民主革命」の新綱領を受け入れるように強く求めた。だが、日共の暴力活動は最終的に失敗に終わり、党の威信を傷つけることとなった。この結果、日共は1952年の衆議院議員総選挙では1議席も獲得することができなかった。

　もとより中共はソ連に強いられた日共の暴力活動を支持しておらず、このような挫折を経て日共も政策の調整をせざるを得なかった。この結果、日共の積極的な活動を背景に持つ、1952年に始まる中日間の「人民間」貿易や残留日本人帰国問題などが解決に向け大きく進展することになるのである。

　廖承志はこれら中日「人民友好」活動の直接的な指導者であった。日共指導者の北京潜行後の1951年1月、中聯部を設立し、日共を含む「東方各国の兄弟党」との連絡を担当させた。その第一副部長には廖承志が就任した[10]。

　1952年5月、表向きの対日活動を展開するため、周恩来指導の下、廖承志を責任者とする、各関係部門の幹部を集めた対日工作辦公室と中央日僑事務委員会が設立された。また、非政府分野の国際活動に対する指導を強めるため、1953年4月、中共中央は国際活動指導委員会を設立した。その日常機構は中聯部に置かれ、その副主任にはやはり廖承志が就任した。

　廖承志の下で対日外交業務に携わっていた幹部によれば、廖承志は上流家庭出身であり、日本で生まれ育ったため、日本の状況を熟知しており、上流階級の人々との交流もうまく、周恩来に対しても直接に報告できたことなどから、対日外交業務の指導者として適任であったという[11]。

　いうまでもなく、このような中央集権型の党政体制下における権威主義的な総合協調行政方式による対日業務は、対日交流に最適ともいえる高度なエリート性と政治性を備えたものであった。例えば、多くの廖承志の部下が、「日本の友人は難問にぶつかった時、もしくは重要な問題を抱えた時にはみなが廖公（廖承志に対する敬称――訳者注）に相談することを求めた」と述べている。また、廖承

志なき後には「多くの日本の友人が、これまでは問題があれば北京へ行き廖公と相談すればよかったが、今後はどうすればよいかと語り、中日関係や中日友好が、廖公が健在の時と同じように発展させていけるのかどうかをとても心配していた」とも語っている[12]。

これらの発言から、権威主義的な総合協調行政方式の対日業務は日本側が提起した「難問」を効率よく、かつ確実に解決することができたといえよう。だが、中国人民の立場から見れば、この業務方式には政策に対する監督・審査機能と民意の参加・反映機能が欠如しており、一方的に伝達される日本側の利益要求の情報が主導する「人民友好」という言説創造・利益実現の業務方式であったといえる。

中日間における「人民友好」関係は1952年に構築され、1950年代半ばの残留日本人帰国支援や日本人戦犯釈放を経て最高潮に達した。1952年5月の貿易交渉過程において、「日本人民」の代表が提示した貿易条件は、日米両政府の対中禁輸制限によって、本来ならば中国側の原則に適さないものであった。だが、中国側の交渉担当者は最終的に「中日両国人民の真の平和友好関係の構築」という大局的観点に基づき、譲歩を行ったのである[13]。

また、1953年2月に行われた残留日本人の帰国問題交渉の際にも中国側は残留日本人の帰国に行政的便宜を図り、経済的な援助を行うなどの「寛厚」を示し、日本側を感激させたが、一方で廖承志は日本側に在日華僑の帰国を求めつつも、その費用は中国側が負担するとした。彼が努力してめざしたのは、日本赤十字社に中国紅十字会の訪日招請をさせ、「中日両国人民の友誼を強める」ことであった[14]。

1954年10月末、中国紅十字会会長の李徳全と廖承志の率いる代表団が訪日した。当時の代表団の1人は日本に到着した際のことを「まるで日本人民の友好の海につかっているようだ」と回想している[15]。だが、実はこの「友好の海」という現象も、日本側が求める利益を中国が可能な限り満足させるという関係が決定的な背景にあったといえる。

日本の民間世論は、日本政府が中国代表の訪日を許可するよう促した。これが成功したのは、残留日本人帰国問題が解決されたが、中国に拘禁されている戦犯たちがいまだ生死不明であり、日本政府も戦犯留守家族も戦犯たちの刑罰が免除され、なるべく早く帰国できることを望んでいたからである。

その期待に応えて中国紅十字会代表団は拘留戦犯の名簿を持参し、日本側は訪日代表団を戦犯家族と会見させ、その「生の訴え」を中国側に聞かせた。その結

果、中日双方が「邦人帰国問題等に関する日中懇談覚書」に署名し、中国側が多くの戦犯を寛大に処理し、残留日本人と日本人戦犯の帰国に向けて引き続き援助することを中国紅十字会が確認した[16]。

　1956 年、中国政府は 1,062 名の日本人戦犯のうち 1,017 名を免訴釈放し、残り 45 名についても軽い刑に処するにとどめた。こうした日本側の利益要求を中国側が満足させることで構築された友好関係は、当然ながら日本各方面の「熱烈歓迎」を受けた。

　他方、中国における国内向けの宣伝としては、中国紅十字会が公開報告のなかで日本人民の熱烈な友好を強調するだけで、日本の要求に沿って戦犯に寛大な処置を行うということには触れなかった。また、日本戦犯の思想教育や新聞における宣伝工作はさらに複雑なものとなった。1954 年 2 月、北京の真武廟で行われた公安や検察、司法など機関幹部の合同講習では、廖承志が日本に関する情勢や政策を講義したが、その目的は中日友好を実現するために幹部たちの「国恨家仇（国家を侵略されたことや郷里を壊されたことを恨む）」の感情を抑えることにあった。

　さらに廖承志は、北京の臥佛寺で行われた日本人戦犯裁判の「起訴状」の起草活動も指導し、「1 人の死刑も出さず、1 人の無期懲役も出さず、有期の判決も極力少なくする」という原則を徹底させた。また、彼は新華社に統一的な宣伝報道を行うよう直接の指示を与え、「素朴な感情が正確な政策にとって代わらないよう」と強調した。加えて廖承志は、自ら新華社の報道原稿を審査し、被害者が「日本人戦犯の『滔天』の犯罪行為を告発する」、あるいは傍聴者が「涙を流しながら被害者の訴えを聞いていた」などの表現を削除し、「被告人が罪を悔いている態度」や弁護人が「法廷で寛大な処置を求めた」などの説明を付け加えさせた[17]。

　このように、日本人戦犯の家族や関係団体が、戦犯に対する寛大な処理を求め、中国との友好関係の確立を熱望したが、その「日本人民」の要求が中国の対日外交政策決定過程において、中国人民の感情的あるいは尊厳上の要求を抑え込み、可能な限り日本側の利益的期待を満たそうとする能動的な業務方式につながっていった。「人民友好」というスローガンは事実を隠蔽し、一面的な報道を行うものであったといえる。

　1950 年代前半において、「日本人民」の利益を満足させ、「日本人民」を中日友好に熱中させたのは、まさに「日本人民」の望みをかなえるためであった。だが、1950 年代後半においては、このような「日本人民」の善意が日本政府を動かし、中国との国交正常化につながり、米国の冷戦政策が作り出した国際政治的

な孤立状態から中国が脱却するために有利になるのではないかとの期待が込められるようになった。

　ところが、残留日本人問題や日本人戦犯問題の解決に伴い、1957年に政権の座に就いた岸信介首相が、中日国交正常化問題において適当に取り繕ってきたそれまでの日本外交の仮面を捨て、明確に国交正常化を拒絶し、あるいは中国敵視の姿勢を示すに至った。

　また1958年2月に発生した「劉連仁事件」を契機として、中国人民が戦争で受けた被害が社会世論というレベルにおいて登場し中国人民の利益的主張が顕在化したため、中国政府は賠償を明確に要求するに至った。また、5月には「長崎国旗事件」が発生し、あらゆる友好の期待と尊厳上の要求が明確に拒絶されたため、中国政府は憤り、日本側の利益に偏重していた中日関係を断った。

　だが、中国政府による「経済断絶」は日本の国民外交というイデオロギー言説によって早くも克服されることとなった。1958年10月、日本労働組合総評議会は中国の国慶節行事に参加し、中華全国総工会と共同声明を発表した。共同声明は、日米安全保障条約と岸内閣の中国敵視政策に断固として反対し、さらに国交正常化を促進するために広範な運動と闘争を展開するよう日本の労働者と人民に呼びかけた[18]。これに対して『人民日報』の評論も「中日両国の労働階級の友好と団結における新展開」であると評価した[19]。

　しかしながら、「日本人民」側の政治的姿勢の表明は、決して友好のための友好の演出ではなく、すぐさま総評は中国に対する貿易の再開を要求するに至った。中日貿易の断絶以降、中日貿易に従事していた日本企業、なかでも特に中国から輸出される原料に依存していた中小企業は大きな困難に直面し、20万人近い労働者が失業の危機に陥っていた。1959年1月29日、日本労働組合総評議会事務局長の岩井章と政治部長の小山良治が北京を訪れたが、中華全国総工会の責任者は、彼らと面談した後、廖承志に報告を行い、協議を経た結果、日本側に対して特別な配慮を行うことを認めるに至った。2月12日、周恩来は岩井と会見し、「貿易と労働者は密接な関係にある。労働者階級の代表であるあなた方はご存じだろうが、中日貿易を妨害しているのは日本政府である」と指摘したうえで、「我々は日本人民に対しては友好的であり、彼らの経済的困難や、貿易中断により困難に陥っている中小企業には同情している。もしも対中友好団体の紹介と保証があれば、配慮を考えることができる」と語った[20]。

　このように、日本側による国民外交は、「労働者階級」というイデオロギーを「通行証」として用いることにより、中国側が日本に対して「配慮物資」を供与

するという特殊な貿易方式を獲得した。この結果、中日間の経済交流は事実上復活し、後にはより大規模な「友好貿易」へと発展し、さらに進んで中日両政府が後援する民間貿易体制が成立するに至った。

　以上の歴史過程から国際関係における情報政治学を理解することができる。日本による国民外交が、中国政府に対して日本の利益をうまく受諾させることができたのは、日本側からいえば、中国政府を説得することが可能なイデオロギー上の言説創造能力を持っていたからである。他方、中国側についていえば、「人民外交」を標榜しながらも実はその現場には「中国人民」が不在であり、彼らの利益に関する相手方への伝達がほとんど行われることがなかった。この結果、日本側の利益に関する情報が一方的に流れ込み、中国の権威主義的な対日外交政策はそうした方向に誘導されることとなったのである。

　また、特に注意すべき点としては、「劉連仁事件」や「長崎国旗事件」を経て、日米同盟関係に基づく中国敵視と日本政府の戦争責任否認に象徴される日本の中国蔑視の姿勢が顕在化するに至ったにもかかわらず、中日関係における日本側の利益の獲得が、一貫して実現し続けたということである。その原因は、日本側が中日関係においてイデオロギー的な誘導とイシューの設定を積極的に行ってきたことにより情報政治学の主導権を確保してきたことにあるといえる。

Ⅲ　「日本人民」と国家間政治──情報戦による「人民外交」神話の崩壊

　いうまでもなく、中日関係が米国の冷戦外交の圧力を受け、経済外交の範疇にとどまることは、もとより中日双方の利益に合致するものではない。中ソ対立の深化と中米関係の改善に伴い、米国は、中日国交正常化を阻止する必要がなくなり、さらに意図的に、日本に台湾問題を打開させようとさえした[21]。この結果、中日国交正常化が両国の政治日程に上がることとなった。

　一般的な理解では、国交正常化交渉は、戦後処理が主たるイシューであるとされている。しかしながら、日本政府は侵略戦争の賠償と謝罪を拒絶し、さらに「日華条約」に関する議論を持ち出すことで、交渉の主たるイシューを「中国を代表する権利が大陸にあることを承認する」という、いわゆる「台湾問題」の処理へと誘導しようとした。

　中国側は日本政府のこのような「日華条約」の解釈をめぐる言葉遊びの意義が理解できなかった。日本政府の立場の不安定さや態度の曖昧さというような煙幕

ともいえる情報に基づき、中国の指導者たちは国交正常化の機は熟しているが、また困難もあると見ていたようである。そこで、日本側指導者の訪中を最高の目標として、中国側は積極的な非正式接触を行い、状況を理解し、事態を前進させるよう努力していた。その機会に乗じて、日本の「超党派外交」も活発になった。

中日間におけるこのような非正式接触は 1971 年初めに始まった。3 月下旬、日本で行われた第 31 回世界卓球選手権大会に中国卓球代表団が参加し、周恩来は外交部亜洲司（アジア局）の副司長王暁雲ら対日外交を専門とする幹部たちを代表団に加えた。王暁雲は日本で、自民党の指導者や中国側が主張する「台湾問題」の原則に賛同を示していた公明党委員長の竹入義勝などと会見を行った。その結果、6 月末には竹入率いる公明党代表団が中国を訪れ、中国側と共同声明を発表した。その声明では「中日両国人民の友好を求める願望は、大勢のおもむくところであり、人心の向かうところとなっている」という点が強調され、さらに「一つの中国」「中国の一つの省としての台湾」「破棄されるべき『日蔣条約（日華条約）』」「米軍の台湾からの撤退」「国連における中華人民共和国の合法的権利の回復」からなる「5 項目の主張」が示された[22]。これが後に中国の「復交三原則」の基礎となった。

1972 年 5 月、公明党副委員長の二宮文造が竹入に代わって代表団を率いて中国を訪れ、もしも田中角栄が選挙に勝利し、組閣することができれば、中日国交回復問題も解決できるという情報を中国側に伝えた。周恩来や廖承志らは二宮と会見し、歓迎の意と謝罪を求めないという姿勢を明らかにした。また、二宮は、田中が「和製キッシンジャー」を派遣する必要があるかどうかという点にも言及した。周恩来は、この問題は中国側がが田中に代わって決定するものではなく、竹入委員長が都合のよい時に中国に招待すると答えた[23]。

7 月初め、田中角栄が自民党の総裁選に勝利し、新しい内閣を組織した。外相には大平正芳が就任し、中日国交正常化の実現を最大の外交課題とした。しかしながら、田中と大平は遅々として訪中のスケジュールを組もうとはしなかった。その理由は、中国の具体的な交渉方針をいまだ明確に把握することができていなかったからである。その後、田中と大平が、竹入が中国側から手に入れた交渉草案を材料としてその中国訪問を決心したことから推測すれば、田中や大平の主要な懸念が中国の賠償要求の有無にあったことがうかがえる。

田中の明確な姿勢がつかめなかったことから、中国側の「和製キッシンジャー」にかける期待は大きくなっていった。東京に赴任したばかりの中国中日備忘録貿易弁事処首席代表の蕭向前は 7 月下旬に公明党と秘密裏に連絡をとり、竹入の早

期の中国訪問を希望した。竹入は大平や田中と会談を行い、政府の委任を受けて中国側と交渉を行いたいと求めたが、意外にも大平の態度は曖昧で、「中国とは、いろいろなルートで接触し情報を集めているんだ」と述べるにとどまり、田中に至っては「日中問題を考える余裕もなければ、今やる気もない」といい、一筆の親書を書くことも拒絶した。

政府の意向を受けずに北京に行っても話にならないと考えた竹入は、同党の政調会長であった正木良明とともに「日華条約」の維持、日米安全保障条約の容認など20項目ほどの政府の一般的見解を書き連ね、7月25日に東京から香港に飛び、同日列車で北京に到着した。

まず中日友好協会会長の廖承志が竹入と会談した。竹入は自民党の内情などを説明しながら、日米安全保障条約の承認、「日華条約」の有効性、日台交流の維持という3項目を軸とする日本側の見解を説明した。

7月27日、周恩来は竹入と会談を行った。竹入は「特使もどき」を演じるのが心細かったが、幸いにも周恩来は問い詰めたりすることもなく、「田中首相の伝言を持参している」というその立場を信頼し、竹入も「違う」と否認することもなかった。正木良明の証言によれば竹入は、国交正常化は平和条約を締結するものではないこと、田中首相の米国との事前協議を黙認すること、賠償請求の放棄を確認することなどに重点を置いて説明したという[24]。

竹入との会見後、周恩来はその日のうちに中共中央政治局会議を開き、『中日共同声明要点（草案）』を決議して、毛沢東の審査と裁可を仰いだ。29日夜、周恩来は竹入との3回目の会談を行い、毛沢東の承認を受けた「共同声明要点」を読み上げ、詳しく説明した。

その主な内容は、「戦争状態の終結」「日本は『復交三原則』を十分理解し尊重すること」「中国主権の承認」「『平和共存五原則』への同意」「覇権への反対」「国交正常化後『平和友好条約』について話し合うこと」「中国は戦争賠償請求を放棄すること」など8項目にわたっていた。また、「台湾は中華人民共和国の領土である」「共同声明発表後、日本は台湾と断交する」「台湾における日本の企業らに対しては台湾が解放される際に適当な配慮が払われる」という3項目からなる「黙約事項」も付け加えられた[25]。

予想外の収穫を手にした竹入は帰国し、翌8月4日、首相官邸に会見を求めた。田中と大平は記録を読むと喜び、すぐに外務省にその詳細を研究させた。5日、田中は再び竹入と会談し、この記録が「一字一句間違いない」ことを確認し、さらに「おまえは日本人だな」との念を押す慎重さを見せた。竹入は「正真正銘の

日本人だぞ」と誓った。こうしてついに田中は訪中を決断した[26]。

　竹入は中日「人民友好」の象徴的な人物であるとされているが、国交正常化交渉前の秘密接触に際しては、田中角栄の「特使もどき」を演じて中国側の交渉草案を手に入れた。その結果、「敵を知り、己を知る」こととなった日本政府は主導的な態度で交渉を進めることが可能となった。「日華条約」の受け入れを前提条件の最低線として、中国に圧力をかけ、その交渉結果は、戦争状態の終結を明確に宣言せず、釣魚島問題も棚上げとし、正式な謝罪も行わず、中国の主権を承認したものの賠償請求権を認めないという線に着地することとなった。

　侵略戦争の被害者の立場や中日国交正常後に周期的に発生した「歴史問題」をめぐる衝突などに鑑みれば、この国交正常化の交渉結果は、中国の対日外交の失敗と両国の戦後和解の挫折を意味するものであったといえる。この失敗と挫折の要因は、日本側が中国の「人民外交」を利用して、すでに交渉前に中国側の譲歩を得ていたからである。さらに中国側草案の情報を分析し、入念に準備したうえで、交渉時に再び中国側に損害賠償請求権の放棄など多くの問題について譲歩を迫った。その結果、中国は「唯一の合法政府」を承認させることのみに固執するに至り、戦後処理問題などはすべて日本によって曖昧化させられたのである。

　中国の対日外交は、その展開過程において日本国民を「日本人民」と誤認してきた。そのため、国交正常化交渉も実質上は日本国民共同体と中国政府との交渉となり、その結果、「日本人民」という名の下で戦争賠償が免除され、さらに日本政府の困難も十分配慮され、戦争責任問題や領土紛争も曖昧に処理された。つまり、日本側にとっては、その主動的な情報工作によって中国外交をうまく誘導した情報政治学的な意味での勝利であったといえる。

　他方、中国側にとっては、「日本人民」による対中情報戦と日本政府の正式な対中外交交渉が一体となった結果、中国が対日外交において一貫して掲げてきたいわゆる「日本人民と日本政府を区別するというイデオロギー的前提」が打破されてしまった。このような経緯によって「人民外交」という神話は解体され、それは「人民」という国際主義イデオロギー上の想像が失敗に終わったことを意味したのである。

おわりに——中日関係の「新時代」は始まったのか？

　中国における戦後中日関係研究、特に国交正常化に至る時期に関する歴史研究は、「人民友好」に努力した人物の功績を称賛する傾向にあり、「人民外交」の前

線で指導にあたった廖承志が対日外交の「成功物語」を飾る人物とされてきた。だが、学術研究の本来の目的とは個人に対する崇拝のためではない。また、時にそのような称賛は政治的意味を帯びることもあり、このような点を踏まえるならば、実証的な歴史研究と社会科学的分析という知識生産が特に求められているといえ、歴史の文脈からも、史料面からも、中日関係における「廖承志時代」を再認識する時期が来ている。

　これまで述べてきたように、戦後中日関係においては、日本側の情報政治学的な側面を持つ行動が「人民外交」の神話を崩壊させたといえる。だが、これに加えて指摘したいのは、今日においても「人民外交の時代」から抜け出したとはいえない現実が存在していることである。国交正常化実現に伴い、「人民外交」の時代は一つの時代としては終わったとみなされてきたが、「人民外交」の後遺症ともいえる残された戦後処理をめぐる問題は中日関係を周期的に悪化させている。その意味ではいまだ中日関係はその「歴史問題」から解放されておらず、古い時代から抜け出していないともいえるのである。

　1972年に中日国交正常化が達成されてから、1978年の「中日平和友好条約」の締結、1992年の天皇訪中、1995年の戦後50周年、2008年の戦略的互恵関係推進に関する共同声明など、中日関係の「新しい章」「新起点」「新世紀」「新時代」などの歴史的画期の概念が数多く提起されてきた。これらはいずれも「戦後」を終結させようとする世論工作の試みであり、中日関係における「未来に向けた」友好協力関係を作り出そうとする努力でもある。確かに、可能な限り簡単に「戦後」を処理・終結させ、「未来に向かう」友好協力関係をはじめることがまさしく「人民外交時代」の中日関係における目的であった。

　しかしながら、事実として「人民外交時代」後の中日関係においては、その目的が達成されず、曖昧な戦後処理によって残されてきた「歴史問題」、すなわち釣魚島問題や歴史認識問題が、中日間の国家利益をめぐる敵対関係やアジア後進国家に対する日本の蔑視がいまなお継続していることを象徴しているといえるのである。

　このような敵視と蔑視の複合的な構造について、「敵視」は米国が誘導し、日本を利するところとなる「中国脅威論」の形で、また「蔑視」は日本が刺激することで中国が反応せざるを得ない状況となってしまう「靖国参拝問題」や「教科書問題」などの形で現れている。このような構造が、一貫して中日関係を「周期性悪化」という落とし穴に陥れてきたのである。さらに周期的な悪化は、相互不信を深化させ、敵意の蓄積を促進することとなり、その結果、「中日友好」とい

う言葉が日本ではますますいい出しにくくなり、中国ではますます懐疑的に受け止められるようになるという状況を生み出すに至っている。その結果、ついに「中日友好」は「戦略的互恵関係」という言葉にとって代わられたのである。

　いずれにせよ、「中日友好」か「戦略的互恵関係」か、という言葉遊びでは、戦後史上に残された問題が中日関係の「冷戦」の陥穽となっている事実を隠しきれないといえよう。そして、このような言葉遊びの虚構に基づくコミュニケーションはますます相互不信を深めさせる結果となっていくのである。

　今日の情報化の時代においては、秘密外交による曖昧な妥協が「暗箱の政治」（ブラックボックス）によって覆い隠されるものではなくなっており、国際関係における情報戦はすでに国際コミュニケーションとパブリック・ディプロマシーの一部分へと変化している。つまり、情報化の時代の外交は民意を代表することによって正当性を獲得することができ、国民共同体としての外交源泉が形成されるのである。

　今日、かつての「人民外交時代」において、国際関係を抒情化した「友好」という想像が国家間政治の実際からかけ離れていた事実と誤りを改めて認識する必要があろう。さらにかつては人民外交が人民から乖離しており、国民国家の哲学が見失われていた事実を反省しなければならないといえよう。このような歴史の学習や思想の整理を通じて、戦後に残されてきた諸問題を国家間政治と国際法のレベルにおいて公式に解決してはじめて、イデオロギー的想像によって「友好」とされていた「人民外交時代」や、さらには「友好」という伝統的思想や「戦略的互恵」という新しい概念によって和解が実現していない現実の隠蔽を図ってきた「ポスト人民外交時代」を終結させることができ、中日両国は和解を通じて友好を実現する新時代を切り開くことができるといえよう。

　外交学と情報政治学の観点からすれば、イデオロギー的想像が先行していた「人民外交」を思想的に検証したうえでそこから脱却し、戦後和解の立場に基づいた新しいパブリック・ディプロマシーを創造していく努力が必要である。

　もちろん、中日両国ともこのような政治主体性や認識をいまだ持つには至っていない。いまだ日本は米国の手による東アジア冷戦政治が継続しているなか、米国の道具としての利益を享受している。中国も「勝利から勝利へ」というような「一貫して正確な」歴史的叙述に安んじて、友好という言説のロジックを無理やりに維持している。

　事実、1987年には竹入が「特使もどき」の一件を鄧穎超に説明・謝罪し、その場には当時中日友好協会会長であった孫平化も同席していた。しかしながら、孫平化と鄧穎超は中国の対日外交における問題の所在を改めて考えたり、日本の

対中外交の構造的原理を追究したりすることもなく、中日国交正常化が田中の「功労」なのか竹入の「功労」なのか、あるいは「党中央の決定であり、周恩来同志一人の功ではなかった」という程度の問題意識において議論・理解しようとしたわけである[27]。

このように考えるならば、実証的な学術研究に基づいた知識革命が行われなければ、さらには戦後中日関係の歴史的知識に基づく和解追求という共通認識が創出できなければ、本当の意味において「戦後」を終わらせることはできず、真の意味において「新時代」という意味を持つ未来も中日関係にはないといえよう。

1)「廖承志文集」編輯辦公室編『廖承志文集』(下) 徳間書店、1993年、589頁。
2) 孫平化『我的履歴書』北京：世界知識出版、1998年、104頁。孫平化『中日友好随想録』北京：世界知識出版社、1986年、159-160頁。
3)「廖承志氏の急死を悼む」『朝日新聞』1983年6月12日。
4) 劉建平「蘇聯、斯大林与新中国初期的対日外交」『国際政治研究』2008年第4期、149頁。
5)「劉少奇与斯大林談話」(1949年7月27日)。
6) 伊藤律『伊藤律回想録——北京幽閉二七年』文藝春秋、1993年、22頁および66頁。『安斎庫治追悼集』労農通信社、1995年、66-73頁。筆者の中共中央対外聯絡部の幹部に対するインタビュー (2005年9月7日、北京)。
7)「中国紅十字会代表団首席代表廖承志在協助日僑帰国問題第一次正式会談上的発言」(1953年2月18日)『日本問題文献匯編』北京：世界知識出版社、1955年、99頁。
8)「接見日本社会党政策審議会代表団的談話」(1960年8月11日)《廖承志文集》編輯辦公室編『廖承志文集』(上) 北京：人民出版社、1990年、373頁。
9) 中共中央文献研究室編『周恩来年譜 (1949-1976)』(上) 北京：中央文献出版社、1997年、593頁。
10)「関於成立中共中央対外聯絡部問題」(1951年1月16日) 中共中央文献研究室編『建国以来劉少奇文稿』(第3冊) 北京：中央文献出版社、2005年、25-26頁。
11) 王効賢「跟随廖承志開展対日工作」『中共党資料』第98号、2006年第2期、96頁。
12) 呉学文・王俊彦の王効賢氏に対するインタビュー、『廖承志与日本』北京：中共党史出版社、2007年、482頁。孫平化『中日友好随想録』160頁。
13) 劉建平「戦後中日関係之『人民外交』的生成：過程与概念」『開放時代』2008年第3期、21頁。
14)「廖承志関於日僑回国談判情況給毛沢東的報告」(1953年2月24日)《廖承志文集》編輯辦公室『廖承志文集』(上) 213-215頁。「我紅十字会代表団与日本代表団就協助回国問題取得一致意見」『人民日報』1953年3月8日。
15) 紀鋒「掲開中日関係史上新篇章的一次訪問」『人民日報』1992年11月29日。

16) 日本赤十字社編『日本赤十字社社史稿』(第 6 巻) 304-313 頁。紀鋒「掲開中日関係史上新篇章的一次訪問」。
17) 李甫山『偵訊、起訴与免訴日本戦犯経過』全国政協文史資料委員会編『改造戦犯紀実』北京：中国文史出版社、2000 年、175 頁。王石麟「参与偵訊日本戦犯工作的回顧」『改造戦犯紀実』185 および 191 頁。王濯非「審判日本戦犯採訪回憶」『改造戦犯紀実』215-216 頁。
18) 「中華全国総工会同日本工会総評議会的聯合声明」(1958 年 10 月 3 日)『日本問題文献匯編』(第 3 集) 北京：世界知識出版社、1961 年、22 頁。
19) 「祝賀中日両国工人階級友好団結的新発展」『人民日報』1958 年 10 月 5 日。
20) 筆者の中華全国総工会の幹部に対するインタビュー (2006 年 10 月 24 日、10 月 26 日、2007 年 3 月 2 日、北京)。「周恩来接見日本安井郁、岩井章等人談話」(1959 年 2 月 12 日)。劉建平「中国対日外交在 20 世紀 60 年代的転型発展及其歴史意義」『開放時代』2009 年第 11 期、35 頁。
21) 孫平化『中日友好随想録』瀋陽：遼寧人民出版社、2009 年、10 頁。
22) 「中日友協代表団与日本公明党訪華代表団聯合声明」(1971 年 7 月 2 日) 田桓主編『戦後中日関係文献集 1971-1995』北京：中国社会科学出版社、1997 年、21 頁。
23) 「周恩来会見日本公明党第二次訪華団談話」(1972 年 5 月 15 日)。劉建平「中日国交正常化談判的過程及其国際政治学意義」『開放時代』2010 年第 7 期、94 頁。張香山「通往中日邦交正常化之路」『日本学刊』1997 年第 5 期、13 頁。
24) 「竹入義勝元公明党委員長は語る」『朝日新聞』1997 年 8 月 27 日。「竹入・周会談　第一回 (1972 年 7 月 27 日)」ならびに竹入義勝「歴史の歯車が回った」石井明ほか編『日中国交正常化──日中平和友好条約締結交渉』岩波書店、2003 年、3-18 頁および 197-210 頁。正木良明・古井喜實・岡田春夫「平和友好条約へ決断のとき」『朝日アジアレビュー』1977 年第 3 号、12 頁。張香山「通往中日邦交正常化之路」『日本学刊』1997 年第 5 期、13 頁。
25) 「中日聯合声明要点 (草案)」(1972 年 7 月 28 日)。中共中央文献研究室編『周恩来年譜 (1949-1976)』(下) 北京：中央文献出版社、1997 年、540 頁。
26) 「竹入義勝元公明党委員長は語る」『朝日新聞』(1997 年 8 月 27 日)。竹入義勝「歴史の歯車が回った」石井明ほか編『日中国交正常化──日中平和友好条約締結交渉』205-206 頁。
27) 孫平化『中日友好随想録』65-66 頁。

終章
知日派の役割──21世紀の日中関係への示唆

編集委員会

　2012年9月、日中国交正常化は40周年という節目の年を迎えた。しかし、2012年の日中関係は、様々な問題により、過去に例のないほど困難な状況に陥った。その結果、北京で予定されていた40周年祝賀行事は、中国側からの申し出により、中止となった[1]。

　こうした日中関係の現況に対し、1949年10月の中華人民共和国(以下：中国)建国から日中国交正常化に至るまでの政治過程は、何を提示することができるのであろうか。本書の結びとして、第1部から第3部に所収されている各論文から得られる知見を集約し、一連の歴史研究の21世紀の日中関係に対する示唆を考察してみたい。

I　中国の対日政策における知日派の役割

　本書第1部に所収されている4本の論文は、廖承志を中心とする戦後中国の知日派の形成過程と、中国の対日政策の決定過程における彼らの役割を検討したものである。一連の研究成果からは、中国の対日政策に関して、以下の三つの特徴が指摘できる。

　第一に指摘できるのは、中国の知日派は、情報提供や政策提言という役割において、対日政策の決定過程のなかで一定の影響力を発揮していたということである。中国の対日政策の組織構造は、その時々の日中関係とそれをとりまく東アジアの国際情勢の影響を受けながら、何度かの変遷を経た後、1958年3月の中国共産党(以下：中共)中央外事領導小組と国務院外事辦公室の設置により、一応の完成を見せた。こうした対日政策の組織構造が固定化されるなかで、周恩来と

の信頼関係を基軸として、対日政策の実務統括者である廖承志の影響力は徐々に高まっていった。

むろん、廖承志を含む知日派は、中国の対日政策を決定する立場にはなかった。対日政策の最終決定者は毛沢東であり、政策執行の責任者は周恩来であった。廖承志の役割は、毛沢東や周恩来から発せられる政策方針を知日派に伝達することにあった。知日派はそうした政策方針を学習した後、それぞれの対日業務の実行へととりかかった。他方、一連の対日業務を通じて得られた情報や、政策に対する提言が、廖承志を通じて、毛沢東や周恩来に伝えられた。こうした情報提供や政策提言の果たした役割は、決して小さいものではなかった。

第二の特徴として、知日派が、廖承志の下、組織横断的かつ広範囲に結集されていたことが指摘できる。大澤論文で指摘されるように、日本人引揚問題には、中共中央日僑事務委員会、公安部、中国紅十字会、中共中央対外聯絡部（以下：中聯部）、中共中央調査部、新華社、中国外交学会などが携わっていた。また山影論文が指摘するように、日中経済交流には、外交部、対外貿易部、中聯部、中国国際貿易促進委員会などが関与していた。さらに王論文が明らかにした通り、留日学生・華僑業務では、外交部、中聯部、国務院華僑事務委員会などが主たる役割を担っていた。

知日派がこのような形で結集されたのは、日本との国交がない状況下で、中国側はあらゆる領域における対日交流を、対日政策の手段として遂行していたことに起因する。そして、こうした多岐にわたる対日政策を統一的に管理・運営するためには、「大日本組」と「小日本組」という、二つの組織の存在が不可欠であった。

第三の特徴として指摘しうるのが、こうした対日政策組織は、明確な法的根拠に基づき制度化されたものではなく、むしろ多分に廖承志との個人的関係に依拠しながら構築されたことである。大日本組にしても、呉学文はその回想のなかで、そのメンバーは固定的でなかったと指摘している[2]。廖班という中国の対日政策組織は、その時々の状況と事態の性質により形成されるタスクフォースであった。

こうした対日政策組織において、廖承志の存在感は圧倒的であった。山影論文に示した通り、廖承志は対日政策において、実務統括者、政治的調整者、日中友好の象徴という三つの役割を果たしていた。また廖承志は時には自ら知日派のリクルートにも乗り出していた。さらに廖承志は必ずしも自分の直属の部下でない者に対して、直接声をかけ、時にはその対日業務のあり方を指導していたのである[3]。

以上の3点を総括すれば、廖承志を中心として組織横断的、かつ非制度的に結集された知日派の集団である廖班という対日政策組織は、廖承志と周恩来の信頼関係を基軸として、情報提供／政策提言という分野において、中国の対日政策に一定の影響力を行使していた、と評価できよう。

II　知日派と自民党親中国派の共演

　第2部所収の諸論文では、中国と中華民国政府（以下：国府）による対日工作とそれへの日本の対応が描かれている。中国は、日本国内に広範囲な親中派を形成し、「日本中立化」を実現すべく、その対日工作を展開した。中国にとって「日本中立化」は、日華関係断絶を前提とする日中国交正常化を実現し、同時に米国の東アジア冷戦における橋頭堡を陥落させることを意味した。これに対し国府は、そうした中国の対日工作を頓挫させ、また中華民国という国家の正統性を確保するため、日本との外交関係を維持することをめざして、自らの対日工作を展開した。このように中国と国府の両者にとって、東アジアの冷戦構造のなかで、日本が有する重要性は大きかった。本書が、中国のみならず、国府の対日工作をも考察の対象としたことは、そうした重要性を考慮したものである。一方、日本政府や、政権与党たる自民党の政治家たちは、米国の冷戦政策の影響も受けつつ、中国と国府の両者の対日工作に対応することを余儀なくされたのであった。

　1972年9月の日中国交正常化が証明している通り、中国と国府の対日工作の競争は、最終的に中国の勝利という形で終焉することになる。日中国交正常化は廖承志を中心とする知日派による対日工作のグランド・フィナーレ（大団円）であった。

　しかし、このような大団円は、知日派による独演で成し遂げられるものではない。松村謙三、高碕達之助、古井喜實、田川誠一ら、知日派の共演者である自民党内の親中国派が存在してこそ、ようやく大団円にたどり着けることができたのである。

　とりわけ、井上論文が示している通り、自民党内の親中国派は、文化大革命の渦中に知日派が巻き込まれるなかで、中国側からも日本国内からも強烈な批判にさらされながらも、LT貿易／MT貿易という日中間のパイプを確保することに奔走した。そして田中角栄政権が登場する前夜、自民党親中国派は、複雑な日本の政局状況を、それぞれの思惑によるバイアスがあったとはいえ、ある程度正確に中国側に伝えた。また、周恩来の対日発言を日本政府や自民党の領袖たちに伝

達する役割も担った。さらに、中国の指導者が知日派に対して日本側の要人との接触を命じた際には、橋渡し役を果たした。

ただし、自民党親中国派は、日中両国の「情報伝達者」や「橋渡し役」としての役割こそ果たしえたものの、日本の中国政策の決定過程において、大きな影響力を持っていたとはいえない。最終的に日中国交正常化の実現を決定したのは、田中角栄と大平正芳という自民党親中国派には必ずしも属さない大派閥の領袖であった。また、日中共同声明案の作成や「日華平和条約」と日中国交正常化の法的整合性の確保などの実務面を担ったのは、外務省官僚であった。さらに日本側に最終的に国交正常化を決断させる情報をもたらしたのは、自民党親中国派ではなく、竹入義勝・公明党委員長であった[4]。こうした点に鑑みれば、日中国交正常化における日本の対中政策の成功は、政策決定者、官僚、与野党の国会議員の三者の連携によって、ようやく実現されたものであると評価できよう。

Ⅲ 中国人研究者における戦後対日政策への評価
──正統的解釈と「修正主義的」解釈

戦後中国の対日政策に対して、現在中国国内の研究者はどのような評価を下しているのであろうか。興味深いことに、本書第3部所収の胡鳴論文と劉建平論文とでは、この点に関して異なる評価が下されている。

胡論文は、周恩来との個人的友情関係にあった廖承志による戦後中国の対日政策を高く評価している。胡論文は、周恩来・廖承志体制による対日外交活動の特徴を、(1) 日本の「知中派」の育成、(2) 問題解決における「求同存異」理念、(3)「過去」よりも「未来」を重視する志向という3点に集約させ、こうした周恩来・廖承志の遺産は、今日の日中関係を考えるうえでもその価値を失っていないと主張する。

こうした胡論文の視点は、中国国内で活躍する中国人研究者の間では主流であり、正統的解釈といえよう。多くの研究は、「日中友好」概念を基にして、「以民促官」という手段を特徴とする日中国交正常化までの中国の対日政策に、好意的な評価を下す傾向がある。また、日中関係が悪化した原因は日本側の中国敵視政策にあると指摘し、中国の対日政策の問題点に言及する研究はほとんど見られない[5]。

これに対して、劉論文の立場は異なるものである。劉論文は、戦後中国の対日政策は、毛沢東・周恩来という政治指導者層と、廖承志をはじめとする知日派に

よる、限定された政治エリートによって遂行されたと指摘する。そのうえで、そうした政治エリートによって実施された対日政策には、中国人民の民意が反映されないまま、「人民友好」という、想像の産物を追求したために、中国の人民が得るべき利益が犠牲となったと指摘する。とりわけ、日中国交正常化における戦争状態終結の曖昧さ、正式な謝罪のないままの賠償請求の放棄は、いずれも日本側が「主動的な情報工作によって中国外交をうまく誘導した情報政治学的な意味での勝利であった」として、日本の対応を評価すると同時に、中国側の対応の拙さを批判する。そして、このような結果を導いた廖承志をはじめとする中国の知日派に対して、その「成功物語」に懐疑的な見解を投げかけるのである。

　劉論文は、胡論文のような正統的解釈に対する「修正主義的」解釈である。日中国交正常化や、その後の日中平和友好条約に対しては、これまで日本国内で活躍する中国人研究者から、中国政府の対日政策そのものではなく、その合意内容に対して、批判が提起されることはあった[6]。今日、より直接的に戦後中国の対日政策を批判する論文が、中国の研究者により中国国内でも公刊されたという事実は、中国において従来以上に戦後日中関係のあり方に対して、多様な考え方が受容される空間が広がりを見せている証左だともいえる[7]。

　1983年6月10日、廖承志は世を去った。孫平化は、廖承志の逝去を、「『対日工作における廖承志時代』が終わりを告げたことを示し」たと指摘している[8]。そして、「周恩来総理時代には廖承志氏をトップとする『日本組』があり、いつも総理の指示を仰ぎ、報告をし、総理の細かい質問に答えられないと叱られたが、常に政府の政策に意見を述べる機会を与えられていて、進言はほぼ政策に反映された。しかし周恩来総理と廖承志氏が相次ぎ亡くなると、制度化されていなかった『日本組』も消え去った」と振り返っている[9]。非制度的で、廖承志という個人に依拠するという特徴を有していた廖班は、その中心を失った時、変容せざるを得なかったのである。

　1980年代後半から1990年代前半の日中関係において、廖班は、日本側と協力しながら、重要な役割を果たした。1989年6月の天安門事件により中国が国際社会において孤立するなかで、鄧小平をはじめとする中国の指導者は対中制裁の「突破口」として日本に注目した[10]。この時、孫平化は、中日友好協会の会長として来日し、海部俊樹首相、中山太郎外相という政府要人、竹下登、小沢一郎らの自民党の有力政治家、渡邊幸治・外務審議官、阿南惟茂・中国課長らの外務省高官などと会談し、日中関係の改善に関する話し合いを行った[11]。また、天

安門事件から3年目に当たる1992年6月、史上初めての天皇訪中の実現に向け中国側が奔走していた時、孫平化は日本を訪れ、自民党の有力政治家を表敬して廻った。そして、楊振亜・中国駐日大使同席の下、宮澤喜一首相と会談し、宮澤から天皇訪中実現に関する言質を獲得した[12]。これらはいずれも、廖承志亡き後の廖班が成し遂げた成功物語であった。

　1990年代後半から2000年代にかけて、廖班の面々は徐々に日中関係の表舞台から退場していった。それに呼応するかのように、日中関係も「沈滞」へと向かっていった[13]。むろん、廖班の退場は、「沈滞」状態の直接的な要因ではない。また、すでに指摘した通り、廖承志も含め、廖班が果たしえた役割は情報提供／政策提言であり、政策決定を行う主体ではなかった。

　しかし、廖班が成し遂げてきた歴史的成果は、日中関係が困難な状況に直面した時に両国の人的ネットワークが果たしうる役割の大きさを物語っている。「沈滞」を余儀なくされている21世紀の日中関係において、かかる人的ネットワークの制度化とその発展が求められているのではなかろうか。

1) 防衛省防衛研究所『東アジア戦略概観　2013』防衛研究所、2013年、174-176頁。
2) 周斌氏もそのインタビューのなかで同様の指摘をしている。ただし、呉学文の回顧録で指摘されているメンバーに関して、周斌氏はそのなかの数名はほとんど参加したことがないものだとも指摘している。周斌氏に対するインタビュー（2010年12月29日、上海）。
3) 王効賢「跟随廖承志開展対日工作」『中共党史資料』2006年第2期、2006年、88-99頁。
4) 井上正也『日中国交正常化の政治史』名古屋大学出版会、2010年、504-507頁。服部龍二『日中国交正常化──田中角栄、大平正芳、官僚たちの挑戦』中央公論新社、2011年、61-66頁。
5) 代表的な中国側の研究としては、羅平漢『中国対日政策与中日邦交正常化　1949-1972』北京：時事出版社、2000年。田桓主編『戦後日中関係史』北京：中国社会科学文献出版会、2002年。金熙徳（董宏・鄭成・須藤健太郎訳）『21世紀の日中関係』日本僑報社、2004年などを参照。
6) こうした立場に立つ研究の例としては、殷燕軍『日中講和の研究──戦後日中関係の原点』柏書房、2007年などを参照。
7) 劉建平「理解"廖承志時代"：戦後中日関係的伝播政治学」『現代伝播』2012年第10期（総第195期）28-34頁。
8) 孫平化（安藤彦太郎訳）『日本との30年──中日友好随想録』講談社、1987年、285頁。

9) 孫平化『中日友好随想録——孫平化が記録する中日関係』(上) 日本経済新聞出版社、2012 年、489-490 頁。
10) 杉浦康之「第 9 章　天皇訪中　1991-1992」高原明生・服部龍二編『日中関係史　1972-2012』東京大学出版会、2012 年、263-264 頁。
11) 孫平化『中日友好随想録——孫平化が記録する中日関係』(上) 334-343 頁。
12) 孫平化『中日友好随想録——孫平化が記録する中日関係』(下) 日本経済新聞出版社、2012 年、122-129 頁。
13) リチャード・C・ブッシュ (森山尚美・西恭之訳、解説)『日中危機はなぜ起こるのか』柏書房、2012 年、25-31 頁。

補遺

中国の外交官から見た廖承志

補遺 1　中国外交部日本処元処長・丁民氏が語る廖承志

整理・解題：王　雪萍・井上正也

　本補遺は、2011 年 9 月 26 日から 2012 年 8 月 6 日までの期間に、北京において計 5 回行われた丁民氏へのインタビューを再構成したものである。
　丁氏は、1960 年代から 1970 年代にかけて中国外交部亜洲司（アジア局）日本処の中心にあり、文字通り中国の対日政策の最前線にあった人物である。1927 年生まれの丁氏は、清華大学卒業後、中国新聞総署国際新聞局聯絡処に務め、1952 年に同聯絡処が外交部情報司と合併されたため、以後、外交部に籍を置いた。丁氏が外交部亜洲司に転属したのは、第三次日中民間貿易協定が締結され、日中関係が本格的に発展しつつあった 1955 年である。中等教育まで日本人が運営する学校で学び、日本語を母国語のように扱える丁氏は、以後、対日政策を担当し、廖承志とも密接に関わるようになった。
　丁氏は 1963 年に外交部亜洲司日本科[1]副科長に就任する。そして、廖承志が失脚した文化大革命中も、『毛沢東選集』の翻訳業務に参加（1966-1968 年）するなど、常に対日業務に関わり続けた。1972 年の日中国交正常化交渉では事務方として、周恩来をはじめとする中国側交渉担当者の必要に応じて資料を提供する役割を担っていた。その後、1978 年に外交部亜洲司日本処長に昇進し、同年の日中平和友好条約交渉に参加している。1982 年から 2 年間、駐日公使参事官として東京に赴任、帰国後は外交部直属の研究機関である中国国際問題研究所に勤め、1992 年に退官した。退官後も日中関係に幅広く携わり、現在は中国中日関係史学会名誉会長を務めている。

Ⅰ　対日業務組織の構築と外交部

1　外交部と日本関連業務
——朝鮮から帰国されて、外交部に戻られたのはいつごろでしょうか。
◉1955 年 1 月です。
——外交部に戻って、どの部署に配属されましたか。
◉外交部に戻ってから直接日本処に配属されました。
——日本処の当時の状況はどのようなものだったでしょうか。
◉あのころは「処」ではなく、まだ「科」と呼んでいました。当時の科長は 1 人の専員2)が兼任しており、趙正一という老幹部でした。副科長は倪立羽3)という方です。多分 2 人ともすでに亡くなられていると思います。もう 1 人の副科長は陳抗4)さんでした。この 3 人が科長と副科長だったわけです。

司長は章文晋5)さんで第二亜洲司司長でした。外交部の亜洲司はもともと一つで、その後二つになり、後にまた合併されますが、当時は第一亜洲司と第二亜洲司に分けられていました。
——先生の当時の具体的な仕事はどのようなものだったでしょうか。
◉調研6)です。新聞を読んで、関連資料を整理することです。
——どのような新聞を読んでいたのでしょうか。
◉外国の新聞です。私は大学卒業生で英語も少し分かりましたので、半分の時間は日本、半分の時間はフィリピンを担当しました。フィリピンは、もともと外国語大学を卒業した人が担当していました。私はフィリピンの資料について、新聞からどのように選べばいいのかとその人に質問したら、フィリピンに関する記事ならすべて切り抜いて、整理するようにいわれました。なぜなら、フィリピンについての資料はもともとあまりないからだそうです。
——外国の新聞を読んで、整理した資料をどこへ届けるのですか。
◉我々外交部の調研によって集められた資料は、最後に新聞司に送られました。新聞司は『新情況』という内刊7)を作成していました。
——当時、北京電台などでも、日本関連の調研をしていたと聞いています。
◉そうです。『広播資料』ですね。それも廖承志さんが指示して作ったものです。我々は［新聞を］読んで資料を作成し、彼らはラジオを聞いて資料を作成していました。
——対日業務の場合、例えば日本からの訪中団が来る時の接待計画や、中国から訪日団が行く時など、外交部はどのように関わっていたのでしょうか。
◉日中国交正常化以前は、外交部はこれらの業務を担当していませんでした。外交部の日本業務の職員はいつも「借調」（他部門に借り出されて、その業務に従事すること）されていました。中国政治法律学会8)や外交学会、また和大（中国人民保衛世界和平委員会）などの部門は我々の幹部を借りることが多かった。［日本人の］接待や代表団接待の組織業務などが主な業務でした。
——それでは、日本から代表団が来た際に、どこが最終的な業務分担などを決めて

いたのでしょうか。
●例えば、外交学会は外交部直属の部門ですが、そこでの対外業務の多くは廖承志さんが所管していました。そこに人が足りない場合、各部門から人を借ります。まず外交学会が報告、つまり接待案を書きます。どのような人が来るのかなどの説明、例えば、社会党の代表団や政治家の誰々などです。また、その業務に関連する各部門も意見を提出しなければいけません。そして、廖承志さんによって決定されていました。もちろん最終的に総理の同意も必要です。
　——当時、外交部日本処には何名ぐらいの人員がいたのでしょうか。
●私が来た時は人が非常に多かったです。私が抗米援朝（朝鮮停戦交渉の中国人民志願軍代表団）から帰ってきた時は何人もいたようです。その時、私の部署では日本以外にフィリピンも管轄していたので、一時期、私1人で日本とフィリピンの両方の関連業務をこなしましたが、人はますます少なくなっていきました。
　——それはどうしてでしょうか。
●［日本との間で］外交関係を結んでいなかったためです。具体的な仕事のない人もいて、その人たちは「借調」で別の部門を手伝いに行っていましたが、上司たちもだんだん彼らを自分の管轄外だと思い、彼らを指名しなくなったので、人がますます減っていったのです。最終的には誰もいなくなるくらい人が減り、みんな他部門に行ってしまった。一番少ない時は、外交部で日本とインドネシアの業務が合併されて、私も日本・インドネシア処の副処長になったので、［日本関係の人員は］私の半分の0.5人です。
　——日本業務を管轄していた人はほかにいなかったのですか。
●そうです。一番人が少なかった時は全員異動させられてしまいました。
　——新中国で外交部の組織機構はどのように形成されてきたのでしょうか。
●外交部は全国が解放される前にあった解放区内の中央外事組が発展してできた組織です。建国以降、この組織の一部が中聯部と外交部になりました。また、毛主席の思想ですが、当時の外事機構建設は「另起炉灶」（別にかまどを立てる）でした。つまり元からあった国民党の機構は使わなかったということです。
　——それは国民党の組織にいた人を使わないという意味でしょうか。
●いいえ。すべての機関はそういうわけではありませんでした。元の組織にいた人は非常に多かったので、［建国後も］そのまま使われていました。例えば、鉄道部やほかの各部もそうですね。元の政権の人が多かったので、そのまま留用して使っていました。
　——外交部の状況はどうだったのでしょうか。
●外交部については、国際法などのごく少数の専門家を除いて、国民党の外交官は使われませんでした。
　——つまり、新中国は思想的に忠実な人に外交の仕事をやってほしかったということでしょうか。
●そうですね。理想や考え方がみんな同じではないですから。最初の時期は、［人民

解放軍の〕将軍を多く使っていました。将軍に大使になってもらっていたのです。もちろん、これらの将軍も相当な知識を持っていなければなりませんでした。

2　廖承志の日本業務統括と外交部
　――廖承志辦公室についてですが、北京飯店で辦公室を設立したという人がいます。
●北京飯店で辦公室を設立したことについて私は知りません。おそらく彼がよく外国からのお客を接待するために、北京飯店で彼のために一つの部屋を用意していたということではないでしょうか。私は北京飯店に廖専用の部屋があることを聞いたことがありません。彼はいつも北京飯店で私たちを招集して会議を開いたので、臨時に会議室を借りていました。彼のような人が部屋を借りる時、それは広々とした3部屋はあるスイートでした。それなら、私たち数人と話をするために会議室を借りる必要はないと思います。廖承志さんの辦公室は国務院外事辦公室にあります。彼は副主任でしたからね。
　――国務院外辦といえば、それは1958年以降のことですか。
●そうです。彼は以前に華僑事務委員会で副主任をやっていました。その華僑事務委員会の場所は王大人胡同にあり、彼の家もその近くにありました。その家は中共中央が彼の母親である何香凝さんに与えたものです。彼は母親と一緒に住んでいましたが、親孝行な息子で、毎朝母親の部屋に入って挨拶をしていたそうです。仕事に行く時も帰って来た時も必ず挨拶を欠かさなかった。彼らの家は単独の四合院で、庭も比較的大きく、そのなかに独立した小さな洋風の建物が1棟ありました。母親の地位は彼よりも高く、全国人民代表大会の副委員長でしたから、身分に見合った家を与えられていました。
　――当時、彼はいつも家で公務をしていたのですか。
●私たちとの話し合いは家で行うことが多かったです。彼の家にはよく行っていましたが、華僑事務委員会の事務室には私たちは行ったことはありません。
　――廖承志辦公室はいつ設立されたのか、ご存知でしょうか。
●廖承志辦公室について私は覚えていますが、それは中央外辦（国務院外事辦公室）のことでしょう。私の記憶は定かではないですが、陳毅元帥が外交部長になった時、外事辦公室に日本組が作られました。
　――外辦日本組は1958年に成立したのですか。
　そうです。
　――1958年に外辦日本組ができた後は、日本組で会議を開催し、日本関連の業務の討論や決定を行っていたと思いますが、それ以前は、廖承志氏はどこで対日関係の業務を運営していたのでしょうか。
●当時、私は北京にいなかったのですが、彼は1954年の紅十字会の訪日団で、李徳全[9]団長を補佐して副団長を務めました。その時から彼は日本に関する大きな業務を担うようになりました。
　当時、何か用があれば、ファイルを持って彼の家に行っていました。鮮明には覚え

ていないのですが、1955年か1956年ごろ、いつも上司の司長から文書を渡され、私は自転車に乗って廖承志さんの家へ行き、彼に決裁と署名をもらっていました。日本組ができる前は、外交部が決定する時は、彼に見せてから周総理に上げていました。そのため、私は文書を持って、彼の家に朝早く何回も行った記憶があります。

　その後1958年に外事辦公室が正式にできました。正式名称は国務院外事辦公室です。中央の外事小組は党内のものだったので、対外的な機関は政府の国務院外事辦公室でした。主任は陳毅10)さんで副主任が廖承志さんです。そこに廖承志直属の日本組という事務機関があり、王暁雲11)さんが組長として所属していました。それが小日本組といわれるものです。もう一つ大日本組というのもありました。

　──大日本組とは何ですか。

◉廖承志さんが考案した指導方法です。彼は所属機関を問わず、日本を管轄する各部門の担当者を全部招集して会議を開きます。これを大日本組と呼んでいました。廖承志さんも自分で大日本組という言葉を使ったことがあります。これは彼独特の仕事のやり方で、皆が従っていました。

　大日本組は、中央政府国務院の下の各部門、各部、各委員会に共産主義青年団、総工会12)、婦人連合会などの団体、人民団体のうち、日本関連業務に携わっていた人などすべてを集めて会議をします。この会議では中央政府の政策方針を伝えることができ、会議の討論結果を総理に報告することもできました。そうすることで、彼は［日本関連の］すべての仕事を管轄できます。周総理は、日本に関する件で問題があれば、すぐに彼を探して命令を下しました。また状況報告も、やはり彼を探せば事足りたそうです。周総理は時間がある時に彼に電話をするか、来てもらいその場で報告してもらえばよかったのです。

　──小日本組は1958年にできたということですが、それ以前から大日本組にあたるような定期的に開催される会議は存在したのでしょうか。

◉あったようです。

　──丁民先生は参加していましたか。

◉参加していませんでした。私は1963年に副科長になり、翌1964年に副処長になりました。それは制度的に科が処に変更されたからです。1963年以前はただの一般職員でした。副科長になる前はほとんど行っておらず、科長や処長が会議後に内容を説明してくれたので、それを聞いていた程度です。私が会議に参加しはじめたのは1964年以降で、病気や出張以外の時は毎回必ず参加しました。

　──会議の参加者は、基本的に副科長級以上の幹部ということでしょうか。

◉そのようです。おそらく処長以上の幹部で、司長級や局長級13)も含まれて、さらに副部長クラスの人もいましたが、張香山14)さんもよく参加していました。廖さんは張香山さんのことをとても信用していました。

　──外交部の科長たちは大日本組の会議に参加して戻ってきたら、どのような内容をほかの職員に伝えたのですか。

◉廖承志さんが、彼が聞いてきた毛主席や周総理の発言などを、会議でみんなに伝え

ていたようです。ほかの討論や誰かの発言などについては話さなかったですね。
　――この会議は毎回、王暁雲氏がメンバーを招集していますが、司会を務めていたのは廖承志氏だったのでしょうか。
◉確かに彼は中心に座っていました。廖承志さんは毎回その会議に参加していました。彼が参加しないと意味がなかったですから。
　――丁民先生は、1964年からこの会議に参加しはじめたということですが、先生が参加した会議の内容や、仕事の実行プロセスについて具体的に教えていただけませんか。
◉廖公15)は、中央の指導者のなかに支持者が多かった。周総理の話が最も多くて、周総理がいったことや、毛主席のところで岸信介をどう評価したのか、また毛主席が日本について話したことなどを廖公は必ず伝えていました。
　周総理と廖公は、まるで兄弟のような関係でした。最新の日本の状況など情報を逐一周総理に報告していたようで、廖承志さんの頭にあることは、周総理がすべて知っていたくらいでした。記憶力も素晴らしいので、周総理に状況を報告する時は、そんなに多くの言葉は必要なく、一言二言話せば、総理に伝わりました。それから総理の指示も簡単で、このようにやってという方向性の指示だけでした。その指示をどう解釈し、どう実施するのは、基本的に廖承志さんに任せていました。
　大日本組の会議では業務内容はとても細かいものでした。誰が具体的にどんな仕事を担当するかまで、一人一人全部決められました。廖承志さんは、部門にかかわらず、「日本のことなら私」という調子でした。それは周総理が日本関連業務の実権を全部廖公に預けたからです。何かあったら逐一〔廖承志は〕周総理に報告していました。
　――大日本組の会議参加者は、会議から持ち帰った仕事を自分の部下にさせていたのでしょうか。
◉少しはあるでしょう。特に自分の部門〔の長〕に報告する必要がありました。場合によって、口頭報告だけではなく、書面を通じて外交部長に報告することもあります。外交部長は会議に参加していなかったため、私たちは廖公が話したことをすべて文章にして、彼に知らせていたのです。
　――1958年以前から廖承志は、日本関連業務の中心となって動いていたのでしょうか。
◉そうです。
　――廖承志氏と外交部の関係はどうでしたか。
◉当時の外交部は日本業務を管轄できない状態でした。つまり主導権がないために、日本業務はすべて廖承志さんのいう通りにしていたのです。
　――廖承志氏が日本業務を主に管轄していたということでしょうか。
◉そうです。実際には廖承志さんが中心でした。私から見ると、彼の対日外交は、周総理のそれとイコールな関係にあったと思います。なぜなら、彼は忠実に周総理のやり方を実行していたからです。廖承志さんは特に周総理を崇拝していました。しかも2人は非常に親密で、周総理は彼のことを「小廖」と呼んでいました。周総理と廖承

志さんの父親は同僚でもあり、黄埔軍事学校にいた時、周総理は政治部の主任で廖承志さんの父親は党代表でした。

廖承志さんは普段から電話や手紙を使って、日本の動きを周総理に報告していたので、余計な話をせずとも少しだけで足ります。ある時、外国人との接見が終わって、彼ら（外国人訪問者）が去った後、廖さんが帰ろうとする周総理の後ろについて行き、一言二言の会話だけで事が片付くこともありました。廖さんはあれこれ報告する必要などなく、あの2人は本当に言葉いらずの関係でした。

米国の干渉のために、日本は我々と外交関係を結べなかったので、廖承志さんは前代未聞ともいえる広範囲な民間外交を行いました。これはおそらく歴史上にも数少ないことでしょう。1950年代の状況は、『人民日報』を見れば分かりますが、周総理が接見する外国人のうち、接見回数も人数も最も多かったのが日本人でした。

それから、民間では航空協定以外のほとんどの協定が結ばれました。貿易、漁業、海運、香港を仲介に郵便や新聞を交換する協定もです。後は電話や気象情報の交換もでした。日本ではわが国の気象予報を入手できなかったため、天気予報の予想ができなかったようです。私が知る限りでは、ほかの国とはこのような関係はなかったと思います。外交関係はなかったのですが広範囲の関係が発展しました。当時は日本共産党と社会党左派が一つの核になって、日本人民を広範に団結させようとした。日本の人民もみんなが一団となり、反戦活動をして平和を求めていました。今日の日本の状況は、あの時とは全然違いますね。

——1958年に外辦日本組ができてから、外交部日本処と国務院外事辦公室日本組はどのような関係だったでしょうか。

●当時、日本関連の仕事をしていた人から見ると、私たち外交部［日本処］の人は暇なように見えたと思います。まだ外交が結ばれていなかったために、やることがなかったのです。実際、私たちは調査研究しかしていなかったので、一部の人がよくほかの部署の応援に回されました。私は外事辦公室の日本組に2度応援に行ったことがあり、毎回3カ月続きでした。彼らは忙しくなるたびに、私たちを応援に来させたわけです。

——外辦日本組の命令があったら、必ず行かねばならないのですか。

●彼らは上級組織でしたからね。

——組織横断型ともいえる廖承志中心の対日業務の指導体制は非常に特殊で、ほかの国では理解しにくいです。このような組織はどのように成立したのでしょうか。

●これは廖承志さんの創造性そのものです。彼のリーダーシップのとり方はほかの人にはできないし、思いつきすらしませんでした。それから、彼の特殊な地位とさらに人望や威信も関係があります。そして、［何より重要なのは］彼に対する毛主席と周総理の信頼でしょう。すべてが揃った人物は今日ではもう現れないと思います。今日、廖承志辦公室や日本組のような組織を作ることはもうほぼ不可能でしょう。

——丁民先生がおっしゃるのは、廖承志氏のような人物が存在しないということでしょうか、それとも、このような組織横断性を持つ体制はもう作れないという意味で

しょうか。
●このような人物や人間関係がないということです。周総理と廖承志さんのコンビは、互いに信任し合っていました。廖承志さん 1 人だけでは足りません。周総理も必要です。
　——1962 年の LT 貿易開始後に、北京にあった LT 貿易のための廖承志辦事処について教えていただけませんか。
●廖承志辦事処は基本的に当時の貿易の窓口で、対外貿易部にあり、劉希文16)さんが主に管理していました。北京の高碕事務所の人たちは、あそこで何らかの業務をこなしていました。交渉するなら対外貿易部の応接室へ行っていましたね。中国側業務について、対外貿易部の人たちは廖承志辦事処の名前を使って対応をしていました。それから政治的な問題や新聞記者のことについては、私たちが対外貿易部の応接室へ行って、彼ら（高碕事務所駐北京連絡事務所の関係者）に接見する必要がありました。政治やメディアに関することは外交部が管轄し、商売に関しては対外貿易部の日本処が管理していました。だから、私は自転車に乗って対外貿易部のオフィスまで行き、彼らにも対外貿易部のオフィスまで来てもらって話をしたわけです。
　——というと、本当の廖承志氏がいる廖承志辦事処は存在しなかったということですか。
●そうです。なかった。
　——つまり、貿易関連以外の業務の廖承志氏の執務場所は、王大人胡同の自宅と国務院外辦日本組の辦公室の 2 カ所ということですか。
●そうです。
　——文化大革命前に、例えば日本の代表団が来る時や、日本を訪問する必要のある時、どのようなプロセスで業務が決定されていたのでしょうか。
●例えば、日本の労働組合が中国を訪問したい時、普通は総工会に連絡します。
　——その場合は具体的なことは総工会が決めるのでしょうか。それとも廖承志の日本組が決めてから、仕事を割り振るのでしょうか。
●普通は総工会自身で決めます。ただし、どのような人が来るのかにもよります。例えば、訪中した代表団のトップが重要人物ならば、総工会はこのお偉いさんを私たち中央の誰に会わせるのか、副総理が会うのか、総理が会うのかを考えなくてはなりません。その場合、報告書を書くことになりますが、報告書は外事辦公室を通す必要があり、外辦を通じて、周総理に報告することになります。
　——呉学文17)氏の本に書かれていますが、大型代表団を接待する時、外事辦公室の大日本組の会議で議論した後、廖承志氏は直接どの部門が何をやるのかを分配したそうです。
●それはありましたね。例えば、国慶節に日本の各業界から多くの人が訪問しますが、その時は調整の必要があり、外事辦公室日本組の会議で、役割を決めて分担しました。
　——廖承志氏は上手に中国語を書けなかったと聞いたことがありますが、そのことは彼の日常の仕事に影響を与えたことはあったのでしょうか。
●それは違うかもしれませんね。廖さんの家庭は古文の素養が非常にあるし、彼の話

を書き出すと、基本的にはきちんとした文章になっていました。廖承志さんや周総理の言葉は、そのまま書き出しただけで文章になりました。これは日本の大平正芳氏も同じだったと聞いています。

──各部門で政策を起案するのはどのクラスの人でしたか。科長クラスなのか、より上位の職員でしょうか。例えば、対日業務に関して外交部日本処では、丁民先生が書かれたのか、あるいは部下が書いたのでしょうか。
●緊急を要することなら私たち自身で書きますが、普通のことなら科の一般職員が書き、私たちが修正します。ただ、よくできたものについては特に修正もしません。

林連徳18)さんについて聞いたことはありますか。対外貿易部の人で、最初は処長でしたが、その後に副司長に昇進した人です。林連徳さんの文章はよく考えたうえで書かれたもので、ほとんど修正の必要がありませんでした。彼は秀才でしたね。東大経済学部を卒業した留学生でした。聞くところによると、日本が中国を占領した時に、汪精衛の偽中華民国が派遣した留学生や満州国が派遣した留学生は、まず一高に行って、それから東大に進学したそうです。一高を卒業後、東大に合格した者は東大へ行きましたが、不合格の者も京都大学になら行けたそうです。林連徳さんは現役の時に東大に落ちたのですが、京大には行かず、1年浪人をして翌年に東大に合格したそうです。彼は日本にいたころ、華僑学生会（整理者注：中国留日同学総会）の主席でした。

──外交部のなかでも、米国処、ソ連処などは何かを決定した後、司へ報告し、そこから最後に外交部長が決定します。国務院外辦日本組を通してから、上に報告していた日本処は特殊だったのではないでしょうか。それとも、ほかの国に関しても同じような取り扱いがあったのでしょうか。
●ほかの国のことは分かりませんが、一般的にはないでしょうね。日本が特殊だったと思います。

──日本が特殊である理由は。
●廖承志さんの存在が理由ですね。

──中央で周総理がこのような仕組みを定めたのはいつからでしょうか。
●廖承志さんが国務院外事辦公室副主任になった後のことで、1958年以降ですね。

II 文化大革命前期の対日業務

──大日本組の会議を開く時に貿易関連や報道関連などの各部門が参加するとのことですが、これらの部門に関係する対日政策は、最初に各部門が案を書くのでしょうか。
●それぞれの部門が書きました。当時は書いたら、直接、外事辦公室の日本組に報告していました。文化大革命の後は、周総理が外事関連のことはすべて外交部に提出してから、批准してもらうように命令しました。

──それは1966年以降のことですか。
●1966年ではなく、その後ですよ。ピンポン外交の件からも明らかでしたね。軍隊

の人たちは林彪のところに報告してしまったが、周総理は今後、すべて先に私のところに報告しなさいといいました。つまり、外事関連のことは、すべて先に外交部の確認を経てから総理に報告するということです。

　このことについては、張香山さんから聞いたことがあります。内部的な話になりますが、当時、林彪はあらゆることを管理したかったそうです。しかし、中央外事小組の当時の組長は周総理でしょう。だから、各部門のすべての外事関連の事案が中央に報告される前に、まず外交部を通すことが必要になりました。外交部を通すことは、周総理を避けることができないということです。なぜかというと当時、国家体育委員会は軍代表が統括していたからです。

――つまりこの措置は、外事関連業務をすべて総理に知らせるためですね。彼に知らないことがあるような状況を作らないようにするためということでしょうか。

◉［そうしなければ］間違いが生じやすいからです。

――日中国交正常化後、多くの日本関連業務が外交部に戻されました。その後も民間交流は廖承志氏が仕切っていたようですが、廖承志氏の逝去後は、外交部が責任を負うようになったと聞きます。1972年の日中国交正常化前後と、1983年の廖承志氏の死後で、具体的な対日業務方式にどのような変化があったのでしょうか。

◉1966年に文化大革命が始まって、周総理は彼（廖承志）を守るために、彼を中南海に住まわせました。形式上は中南海で自己批判をするということでしたが、実際は彼を保護するための措置でした。特に華僑事務委員会の造反派はレベルが低かったので、彼を中南海で守る必要があったのです。そうすることで造反派からあまり攻撃されなくなります。ある時、司長が私たちを連れて中南海の隔離されたところまで出向き、いくつかの案件について廖承志さんの指示をもらいに行ったことがあります。彼とは比較的頻繁に連絡をとっていました。当時私が文書を持って、中南海の彼の居所に行って、彼に内容を確認してもらい、署名してもらったことを、今でも覚えています。中南海に行っても、彼は仕事をしていました。

　黄華[19]さんが外交部長になった後も廖承志さんをとても尊敬していました。外交関係が結ばれた後も廖承志さんは相変わらず廖承志さんでしたよ。多くの案件についてもそうでした。ある時は直接周総理に持って行きますが、ある時は事前に廖の意見を求めてから、総理のところに持っていきました。

――大日本組と小日本組、つまり国務院外事辦公室を中心とする対日業務グループは文革期に活動は継続していましたか。

◉文革開始後に廖は隔離されました。日本組の会議は廖さんが出られなくなってからなくなったようです。

――廖氏が隔離されてから、中国の対日業務はどのような形で行われるようになりましたか。

◉文革前は、周総理は何か用事がある時に、各部、各委員会の部長や副部長、せいぜい司長までを探せばよかったわけです。しかし、文化大革命以降、周総理は新たな方法を考案しました。それは私たちの部下の人々、処長や副処長クラスの人々、経験豊

富な一般職員らみなを集めて人民大会堂の大きな部屋に大人数で会議をする方法です。大日本組の会議はなくなりましたが、周総理が、必要があれば直接招集する会議ができて、1週間に1、2回のペースで不定期に開かれました。
　——その会議はいつごろから始まったのですか。
●文化大革命が始まってすぐのころに始まったと思います。
　——廖承志氏は周総理が直接招集するこの会議に参加したことはあるのですか。
●非常に少ないです。参加したのは廖さんが解放された後です。会議が始まったころは参加していなかったと思います。国交正常化交渉の前、田中角栄氏が来る直前に、外交部の顧問に任命された後に、一部の会議に参加しはじめましたが、それ以前は参加していませんでした。
　——廖承志氏は、外交部の顧問にはいつごろ任命されたのですか。
●田中角栄氏が訪中する直前、1972年8月か9月ごろです。あの時は張香山氏も顧問でした。
　——つまり文化大革命期は、日本関連の業務は基本的に周恩来総理が直接管轄していたということですか。
●そうです。
　——廖承志氏が管理できない時期、外交部の日本業務はどなたが主管されていたのですか。
●それは副部長の韓念龍[20]さんでしょう。喬冠華[21]さんも時々管轄していましたが、中心的に動いたのは韓念龍さんです。
　——1971年に王暁雲氏は日本を訪問していますが、その時に彼はすでに外交部に所属していたのでしょうか。
●外事辦公室の日本組が消滅していたので、彼はすでに外交部所属であったと思います。
　——外事辦公室日本組はいつ消滅しましたか。
●文化大革命の開始後すぐになくなりました。だから外事辦公室の人や資料、本、参考書などはすべて外交部に移されました。王暁雲さんもその時に異動して来たのです。
　——つまり文化大革命開始直後、王暁雲氏はすぐ外交部に異動したのでしょうか。
●彼が下放されたかどうかはっきり覚えていないのですが、文化大革命開始以降に来たので、その前はいなかったことは間違いないです。
　——王暁雲氏は外交部に異動してから、どんな職務についたのですか。
●亜洲司の副司長です。
　——つまり、日本関連業務は彼が大体管轄していて、韓念龍氏の下で働いていたということですか。
●そうです。
　——当時、丁民先生はどんな職務についていましたか。
●私は1964年から1978年の中日平和友好条約の締結までずっと副処長でした。文化大革命の時、私たちのような人は昇進せず、そのまま同じ役職についていました。

──廖承志辦事処の東京連絡事務処は、文化大革命の時も活動を続けていたようです。責任者は孫平化氏でしたが、彼は文革開始後に中国に帰国しています。その後はどのような状況だったのですか。
◉当時、代表は全員戻って来ており、2人の随員だけが残りました。もともと代表3人と随員2人でしたね。代表は1人残らず全員帰って来ていましたが、2人の随員のうち、1人は趙自瑞さんで、もう1人は王作田さんでした。趙自瑞の方が上位で、随員の身分でしたが、事務処を代表して対外的な応対を主にやっていました。
──文革時に日本に残った彼らは、どのような仕事を担当していましたか。
◉純粋に連絡業務だけでした。孫平化[22]さんがいた時は、彼がいくつかの計画を立てていたこともありましたが、2人の若者があそこに残って、国内が指示したことをやっていただけです。外事辦公室がなくなってから、外交部日本処が彼らに直接連絡していました。
──東京連絡事務処の設立前は、日本の新聞などが主な情報源でしたが、事務処設立後は、駐在員を通じて日本関連の情報が伝わってきたと聞きます。文化大革命開始後も彼らは情報を提供し続けていたのですか。
◉文化大革命後も継続的に報告してきました。はじめのころは暗号が使えなかったので、我々の船が埠頭に着いたら、情報などを封筒に入れて持っていき、それを政治委員に渡していました。そして、政治委員が私たちに渡すという形です。外交部が直接指導したのは我々内部（中国政府）の事情でした。対外的にやはり備忘録貿易事務所でしたから。
──記者交換協定で日本に派遣された新聞記者は、外交部が派遣した人か、あるいは外交部が選んだ人だとうかがいました。これはどのような制度だったのでしょうか。
◉そうです。確かに外交部を通じていました。ただ外交部の人は多くなくて、王泰平[23]さんや新聞司の于さんなどがいます。于さんは日本語が分からなくて、英語が分かる人です。しかし、外交部の正規の職員は派遣された人のなかでは多くなかったのですが、東京連絡事務処の人員派遣については外交部の所管でした。
──文化大革命の開始後は、東京連絡事務処も混乱していたのですね。
◉そうです。日本の左翼も私たちと同じで左寄りすぎる間違いを犯したり、武装闘争［の誤り］を犯したりすることもありました。あの時のゲバルト棒について知っていますか。もともとドイツ語で武装闘争（Gewalt）という意味ですが、ゲバルト棒は非常に長い木の棒で、日本の左翼が街でこの棒を持って闘争し、ゲバルト棒で武装していたわけです。［彼らの活動は］中国の影響が大きかったみたいです。東大駒場キャンパスの正門の左側にも「造反有理」と書いてあったそうです。
──廖承志氏は文革中に軟禁されていましたが、彼が解放された具体的な時期がよく分かりません。彼が軟禁を解かれた時期をご存じでしょうか。
◉それに関しては私も少し役立ったことがあります。1971年に日本の貿易代表団が来た時、周総理が宴会の席上で、皆さんの顔を見て、松村謙三[24]先生と廖承志さんを思い出し、今は2人とも病気で静養しているとおっしゃいました。実際には廖承志

さんは軟禁されており、病気ではなかったのですが、周総理が日本人の前で彼の名前に言及したことを、私は一つの暗示だと思いました。その後、間もなく松村先生が亡くなり、私は急いで周総理と廖承志さんの名義で2通の弔電の下書きを書いて、司に提示しました。当時の副司長は日本ではなくヴェトナムが専門だったのですが、彼がそれを読んだ後で、なぜ廖承志名義の弔電も書いたのかと私に聞きました。私は宴会時の周総理の話を持ち出し、副司長の了承を得ました。その結果、翌日の『人民日報』に廖承志の名前が載りました[25]。その日の朝、私はバスに乗った時、皆が彼のことについて話していたのを聞きました。廖承志の状況が徐々に公開されると、ついに彼は隔離状態から解放され、もともと住んでいた家に帰って秘書も付けられました。

　──廖承志氏はいつから日本関連業務を再び担当するようになったのでしょうか。
◉私から見ると、その後は周総理が日本のことを自ら統括したので、廖承志さんの存在感が以前ほど突出した印象はなくなりました。以前は、中央の方針は必ず廖承志さんを通していました。
　──中国外交部の政策決定過程についてですが、公電が送られてきて、それをまず外交部日本処で議論し、その後、どのようなルートで上に上げていかれるのでしょうか。
◉我々の直属の上司は亜洲司［長］で、そこをパスしたら、次は担当の外交部の担当副部長、我々の場合は韓念龍さんになります。その副部長が、今度は部長やほかの部長に回して、同意するとか同意しないとかして、それから直接周総理に上がります。周総理が病気になってからは、鄧小平さんが中央の実務的な仕事に関して全部やっていました。
　──鄧小平氏と会われて打ち合わせを行うのは韓念龍副部長だったのでしょうか。
◉いいえ、文書で行くのです。文書で上がって鄧小平さんのところで質問や問題があれば直接呼びます。簡単な問題の場合は担当副部長だけでいいですが、周総理の時から、担当副部長、司長、そして我々の担当処長が全員一緒に行くのが習慣になりました。
　──全員ですか。
◉全員で行くのです。だから、我々も週に2回ぐらいは周総理あるいは鄧小平のところに行きます。人数が多いから大きな会議になります。
　──それはすべての処長が行かれるということですか。
◉いえ、そうではなく担当の処長だけです。
　──そういうわけではなく日本関係の？
◉そうです。担当処長だけになります。
　──その会議に廖承志氏は出てこられるわけでしょうか。
◉ええ、出てきますね。文革の時はいませんでしたが、そうでない場合は出てきていました。
　──廖承志氏の役割は、副部長の上で、顧問としてアドバイスすることだったのでしょうか。
◉いや、副部長の上というより周総理の側でしょう。この2人は非常に名コンビで、

日本関係を全部掌握しているのは廖承志さんで、それを適時に周総理に報告している。全部周総理の耳に入れてあるから、何か問題が起こった時に、これどうしましょうかとか長くものをいわなくて済むわけです。二言三言で通じるので、周総理も簡単に返事をして、今度はそれを詳しく指示する。非常にツーカーでした。その後は周総理も廖承志さんも亡くなってから、我々も仕事を辞めましたし、今はどんなふうにやっているのかよく分かりませんが、あのころの仕事の進め方は非常に効率的であり、周総理あっての廖承志さん、廖承志さんあっての周総理でした。
　だから、今でも彼がいればと時々思い出します。日本関係の仕事をしていた友人で、もう生きている人は少ないけれども、そのころの人たちに僕は年賀状に「近ごろは何事につけわが恩師廖承志のことを思い出すこと多し」という短歌を書き送りました。それをみんなは回し読みしていました。廖承志さんを思い出すと、彼がいればもっとうまくやれたのではないかなと思う時があります。
　――周総理の下で、日本担当の関係者がみんな参加して会議をする方法は何年ごろから始まったのでしょうか。
●我々まで呼ばれて行ったのは、日本でいうところのニクソン・ショックの後です。ニクソン訪中の準備会議には膨大な人数が出席しました。警備関係、通信関係、宿泊関係、それから米国担当の外交部の連中、それに我々も来いといわれて傍聴していました。早い話が、それと同じことを田中［角栄］さんが来る時にやらなくてはいけなかったわけです。
　そのころから我々は周総理のところに夜中に呼ばれました。周総理は明け方まで仕事をする場合があります。早い時でも午前３時ごろまで仕事をして、昼ごろに起きるわけです。そして、寝る前に秘書にあれこれやっておけと指示するので、秘書から朝一番に電話がかかってきます。周恩来総理から「これこれの指示がありました」とか、「こういう資料を調べておけ」といったものです。我々も夜中に周総理のところへ行って会議をやって、そこで夜食を食べて帰ってくると、寝るのがやはり午前２時か３時になります。朝早くに今度は、夜中でも寝ない秘書、日本流にいうと官房ですね。中国語で「連軸転」というのですが、寝ないでやっている書記職の連中がそれを記録していますから、朝早くに我々に対して周総理からの指示を伝えてくるわけです。そうすると、我々は８時に起きていなくてはいけない。あのころはちょっと寝不足でしたね。その代わりに事務所で、机の上でうつぶせに寝たり、あるいは椅子を並べて昼寝したりしました。だから昼寝の習慣は未だにあります。

Ⅲ　日中国交正常化交渉をめぐって

　――1972年に蕭向前[26]氏が東京の連絡事務処に派遣されて、東京連絡事務処代表に任命されました。あの時期になぜ彼を派遣したのでしょうか。
●外交関係を結ぶためです。周総理が直接彼に対して、中央の連絡員として、田中角栄氏、大平正芳氏と連絡をとるように指示を出しました。

――それでは、日本政府との連絡業務はすべて蕭向前氏が担当したのでしょうか。
●蕭向前さんと孫平化さんの2人です。2人で一緒に登場した時もありました。
――具体的な蕭向前氏の派遣時期、当時の状況について教えてください。
●1972年7月だと思います。孫平化が率いるバレエ団の訪日の直前です。しかし、あれは派遣という形式ではありませんでした。当時、私たちは北京に駐在していた日本側覚書事務所の代表と、双方の事務所が暗号を使うことについて話し合いました。暗号はもともと外交機関でしか使えなかったのですが、当時、我々は国交正常化が近い特殊な状況下にあり、暗号を使えるようにしました。またお互いにクーリエ（外交信書使）も交換しました。この協議は7月に北京飯店で行われました。
　蕭向前さんが東京に行ってまもなく、大使館を東京に設立する可能性が出てきました。つまり、国交正常化がすぐに実現できそうな状況になったわけです。孫平化さんが日本に行った時、蕭さんはすでに東京にいました。蕭さんが東京に行ったのは日中国交正常化関連の業務をこなすためでした。
　当時、蕭向前さんは所属が外交部に移って亜洲司の副司長でした。廖承志さんの大日本組の四大金剛だった彼は、以前の対外的な身分は外交学会の副秘書長で、その身分を使うことが多かった。とはいえ、もともと外交学会も外交部の下部組織ですけども。
――当時、対日業務担当者は、本職以外の民間団体の身分も持っていたといいます。日本との民間交流など、何か活動がある時に、必要に応じた民間の身分を与えていたのでしょうか。
●その通りです。
――日中国交正常化の交渉過程において、王暁雲氏、蕭向前氏、孫平化氏それから丁民先生が具体的に担当した業務内容について教えていただけませんか。
●役割分担については、まず王暁雲さんはすべての交渉に参加していました。彼は周総理のところに行っていましたが、毛主席のところには行きませんでした。毛主席のところには王効賢[27]さんが行っていました。彼女は副処長でしたが、通訳や記録係などもできたので、毛主席のところに行き、すべての会合に参加したと思います。陳抗さんは主要な政治交渉に参加しました。当時、彼は病気で静養していましたが、臨時に戻って参加しました。私の分担は、周総理が交渉を行う隣の部屋、あるいは仕切りの反対側に座って、資料が詰まった鞄を二つ持って、周総理が必要な時にそれらを渡していました。
――必要な資料の管理ですか。
●周総理が聞いたり、使ったりする可能性のある資料、過去に周総理がとり上げた人の文章、最新の情報などをすべて二つの鞄に入れて持って隣にいました。総理の会話が聞こえることもありました。このやり方は米国組に習ったものです。米国のニクソン大統領が訪中した時に、米国担当にはこのような人がついていました。総理が突然見たい資料があるにもかかわらず、それがないと困りますからね。この方法は米国組由来で、総理が欲しい資料をすぐに用意できて、総理も満足していました。米国組に習ってこのような資料出し係を設けたわけです。

それから、孫平化さんは何人かの若者を集めて、田中訪中や日中関係などの情報収集をしていました。それに新華社からの情報なども含めて、情報冊子を編集しました。新華社の『参考消息』は毎日1冊、孫の『参考資料』は毎日2冊ぐらい出していましたが、間に合わせるのが大変な作業だったので、孫平化さんは大きなチームを組んで、部屋中に人がいっぱいになって情報収集をしていました。蕭向前さんはずっと日本にいました。

　──田中政権発足後の1972年7月22日に孫平化氏と蕭向前氏が、東京で大平正芳外相と会見しています。その時、彼らは過去のことで、中国は日本に謝罪を求めてはおらず、過去を忘れ、未来に向かおう、という方針を大平正芳氏に伝えたそうです。その時、周総理は、日本政府に中国への謝罪を求めないことをすでに決定していたのでしょうか。

◉このことについてはあまりはっきりした記憶はないのですが、謝罪するか否かについては少なくとも私たちは議論をしていなかったと思います。賠償についても、私たちの考えはすでに明確だったので、不要だったということでしょう。共同声明の案にもはっきり書いてありましたが、私の記憶では、謝罪について議論したことはなかったと思います。

　ただし、共同声明のなかには、いくつかの原則に関わる問題があり、私たちがそれらを守らなければならなかったということです。まずは戦争の性質についてです。当時日本は私たちと戦争しましたが、それは日本による侵略戦争でした。侵略戦争について、「侵略」という言葉を省いたのは私たちの譲歩であり、日本が起こした戦争は中国に多大な損害を与えたことには違いありません。いい換えれば、日本が私たちを侵略したということです。戦争の性質だけでなく、戦争の責任についても明確にしなければなりません。だからこの共同声明において、これらのいくつかの問題について、かなり大きな妥協があったのです。周総理は原則性と柔軟性のバランスをうまくとったということです。これについて、1972年10月1日の『人民日報』に社論があります。それは共同声明の署名を記念して書かれたのですが、原則性と柔軟性を併せ持った模範について取り上げています。

　このことから、周総理を交渉上手という人もいます。彼は確かに非常に多くの交渉を成功させました。なぜ成功するかというと、彼は相手の立場を考慮し、相手に困難があったらできるだけ便宜を図ったからです。それから賠償金を放棄することも原則性の問題と関係がありますが、道理に従えば、その後に中国政府は放棄する意図を示し、日本は感謝の気持ちを示す、と書くべきですが、これは書かれていないので、これも一つの譲歩でしょうね。本当は書くべきだったと私は今となっては後悔しています。今日になっても日本政府は感謝の意を示していないですからね。当時、日本の主張は、蔣介石がすでに放棄したので、共同声明に書く必要もない、といったものでした。これはひどすぎる主張だと思います。

　──先ほどのお話ですと、日中国交正常化の準備は1971年に始まり、周総理自らがすべてを主導していたということでした。そうなると、日中国交正常化の過程にお

ける廖承志氏の役割はそれほど大きくなかったのでしょうか。
●そうとは限らないです。田中角栄氏が間もなく訪中するという時期に、彼はあそこに座っているだけで、何も話さなくても、大きな役割を果たしたと思います。というのも、長年、私たちの日本関連業務において、彼は窓口であり、何事も彼を通していました。確かに文化大革命が起きて混乱していましたが、彼がまた出てきて元のポストに座っていることが、私たちの対日方針が変わっていないことの証明であるかのように感じたのです。そのことは日本の左翼も政権担当者も安心させることになりました。だから、鄧小平さんが日本を訪問した時も、廖承志の名前を鄧小平が自ら加えました。鄧さんには戦略的な配慮があったと思います。
　——日中国交正常化の交渉過程で、廖承志氏は具体的な担当業務がありましたか。
●具体的な業務はなかったです。
　——つまり本当に顧問役であったのでしょうか。
●彼は交渉の全過程には参加しました。呉学文さんの本にもありましたが、周総理が廖承志さんを連れて毛主席のところに行ったら、毛主席は、「廖ちゃん、長い間、私のところに来てないね」といったそうです。廖承志さんが「僕は打倒されました」というと、毛主席は、周総理に「なぜこの宝物が打倒されたの」と聞いたそうです。こういったことはあったみたいですね。
　また、毛・田中会談の時に、毛主席は、わざわざ田中角栄氏に、廖承志さんを指しながら、「この人は日本人です。彼を日本へ連れていってください」ともいったそうです。つまり、廖承志さんは対日窓口だから、日本で何か用事がある時は彼を探せばいい、という意味でしょう。その後、もう少しで国家副主席になるはずだったのが非常に惜しいです。対日関連の仕事の面からいえば、もしあの時（1983年）に廖承志さんが亡くならず、国家副主席になっていたら、私たちの仕事はもっと順調にでき、部下としても仕事がしやすかったでしょう。現在の唐家璇[28]さんは若すぎるし、国務委員になったばかりなので、彼の代わりにはなれません。
　——1972年の日中国交正常化の時、廖承志氏に担当業務がなかったのは、当時彼の審査がまだ終わっていなかったためでしょうか。
●それは絶対に違います。必要がなかったからです。あの時、仕事の多くはもう軌道に乗っていて、彼にも反対の意見がなかったですからね。もし反対意見があれば彼はいっていたと思います。
　——国交正常化交渉のすべてを仕切った周総理の下で、具体的な業務を担ったのは誰でしょうか。
●姫鵬飛[29]さん、韓念龍さん、張香山さんです。張香山さんは、文章作成に関わり、最終の共同声明を作る際に具体的な業務を担当しました。
　——外交部の責任者は誰でしたか。
●王暁雲さんでした。

Ⅳ　日中国交正常化後の対日外交業務

――日中国交正常化後の廖承志氏の状況はどうだったでしょうか。

●1972 年の日中国交正常化の時、周総理の指名によって、廖さんは外交部顧問になりました。その後、1978 年に鄧小平さんが訪日した際、当初の訪日代表団の名簿に廖承志さんの名前はなかったのですが、後から鄧小平さん自らが廖の名前を加えました。

このことは呉学文の本にも書かれていると思います。その本のなかに、周総理が廖承志を重宝し、鄧小平さんも廖承志のことを大事にしたと書かれていました。ついでにいえば、周総理が日中両国人民は、代々友好関係を築くべきだといっていましたが、これは日本関連業務の総方針として正しかったと思います。周総理が亡くなって、鄧小平さんも周総理の考えを 100％ 継承していました。その証拠として、中曽根［康弘］首相が来た時、鄧小平さんが彼に同じことをいいました。日中両国の人民が代々友好関係を築いていこう、日中関係のなかでこの方針より重要なことはないので、私たちは 21 世紀も、22 世紀も、23 世紀も、一気に 3 世紀といったが、ずっと永遠にこの方針を守っていくべきだと。私は、日中両国の人民が代々友好関係を築くべきとする方針に関しては、鄧小平さんは周総理の考えを 100％ 継承したと思うのです。

――1972 年から 1978 年までの間、中国の対日外交の担当部署は外交部日本処だったのでしょうか。

●そうです。そのはずです。

――そのころ、国務院外事辦公室の日本組はまだありましたか。

●もうなくなっていましたね。

――それではこの間、日本関連業務はどのように決定したり実行したりしていたのでしょうか。

●政府間のことですが、中国側に意思表示やアクションを求める場合は、いつも日本処から案を出しました。その後に亜洲司の司長が外交部長を通して、周総理に届けるという順番でした。もし交通部や文化部にも関連があるなら、先に会議を設けて、会議終了後に承認をもらってから、総理のところへ届ける形でした。

――つまり関係部局の同意をすべて得てから、総理に報告する形ですね。

●そうです。もし彼らと関連がなければ、直接総理に報告することになっていました。また文化部、交通部、外貿部を含む各部署は、日本に関係することを周総理に報告しますが、私たち外交部のチェックと修正が入ることもあります。

――民間交流に関しては、誰が責任を持っていたのでしょうか。やはり廖承志氏でしょうか。

●当時の民間交流について、廖承志さんがどこまで管理していたかは定かではありません。ただ、私たち外交部は、総理に書類を提出するに先立ち、彼に読んでもらっていました。報告書を持って彼のところへ走っていき見せたことを今でも覚えています。

――それは 1972 年以降ですか。

●その後も彼の家によく行ったと思いますよ。

——どういったものを廖承志氏に見せるのですか。またどういうものは逆に廖承志氏に見せないのでしょうか。
●定例の内容なら彼には見せませんが、新しいことやあまり自信がないことについては彼に意見を求めることが多かったようです。
——1972年以降も、重要な対日政策の案件を上に報告する際には、廖承志氏の同意やサインが必要だったのでしょうか。
●彼のサインは必要なかったですが、サインがなくても彼が読んだ可能性はあります。また口頭で彼に伝えたこともあります。私は王暁雲さんと一緒に彼の家へ行って、アドバイスをもらったこともあります。廖承志さんから電話してくることもありました。
　当時は、国務院外辦がなくなり、彼もその役職がなくなったので、私たちは内部的に彼に資料を見せたり、相談したりしていました。もちろん必ず彼に報告書を見せなければならないということはありませんでしたが、私たちは廖承志と連絡をとり合っていました。
——つまり上下関係はなくなったということですね。
●なくなりました。
——その後、中日友好之船の交流時には廖承志氏も日本へ行っています。この活動は外交部と関係がなく、別の部署が彼に依頼したのでしょうか。
●その交流の責任者は中日友好協会で、外交部の提案ではないと思います。廖さんの報告書を亜洲司の私たちが読んだことがあります。
——1978年10月に鄧小平氏が、日中平和友好条約締結のために訪日した際は、誰が業務の責任者だったのでしょうか。また、鄧小平訪日時の業務分担について教えていただけませんか。
●［責任者は］黄華外交部長です。具体的な業務は、外交部の日本処がこなしました。
——1978年以降、外交部が対日政策を展開するうえで、廖承志氏はどのような存在だったのでしょうか。
●何かあった時は、やはり廖承志さんならどういう意見を持つか、どう思うかについて考えていました。
——それは顧問のようなイメージですか。
●外交部顧問という名称は周総理が日本との国交正常化を図る時につけたと思うのですが、その顧問がずっと存在していたかどうかは分かりません。顧問という名前を取り消した覚えはないのですが、その後に彼を顧問と呼ぶ人もいなかったですね。日本関連業務を担当していた私たちにとって、廖承志さんはやはり廖承志さんである。外辦の職務がなくなっても、何の問題もありませんでした。
——廖承志氏が亡くなる1983年までの間、対日業務の重大問題は、廖氏に決定してもらうか、少なくとも彼を通す必要があったわけですね。
●形式上では明らかに示すものはありませんが、実際はそうでした。それから周総理も当時病気になっていました。周総理と廖承志さんの関係は非常に密接で、よく連絡をとり合っていたようです。

──周総理の存命中は、廖承志氏の意見を聞きながら、すべて周総理が決定していたということですが、1976年1月に周総理が亡くなった後はどうなりましたか。
◉すべて鄧小平さんに聞くようになりました。
──鄧小平氏に聞く一方で、廖承志氏にも意見を聞くわけでしょうか。
◉鄧小平さんのやり方は周総理のそれとかなり違っていました。周総理は物事に細かかった反面、鄧小平さんはある意味で非常に扱いやすく対応しやすかったです。私たちが周総理に報告する時は、いつも彼に何か指摘されるのではないかと戦々恐々としていました。例えば、周総理は代表団が帰国すると必ず報告を聞いて質問をします。しかし、鄧小平さんには報告はいらず、代表団が帰ってきても報告書をまとめる必要はありませんでした。多くの首長は私たちに報告書を書かせますし、私たちはさらに中央に報告しなければならなかったですが、鄧小平さんには帰ってきたことを知らせるだけでよかったので仕事がやりやすかった。だから鄧小平さんと廖承志さんがどういう関係だったのかは、私たちは詳しくはありません。鄧小平さんに送り届けた文書は、廖承志さんを通していなかった気がします。
──つまり1976年以降は、日本関連業務における廖承志氏の発言権がなくなりつつあったということでしょうか。
◉そうともいい切れません。鄧小平さんや王震30)さんなどは、みんな廖承志さんのことを尊重していましたから。特に王震さんがそうでしたが。廖承志さんが病気になり、その後王震さんが中日友好協会の会長になりました。
──1976年ごろ、名義上では華国鋒31)氏が主席でした。当時の日本関連業務に関して華国鋒氏の意見を聞くことはなかったのでしょうか。
◉そうですね。私たちは鄧小平さんのところだけに報告しに行っていました。
──1983年に廖承志氏が亡くなった後、日本関連業務で何か重要なことがあれば、どうしていましたか。当時は張香山氏の影響が大きかったとも聞きますが、どうだったのでしょうか。
◉それはおそらく日本の感覚かもしれません。張香山さんは本を書いていましたから、その点でいうとそうでしょうが、彼はその後、広播事業局の局長になりました。なぜかというと、張香山さんは対日関係の業務全体をまとめあげた本を書いていたからでしょうね。ほかの人はもちろん、廖承志さんにもそのような著作はありませんでしたから。
──1972年以降は、日本関係の業務は、外交部日本処が亜洲司に報告し、亜洲司がさらに部長に報告する流れだったということでしょうか。
◉外交部長のサインがないと上へ報告できなかったですね。
──1950、60年代に、中国の対日業務は、人の心を動かすことをめざした友好的なものでした。当時の関係者の回想録にも記されていますが、日本の来賓に非常に細かく気配りをし、時間をかけて接待の準備をしていたと聞きます。国交正常化後、対日外交を外交部が中心に行うようになってから、こうした形の外交は継続されたのでしょうか。
◉日本は米国の監視下にありましたから、対日業務の全体方針は日本をできるだけ引

きよせることでした。私の理解では、この日本を引きよせる政策は、日本の支配階級をも含めたものでした。日本に対して、「攻撃」と「引き入れ」という二つの方策を並行して行いました。攻撃するのも最終的に自分の方に引き入れるためであり、彼らを団結させるためでもありました。

　我々の外交には闘争［の側面］がありました。まず米国のことを必ず念頭に置かねばなりません。その後しばらくはソ連修正主義も批判しました。それは［米国やソ連が］主要敵だからであり、彼（日本）は主要敵ではありませんでした。一時、我々は国交正常化前に、日本の代表団が来ると、共同声明を発表したりしていました。しかし、我々はいつも彼ら（日本の代表団）に四つの敵に反対することを声明に入れるように要求しました。私はそれは間違ったやり方だったと思っています。

　なぜ間違いかというと、攻撃する面が広すぎて意味がないからです。米帝国主義、ソ連修正主義、日本反動派、日本修正主義という四つの敵への反対です。しかも、これは内政問題にも関わっています。その後、日本共産党と中国共産党の関係を回復する時に、中共はその間違いを認めました。日本共産党はわが党との関係を回復する時に、条件として、第一に、以前に我々を攻撃したことが間違いであったことを認めること、第二に、日本共産党に除籍された人たち（あの人たちは我々の友人でしたが）と我々が交流しないように要求しました。この第二条に私たちは同意しませんでしたが、第一条には我々は同意しました。

V　中国政府の日本情報収集と伝達方法

　――当時、北京放送の職員たちは、対日放送をする一方で、日本のラジオも聞いており、重要なことがあれば、まとめて日本情報として報告していたそうです。これ以外でも内参（内部資料）として作成されることもあり、各部門には内参に近い情報源があったようです。廖承志氏と周総理は、何種類ぐらいの日本情報の入手方法があったのでしょうか。

◉それは『日本広播資料』で、NHKのラジオ放送などを聞いてまとめたものです。それは廖承志さんの要求で作ったものです。華僑事務委員会の副主任だった彼は、日本から帰って来た華僑青年を集めて、放送資料チームを作りました。これ以外は新華社の内参などですね。さらに、日本の一部の進歩的なメディア人からの情報もあり、あの時はJAPAN PRESSと呼んでいたものも、廖承志さんは見ていたようです。

　――当時、西園寺公一[32]さんなども情報提供をしていたようですが、彼らが提供した情報は、中国政府はどの程度重視していたのでしょうか。

◉廖承志さんは彼らを非常に重視していました。実のところ、廖承志さんが彼らを指導していたこともあります。内部の話によると、廖承志さんは、時々わざと彼らに中国政府の政策などを漏らしていました。それによって、彼らに私たちの意図を把握してもらうためです。

　廖承志さんは日本で生まれ育ち、日本について非常に詳しいですが、隅々まですべ

てを知っているわけではありません。西園寺公一さんは華族の出身で、廖さんは華族の状況について恐らく知らないわけです。一つ例を挙げれば、西園寺公一さんが私にいったことですが、近衛家は公爵であり、彼らは書道を教えることで天皇にお仕えするので、代々書道ができます。西園寺公一さんの家も公爵です。彼は家芸が琵琶ですから、代々琵琶を学んでいました。西園寺家の守り神は、いつも琵琶を抱えている弁天様です。弁天は女神であり焼きもちをやくため、西園寺家の男性は代々結婚できないのです。子どもは結婚して生まれるのではなく、正式な結婚はできないですから、子どもは非嫡出子となります。それが西園寺家の掟なのです。

――中国外交部档案館で公開された3通の手紙を見たことがあります。日本人が西園寺公一さんに宛てた手紙で、日本に関する情報などが書かれていました。これらは西園寺さんが外交部に渡したのでしょうか。

◉それは西園寺さんが直接廖承志さんに渡したものです。あれはもともと外交部にあるものではないです。どういうルートで外交部に届いたかというと、おそらく、文化大革命の間、外事辦公室の書類を外交部に移動させた時に、一緒に回ってきたのでしょう。そうでなければ、その手紙が外交部にあるはずないと思います。

――新華社の内参や、日本広播資料、それから日本プレスの資料や各日本人が提供した資料などはすべて1カ所に集められていたのですか。

◉それらの情報に加え、各機関の簡報も廖承志さんのところ、つまり外事辦公室に届けられていました。労働組合代表団や法律家代表団などの接待の時も細かい情報が上がってきます。それらもすべて簡報として提出しました。このような簡報は、外事辦公室と外交部の双方にいつも同時に送付されていました。

――これらの簡報は周恩来総理にも送られていましたか。

◉周総理の秘書が選んで、赤線を引いて、すべてのものを総理に見せたそうです。

――これらの情報は周総理に見せる前に分析するのでしょうか。これほど多くの情報をすべて総理に見せるのは不可能でしょうから、どの部門がどのように選んだのでしょうか。

◉総理の秘書の話によると、総理が毎朝顔を洗って歯を磨いている時に、秘書がその日のニュースや参考資料を読み上げていたそうです。一部を選んだと聞いたことはありませんが、あの分厚い2冊の本をすべて読むことはないと思います。総理はトイレの時間が比較的長かったのですが、トイレに行っている時間も利用したそうですよ。私も総理の歯磨きや洗顔に付き合ったことがありますが。総理はそういう時間もすべて仕事に利用していたといいます。

――日本関連情報は、まず廖承志氏が選んだ後、周総理の秘書がまた選んで総理に見せたということでしょうか。重要な情報は廖氏が直接、周総理に渡していたのでしょうか。

◉直接彼に電話をかけたり、あるいは顔を合わせたりする時ですね。外国人のお客さんの接待、つまり外国から重要な人が来た時、廖さんは一緒に接見するでしょう。お客さんが帰った後、総理がかばんを持って去ろうとする時に、廖さんが総理の後ろに

ついて行って、一言二言伝えていたようですよ。
　——どの程度のものから毛主席にも見せるようになるのですか。
●もしすでに決まっている政策方針でしたら、廖さんに決定権があります。変更がないわけですから。しかし、新しい状況で、過去にないことが起きたら、彼はすぐに毛主席と周総理に報告する必要がありました。定例のことについては、特に報告していなかったと思います。
　——周恩来総理は、日本の最新情報をどのように把握していたのですか。
●日本関連の情報は大体、廖承志さんから伝わっていました。当然ですが、一部は公開資料もあり、『参考消息』や外交部の『新情報』などの資料もあります。ただ、多くは廖承志さんが口頭で周総理に伝えていました。
　——1964年に東京連絡事務処が設立された後、事務処代表や事務員、交換記者を日本に派遣できるようになりました。彼らは直接日本で情報を収集でき、これらは船などのルートを通じて中国へ伝えられたと思います。また直接電話をかけて情報を伝えていたようで、外交部档案館の公開文書には、電話の内容に関するものもありました。外交部はそれらの情報をどれくらい重視していましたか。東京連絡事務処の情報収集に関する役割を教えていただけませんか。
●以上のルート以外に、信頼できる日本の友人に頼んで持ってきてもらうこともありました。ある時、友人に頼んで飛行機で持って来てもらう予定でしたが、彼がその情報を日本のどこかで落としてしまい、私たちがこの友人に会いに行くと、どこに落としたのかも分からない状態でした。我々は秘密漏洩を恐れましたが、最後まで見つからず、結局もう一度情報を作成しました。日本の記者がこの情報を拾って公表することはなかったのですが。
　——電話で直接情報を伝えているのは、すべて公開してもいい情報ですか。
●すべてが公開情報です。ただ、たまに暗号の時もあります。ピンポン代表団の時はそうでした。私たちとピンポン代表団の団員それぞれが同じ辞書を1冊ずつ持ち、数字の1、2、または10、12を使って会話をしていました。つまり、10なら、10頁で、「1」が左か右の文字を示し、「2」が2個目の字を示しました。そこにあるのは「王」なら「王」を書き、4文字の数字を読み上げて伝えると、最後に「帳簿を合わせましょう」といって、彼が数字を記録して、その数字をもとにすぐに辞書を調べれば本当の文字が分かる、といった感じでやりとりしたこともあります。その辞書は頻繁に変える必要があり、またやりとりをする相手の家に問題があってはならず、その辞書を持って、あちこち歩き回るのはもちろんダメで、包んで保管するようにしていました。
　——つまり他人にその辞書の存在を知られてはいけないわけですね。
●もしほかの人が知っていたら、辞書を持っているだけですぐに疑われてしまいますからね。
　——外交部は、東京連絡事務処が設立された後に送られて来た情報を、どれくらい重視していたのでしょうか。
●最も信用のできる情報源でしたから非常に重視しました。日本にいる我々に友好的

な友人は緊急のことがあると、すぐに事務処に伝えに来てくれました。私たちの対外貿易事務処の代表から、誰々が何かを伝えていたということを報告してきました。
──東京連絡事務処ができてから、日本人も含めて非常に多くの人が訪ねていたそうです。そこに行けば中国政府と連絡がとれるともいわれていました。
◉そうです。ただ苦情を言いに来た人もいましたし、救援要請もありました。情報を提供してくれた人もいて、私たちにとって有用な情報もありました。

Ⅵ　対日業務担当者の育成

──外辦日本組の会議に参加するのは処長クラス以上の幹部とうかがいました。彼らの下には対日業務を担当する多くの部下がいたと思います。この部下たちは各部門に所属していたと思いますが、どのように選ばれて教育されたのでしょうか。
◉専門的な教育はありません。その仕事に適している人がいれば、その人にその仕事を割り振るのです。中央各部、委員会は、例えば工業部などの各部署に外事辦公室と呼ばれる外事関連部署がありました。それらの外事辦公室の仕事の半分を占めていたのが日本関連の仕事でした。中国の近隣諸国のうち、日本関連業務は一番多かったです。
──なぜ日本関連の仕事が多かったのですか。
◉日本は先進国ですし、わが国との交流も多かった。それに周総理がはじめた民間外交が成功したところです。また日本から来る人も特に多くて、商売のために来る人もいれば、社会主義の新中国を見に来る人もいました。一般的に国境線を隔てた近隣国は業務が多いものです。例えば、わが国の牛が隣国に行った、または隣国の牛がわが国に来た、といった細かい業務は、陸続きの国同士ならありえます。しかし、日本は島国であり、海を挟んだ日中両国にそういった業務はなかった。にもかかわらず、日本処の責任者がいない時に、代わりにヴェトナムを担当する副司長が日本処を担当したのですが、彼は「君たち日本処の仕事量はヴェトナム戦争の一番激しい時のヴェトナム処の仕事よりも多い」といっていました。行き来する人も多いし、日本に関係する仕事は特に多かったわけです。
──以前、丁民先生がおっしゃったように、「另起炉灶」という規定で、日本の傀儡政権や中華民国政府で対日関連の仕事をした人は履歴上の問題から採用しない原則があったと思います。中国建国後に対日関連の職員はどのように集められたのですか。
◉それについては私もよく分かりません。職員のうち、日本に留学したことがある人、つまり以前の満州国や汪精衛傀儡政権の時に日本に留学した人もいましたし、華僑もいました。中華民国政府で働いていた人が1人もいなかったのは確かですね。ただ、私たちの国際問題研究所にはそういう人がいたと思います。
──建国初期は華僑が多かったそうですが、その後は国内で育成した人材がだんだん多くなったと聞きました。丁民先生が外交部にいたころの状況はどうでしたか。
◉当時、外交部は北京大学に委託して、対日関連の幹部を育ててもらいました。徐敦

信33)さん、唐家璇さんはその時教育された人材です。外交部は英語を1、2年勉強したことのある人を選んで、北京大学に行かせて、外交部が責任を持つ形で彼らに給料を支給し、さらに大学院生の身分も与えました。通常は4年制大学の卒業後に院生になるのですが、彼らは、英語をすでに2年間勉強したという理由で、大学3年生で院生になりました。唐家璇さんもその1人で、彼は上海から移ってきました。彼は揚州の南の鎮江出身でしたね。
　──これらの幹部たちは選抜された後、翻訳や通訳、または日本研究の仕事をさせる目的で北京大学に教育を委託したのですか。それとも外交部自らが彼らを育てたのでしょうか。
⦿仕事については、外交部自身が彼らを育てました。北京大学は日本語の勉強のためだけに行かせていました。
　──つまり、具体的な教育は外交部の各部門が自らやったということですね。その方法はどのようなものだったのでしょうか。
⦿一対一で細かく教えていました。ほかの特別なやり方はありませんでした。その後、外交学院ができたのですが、外交学院で国際法、国際関係などについて勉強させました。建国初期には、私たちみたいな若い幹部は、毎週会議室で先生を招いて講義を聞かせていただきました。私たちも国際法や国際関係について勉強したことがあります。
　──廖承志の四大金剛である王暁雲、蕭向前、趙安博34)、孫平化の各氏についてお聞きしたいのですが、王暁雲氏は長く外事辦公室日本組の組長を担当していました。王暁雲氏はほかの3人より高い地位にあったのでしょうか。
⦿必ずしもそうではありません。彼は抗大出身で古参であり、確かに孫平化さん、蕭向前さんよりも革命の経験は長かったのですが、話し方がうまいわけでもなく、とても真面目でかなりの努力家でした。一緒に仕事をした時の話ですが、当時、夜の11時まで仕事をした人は夜食を食べていいことになっていました。私たち若い人は夜11時まで働いたら夜食を食べて帰るのですが、彼はまだ仕事をしていて、私たちに夜食を食べたら、また戻って仕事をするのかと聞いていました。夜食後にすぐ帰るなら、もう少し仕事をすると彼はいっていましたね。彼は本当に真面目で、党や政府に忠実な人でした。
　──彼が信用されたのもそこが原因でしたね。文化大革命の時は下放されたのでしょうか。
⦿彼は地主家庭の出身でした。下放については、短い間でしたが幹部学校（幹校）に行かされていました。外交部の幹校は湖南省と江西省の2カ所でしたので、そのうちの一つですね。
　──趙安博氏についての印象はどうでしたか。
⦿趙安博さんは、外国からのお客さんを接待する責任者を時々やっていて、毛主席の通訳をやったこともありました。私たちは彼の下で働いていましたが、あっけらかんとした方ですよ。
　──ということは、当時、中国国内では、日本との関係や日本での滞在歴は特に大

きな問題にはならなかったということですか。
◉それは問題にはならなかったです。
　——孫平化氏はどうですか。彼は対日関連業務のどの部分を担当していましたか。
◉孫平化さんは賢かったですからね。彼は頭の回転が非常に速かったので、廖承志さんも非常に気に入っていました。上海バレエ団の訪日の時、文革中で孫平化さんがまだ五・七幹校にいた時、周総理が彼をバレエ団の団長として呼んだのです。

Ⅶ　部下から見る上司としての廖承志

　——丁民先生が初めて廖承志氏と会ったのはいつごろでしょうか。
◉朝鮮戦争中の 1951 年、廖承志さんが慰問団を率いて、中国人民志願軍、朝鮮人民軍、朝鮮人民の慰労に行った時です。廖さんは団長でしたので、帰国後私たちに報告をしてくれました。彼は壇上に立ち、私は壇の下で聞いていました。それが初めて彼と会った時です。その時は話をすることはなかったのですが、本格的に彼と接触しはじめたのは 1955 年の 1 月くらいで、私が日本関連の業務をやりはじめたころからです。
　——廖承志氏は多くの身分を持っていました。華僑事務委員会、世界平和関連、日本関連の業務に加えて、ほかにも様々な身分を持っていたようです。廖承志氏の担当業務について教えてください。
◉一つは華僑関係の業務で、もう一つは外事関連の業務ですね。基本的にこの二つでしょう。
　——外事関連業務とは、日本業務以外もありましたか。
◉つまり中央外辦（国務院外事辦公室）の業務です。彼はわが党の奇才であり、また多才な人であると称賛する人もいました。彼は多くの国の言葉ができますし、頭の回転も速く、それから生まれも特殊です。孫文に抱かれている彼の子どものころの写真があるでしょう。日本生まれなので日本語ももちろんでき友達も多くいました。宮崎滔天さんの姪っ子や甥っ子さんと子どもの時一緒に遊んだという話があります。また彼はフランス人が設立したミッションスクールの暁星小学校に通っていたので、小さいころからフランス語を学んでいた。それから、早稲田の高校まで行っていますから、英語は日本の学校でみんな習う。ほかにもドイツにいたころも海員労働組合のイベントに参加していたようで、ドイツ語も自在に操れました。ロシア語についてはどうだったかは覚えていませんけれども。それ以外では彼は広東語や客家弁（漢族の客家人が使う方言）も話せました。
　当時の様子から、外事関連業務は、彼の仕事のなかで非常に大きな割合を占めていたでしょう。仕事の時間でいえば、おそらく半分は占めていました。
　——周恩来総理は深夜まで働くと聞きましたが、廖承志氏の仕事ぶりはどのようでしたか。
◉廖承志さんは非常に冗談を飛ばすことが多くて、非常に愉快というか、茶目っ気の多い、子どもをそのまま大人にしたようなところがありました。また彼は非常に聡明

で、機転がきき、頭の回転の速い人でした。ですので、彼は頭のよさという利点を使って仕事をしているという人も多かった。

しかし、実際には彼はとても努力家です。聞いた話では、夜でも彼は勉強を怠らなかったそうです。彼は世界中のベストセラーを取り寄せ、毎晩寝る前にベッドの上で2冊読んでいたという。彼は華僑家庭の出身なので、全世界に彼の親戚や友人が多くいました。重要なのは、彼はいつも読んでいたということです。大事なところだけ毎晩2冊読んだというから、我々には真似できません。

仕事中でもそうでした。廖承志の事務所が忙しい時、私は外交部から、3カ月とか手伝いに行きます。私は外辦日本組に2回借り出されました。その時、私の担当は、新聞を読んで赤ペンで印を付けて、後で切り取る準備をすることでした。時々、私が読んで印を付けた後、まだ切り取っていない段階で、廖さんが来て六大新聞を持っていかれることもありました。彼は会議に行く時、車の床にそれらを置いておき、戻ったら拾って読んでいました。そして、事務所に戻ってきたら我々のミスを指摘するわけです。彼は「あなたたちは日本の新聞の読み方が分かっていない。なぜこんな重要な内容に印を付けなかったんだ」と叱ってくれました。

——六大新聞とは、どの新聞でしたか。
●『朝日新聞』、『毎日新聞』、『産経新聞』、『読売新聞』、『日本経済新聞』と『東京新聞』、ほかにはもしかして『赤旗』もあったかもしれません。
——周恩来総理は、日本語がどの程度分かったのでしょうか。
●通訳が間違えると［彼も］分かりました。
——周総理も分かるのですか。となると、通訳が間違えると分かるほど上手だったのでしょうか。
●本人はしゃべれませんでした。
——廖承志氏はどうですか。
●廖承志さんは子どもの時からなので、もう江戸弁です。
——まったく違和感は感じなかったでしょうか。
●もう全然［感じません］。郭沫若先生も日本語ができるけど、彼はだいぶ大きくなってから習った日本語だから、やっぱりなまりがある。廖さんは子どもの時からだから全然なまりがないですね。周総理もそうですが、後にも先にもこういう人はもう生まれてこないかもしれません。

彼はトロとか刺身が好きで、日本の漁業関係の会社の責任者は、彼が好きだというのを知っているから、氷か何かを入れた手提げの冷蔵庫にマグロの大きな一切れを入れて持ってくるわけです。そうすると、廖さんはその大きさを見て、自分の部下の名前を、20人分の量だったら20人ぐらいの名前を書いて、これだけ呼べと秘書に伝えるわけです。それで北京飯店で一緒に食べるのですよ。それが我々も楽しみでした。

——国際放送局のアナウンサー陳真は、かつて書いた回想録に、彼女が報道用の原稿を書いていた時、廖承志氏が視察に来ることがあり、原稿を見てそれを直してくれたそうです。それから丁民先生が書かれたものも廖承志氏が直したことはありましたか。

◉直されることはよくありました。そういったものは将来、博物館に置いてもいいと思います。ある時、中国政府声明か何かを廖承志の指示で私が書くことになりました。書いた後、王暁雲さんと蕭向前さんが私に付き添ってくれて、廖さんのところへ行きました。廖さんは私の書いた文書を置いて、文章のはじめに単刀直入な意見が足りないと指摘しました。彼は少し口頭で話をして、またその内容を書き込んでくれました。それから次に文書をはさみで切って、切り分けた部分をあちこち貼り付けました。その文書は私にとってはとても貴重な物でしたが、文化大革命の時にそういった文書をすべてなくしてしまったことがとても残念です。

——つまり、彼が文章をよく細かく直してくれたということですね。

◉そうです。簡単なことは、読み終わってすぐに同意したこともありましたが、複雑なことは、彼の思考回路に従って、ノリとはさみを使い、貼り付けて完成させました。どんな声明だったのか今は忘れてしまいましたが、中国政府声明か何かで比較的重要な内容だったと思います。書き終わった後、廖承志さんは私たちの前で、周総理に電話し、総理にこれから持っていって見せたいといいましたが、周総理は自分が見る必要はなく、廖さんが見れば十分だといい、そのままその文章を公表することになりました。その時、彼の家で、テーブルを囲んでみんなで座っていたのを覚えています。あの時は廖承志さんが読むだけで済みましたが、多くの文章はやはり総理が目を通していました。

　私たち（外交部）が提出するものは、彼はすべて見ていましたが、『人民中国』や北京放送の対日放送に対しては、時間がある時だけ、アドバイスを与えていたそうです。そこの職員たちも、方向性の定まった指摘で大きな助けになったといっています。

1) 日本科の「科」は日本の「課」に相当、1964年に「日本処」に変更。
2) 専員とは、司あるいは局レベルには達していないが、特別な重要業務の担当を任された幹部を指す。司長、副司長より低く、科長より高い地位にあった。
3) 倪立羽（生没年不詳）。別名は倪代庚。中国建国前に重慶大学の愛国運動委員会のメンバーであり、重慶滞在中に周恩来と接触する経験を持った。建国後、外交部亜洲司に配属され、1958年に外交部副部長の張聞天と共に、東南アジアの中国大使館の業務視察を行った。
4) 陳抗（1923–1992）。1950年代から1970年代まで、外交部亜洲司日本科副科長、日本処処長を務め、日本関連業務に従事。日中国交正常化直前の1972年7月17日、中国農業代表団の副団長として訪日した。その目的は、周恩来の重要指示を、先発した孫平化と蕭向前に伝えることであった。1983年から1985年まで駐マレーシア大使（「芭蕾外交推動中日邦交正常化」新華網 http://news.xinhuanet.com/world/2010-08/30/c_12499467.htm, 2010年8月10日）。
5) 章文晋（1914–1991）。北京出身。少年時代にドイツ留学、1931年に抗日運動のために帰国。1943年に清華大学の工学士号を取得後、重慶に行き周恩来の英語通訳と秘書を務めた。1949年に天津市人民政府外事処長。周恩来に招聘され1954年に外交部入部。

その後、駐パキスタン大使、駐カナダ大使、駐米国大使、外交部副部長、中国人民対外友好協会会長、全国人民大会常務委員会委員、全国人民代表大会外事委員会副主任委員などを歴任。父親の章以呉は、周恩来の天津南開中学の同級生であり、章家は四世代にわたって、周恩来と親交があったという（「章文晋一家四代人与周総理的縁分」『台州日報』2008 年 3 月 7 日）。

6）調査研究。外国情報収集と分析などの業務。
7）政府内部刊行物。各部門の上層部の幹部だけに配布される。
8）略称は、政法学会。中国政治法律学会は 1953 年 4 月 22 日に成立され、学会の初代主席は董必武、副主席は潘鈞儒、謝覚哉、王昆侖、柯柏年、張志譲、銭端昇であった。中国政治法律学会は中華人民共和国が建国後に設立した初の政治法律関連の学術研究団体であり、なかに研究部、国際聯絡部、秘書処の三つの機構が設置された。1954 年 5 月 1 日に『政法研究』という雑誌を創刊している。中国政治法律学会は学術団体であると同時に、中国政府の外交、国際交流活動などにも参画し、また組織の名義で対外の抗議声明を発表することもあった。
9）李徳全（1896-1972）。河北省通県出身。1924 年に馮玉祥将軍と結婚。1937 年日中戦争開始後、抗日活動に参加。中華人民共和国建国後、衛生部部長、中国紅十字会会長、中ソ友好協会総会副会長、政務院文教委員会委員、中華全国体育総会副主席、中国人民保衛児童全国委員会副主席などを歴任。1954 年に紅十字会訪日団の団長として訪日。
10）陳毅（1901-1972）。四川省楽至県出身。1919 年にフランスへ留学、学生運動に参加したため、1921 年に強制帰国。1923 年に中国共産党入党。国共対立や抗日戦争中に中国共産党および軍の指導者としての地位を確立。建国後、上海市市長、国務院副総理、中央人民政府人民革命軍事委員会副主席、国防委員会副主席、外交部長、中共中央軍事委員会副主席、中共中央政治局委員を歴任。
11）王暁雲（1920-1983）。第 1 章を参照。
12）中華全国総工会。中華人民共和国の労働者組合の全国組織。
13）司と局は同レベルの機関である。中央政府の各部内の各部署は「司」と称し、各部直属であるが、単独で業務を担当する部署は「局」と称す慣習がある。
14）張香山（1914-2009）。浙江省寧波出身。青年時代に日本へ留学、東京高等師範学校に学んだ経験を持つ中国共産党の知日派の 1 人。1937 年に八路軍に参加し、翌年に中国共産党入党。建国後、王稼祥（中共中央対外聯絡部の初代部長）の政治秘書を務めた後、中国共産党中央対外聯絡部副部長、中国アジア・アフリカ団結委員会副主席、外交部顧問を歴任。
15）廖承志に対する敬称。
16）劉希文（？-2003）。遼寧省鉄嶺県出身。1936 年に中華民族解放先鋒隊に参加し、1938 年に中国共産党入党。建国後、錦州市中国共産党委員会副書記、対外貿易部局長、部長補佐、副部長を歴任。
17）呉学文（1923- ）。黒竜江省呼蘭県出身。1940 年に満州国陸軍軍官学校に入学し、陸軍士官学校卒業。1944 年に中華民国の十五集団軍に入隊。1947 年に中共の地下活動に

参加し、翌年に中国共産党入党。建国後、新華通信社の国際部編集者、駐東京特派記者、国際部編集委員を歴任。日中関係に関する著書を多数出版。代表的な著書に呉学文・王俊彦『一門忠烈：廖氏家族』全 3 巻、北京：中共党史出版社、2004 年、呉学文・王俊彦『廖承志与日本』北京：中共党史出版社、2007 年、呉学文『風雨陰晴──我所経歴的中日関係』北京：世界知識出版社、2002 年など。

18) 林連徳（1923-2009）。福建省アモイ出身。1943 年から 1951 年まで日本留学、東京大学経済学部卒業。日本留学中に中国留日同学総会主席、1951 年に帰国後、国務院対外貿易部、中日貿易促進会、中国駐日本大使館に勤務。一貫して中日貿易の関連業務を担当した。

19) 黄華（1913-2010）。河北省出身。燕京大学を中退、1936 年に中国共産党に入党した。延安で朱徳の秘書を担当し、また外事業務にも従事した。1949 年に中華民国外交部の接収業務を指揮してから、一貫して中国の外交業務を担当した。中国の駐ガーナ・エジプト・カナダの大使を歴任後、中国の初代国連大使に就任した。1976 年から 1982 年まで外交部長を担当した。その後も副総理、全国人民代表大会副委員長、中国共産党中央委員などを歴任。

20) 韓念龍（1909-2000）。1935 年に共産革命に参加し、翌年に中国共産党入党、軍の政治、宣伝などの業務に従事。1949 年 12 月に外交部入部、駐パキスタン大使、駐スウェーデン大使、外交部部長補佐兼辦公室主任、外交部副部長、外交部中国共産党党組書記、中国人民外交学会会長などを歴任。

21) 喬冠華（1913-1983）。江蘇省建湖県出身。ドイツ留学を経て日中戦争開始後に帰国。廖承志などの紹介で中国共産党入党。日中戦争期に国際評論の記事を執筆、1942 年秋から重慶で『新華日報』の国際コラムを担当した。1946 年初頭に上海で中国共産党代表団の関連業務に従事、同年末から新華社の香港支社長。建国後、外交部外交政策委員会副主任、外交部部長補佐、外交部副部長、外交部部長を歴任。

22) 孫平化（1917-1997）。第 1 章を参照。

23) 王泰平（1941- ）。遼寧省丹東市出身。1962 年に外交学院在学中に、北京外国語大学の外交人材育成のための特別クラスに転学、1965 年に北京外国語大学卒業。外交部に勤務。『北京日報』日本駐在記者、駐日大使館政務参事官、外交部政策研究司副司長、駐札幌総領事、駐福岡総領事、駐大阪総領事などを歴任。2012 年に日本駐在時代の日記の日本語訳（王泰平著・福岡愛子監訳『「日中国交回復」日記──外交部の「特派員」が見た日本』勉誠出版、2012 年）が出版された。

24) 松村謙三（1883-1971）。富山県出身。早稲田大学卒業。報知新聞記者、富山県議を経て、衆議院議員。東久邇内閣の厚相兼文相、幣原内閣の農相、第二次鳩山内閣の文相などを歴任。

25) 弔電は『人民日報』1971 年 8 月 23 日に掲載された。

26) 蕭向前（1918-2009）。第 1 章を参照。

27) 王効賢（1930- ）。河北省楽亭県出身。北京大学東語系日本語専攻卒業。毛沢東、周恩来の通訳を務めた。外交部亜洲司副処長、日本駐在中国大使館参事官、中国人民対外

友好協会副会長などを歴任。
28）唐家璇（1938- ）。江蘇省鎮江県出身、上海復旦大学外文系英語学科在学中、北京大学東語系日本語専攻の外交人材育成のための特別クラスに転学し、1962年に北京大学卒業。国際広播電台の日本語放送部門や外交部の通訳隊に配属され、日本関連業務に従事。中国対外友好協会副処長、中日友好協会理事、中央国家機関外事整党工作指導小組辦公室副主任、外交部亜洲司副司長、駐日大使館参事官、駐日公使、外交部部長補佐、外交部副部長、外交部部長、中共中央委員、国務委員、中日友好協会会長を歴任。
29）姫鵬飛（1910-2000）。山西省臨晋県出身。1931年に紅軍に参加。1933年に中国共産党入党。建国後に外交部に入部し、駐東ドイツ大使、外交部副部長、外交部部長、中共中央対外聯絡部部長、国務院副総理、国務委員、全国人民代表大会常務副委員長などを歴任。
30）王震（1908-1993）。湖南省瀏陽出身。1920年代に中国共産党に入党。建国後、中国解放軍副総参謀長、国務院農墾部部長、国務院副総理、中共中央軍事委員会常務委員、中共中央党校校長、中日友好協会会長などを歴任。
31）華国鋒（1921-2008）。山西省交城県出身。日中戦争中の1938年に抗日活動に参加し、中国共産党入党。建国後、湖南省革命委員会副主任、湖南省中国共産党委員会第一書記、中共中央委員、中共中央政治局委員、公安部部長、国務院副総理、中共中央第一副主席兼国務院総理、中共中央委員会主席、中共中央軍事委員会主席を歴任。
32）西園寺公一（1906-1993）。東京出身。公爵西園寺家の嫡男として生まれ、東京高等師範学校付属中学卒業後、オックスフォード大学留学。ゾルゲ事件に連座して廃嫡。1957年から1970年まで一家で中国に滞在し、「民間大使」として知られた。
33）徐敦信（1934- ）。江蘇省揚州市出身。上海復旦大学から北京大学東語系日本語専攻の外交人材育成のための特別クラスに転学し、1962年に北京大学卒業。中国国際広播電台で日本語放送に従事した後、外交部に勤務、駐日大使館参事官、外交部亜洲司司長、外交部部長補佐、外交部副部長、駐日大使、全国人民代表大会常務委員会委員、全国人民代表大会外事委員会副主任委員を歴任。
34）趙安博（1914-1999）。第1章を参照。

補遺 2　周恩来ら中国指導者の通訳・周斌氏が語る廖承志

整理・解題　大澤武司

　周恩来ら中国の指導者の通訳として知られる周斌氏は 1934 年に江蘇省で生まれた。新四軍小学校の抗日少年隊の隊長として抗日戦争を戦った周斌氏は、当然ながら日本に対する複雑な原体験を持たれている。だが、その優秀さを早くから見出した共産党組織は、1954 年、周斌氏を北京大学東語系に入学させ、日本語の専門家とすべく養成をはじめた。

　日本をめぐって複雑な原体験を持たれる周斌氏は、当然、日本語の学習を拒んだ。だが、党幹部は「だからこそ日本語を学ぶべきだ。日本語を勉強して日本語を身につけ、将来、日本語を武器にして日本と交流するのだ。たとえ復讐するためでも日本語をやる必要がある。もちろん、これからの中国は復讐を望まないが」と説得を試みた。さらに「（米国は日本再軍国化をもくろんでおり）将来の対米工作を考えれば、日本語ができ、日本の事情が分かる幹部を養成しなければならない」とも語ったという[1]。

　だが、周斌氏の意志は固く、容易に首を縦に振ることはなかった。そこで党幹部は「共産党員は共産党の組織の決定に従わなければならない」と最後通牒をつきつけた。結局、周斌氏は仕方なく日本語を学ぶこととなったが、当然、学習に身が入ることはなかった。だが、学生党組織における政治学習活動や当時学部長を務めていた著名なインド研究者季羡林教授の激励を受け、ようやく周斌氏も日本語学習に本腰を入れることとなった。

　北京大学では岡崎兼吉[2]や児玉綾子[3]、鈴木重蔵ら日本人教師の薫陶を受けた。1958 年、周斌氏は外交部に配属されたが、本補遺でも紹介するように、当時、日中間は国交がなかったため、外交部亜洲司日本処（アジア局日本課）の規模は小さく、具体的な業務もほとんどなかったという。そのため周斌氏はさらに 2 年間、外交部から月 62 元の禄を食みながら北京大学の「高級通訳訓練班」でその日本語に磨きをかけつつ、日本からの訪中代表団の接

待業務に参加するなどした。

2年間におよぶ北京大学での通訳訓練が終了した後も周斌氏の語学研修は続いた。日本語放送を行っていた「北京放送」に7カ月間、月刊誌『人民中国』に約3年間にわたって在籍しながら、必要に応じて日中民間交流の最前線に通訳として馳せ参じる日々であったという。最終的に周斌氏が外交部に戻ったのは1964年末のことであった。その後、日中国交正常化交渉の舞台で周斌氏が通訳として活躍されたことは周知の通りである[4]。

本補遺は2011年8月6日と7日の2日間にわたって上海・新錦江飯店の一室で行われた周斌氏へのインタビュー記録をもとに大澤が整理したものである。いうまでもなく中国共産党は厳しい規律によって律せられている。当然、党員は「退休」後も規律の順守が求められ、自らが現役時代に携わった業務に関する「守秘義務」は、年金や医療など老後の生活保障を得るためにも固く守られるものといえる。このような状況に鑑みるに、近年、巷に多くあふれる回想録などを史料とする場合には周到な史料批判が必要といえよう。

翻って、読み進めていただければ明白だが、周斌氏へのインタビューはこのような制約から解き放たれた躍動感がある。日中国交正常化後、周斌氏は5年あまりの駐日中国大使館、3年あまりの新聞司勤務を終え外交部を退職、東京大学客員教授や『人民日報』国際局記者など経て、趙紫陽の肝煎りで設立された巨大国営企業「光大集団」の王光英[5]会長の補佐役を振り出しにビジネスの世界にもその活躍の場を広げられた。

周斌氏は現在も香港にある企業グループの終身顧問を務め、様々な保障を得られる環境にあり、比較的自由に戦後日中関係の最前線で繰り広げられたエピソードを語ることができるのである。

I 対日政策機構と廖承志――国務院外事辦公室日本組を中心として

1958年3月、中共中央は国務院外事辦公室（以下：外辦）を設置し、外交部の国家間外交をも含む、国務院が管轄する外事活動を統括する体制を整えた。同年6月には、外辦を直接的に統制する中共中央外事小組が確立することで中共の外事分野に対する指導が貫徹されることとなった。

外辦ならびに外事小組の主任にはいずれも周恩来に代わり外交部長に就任した陳毅副首相が任じられ、廖承志は外辦の常務副主任として、対日関係業務や華僑関係業務などの対外統戦業務を担当していくことになる。この結果、1950年代半ばに対日政策機構の中核にあった中共中央対外聯絡部（以下：中聯部）に源流を持つ中共中央国際活動指導委員会は発展的に解消されることになった。これはある意味では、中聯部による対日外交への関与が、日中両国共産党間の党際外交のみに限定されることになったともいえよう。

特に正式な国交がなく、外交部が正式に管轄することのなかった対日関係業務に関しては外辦の日本組がほぼすべての政策策定・執行を独占する状態となった。このようななか、まさに廖承志は実務統括者として、文革で「一時退場」を余儀なくされるまで外辦を舞台として縦横無尽の活躍をするのである。

本補遺では、周斌氏へのインタビューを手がかりとして、外辦と廖承志の関係の実像に迫ってみたい。

1 外辦日本組の実態

――外辦と廖承志氏について、ご存知のことをお聞かせください。

●当時の対日関係業務について、完全に正しいかは断言できませんが、1960年前後の外交部日本科（外交部亜洲司日本科を指す）には仕事がほとんどありませんでした。当時、対日関係業務を指導していたのは中央外事辦公室と国務院外事辦公室であり、その主任は陳毅外交部長が兼任されていました。廖承志さんは常務副主任を務められていました。

外事辦公室が執務する場所も外交部とは異なっていました。北海公園の近くに北海大橋があります。その橋を降りて左側が国務院の入り口です。その向かい側にありました。現在、外辦の場所は移転していますが、建物は今もそのまま残っているようです。当時、外辦の人数はそれほど多くありませんでしたが、対日関係業務はほとんどそこで決定されていました。

日本政府との交流は何もなかったため、外交部がやろうとしてもできませんでした。そこで外辦が担当することになりました。特に周総理が廖承志さんに指令したのです。廖承志さんは対日関係業務以外にも香港、マカオ関係、さらに華僑関係の業務を受け持っていました。ある意味において彼は華僑出身でした。彼は「私は、半分は日本だ。残りは華僑、香港とマカオだ」と何度もいっていました。

外辦のなかに日本組というのがありました。人数は多くありません。4～5名です。

王暁雲氏が組長でした。彼は私の上司のなかでは最も親切でおとなしい方でした。顔つきが昭和天皇に似ておられましたため、廖承志さんが彼のことをよく「天皇陛下」と呼んだほどです。外辦日本組の仕事の雰囲気もよいものでした。
　──日本組の会議は基本的に王暁雲氏が招集されていたのですか。
◉私が聞いた話では、王暁雲氏が招集していたということです。重要な議論をする際には、廖承志さんが出席されていました。
　──日本組の会議では、対日政策や日本の情勢を学習したとうかがっていますが。
◉それは間違いなく外辦の会議室で行われていました。30名ほど入ることができる会議室です。月に1度程度でした。例えば長崎国旗事件の際にはどのように対応すべきかなどを議論しました。必要な場合には、新華社や『人民日報』社の関係者も参加していました。
　もう一つ、周鴻慶事件6)というのがあったと思いますが、これは私の記憶にとても強く残っています。私は廖承志さんに可愛がられていたので、「君のお兄さんなのではないか」などといわれました。このような時に会議が開かれました。周総理が対応策を聞きたいとおっしゃったからです。
　──そのような場合には廖承志氏が文書を起草して上に報告したのでしょうか。
◉廖承志さんの中国語の文章はあまり上手ではなかったと思います。文書を起草していたのは外交部の李孟競氏7)や丁民氏、外辦の張和平氏でした。特に重要な会議には荘濤氏も呼ばれていました。文書を起草される方々のなかで重要な立場にあったのは張香山氏8)や荘濤氏でした。特に荘濤氏は文書を書くのが速かったと思います。一般的な文書は李孟競氏らが起草していました。
　──周恩来総理のもとへは誰が報告を持っていったのでしょうか。
◉これは外辦が処理していました。王暁雲氏の指示で行っていたと思います。
　──廖承志氏のもとに関係者が集まって提案の方針を決め、その決定に沿って李孟競氏や丁民氏らが報告書を作成し、それが周恩来総理に提出されたということでしょうか。
◉そうです。周恩来総理がご自身のレベルの判断で大丈夫というのであれば、それで決定です。ですが周総理でも個人で決められないことがあります。これはまたその上に行くことになります。私たちには分かりません。
　主に周総理が指示を与えていました。ほかの指導者の名前が出ることはありませんでした。例えば会議などでは「周総理がこうおっしゃった」と指示があります。名前が出るのはほとんど周恩来総理だけでした。陳毅副総理は外交担当の責任者でしたけれども、日本問題にはあまり関係がなかったように思います。
　──先に周恩来総理が廖承志氏に具体的な事件や問題を示して会議を開催して検討するよう指示されたということでしょうか。
◉指示が来るといっても、廖承志さんのみに来ていたと思います。時には彼が「周総理がこうすべきだとおっしゃった」とか、「具体策はこのようにすべきである」などと話をすることもありました。まず情報を集め、対策を検討し、そして提案する。例

えば、周総理が廖承志さんの報告に非常に関心がある場合や 1 日、2 日で報告を出さなければならないという場合には、緊急の会議を開きました。

他方、時には廖承志さんが何もいわないこともあります。周総理の名前も出ません。「このような問題があるので議論するように」という指示だけを出します。1 度の会議でまとまらなければ、再び会議を開いて検討しました。

例えば、最も議論に時間を要したのはLT貿易です。さらに東京に代表団を派遣する場合や記者交換協定などにも時間を費やしました。このような時は幾度も議論を行いました。しかし、それぞれの問題に関して、どのような形で、誰が文書を起草して上に報告したかは分かりません。

——LT貿易の際には中国側も長時間にわたり検討を加えたということでしょうか。
●会議を開いたのは松村謙三先生が中国を訪問された時でした。どのように対処すべきかを検討しました。2 度目か 3 度目かの訪中が終わった後のことでした。その後、松村先生が健康を損なわれたので、日本側は古井喜實先生と岡崎嘉平太先生が責任者になられました。当時、古井、岡崎先生ほど事情を理解していた方はいらっしゃらないと思います。

——1962 年の 2 度目の松村訪中の前に対策を検討したということでしょうか。
●その通りです。なぜ議論したのかといえば、それは周総理の強い希望でした。陳毅副総理はほとんど関与していなかったと思います。彼は外交部長でしたが、国交が回復するまではやはり対日関係業務は外交部の管轄ではなかったといえると思います。

——1964 年のLT貿易事務所設置や記者交換協定の時も同じように何度も会議が行われたのでしょうか。
●幾度も会議を開きました。反共、反中国の岸首相が 3 年ほどで退任し、池田首相が政権の座につきました。周総理は池田内閣に希望を持っていました。おそらく松村謙三先生も周総理と同じく、中国との問題を解決できるのではないかと期待をかけていたと思われます。しかし、病のため、佐藤栄作氏にバトンタッチすることになってしまいました。一時、佐藤首相にも期待をかけていたのですが、結果的にはダメでした。

——この場合の「期待」というのは、日中国交正常化を指すのでしょうか。
●その通りです。国交正常化が可能なのではないかという期待です。中国問題と関係する日本の著名な政治家について、私たちは資料を詳しく調べました。池田首相についても調べましたが、反中国的な発言などはほとんどありませんでした。

また、なぜ我々が田中角栄氏と大平正芳氏を高く評価したのかといえば、田中氏のすべての行動、すべての国会答弁、どれをとっても何一つ反中国的な発言がなかったからです。彼は佐藤内閣の重要なポスト、通産大臣などを務め、また長く幹事長もやられていました。しかし、反中国的な発言が一つもなかったほどです。大平氏は池田内閣の外務大臣として 1 度台湾を訪問し、蔣介石に会っていました。しかし、当時、内部で中国の悪口をいったことはありませんでした。資料を調べたうえで、この 2 人を信頼すべきだという意見を周総理に提出しました。今でもこれははっきり覚えています。

2　対日外交における通訳

——先ほど具体的な問題をめぐり中国の対日業務関係者の間で様々な対策などが議論されたとおっしゃっていましたが、例えば、その際に対日関係を積極的にやりたいという方と消極的な方との間で意見の対立などはありましたでしょうか。

●当時はほとんどすべてのことが周総理の一言で決まっていました。周総理は非常に民主的な指導者で、「様々な意見を出して徹底的に議論しなさい」と常におっしゃっていました。徹底的に議論をするということは、意見が異なる人が存在してもよいということでした。

　周総理の名言の一つとしてよく覚えているのは「君たちの主な仕事は通訳だが、うまく通訳をすると同時に、よき参謀になりなさい」というものでした。周総理は通訳をたいへん重く見ていました。特に重要な問題に関しては、ある意味において通訳は一般の役人よりも事情を理解しており、政策にも詳しいといえました。

　例えば、中国共産党中央の文件、あるいは重要な外交文書などは、それを誰が読めるか読めないか、いわゆるランクがありました。これは局長クラス、あれは課長クラス、といったものです。機密性があるためです。しかし、周総理のために通訳をする私たちは、たとえ課長でなくとも周総理の指示で、必要な時に局長クラスが読むことができる文書も閲覧することができました。このようにすれば、通訳の際に出る様々な内容も理解ができ、通訳もしやすく、正しく訳すことができるということです。

　ですから中国の外交担当者を見ていただければと思います。今の外交部の主な幹部はほとんどが通訳の出身です。王毅外交部長や楊潔篪前外交部長、さらにその前の李肇星氏も通訳の出身です。唐家璇氏もそうです。各国の大使についていえば、現在、駐日大使は程永華氏ですが、彼は私が大使館にいた時、1975年に学生として来日しました。しかし、留学先がなかったため、池田大作会長が創設された創価大学に入りました。「通訳として養成してください」とお願いしたのです。また、程永華氏の前の駐日大使である徐敦信氏、陳健氏、武大偉氏、王毅氏、崔天凱氏もすべて通訳出身でした。

　これは周総理の一貫した考え方に基づくものでした。それは「通訳を重く用い、厳しく要求し、うまく使う」といったものでした。したがって、その仕事は通訳だけではないということです。参謀としての役割も非常に大切だということです。そのため、問題が重大である場合、通訳にもその考えや意見を聞かれました。

——この言葉は先生が周総理から直接に聞かれた言葉ですか。

●そうです。周総理は「外交是打文仗（外交は言葉の戦争である）」とおっしゃっていました。戦争は「打武仗（武力の戦争）」です。外交は「打文仗」、つまり言葉の戦争なのです。軍には参謀が必要ではないでしょうか？　言葉の戦争にも参謀は必要なのです。そのいちばんの適任者が通訳であるということです。

　現在も外交部の主要なメンバーはほとんど通訳出身です。この点がほかの政府各部とは異なります。ほかの部ではどこか地方からも出世してきますが、外交部はほとんどが通訳出身です。部長だけでなく、局長もほとんどがそうです。

また、私の母校は北京大学東語系ですが、その責任者が私にいうには「私たちが養成した学生数十名が現在、大使になっています」とのことです。ヴェトナム大使やビルマ大使やシンガポール大使、さらにはアラブ各国の大使などです。大使で一個中隊ができるとのことです。一個中隊は100名ぐらいでしょうか。参事官では連隊ができるほどだともいわれました。だから私も当時、周総理の教えに基づき、参謀としての役割を立派に果たしたいと考えていました。しかし、時には失敗もありました。
　私の通訳時代の失敗談をお話ししたいと思います9)。国交回復会談の共同声明作りの時です。調印式を翌日に控えた夜中、午前2時をまわったころのことですが、例の歴史問題、つまり過去の日本による中国侵略の歴史をどのように表現するのか、意見がまとまっていませんでした。最後に大平外相がポケットから「姫さん、これが私たちが譲歩できる最大限のものです」とメモを取り出したのです。
　すると日本側の通訳がそれを中国語に訳し、姫鵬飛部長に説明を行いました。姫部長は、日本側の通訳が正しく訳したのかを確認するため、「メモを見せてほしい」と日本側に求めました。姫部長はもう一度一字一句正確に訳せと命じました。私は慎重に確認したうえで「間違っていない」と答えました。過去の歴史問題に関する表現です。「日本国政府はかつて日本が戦争を通じて中国国民にもたらした大きな災いの責任を痛感し、深く反省する」という表現です。中国語では「日本国政府対過去日本通過戦争，給中国人民帯来的重大的損害，痛感責任，深刻反省」。1字も間違っていないはずです。
　姫部長は、日本側の最終案に対して何らかの意思表示をしなければなりません。しかし、部長は黙っていて何もいわれない。2、3分間の沈黙がありました。その時、私は周総理の教えを思い出しました。そして、「今こそ参謀としての役割を果たそうじゃないか」と考えました。部長の耳元で「姫部長、私が見たところ、これは認めてもいいのではないでしょうか」とつぶやいてしまいました。すると姫部長は「お前はなんだ！」と私の太腿をつねり怒ったのです。「你少廢話（口を閉じていろ）」と。私はなぜ叱られたのか分からず、たいへん驚きました。
　姫部長は「大平さん、一つ提案があります。10分間休憩しましょう。その後に回答しますから」と口を開きました。夜中の2時過ぎのことです。大平外相は本当に誠実で、「結構です」と返事をされました。「15分でもかまいません」ともいわれました。そして、大平外相も「私もこれ（最終案）をオヤジ（田中総理）に見せなければなりませんから」と打ち明けられたのです。
　会談は1階の会議室で行われていました。田中首相の寝室は2階にありました。おそらくもう寝ておられたと思います。大平外相は田中首相の部屋に行かれました。姫部長もこっそり外へ出て、となりの別棟の周恩来総理のもとへ報告に走りました。周総理がOKを出すかどうかで決まるのです。姫部長は15分ぐらいで戻り、「大平さん、あなたが提案された通りで中国側は受け入れる」と意思表明を行いました。「日本国政府はかつて日本が戦争を通じて中国国民にもたらした大きな災いの責任を痛感し、深く反省する。これでいい」と。「これで決まり」ということでした。大平外相もみ

んな拍手ですよ。「OK！」ということになったのです。

　翌日、私は朝食をとっている姫部長のところに行き、「部長、昨夜は申し訳ありませんでした。私は失言をしました」と自己批判をしました。「今後は絶対に同じ過ちは犯さないのでご安心ください」とも申し上げました。姫部長は「周くん、これは歴史に残る重要な文書です。私でさえ決める権限がないのに一介の通訳の君がこれでよいでしょうとはどういうことだ。重大な失言だよ」といわれました。

　そして、「外交では与えられた権限が非常に限られているのだ」ともいわれました。「君は外交部に入ってもう十数年にもなるのに、けしからんじゃないか」と叱られました。ただ、最後、私に「君の意見そのものは正しかった。だが、君がいうべきではない」といわれました。

3　外辦日本組の情報収集機能

　——廖承志氏や日本組は日本関連の情報をどのようにして収集されていたのでしょうか。

●これについては、例えば、外交部の日本課も含めて、何らかの情報、具体的にいえば、研究論文や状況をまとめた資料などは廖承志さんのもとにすべて持っていっていました。これは義務といえるものでした。新華社などは資料や情報が多いため、定期的にあるいは不定期的に何かあったら持っていっていました。中国人民外交学会や対外友好協会（中日友好協会はその中の日本部）などは来賓を迎える団体ですが、これらの組織などは「接待総括」というのも送っていました。資料は数多く存在していました。

　また、外辦が情報提供を依頼する場合もありました。LT貿易の実施を検討する際、外辦は王暁雲氏も含めて経済問題に弱かったため、対外貿易部に指示を出しました。最近の日本の経済状況や中国との貿易で日本企業が何を希望しているのかなど、資料の提出を依頼しました。指示をすればすぐに作成してくれました。外辦自体が資料を集めるというようなことはしませんでした。

　——そのほかに情報収集の組織などはありましたでしょうか。

●北京放送などがありました。放送局では、日本の放送、特にNHKの放送を聞き、整理していました。すべてではなく、必要なものだけです。何月何日の何時にこのような内容が放送されたというような感じです。放送の原稿量は何万字にものぼりますが、それを毎日２枚ぐらいにまとめていました。これは主に中国と関係する内容でした。これを整理したうえで印刷して外辦と外交部に送付していました。

　——その印刷物にタイトルなどはありましたか。『内参（内部参考）』などの名称で配布されていたともうかがっていますが。

●『内参』は新華社が発行していたものです。一方、『参考消息』は全国の国民が読むことができる参考資料です。郵便局で注文すれば読むことができます。一時は中国各紙のなかで発行部数が全国１位でした。現在は分かりませんが、大量に発行されていました。

また『参考資料』というのもありました。午前と午後で毎日2冊、発行されていました。これも情報に分析は加えられていません。新華社には『参考消息』編集部（略称、参編部）というのがありました。私の記憶では、当時のスタッフ数は50〜60名ぐらいだったと思います。その日のニュースではなく、当時の経済、政治などを対象としており、日本だけではなく、欧米の情報も含まれていました。世界中の情報を集め、中国語に翻訳して発行していました。字数に換算すれば7、8万字程度だったと思います。

　今でも午前と午後に『参考資料』は発行されていますが、一般には販売されていません。午前の方が少し分量が多くなっています。100ページ程度です。午後のものはおよそ50ページ程度でしょうか。すべて読むとたいへん時間がかかります。私の北京大学時代の学友たちが数名、そこに勤めています。参編部は現在も続いています。

　──日本語のスタッフは何名ほどいたでしょうか。

●日本語の担当は5〜6人程度でした。英語が最も多かったです。また、小さな国の言語も数名おりました。すべての国の言語を合わせて50名ぐらいでした。それらの情報は機密といえば機密でしたが、重要なものではなく、外交部の最も下のスタッフまで読むことができました。

　私は外交部を辞める前、新聞司におりました。通常、『参考資料』はアメリカ局やアジア局など一つの局ごと、あるいは日本処など一つの処ごとで多く利用されていました。ただ外交機関以外の組織、例えば工業機械部や農業部などでは主として局長クラスが閲覧していました。下のスタッフも希望すれば局長のもとで読むことはできますが、規定では局長、あるいは処長までが閲覧を許可されていました。提供される部数はわずかなものでした。

　地方では、さらに部数が少なかったと思います。上海などでは局長より下は読むことができません。市のレベルでは、市役所の市長クラスでも1人1冊だったと思います。もちろん局長は閲覧できましたが、一つの部局に必ず1冊配布されているとは限りませんでした。国際的なものなので、業務上、関係のない部局もあります。配布されなかったのは紙の節約という観点からで、機密だからということではありませんでした。情報をそのまま翻訳しているだけのものなので、紙の節約という点から発行部数は少なく、一般にも売られていませんでした。

　ただ外辦では、廖承志さんをはじめ、数多く配布されていました。読み切れないほど数多くありました。もっとも、廖承志さんにとって、報道されている情報は重要なものではなかったと思います。日本での放送内容が翻訳されたものは、対日機関、対日関係のスタッフにのみ配布されていました。その意味でも外辦の情報源は非常に多かったといえます。

　──日本人から提供された情報もあったと聞いているのですが。

●義務づけられてはいませんでした。日本の「民間大使」として周総理をはじめ、多くの方々が尊敬していた西園寺先生[10]は長く北京におられましたが、彼は様々な形で数多く日本との接触を持っていました。日本の友人も数多くいらっしゃいました。

時折、西園寺先生から「廖さん、こういうことがある」「僕の友人の誰がこういうことを教えてくれた」ということはありました。
　廖承志さんは「はい、分かりました」といった感じで対応していました。重要な情報の場合は、廖承志さんのそばにいるスタッフが記録をとり、これを整理して一つの資料として利用しました。しかし、これはごく少数の範囲にしか提供されませんでした。もちろん、これは定期的なものではありませんでした。重要な時のみです。西園寺先生が判断して情報を中国側に知らせる必要があるという時のみです。廖承志さん、あるいは外辦の王暁雲氏に伝えられました。
　――周総理なども日本関連の情報は外辦を通じて入手していたのでしょうか。
◉周総理の情報源は数多くありました。例えば世界中に存在する中国大使館です。大使館が外交部あてに様々な情報を秘密電報で送ってきます。外交部はこれを整理し、重要なものは周総理のもとへ届ける。「何々の大使館からこういうものが来ました」などと選択して上に送るのです。
　160ほどの大使館が存在していましたので、とてもすべては読み切れません。私が日本大使館にいた時も何かあれば国内に報告していました。例えばロッキード事件。「田中退陣だ」というような情報などです。私たちは様々な資料を国内に報告する義務がありました。
　今でも覚えていますが、1976年6月の26日か27日だったでしょうか。唐山大地震の時だったと思います。20万もの死者が出た世界にまれに見る大地震でした。その夜、田中元首相が逮捕されました。その報告を書いたのは私です。最初の部分は今でもはっきりと覚えています。唐山大地震と絡めて「日本政界も大揺れした」と書きはじめました。これを北京の外交部の担当者は上に送るわけです。すると、「田中退陣の後継は誰か」との問い合わせがあるわけです。これを受けてさらに分析を加えながら、田中側近、あるいは自民党のだれだれが後継になると報告するのです。このような情報を北京は期待していました。ちなみに、通常、例えば米国大使館からの報告などは、私たちアジア局のスタッフは読むことができませんでした。局長でなければ読めませんでした。ただ、周恩来総理などの通訳であれば、必要があれば読むことができました。1971年ピンポン外交後、米国が対中政策を転換するのではないかという時に、周恩来総理は米国の動向にたいへんな関心をお持ちでした。1971年7月26日、ニクソンがカンザス州で米国の外交政策に関する講演を行いました。すると周総理が私たちに指示を与えたのです。「米国の対中政策に大きな変化の可能性がある。諸君、よく研究するように」と。

4　文化大革命と外辦日本組

　――文化大革命中にも廖承志辦公室は存在したのでしょうか。
◉外辦は存在していました。ただ、廖承志さんが外辦に毎日来ることはなくなりました。かつての外辦についていえば、私の印象では、外交部より人数が比べ物にならないほど少なかったと思います。場所も小規模でした。外辦には東南アジア組や日本組、

欧米組など、4、5組ほどの組織が存在していました。国別では日本だけがありました。

実際の活動ですが、民間貿易は対外貿易部が担当していました。また、民間漁業協定は農業部が担当していました。これらの問題について、対外貿易部や農業部はその都度、外辦に指示を求めてきました。ただ、外辦は少人数だったため、日本関係の業務は廖承志さんの一言でほとんどが決まっていました。LT貿易は、新中国成立以降、個人の名前で行われた初めての貿易協定でした。例外中の例外だったといえます。

廖承志辦公室とは、すなわち外辦のことを指していました。文革が始まったのは1966年6月ごろでしたが、彼が外辦に姿を見せなくなったのは1967年の初めごろでした。半年ぐらい彼は頑張っていたのですが。

——廖承志氏が姿を見せなくなった後、外辦はどのようになったのでしょうか。

◉外辦自体は存在していましたが、仕事そのものはあまりありませんでした。王暁雲氏はおられました。そして、賀法嵐氏や張和平氏[11]などもおられました。3〜4人だったと思います。その後、王暁雲氏も農村に行かれたとのことでした。外辦という機構はそのころになるともうほとんどすることがなくなったような感じでした。止まってしまったような感じでした。

——外辦の業務が再び動きはじめたのはいつごろでしょうか。

◉これは廖承志さんが復活してからです。つまり1970年ごろのことです。国交回復の2、3年前のことでした。周総理が反対者をおさえて彼を起用したのだと思います。日本との交流においては、例えば国交回復交渉の場面で廖承志さんは外交部顧問という肩書を使っていらっしゃいました。もう1人張香山氏も外交部顧問という肩書きでした。外交部長が姫鵬飛氏、外交部副部長が韓念龍氏、そして外交部顧問は廖承志さんと張香山氏でした。

——文化大革命中の日中貿易に外辦の方々は関わっていましたでしょうか。

◉外辦はほとんど関わっていませんでした。対外貿易部が主なルートでした。直接、李先念副総理に指示を求めていたと思われます。当時、周総理の代わりとして李副総理が担当されていました。廖承志さんも表に出てこられなくなりました。

LT貿易の実務責任者は対外貿易部の劉希文氏でした。外交部はアジア局の陳抗氏[12]も幹部学校に送られていたと思います。当時、亜洲司の日本処には丁民氏のほか1人か2人しかいなかった。当時、外交部はほとんどが幹部学校に行かされてしまっていました。外交部に残ったのは300名ほどだったと思います。私も1年近く行かされました。江西省の幹部学校でした。

当時は誰もが「都会には帰らない」「一生農民になるのだ」と嘘をいって幹部学校に行きました。でも私は内心「短期間だろう」と思っていました。というのも、周総理など政府の要人が日本の方々に会う場合、必ず通訳が必要ですから。ある日、私が田植えをしていた時、「周くん、北京から電話だ」といわれたので、私は「いや、一生農民になるといったじゃないですか」と答えたのを覚えています。

その時、私が呼び出されたのは、名古屋で卓球選手権大会が予定されていたからで

した。卓球代表団の一員としての指名でした。その時、王暁雲氏と一緒に、王氏を副団長として日本を訪れたのです。唐家璇氏も王効賢氏13)も一緒でした。体育委員会はすべて外交部のスタッフ、英語の通訳まで外交部のスタッフを使っていました。

5　外辦日本組と外交部亜洲司日本処

——国務院外事辦公室日本組と外交部亜洲司日本処の関係について改めてお聞かせください。

◉私の印象では、廖承志さんが周総理の委託を受け、対日問題に責任を持っていたのだと思います。廖承志さんは民間交流にかなり力を入れていました。しかし、外交部亜洲司日本処は外交部の管轄下にあります。廖承志さんは外交部の日本処も含めて、すべてに直接の指示を出したわけではありませんでした。ですが、実際問題としては亜洲司の日本処は廖承志さんの指示で動いていましたし、外辦と共同で研究作業を行ったり、論文を執筆したりということはありました。

　外辦の王暁雲氏と外交部の陳抗氏との関係は非常によかったと思います。しかし、外辦の責任者としての廖承志さんと外交部の上の方の関係で何かあると、つまり摩擦があると困るから避けてうまくやっていたのではないかと思います。亜洲司日本処のスタッフは外交部の上の人たちの意見を聞くのと同時に、廖承志さんの意見も聞いていました。というのも、外交部の上の方々はあまり日本のことを考えない。いずれにしろ周総理が廖承志さんに委託していたからです。

　1958年に陳毅副総理が外交部長となってからも、私は一度も日本問題について陳副総理が指示を出したということは聞いたことがありません。対日問題は国交回復まで廖承志さんに全権委託という感じでした。それでも外交部に日本処を置かないというのもおかしなことです。将来に備えてということもあります。ですから4、5名ということでした。しかもほとんど東北の出身でした。

　外辦と外交部との関係から、廖承志さんが亜洲司日本処に直接に指示を出すことは避けておられました。ですからほとんど外辦の王暁雲氏を使っていました。それほど気を遣っておられました。廖承志さんも外交部の上の方々も同じクラスの幹部でしたので、国交回復の時に周総理が廖承志さんをどのような立場で参加させるのかを検討されました。その結果、「顧問」ということになりました。廖承志顧問と張香山顧問です。対日問題については、国交回復まで外辦が請け負っていました。

——外辦が対日業務全般をまとめていたという理解でよろしいでしょうか。

◉その通りです。外交部は人数が少なく、具体的な業務もあまり処理しませんでした。当時の対日問題はすべてが民間問題でしたので外交部は処理できませんでした。また、外交部以外の対外貿易部やほかの部なども権限が限られていたため処理できませんでした。そこで外辦が最も適当ということになったのだと思います。しかも廖承志さんもこのようなやり方を好まれたようです。

——このような対日外交は当時の中国外交のなかではきわめて特別だったといえるのでしょうか。対ソ外交や対米外交と比較した場合、どのように理解できるでしょ

か。
●対日外交はきわめて特殊だったと思います。ソ連とは互いに共産党でしたので外交部ソ連東欧局と中央対外聯絡部が担当していました。米国は外交部の美大局（米国・大洋州局）が担当していました。外辦が中心になってやっていたのは対日関係だけです。これは周総理が廖承志さんをうまく使っていたのではないかと思います。

　例えば廖承志さんが筆頭次官として外交部に入られたら、きっと動きにくくなってしまったと思います。それぞれ関連部門がありますから。外辦であれば廖承志さんのひと言ですべて決めることができるのです。しかも廖承志さんは人柄もよく、彼の悪口をいう人はいません。みな彼によい感情を持っていました。今でもはっきり覚えていますが、周総理や陳副総理らは、親しく彼のことを「小廖」と呼び、多くの中堅幹部は彼のことを「廖公」と呼び、私たち一般の人は彼を「廖主任」と呼んでいました。

II　人間・廖承志の魅力——その実像に迫る

　廖承志氏に可愛がられたと語る周斌氏は、その人柄についても多くを語ってくれた。

1　「民間外交大家」としての資質

　廖承志さんの序列は、解放当初から政府各部の部長と同格でした。しかも多くの部長より革命歴がさらに長く、共産党内の地位も高いものでした。彼は中共七全大会（延安・1945年）でも37歳にして中央委員候補に選ばれ、八全大会（北京・1956年）で中央委員に選出されていました。さらに日本語はもちろん、英語も達者で、ドイツ語もかなりできました。外交部長に任命されたとしても、まったく問題なかったと思います。

　ただ、廖承志さんの生まれつきの性格は正規の外交官には向いていなかったのではないでしょうか。むしろ民間外交、マカオ、香港、華僑、特に対日関係にこそ向いていたと思います。彼はとてもユーモアに溢れ、冗談も上手でしたが、外交で冗談をいうことはできません。よく彼は正規の外交のルートを破るのです。例えば、日本の方々を前にして王暁雲氏のことを「昭和天皇にそっくり」とはいえませんから。

　もう一つ例を挙げましょう。宋慶齢女史が亡くなった時のことです。彼女は当時、中華人民共和国名誉主席でした。88歳で亡くなられました。確か1981年5月29日のことだったと思います。当然、全国的な追悼活動が行われ、特に北京と上海で盛大に行われました。追悼委員会のメンバーにはすべての党と政府の指導者が含まれていましたが、具体的な業務は廖承志さんが指導されました。追悼活動の期間、彼は人民大会堂の一室を事務所にしていました。その数日間、私も外交部の新聞司から派遣され、国外メディアに対応するため、人民大会堂の廖承志さんの事務所におりました。

　当時、外国の記者は常駐と臨時の記者を含め、何か質問がある時には必ず外交部新聞司に電話をかけ、その回答を求めるという時代でした。対日関係の新聞発表などは私が責任を持って担当していました。

ある日の朝、日本のある特派員、名前はいいませんが、「周さん、一つお聞きしたいことがあります」と電話をしてきました。私が「どのような質問ですか」とたずねると、その記者の質問は「世間では、孫中山（孫文）先生が亡くなられた後、宋慶齢女史が再婚されたとの噂があるようです。これは事実でしょうか。確認したいのですが」というものでした。ちょうどその時、廖承志さんが執務室に入ってきました。
　私は廖承志さんを見つめ、「宋慶齢名誉主席が再婚したことがあるかという質問にどのように答えたらよろしいでしょうか」と聞きました。それを聞いて廖承志さんは目を丸くしてたいへんお怒りになりました。
　廖承志さんは日本で生まれ、日本で育ち、長く東京にいました。彼は宋慶齢名誉主席のことをお母さんのように思っていました。孫中山先生と宋慶齢名誉主席、廖承志さんのご両親である廖仲愷先生と何香凝女史、この４名は国民党の左派として知られ、最高の存在ともいえる方々でした。中国革命博物館には大きな写真が残されています。孫中山先生、宋慶齢名誉主席、廖承志さんのご両親。その前には２人、幼い廖承志さんと彼のお姉さん廖夢醒女史が写っています。廖承志さんにとって宋慶齢名誉主席はお母さんみたいな存在でした。つまり「あなたのお母さんは再婚したことがあるか」というような質問になるということです。
　彼はたいへん怒りました。「周くん、すぐ答えなさい」と。私は電話を持って「どのように答えましょうか」と聞き返しました。廖承志さんは質問者が誰なのかだいたい分かっていました。彼は北京に駐在している12名の日本人特派員をすべて知っていました。週に１回、彼らと朝食会を開いていたからです。それは廖承志さんが主催していました。その質問をした記者は彼が一番嫌っていた人でした。
　これも関係があったと思いますが、廖さんは「あいつは中国語ができるから中国語で答えなさい」といわれました。私が「どのように答えましょうか」と聞くと、すかさず廖さんは「３文字だけでいい。你放屁！」。この「你放屁！」というのは中国の民間では一番激しいケンカ言葉です。
　外交部新聞司が外国人記者の質問に答える場合、一度も「你放屁」という言葉を使ったことがありませんし、しかも外交用語ではないので、私は躊躇しました。すると廖承志さんが皮肉たっぷりな口調で「君が上品な外交官で、下品な言葉は使わないというのなら、俺が答える」というのです。これはまずいと思って私が受話器をとっていいました。「你放屁！」。もちろんその特派員は「え？　周さん、何ですか？」と聞き返してきました。私はまた大きな声で、しかもゆっくり「你、放、屁！」と。彼はやっと意味が分かったようでした。
　翌日、私はその記者と会いました。すると彼は「周さん、昨日の電話の言葉は新聞司の銭其琛司長が君にいわせたのですか？　あの３文字の言葉はいったい誰の意見だったのですか？」と聞かれたので、私は「いや、君、誰がいわせたかは聞かない方がいいよ」といいました。私は「あれをいわせたのは新聞司長よりもランクが３つも上だから」と付け加えました。このように話すとその記者も誰がいわせたのか理解したようで、「分かりました。これは絶対に報道しませんから」ということになりました。

このようなタイプの廖承志さんは外交部長にはなれないと思います。いくら怒ったとしても「你放屁！」と外交部長は絶対にいえません。外交部長になれば記者会見もやらなければなりません。記者会見で嫌いな人に対して、あるいは嫌な質問に対して「你放屁！」なんていえないわけですよ。彼は非常に立派で、多くの人に好かれる高級幹部ですが、外交部長は性格的に無理だったようです。

2　無類の「美食家」廖承志

（1952年春に行われた第一次日中民間貿易協定締結交渉の際、北京飯店に設けられたとされる廖承志辦公室に関する質問に対して）1950年代、60年代、外国の賓客をお迎えする宿泊施設は2カ所しかありませんでした。北京飯店と新僑飯店です。例えば藤山愛一郎先生、松村謙三先生、あるいは石橋湛山先生がお見えになられた時には、北京飯店に10ほどの部屋を用意するのです。でも廖承志さんはそこに泊まりませんでした。彼には自分の家がありましたから。それでも廖承志さん用に部屋が一つ、北京飯店には確保されていました。昼寝、あるいは一対一の個別の対話などを行う際に使っていました。ただ、廖承志さんの事務室が北京飯店にあったという記憶は私にはないです。仕事が終わったら部屋は撤収されていたと思います。ただ、彼は北京飯店とは関係がたいへんよかったと思います。
　一つ例を挙げるならば、廖承志さんはたいへんな美食家でした。何でも食べました。「空に飛ぶやつのなかで俺が食べないのは飛行機。陸上にいるもので食べないのは戦車。海のなかにいるもので食べないのは潜水艦。四つの足で食べないのは机。2本の脚で食べないのは人間。ほかは全部食べる」と彼はかなり自慢していました。
　晩年、彼は太り過ぎて、心臓を悪くしてしまいました。米国へ行って手術を受けました。今では普通の心臓の手術なのですが、彼はたいへん躊躇したようです。手術後、北京に戻ってからも彼は相変わらず何でも食べ、体重はいっこうに減りませんでした。すると奥様はやむを得ず周総理に手紙を書き、相談されました。周総理はさっそく「食事三原則」を提示されました。「廖食事三原則」です。もう対日関係政治三原則ではありません。「食べ過ぎてはならない、盗み食いしてはいけない、食いしん坊であってはならない」という内容でした。
　周総理はこの三原則を廖承志さんの奥様や家族全員に授け、「よく監督しなさい」と指示を与えました。例えば、彼が呼ばれたり、彼が主催したりする宴会が開かれる場合、必ず例外なく奥様が同行するのです。とにかく食べ過ぎないように奥様は見張っておられました。私は心から廖承志さんを尊敬しているので可哀そうに思い、できるだけ奥様の監視の目をそらそうとしました。ですので、廖承志さんは私のことをよく褒めてくれました。「腹一杯食えない苦痛を知っている人は周くんなり」と。
　そこで北京飯店のことですが、日本からのお客さんはよく日本からお土産を持ってきてくれました。しかし、廖承志さんは本と食べ物以外はすべてお断りされていました。これは共産党の規律でもありましたが、本であれば問題ありません。それから食べ物も大丈夫です。例えば、ある親しい友人が毎月のようにお刺身を送ってきました。

これは食べ物なので、家に持ち帰るわけにはいきません。すぐ奥様や子どもたちに没収されてしまいます。そうすると廖さんはこれを北京飯店の冷蔵庫に入れるのです。一時、北京飯店には廖承志さん専用の冷蔵庫がありました。
　彼は食べたいものがある時、会議という名目を作っていました。中央の会議であれば奥様は同行できません。この会議が終わったらすぐに北京飯店へ向かい、お土産の刺身を使ったお寿司を食べるのです。7、8名ぐらいに招集をかけていました。ほかは何もいりません。お刺身だけです。これは最高ですよ。新鮮な材料でしたので。私は何度か「組織者」を務めました。「周くん、今日は量が少ないから5人呼べ」とか、「今日は3人でいい」といった感じでした。

3　廖承志流の接待術

　もう一つ例を挙げましょう。杭州旅行の時のことです。西園寺先生と3、4名の早稲田の学友、そして廖承志さんご夫妻が汽車で杭州を訪れました。私も仕事で呼ばれて同行しました。廖承志さんは秘書ではなくよく私を使われました。ご一緒された方々はすべて日本人でしたので日本語の通訳は必要ありませんでした。ただ、奥様が「周さんがちょっといれば助かるわ」ということでした。
　途中、汽車のなかで西園寺先生が偉そうなことをいわれました。「杭州は天気がよいので、たくさんの魚を釣って、宴会を開く」と宣言されました。「俺は釣りの日本のチャンピオンだから」ということでした。チャンピオンかどうかは分かりませんが、杭州の市役所に特別許可をもらって西湖で釣りをしました。本当は釣りをしてはいけない場所です。特別待遇です。でも2、3時間経ってもまったく釣れませんでした。これでは西園寺先生がホラを吹いたことになってしまいます。彼は非常に機嫌が悪くなりました。ある早稲田の学友も「ぜんぜんチャンピオンじゃないじゃないか」と皮肉をいう始末です。「今晩の魚の宴はどうするのだ」とまでいわれてしまいました。西園寺先生の面子がまるつぶれになってしまいます。
　すると、さすが廖承志さん。気配りが細かいのです。西園寺先生が不愉快になってしまったら今回の旅は失敗です。「周くん、何とか西園寺先生に気分転換させ、面子を立てるためのよい案はないか」といわれました。私は即座に「ありません」と答えました。すると彼は「浙江農業大学には魚の養殖場があるだろう。たくさん魚が釣れるところです。浙江農業大学にお願いして魚の養殖場の看板をすべて外して普通の湖みたいな感じにして……」と私にいうのです。
　廖承志さんは「杭州の市民は私たちに対して非常に友好的だけれども、杭州の魚はとにかくとにかくずるい」「今度はよい場所を探しますから必ず成功しますよ」といって西園寺先生をお連れしました。もちろん西園寺先生はそこが農業大学の養殖場だとは気づきませんでした。すると2時間ぐらいで40kgぐらい釣れました。もちろん魚の宴会も開くことができました。西園寺先生は「やはり僕は釣りのチャンピオンだろう」と満面の笑顔です。
　その日の夜、宴会で食べたのはすべて養殖池の魚でした。次の日はもう上海です。

廖承志さんは私に「周くん、きみは分からない男だなぁ」といわれました。彼は「君はもう一度、農業大学へ行く必要があるのではないか」というのです。「大学にお礼をいう必要があるだろう」ということでした。「大学の養殖場で勝手に釣りをやったということは、強盗行為と同じだ」というのです。
　その朝、私が大学に飛んで行く前、廖承志さんはさらに「お礼だけでは済まん。賠償です。お金の支払いです。少なくとも魚40kgの分は払わなければいけません」といわれました。本来、これに使った経費は北京に戻った後、会計に申請すべきものです。しかし廖承志さんは会計にもいわずに、彼自身が払うといわれました。廖承志さんの奥様が魚のおおよその値段を聞いて、80元ほどの代金を私に渡しました。事の一部始終を聞いた大学側もたいへん感動していました。廖承志さんの心遣いは本当に細やかだったと思います。こういう話がたくさんあります。

4　知日派養成者としての廖承志

　先ほどお話ししたように、廖承志さんは細かいところは本当に細かかったのです。もう一つ例を挙げましょう。これは東京でのことです。ある日彼が大蔵省へ行く時、私も同行しました。
　日本側の警備態勢は、我々を保護してくれる「友人」が2名ほどいました。専門の警察でした。先導車もいました。車に乗っていたのは廖承志さんと通訳の私でした。そして、運転手です。運転手のとなりの助手席には日本の警備担当者が座っていました。警備担当者の主な仕事は我々の安全の確保です。私は疑いもなくその警備担当者は我々の安全を守ってくれるのだと考えていました。しかし、廖承志さんはその警備担当者に「中国語はできますか」と聞くのです。当然、その警備担当者は「まったくできません」と答えました。でも、廖承志さんはそれをまったく信じないのです。
　私は廖承志さんに可愛がられていましたし、移動の車のなかでは時間がありましたので、中国国内のことなどをいろいろと聞いたりしていました。「外交部がどうなった」「外辦はどうなったか」など、いわゆる機密です。しかし彼は絶対に答えませんでした。私は小さな声、それも中国語で「警備担当の彼は中国語ができないから私たちがいくら中国語で話しても分からない」といいました。でも廖承志さんには絶対に相手にされないのです。すると、大蔵省のところ、車が曲がろうとした時、向かい側から目の前に1台のトラックが飛び込んできたのです。ちょっとした事故でした。とはいえ、そのトラックも意図的に事故を起こそうとしたわけではありませんでした。
　ただ、たいへん危険でした。すると助手席の警備担当者が流暢な中国語で「好険（あぶない！）」と咄嗟に声を発しました。恐らくその時、彼は中国語で物事を考えていたようです。すると廖承志さんが彼の肩を叩いて「どうやら君の中国語は僕の広東訛りより正確ですね」と褒めたのです。
　その後、廖承志さんは私に「警備担当の彼が我々の安全を守るということは信じましょう。もちろん彼らは私たちの秘密を探ろうともしない。ただ、我々が進んで秘密を差し出せば、彼は喜んで受け取るだろう」といわれました。「君は通訳としてはま

あまあよいのだけれど、その点だけはとにかく頭がない」と叱られました。厳しい時はこれぐらい厳しい方でした。

　もう一つ例を挙げましょう。これは廖承志さんの素晴らしさを象徴するエピソードです。国交回復の前のことですが、私が大学を出たばかりの時、北京市民が日本各界の著名人を歓迎するため集会を開催しました。日本の反米軍基地運動や婦人運動、学生運動、労働運動の人々です。歓迎集会では4、5人が講演をしました。日本の事情を北京市民に紹介するということでした。1人がだいたい25分から30分ほど話をしました。聴衆は2,000人ぐらいです。当時はまだ人民大会堂はなく、政治協商会議の講堂で行われました。

　最後の講演者はお寺のお坊さんでした。京都の清水寺だったと思います。90歳ぐらいのお坊さんです。日本の宗教を紹介することになっていました。しかし、私は宗教に関係する用語がほとんど分かりませんでしたのでほとほと困りました。そこでそのお坊さんに「先生、私が通訳をさせていただきますので本日の講演内容を教えてください」とお願いしました。するとそのお坊さんは「いや、周くん、君の日本語なら心配ありません」といわれました。

　しかしながら演壇に上がると、彼は次から次へと仏典を引用しはじめました。難解なお経です。私も25％ぐらいしか内容が分かりません。単語の一部ぐらいしか分からない。ただ2,000人ほどの北京市民が聴いているのです。彼の話していることが分からないとはどうしてもいえない。幸いにも廖承志さんが議長台に座っていたので、「廖主任、ほとんど分かりません」と白状して助けを求めました。

　訳せなければ講演会の雰囲気が台なしになってしまいます。その時、廖承志さんはそれこそ英明な指示を私に与えました。最高の指示だと思います。これは廖承志主任にしか出せない指示だと思います。これはまた6文字です。それは「他胡説，你胡翻（彼はでたらめをいっているから君もでたらめに訳しなさい）」というものでした。このような指示があれば、私も安心です。

　例えば、講演では古代とか仏教とかインドとか、中国とか、平和とか、幸福とかそういう単語が多く出てきました。私もうまく訳すわけです。つまり、「中国とインドは歴史が長い国です」とか、「平和と幸福のために両国がともに努力しなければなりません」など、とにかくうまく訳すわけです。これにみんなが拍手するわけです。すると講演者は興奮してさらに話すわけです。話がさらに長く続く。これを私がまた訳すという具合です。何とか無事終わることができました。とにかくめちゃくちゃでした。

　あの日、私が一番困ったのは、一番前の列に私の3名の日本語の先生が座っていらっしゃったことです。その周りには北京大学の私の後輩たちもおりました。後輩たちは分からなかったと思います。しかし、その3名の日本人の先生方は「私たち3人が全力を注いで養成した周くんはこのような通訳をするのか……」と失望された表情でした。講演終了後、私は先生方に事情を説明しました。「会場全体の雰囲気から、そうせざるを得ませんでした。ご了承ください」と申し上げました。

すると先生方はやはり最高の先生方でした。不満めいたことは何もいわれずに、「これはやはり私たちの責任です。もう少ししっかり教えるべきでした」といわれました。そこで私は「先生方は聞いておられてどれぐらいお分かりになられましたか」と聞きました。「半分ほど」といわれました。先生方はいずれも「半分ぐらい」とのことでした。廖承志さんも「半分ぐらい」だったとのことです。私は25％ぐらいでした。その差が25％ぐらいありました。その時、私はさらに努力しなければならないと決心したのです。

　（対日宣伝部門に対する廖承志氏の関与に関する質問に対して）例えば、日本語版の月刊誌『人民中国』というのがありますが、一般の原稿は廖承志さんの手許には送られませんでした。ただ、これは日本に中国を紹介する雑誌でしたので、日本と関係する重要な部分だけは外辦を通して廖承志さんに送られていました。

　一つエピソードを紹介したいと思います。中国商品展の時のことです。これは東京で開催されたのですが、主催者は中国の対外貿易部所属の中国国際貿易促進会です。1962年か63年ごろのことだったと思います。東京商品見本市です。中国側代表団の団長は張化東氏でした。この時、私は張団長の取材に行きました。そして、日本語で8,000字ぐらいのインタビュー記事を書きました。私としては非常によく書けたと自負していました。

　するとある日、編集部に廖承志さんが「周くんの書いた記事の一部がけしからん」と指示されました。その張団長というのは東北の出身で、かつて張学良将軍の部下だった方です。ご存知かと思いますが、いわゆる西安事件です。1936年12月12日の西安で張学良将軍の軍隊が蔣介石を捕らえました。張化東団長は蔣介石を捕らえた3人のうちの1人だったのです。私は今回の代表団の団長である彼がどういう人物かを詳細に書きました。非常に読む価値が高いと思って書きました。代表団の団長は蔣介石を捕らえた3人の実行者のうちの1人である。これを記事にすれば日本の読者たちは喜んで読むだろうと考えたのです。

　しかし、廖承志さんは「これはけしからん」といわれました。廖承志さんが私に面と向かっていったわけではありません。編集部の指導者が教えてくれたのですが、「書き直せ」ということでした。蔣介石は二十数年前に捕まったのですが、それ以来、張学良将軍をずっと幽閉していました。しかも今回は張学良将軍の命令で蔣介石を捕らえた本人が訪日するということなのです。日本にいる蔣介石側の人たちは絶対にこれを承知しないだろうということでした。張化東団長がたいへんな危険にさらされてしまうという配慮でした。当時、日本にいた国民党勢力はとても強力でした。

　廖承志さんとしては、「なぜ周くんはこういう知識がまったくないのか。敵に教えてしまうことになるじゃないか」というのです。実は蔣介石も実行した人物は知らなかったのです。その後、廖承志さんにお会いした時、私はお礼を申し上げました。廖承志さんには「きみは最低限の知識もないのか」といわれてしまいました。廖承志さんという指導者は、細かい時には本当に細かかったですね。

1）周斌氏へのインタビュー記録より。
2）岡崎兼吉（1909-1999）。戦前は満州映画協会に所属し、建国後は日本人専家として北京大学東方語言文学部日本語学科で日本語教師を務めた。なお、『毛沢東選集』（日本語版）の出版などにも携わった。
3）児玉綾子（1923-1995）も岡崎と同じく北京大学東語系日本語専攻の日本語教師であった。同じく同学科で教鞭をとった鈴木重蔵は児玉の夫である。詳細については、駱為竜・陳耐軒「北京大学の日本語教師──児玉綾子先生」中国中日関係史学会編『新中国に貢献した日本人たち』日本僑報社、2003年、320-330頁ほか。
4）石井明・朱建栄・添谷芳秀・林暁光編『記録と考証──日中国交正常化・日中平和友好条約締結交渉』岩波書店、2003年、86頁。なお、1972年9月27日の大平正芳・姫鵬飛両外相によるいわゆる「車中非公式会談」も周斌氏が通訳したとされる（NHKスペシャル「日中外交はこうして始まった」2012年9月30日放映）。
5）王光英（1919- ）。政治家、企業家。劉少奇元国家主席の夫人王光美女史の兄。全人代や政治協商会議の要職や天津市副市長などを歴任すると同時に、光大実業公司董事長や中華全国工商業連合会名誉主席を務めるなど「紅色資本家」としても知られる。
6）1963年10月、世界油圧化機械見本市参加等のために来日した中国油圧機器訪日代表団の通訳周鴻慶が亡命を求めてソ連大使館に駆け込み、その亡命先を台湾、日本、さらには第三国へと変え、最終的に中国への帰国を求めたという事件。一時、周が台湾亡命を希望したため、中華民国政府が日本政府に強硬に引き渡しを求めたが、最終的に本人の意思を尊重し、日本政府は本国送還を決定した。この結果、日華関係修復のため、日本政府は吉田茂元首相を台湾に派遣し、対中国プラント輸出に関する日本輸出入銀行使用を認めない旨が約束された結果、LT貿易の展開が制約されることになった。
7）李孟競（生没年不詳）。旧満州国の建国大学出身。外交部職員。同部亜洲司日本処（アジア局日本課）副処長や駐大阪副総領事、中日友好協会理事などを歴任。
8）張香山（1914-2009）。戦前は「左聯」運動に参加すると同時に東京高等師範学校への留学を経験。帰国後、抗日戦争時期には軍敵工部の責任者などを歴任。建国後は王稼祥の政治秘書を務めるとともに、中共中央対外聯絡部秘書長や副部長などの要職や中日友好協会副会長などを歴任した。現代中国が誇る「知日派」の1人といえる。主要な邦訳著書に『日中関係の管見と見証──国交正常化30年の歩み』三和書籍、2002年がある。
9）国交正常化交渉の詳細に関する周斌氏へのインタビューは、久能靖「角栄・周恩来会談　最後の証言」『文藝春秋』第85巻第15号、2007年12月で紹介されている。
10）西園寺公一（1906-1993）。公爵西園寺家の嫡男。祖父は「最後の元老」と称される西園寺公望。戦前、いわゆるゾルゲ事件に連座して禁固刑判決（執行猶予つき）を受け、爵位継承権を剥奪された。戦後は世界平和会議出席を契機として中国と接近、その後、中国の要請で家族を帯同して北京へ移住、「民間大使」として日中国交正常化に至る日中両国の交流窓口として活躍した。著作に『西園寺公一「過ぎ去りし、昭和」』アイペックプレス、1991年など。
11）張和平（生没年不詳）。福建省徳化人。北京大学卒業後、外交工作に従事。対外友好

協会日本部二処処長、副主任、さらに同協会文化宣伝部副主任などを歴任した。
12) 陳抗 (1923-1992)。旧満州国の建国大学出身の外交部職員。亜洲司日本処処長、中日友好協会副会長、駐札幌初代総領事ならびにマレーシア大使などを歴任。
13) 王效賢 (1930-)。北京大学東語系日本語専攻卒。外交部亜洲司職員。周恩来をはじめとする中国共産党指導者の日本語通訳を務める。中日友好協会副会長などを歴任。

主要参考文献

（一）伝記

中国語

『陳毅伝』編写組『陳毅伝』北京：当代中国出版社、2006年
鄧加栄・韓小蕙『南漢宸伝』北京：中国金融出版社、1993年
李栄徳『廖承志』シンガポール：永昇書局、1992年
李栄徳『廖承志和他的一家』瀋陽：春風文芸出版社、1998年
盧学志『廖承志的一生』北京：新華出版社、1984年
羅銀勝『喬冠華全伝――紅色外交家的悲喜人生』上海：東方出版中心、2006年
茆貴鳴『喬冠華伝――従清華才子到外交部長』南京：江蘇文芸出版社、2007年
蒙光励『廖家両代人』広州：暨南大学出版社、2001年
鐵竹偉『廖承志伝』北京：人民出版社、1998年
唐純良『李立三伝』哈爾浜：黒竜江人民出版社、1984年
唐純良『李立三全伝』合肥：安徽人民出版社、1999年
陶駟駒主編『新中国第一任公安部長――羅瑞卿』北京：群衆出版社、1996年
王俊彦『廖承志伝』北京：人民出版社、2006年
呉学文・王俊彦『一門忠烈：廖氏家族』全3巻、北京：中共党史出版社、2004年
呉学文・王俊彦『廖承志与日本』北京：中共党史出版社、2007年
徐則浩『王稼祥伝』北京：当代中国出版社、1996年
張莉『清水之光――祖国懷抱中的台湾女児林麗韞』北京：華齢出版社、2010年
張香山『回首東瀛』北京：中共党史出版社、2000年
張香山『中日関係管窺与見証』北京：当代世界出版社、1998年
張義漁・陳偉忠・黄紅藍『張聞天――郷情・親情・友情』済南：済南出版社、2001年
『章漢夫伝』編写組『章漢夫伝』北京：世界知識出版社、2003年
総参謀部『羅瑞卿伝』編写組『羅瑞卿傳』北京：当代中国出版社、2007年

（二）回想録

日本語

伊藤律『伊藤律回想録――北京幽閉二七年』文藝春秋、1993年
ディック・ウィルソン（田中恭子・立花丈平訳）『周恩来――不倒翁波瀾の生涯』時事通信社、1987年
押川俊夫『戦後日中貿易とその周辺――体験的日中交流ドキュメント』図書出版、1997年
片寄浩紀『人歩み、路を成す――私見～日中の軌跡と展望』図書出版、2005年
川勝傳『友好一路――わたしの「日中」回想記』毎日新聞社、1985年

小坂善太郎『あれからこれから――体験的戦後政治史』牧羊社、1981 年
西園寺公一『西園寺公一回顧録「過ぎ去りし、昭和」』アイペックプレス、1991 年
佐藤榮作（伊藤隆監修）『佐藤榮作日記』第 2 巻、朝日新聞社、1998 年
杉本信行『大地の咆哮――元上海総領事が見た中国』PHP 研究所、2006 年
鈴木伝三郎『延安捕虜日記』国書刊行会、1983 年
曹石堂『祖国よ　わたしを疑うな――政治犯から大学教授となった「兵隊太郎」の戦後』日本経済評論社、2006 年
孫平化（安藤彦太郎訳）『日本との 30 年――中日友好随想録』講談社、1987 年
孫平化（武吉次郎訳）『中日友好随想録――孫平化が記録する中日関係』（上、下）日本経済新聞出版社、2012 年
孫平化『中国と日本に橋を架けた男――私の履歴書』日本経済新聞社、1998 年
田川誠一『松村謙三と中国』読売新聞社、1972 年
田川誠一『日中交渉秘録――田川日記～14 年の証言』毎日新聞社、1973 年
田川誠一『日中交流と自民党領袖たち』読売新聞社、1983 年
高木武三郎『最後の帰国船』鴻盟社、1958 年
丹波實『わが外交人生』中央公論新社、2011 年
唐家璇（加藤千洋監訳）『唐家璇外交回顧録――颶雨煦風』岩波書店、2011 年
林祐一『日中外交交流回想録――関懐過去探望将来』日本僑報社、2008 年
古井喜實『日中十八年――政治家の軌跡と展望』牧野出版、1978 年
森田一著　服部龍二・昇亜美子・中島琢磨編『心の一燈――回想の大平正芳　その人と外交』第一法規、2010 年
劉徳有（王雅丹訳）『時は流れて――日中関係秘史五十年』（上、下）藤原書店、2002 年

中国語

北京日本帰僑聯誼会編『日本帰僑華僑与中日友好――記念中日邦交正常化四十周年』北京：北京時代弄潮文化発展公司、2012 年
黄華『親歴与見聞――黄華回憶録』北京：世界知識出版社、2007 年
何方『何方談史憶人――紀念張聞天及其他師友』北京：世界知識出版社、2010 年
何方『何方自述――従延安一路走来的反思』香港：明報出版社、2011 年
何方『何方雑談』香港：明報出版社、2011 年
金源『奇縁――一個戦犯管理処長的回憶』北京：解放軍出版社、1999 年
李力『懐念家父――李克農』北京：人民出版社、2008 年
劉徳有『時光之旅――我経歴的中日関係』北京：商務印書館、1999 年
喬松都『喬冠華与龔澎――我的父親母親』北京：中華書局、2008 年
全国政協暨北京・上海・天津・福建政協文史資料委員会編『建国初期留学生帰国紀事』北京：中国文史出版社、1999 年
師哲『在歴史巨人身辺――師哲回憶録（修訂本）』北京：中央文献出版社、1991 年
師哲口述・師秋朗筆録『我的一生――師哲自述』北京：人民出版社、2001 年

師哲口述・師秋朗整理『毛沢東的翻訳——師哲眼中的高層人物』北京：人民出版社、2005年
孫平化『中日友好随想録』北京：世界知識出版社、1986年
孫平化『我的履歴書』北京：世界知識出版社、1998年
孫平化『中日友好随想録——孫平化が記録する中日関係』瀋陽：遼寧人民出版社、2009年
孫平化『50年的変遷』北京：今日中国出版社、1995年
熊向暉『我的情報与外交生涯』北京：中共党史出版社、2009年
楊振亜『出使東瀛』上海：上海辞書出版社・漢語大詞典出版社、2007年
『王稼祥選集』編輯組『回憶王稼祥』北京：人民出版社、1985年
王俊彦『中日関係掘井人——記45位中日友好的先駆』北京：世界知識出版社、2010年
王殊・蕭向前『不尋常的談判』南京：江蘇人民出版社、1996年
呉学文『風雨陰晴——我所経歴的中日関係』北京：世界知識出版社、2002年
伍修権『伍修権将軍自述』瀋陽：遼寧人民出版社、1998年
伍修権『伍修権回憶録』北京：中国青年出版社、2009年
楊国光『一個台湾人的軌跡』台北：人間出版社、2001年
中国新聞社編『廖公在人間』香港：生活・読書・新知三聯書店香港分店、1983年
鐘少華『早年留日者談日本』済南：山東画報出版社、1996年

（三）参考書籍
日本語
青山瑠妙『現代中国の外交』慶應義塾大学出版会、2007年
池田正之輔『謎の国・中共大陸の実態——民族性と経済基盤の解明』時事通信社、1969年
石井明・朱建栄・添谷芳秀・林暁光編『記録と考証——日中国交正常化・日中平和友好条約締結交渉』岩波書店、2003年
石川忠雄・中嶋嶺雄・池井優編『戦後資料　日中関係』日本評論社、1970年
石橋湛山『石橋湛山全集』第14巻、東洋経済新報社、1970年
井出孫六『中国残留邦人——置き去られた六十余年』岩波書店、2008年
伊藤武雄編『村田省蔵追想録』大阪商船、1959年
伊藤武雄・岡崎嘉平太・松本重治（阪谷芳直・戴国煇編）『われらの生涯のなかの中国——六十年の回顧』みすず書房、1983年
伊藤昌哉『池田勇人その生と死』至誠堂、1966年
伊藤昌哉『日本の政治——昼の意思と夜の意思』中央公論社、1984年
井上太郎『大原總一郎——へこたれない理想主義者』中央公論新社、1998年
井上正也『日中国交正常化の政治史』名古屋大学出版会、2010年
入江啓四郎・安藤正士編『現代中国の国際関係』日本国際問題研究所、1975年
衛藤瀋吉・岡部達味『中華人民共和国対日発言の内容分析——1958年の二つの時期における人民報を材料として』外務省アジア局中国課、1966年
王偉彬『中国と日本の外交政策——1950年代を中心にみた国交正常化へのプロセス』ミネ

ルヴァ書房、2004 年
王泰平（福岡愛子監訳）『「日中国交回復」日記——外交部の「特派員」が見た日本』勉誠出版、2012 年
岡部達味編『中国外交——政策決定の構造』日本国際問題研究所、1983 年
岡部達味『現代中国の対外政策』東京大学出版会、1971 年
岡部達味『中国の対日政策』東京大学出版会、1976 年
岡部達味『中国の対外戦略』東京大学出版会、2002 年
岡本三郎『日中貿易論』東洋経済新報社、1971 年
外務省アジア局監修・霞関会編『現代中国人名辞典』江南書院、1957 年
香川孝志・前田光繁『八路軍の日本兵たち——延安日本労農学校の記録』サイマル出版社、1984 年
香川大学法学会編『現代における法と政治の探求——香川大学法学部創設 30 周年・法学研究院創設記念論文集』成文堂、2012 年
風見章『近衛内閣』中央公論社、1982 年
鹿島平和研究所編『日本外交主要文書』年表（2）、原書房、1984 年
川島真・服部龍二編『東アジア国際政治史』名古屋大学出版会、2007 年
神田豊隆『冷戦構造の変容と日本の対中外交——二つの秩序観 1960－1972』岩波書店、2012 年
金冲及主編（劉俊南・譚左強訳）『周恩来伝——1949－1976』（上、下）岩波書店、2000 年
楠田實『首席秘書官——佐藤総理との 10 年間』文藝春秋、1975 年
小島優編『日中両党会談始末記——共同コミュニケはどうして廃棄されたか』新日本出版社、1980 年
サンケイ新聞社『蔣介石秘録』（全 15 冊）サンケイ新聞社、1975－1977 年。
姜克實『晩年の石橋湛山と平和主義——脱冷戦と護憲・軍備全廃の理想を目指して』明石書店、2006 年
朱慧玲（高橋庸子訳）『日本華僑華人社会の変遷——日中国交正常化以後を中心に』日本僑報社、2003 年
須田禎一『風見章とその時代』みすず書房、1965 年
銭江（神崎勇夫訳）『米中外交秘録——ピンポン外交始末記』東方書店、1988 年
添谷芳秀『日本外交と中国　1945〜1972』慶應通信、1995 年
添谷芳秀編『現代中国外交の六十年——変化と持続』慶應義塾大学出版会、2011 年
高碕達之助集刊行委員会編『高碕達之助集』（上、下）東洋製罐、1965 年
田中明彦『日中関係　1945－1990』東京大学出版会、1991 年
中華人民共和国外交部档案館編『中華人民共和国外交档案選編（第一集）　1954 年日内瓦会議』世界知識出版社、2006 年
中国中日関係史学会編（武吉次朗訳）『新中国に貢献した日本人たち』日本僑報社、2003 年
張香山（鈴木英司訳）『日中関係の管見と見証——国交正常化 30 年の歩み』三和書房、2002 年

陳肇斌『戦後日本の中国政策——1950年代東アジア国際政治の文脈』東京大学出版会、2000年
辻誠『日中民間貿易史——日中貿易商社第一通商の興亡から』王禅寺チャイナセンター、2012年
フランク・ディケーター（中川治子訳）『毛沢東の大飢饉——史上最も悲惨で破壊的な人災 1958－1962』草思社、2011年
『日中関係基本資料集1949〜1997』霞山会、1998年
日中経済協会『「日中覚書の11年」報告書付属資料——岡崎・黒金回顧』日中経済協会、1975年
日中国交回復促進議員連盟編『日中関係資料集（1945〜1971年）』〈増補改訂〉日中国交回復促進議員連盟、1971年
日中貿易促進会の記録を作る会編『日中貿易促進会——その運動と軌跡』同時代社、2010年
日中貿易促進議員連盟編『日中関係資料（一九四五〜一九六六年）』日中貿易促進議員連盟、1967年
日中友好協会編『日中友好運動五十年』東方書店、2000年
日本華僑華人研究会編著、陳焜旺主編『日本華僑・留学生運動史』日本僑報社、中華書店、2004年
日本中国友好協会（正統）中央本部編『日中友好運動史』青年出版社、1975年
野田正彰『陳真——戦争と平和の旅路』岩波書店、2004年
波多野勝編『日中貿易促進議員連盟関係資料集』第1〜8巻、龍溪書舍、1999年
波多野勝・飯森明子・清水麗編集・解説『日中友好議員連盟関係資料——中尾和夫文書—日記・会談記録』現代史料出版、2002年
波多野勝・飯森明子・清水麗編『日中友好議員連盟関係資料　帆足計・中尾和夫文書—資料編』現代史料出版、2002年
早坂茂三『政治家田中角栄』中央公論社、1987年
原彬久『戦後史のなかの日本社会党——その理想主義とは何であったのか』中央公論社、2000年
ハン・スーイン（川口洋・美樹子訳）『長兄——周恩来の生涯』新潮社、1996年
古川万太郎『日中戦後関係史［新装版］』原書房、1988年
堀池友治『布衣之友——お濠端からの回想』日経事業出版社、1990年
本田善彦『日・中・台視えざる絆——中国首脳通訳のみた外交秘録』日本経済新聞社、2006年
増田弘編著『ニクソン訪中と冷戦構造の変容——米中接近の衝撃と周辺諸国』慶應義塾大学出版会、2006年
ロデリック・マックファーカー、マイケル・シェーンハルス（朝倉和子訳）『毛沢東最後の革命』（上、下）青灯社、2010年
松村正直編『花好月圓——松村謙三遺文抄』青林書院新社、1977年

満蒙同胞援護会編『満蒙終戦史』河出書房新社、1962 年
水谷尚子『「反日」以前——中国対日工作者たちの回想』文藝春秋、2006 年
宮下忠雄『中国の貿易組織』アジア経済研究所、1961 年
宮下忠雄・上野秀夫著『中国経済の国際的展開』ミネルヴァ書房、1975 年
民主主義研究会編『日本・中共交流年誌（1958 年)』出版年不明
村井寛志・張翔・大里浩秋・小林一美『中国と日本——未来と歴史の対話への招待』御茶の水書房、2011 年
毛里和子編『毛沢東時代の中国』日本国際問題研究所、1990 年
毛里和子『日中関係——戦後から新時代へ』岩波新書、2006 年
李恩民『中日民間経済外交 1945～1972』人民出版社、1997 年
劉傑・川島真編『1945 年の歴史認識——＜終戦＞をめぐる日中対話の試み』東京大学出版会、2009 年
劉傑・川島真編『対立と共存の歴史認識——日中関係 150 年』東京大学出版会、2013 年
「廖承志文集」編輯辦公室編（安藤彦太郎監訳）『廖承志文集』（上、下）徳間書店、1993 年
林代昭（渡邊英雄訳)『戦後中日関係史』柏書房、1997 年
鹿雪瑩『古井喜実と中国——日中国交正常化への道』思文閣出版、2010 年
NHK 取材班『周恩来の決断——日中国交正常化はこうして実現した』日本放送出版協会、1993 年

中国語

北京日本学研究中心編『大平正芳与中日関係』北京：中央編訳出版社、2011 年
程湘君『女外交官』北京：北京体育出版社、1995 年
当代中国叢書編輯部編『当代中国対外貿易』（上、下）北京：当代中国出版社、1992 年
撫順市政協文史委員会編『震撼世界的奇迹——改造偽満皇帝溥儀暨日本戦犯紀実』北京：中国文史出版社、1990 年
『回国五十年——建国初期回国旅日華僑留学生文集』北京：台海出版社、2005 年
何力『大審判——日本戦犯秘録』北京：団結出版社、1993 年
李涛『在総書記崗位上的張聞天』北京：中央文献出版社、2000 年
李滔主編『中華留学教育史録——1949 年以後』北京：高等教育出版社、2000 年
李向平主編『難忘的歳月——中日記者見証的両国関係』北京：五洲伝播出版社、2007 年
李蔚『周恩来和知識分子』北京：人民出版社、1985 年
遼寧省葫蘆島市政府新聞辦公室・遼寧省社会科学院編『葫蘆島百万日僑大遣送』北京：五洲伝播出版社、2005 年
黎家松主編『中華人民共和国外交大事記』（第二巻）北京：世界知識出版社、2001 年
『廖承志文集』編輯辦公室『廖承志文集』（上、下）香港：三聯書店、1990 年
劉建平『戦後中日関係：『不正常』歴史的過程与結構』北京：社会科学文献出版社、2010 年
劉建平『当代中国史論——実証的知識呈現与思想表達』北京：社会科学文献出版社、2011 年

劉新生主編『新中国建交談判実録』上海：上海辞書出版社、2011 年
林連徳『当代日中貿易関係史』北京：中国対外経済貿易出版社、1990 年
羅平漢『中国対日政策与中日邦交正常化　1949－1972 年中国対日政策研究』北京：時事出版社、2000 年
米鎮波・郝祥満・宋文峰『深謀遠慮──周恩来与中国外交』重慶：重慶出版社、1998 年
苗丹国『出国留学六十年──当代中国的出国留学政策与引導在外留学人員回国的政策的形成、変革与発展』北京：中央文献出版社、2010 年
『難忘的回憶──中国共産党建党 90 周年征文匯編』北京：国務院教務辦公室、2011 年
裴堅章主編『中華人民共和国外交史（第一巻）1949－1956』北京：世界知識出版社、1994 年
斉鵬飛主編『中国共産党与当代中国外交（1949－2009）』北京：中共党史出版社、2010 年
全国政協文史資料委員会編『改造戦犯紀実』北京：中国文史出版社、2000 年
史桂芳『戦後中日関係（1945～2003）』北京：当代世界出版社、2005 年
世界知識出版社編『日本問題文献彙編』北京：世界知識出版社、1955 年
孫東民『永遠的隣居』北京：当代世界出版社、2002 年
孫乃民主編『中日関係史』（第一巻、第二巻、第三巻）北京：社会科学文献出版社、2006 年
田桓主編『戦後中日関係文献集　1945－1970』北京：中国社会科学出版社、1996 年
田桓主編『戦後中日関係史年表 1945－1993』北京：中国社会科学出版社、1994 年
馬継森『外交部文革紀実』香港：中文大学出版社、2003 年
謝益顕『当代中国外交思想史』開封：河南大学出版社、1999 年
徐則浩編著『王稼祥年譜一九〇六～一九七四』北京：中央文献出版社、2001 年
徐黎主編『羅瑞卿公安思想研究』北京：中央文献出版社、2006 年
王永祥『周恩来与池田大作』北京：中央文献出版社、2001 年
王仲全・孫煥林・趙自瑞・紀朝欽『当代中日民間友好交流』北京：世界知識出版社、2008 年
『王稼祥選集』編輯組『王稼祥選集』北京：人民出版社、1989 年
王泰平『風月同天──話説中日関係』北京：世界知識出版社、2010 年
夏林根主編『中日関係辞典』大連：大連出版社、1991 年
薛学共・黄小用編著『周恩来超群智慧』北京：当代中国出版社、2001 年
中共中央組織部・中共中央党史研究室・中央档案館編『中国共産党組織史資料　附巻一』（上）北京：中共党史出版社、2000 年
中共中央文献研究室・中央档案館『建国以来周恩来文稿　1949 年 6 月－1949 年 12 月』（第一冊、第二冊、第三冊）北京：中央文献出版社、2008 年
中共中央文献研究室編『周恩来年譜　一九四九－一九七六』（上、中、下）北京：中央文献出版社、1997 年
中共中央文献研究室編『陳雲年譜　一九〇五－一九九五』（上、下）北京：中央文献出版社、2000 年
中国中日関係史学会編『友誼鋳春秋──為新中国做出貢献的日本人』北京：新華出版社、

2002年
中華全国台湾同胞聯誼会『回帰——記海外帰来的台湾同胞』北京：華芸出版社、2006年
中華人民共和国外交部・外交史編輯室編、裴堅章主編『研究周恩来——外交思想与実践』北京：世界知識出版社、1989年
中華人民共和国外交部外交研究室編『周恩来外交活動大事記　1949-1975』北京：世界知識出版社、1993年
中華人民共和国外交部・中共中央文献研究室編『毛沢東外交文選』北京：中央文献出版社、世界知識出版社、1994年
中華人民共和国外交部・中京中央文献研究室『周恩来外交文選』北京：中央文献出版社、1990年
中日友好協会編『中日友好交流講座文集　溯源眺遠』北京：世界知識出版社、2010年
中央通訊社徴集部編『政治犯釈放問題：葉挺・廖承志及其他』台北：政大社資中心、民35（1946）年1月-7月
中央文献研究室『周恩来年譜』（上、下）北京：中央文献出版社、1989年
『周恩来総理八十誕辰記念詩文選』北京：人民出版社、1978年

英語

Andrew Preston, *The War Council: McGeorge Bundy, the NSC, and Vietnam*, Harvard University Press, 2006

Kurt Werner Radtke（1990）, *China's Relations with Japan, 1945-83: The Role of Liao Chengzhi*, New York: Manchester University Press.

Lorenz M. Luthi, *Sino Soviet Split: Cold War in the Communist World*, Princeton University Press, 2008

Roderick MacFarquhar and Michael Schoenhals, *Mao's Last Revolution*, Harvard University Press, 2006

Robert S. Ross and Jiang Changbin eds., *Re-examining the Cold War: U.S.-China Diplomacy, 1954-1973*, Harvard University Press, 2001.

（四）参考論文

日本語

石井明「中国の対日政策決定——組織と人脈」『東亜』No. 255、1988年9月
井上正也「日中LT貿易の成立と池田政権　1960-1962」神戸大学『六甲台論集　法学政治学篇』第1巻第53号、2006年7月
王雪萍「中華人民共和国初期の留学生・華僑帰国促進政策——中国の対日・対米二国間交渉過程分析を通じて」、『中国21』Vol. 33、2010年7月
大澤武司「在華日本人『戦犯』の帰国——天津協定成立の経緯とその意義」『中央大学社会科学研究所研究年報』第7号、2003年
大澤武司「幻の日本人「戦犯」釈放計画と周恩来——中華人民共和国外交部档案をてがかり

に」『中国研究月報』第6巻第61号、2007年6月
大澤武司「『人民の義憤』を超えて——中華人民共和国の対日戦犯政策」『軍事史学』第3巻第44号、2008年12月
大澤武司「東西冷戦と引揚問題——未帰還者問題をめぐる国際政治の構図」『海外事情研究』第1巻第37号、2009年9月
大澤武司「在華邦人引揚交渉をめぐる戦後日中関係——日中民間交渉における「三団体方式」を中心として」『アジア研究』Vol.49、No.3、2003年7月
岡崎邦彦「大躍進・調整・七千人大会（一）」『東洋研究』No.93、1990年
岡崎邦彦「中国の対日政策決定における動揺——大躍進から経済調整への転換期における周恩来の対日工作」『東洋研究』第134号、1999年
加藤聖文「戦後東アジアの冷戦と満洲引揚——国共内戦下の『在満』日本人社会」『東アジア近代史』第9号、2006年
木村隆和「LT貿易の軌跡——官製日中「民間」貿易協定が目指したもの」大阪歴史学会『ヒストリア』216号、2009年8月
木村隆和「岸内閣の『中国敵視政策』の実像」日本歴史学会『日本歴史』第741号、2010年2月
久能靖「角栄・周恩来会談　最後の証言」『文藝春秋』第85巻第15号、2007年12月
胡鳴『日中国交正常化における周恩来の史的役割』早稲田大学博士論文、2009年2月
斎藤秋男「廖承志・王暁雲両先生を悼む」『中国研究月報』424号、1983年6月
清水麗「『第二次吉田書簡』をめぐる日中対関係の展開」筑波大学『地域研究』(19)、2001年3月
朱建栄「中国の対日関係史における軍国主義批判——三回の批判キャンペーンの共通した特徴の考察を中心に」『年報近代日本研究』（第16号）山川出版社、1994年
杉浦康之「中国の「日本中立化」政策と対日情勢認識——岸信介内閣の成立から「岸批判」展開まで」『法学政治学論究』（慶應義塾大学大学院法学研究科内「法学政治学論究」刊行会）第70巻、2006年9月
杉浦康之「中国の「日本中立化」政策と対日情勢認識——第四次日中民間貿易協定交渉過程と長崎国旗事件を中心に」『アジア研究』第4巻第54号、2008年10月
杉浦康之「中国の『日本中立化』政策と対日情勢認識——日本社会党の訪中と日本国内の反米・反岸闘争の相互連鎖（1958年6月～1959年6月）」『近きに在りて』第56号、2009年11月
須田禎一「日中問題に生涯をかけて——風見章の人と思想」『世界』207号、1963年3月
平野義太郎「国際経済会議の収穫」『中国資料月報』第51号、1952年5月
古井喜實「日中国交正常化の秘話」『中央公論』87巻12号、1972年
古島琴子「何香凝，その95年の生涯——廖仲愷，廖承志，そして人民と共に」『アジア經濟旬報』881号、1972年11月
方浩「1950年代の東アジアにおける米中冷戦の一断面——日中民間貿易協定における中国の日米離間戦略を中心に」『法学』第2巻第64号、2000年6月

別枝行夫「戦後日中関係と非公式接触者」国際政治学会編『国際政治』(「日本外交の非公式チャンネル」) 第75号、1983年10月

別枝行夫「戦後日中関係と中国外交官(その1)」『北東アジア研究』第2号、2001年

米沢秀夫「知日家・廖承志の信念と行動」『日本』9 (3)、1966年3月

廖承志「中国の対日政策と外交政策」『アジア経済旬報』(872)、1972年8月11日

「中日友好協会会長=廖承志——正常化の道開く知日派(人物フラッシュ)(「日中復交」を検証する(特集))」『エコノミスト』50 (42)、1972年10月3日

「廖承志事務所東京駐在連絡事務所および中華人民共和国の日本駐在記者の声明——1967年9月14日」『アジア経済旬報』(695)、1967年9月11日

「廖承志事務所東京駐在連絡事務所および中国駐日記者の緊急記者会見における談話」『アジア経済旬報』(695)、1967年9月11日

中国語(簡体字)

咠貴鳴「廖承志與八路軍駐香港辦事処」『百年潮』2005年第6期

杜海懷「廖承志、池田大作与中日邦交正常化」『華僑大学学報』(哲学社会科学版) 2008年3月

陳国文「廖承志与中日民間外交」『中共貴州省委党校学報』総105期、2006年5月

陳国文・鄧衛紅「廖承志与中日邦交正常化」『浙江伝媒学院学報』2006年第5期

陳国文「廖承志与中日友好事業統一戦線的建立」『貴州大学学報(社会科学版)』第24巻第5期、2006年9月

陳国文・鄧衛紅「廖承志与日僑回帰」『貴州大学学報(社会科学版)』第26巻第5期、2008年9月

光輝「周恩来智保廖承志」『福建党史研究』1991年第3期

何立波「廖承志與周恩来的連綿戦友情」『党史縦横』2006年第7期

霍英華「周恩来『文革』中力保廖承志」『党史博覧』2012年第4期

李紅「架設中日友好大橋的人——廖承志」『北京党史研究』1994年第4期

李慶生「廖承志帯銬長征」『鐘山風雨』2010年第6期

劉建平「50年代的中国対日外交:過程研究与結構分析」北京大学博士研究生学位論文、2007年

劉建平「蘇連、斯大林与新中国初期的対日外交」『国際政治研究』2008年第4期

林振江『中国与日本的首脳外交』北京大学博士研究生学位論文、2001年

蒙光励「廖仲愷與周恩来」『嶺南文史』1992年第4期

蒙光励「風雨同舟——周恩来與廖仲愷一家両代人的深厚友誼」『党史縦横』1993年第1期

中江要介「三十而立:飲水不忘掘井人」『社会観察』第4号 2000年

芮敏「中日邦交正常化的見証人——王効賢」『対外大伝播』2003年第5期、2003年5月

王効賢「跟随廖承志開展対日工作」『中共党史資料』2006年第2期

王旭道「周恩来三救廖承志」『福建党史研究』2000年第4期

呉彬「抗戦時期的廖承志与統戦工作」『広東省社会主義学院学報』2004年1月

于継増「廖承志：名門之後・敬重包裹」『紅岩春秋』2008年第5期
鄭暁飛『中国共産党対日"民間外交"政策的形成与発展』首都師範大学修士学位論文、2007年

中国語（繁体字）
陳大勲「廖承志的回合敗在誰的手上」『草根人』1期、1982年10月
關国煊「廖承志其人其事」『伝記文学』3巻1期、1983年7月
郭瑞華「従『廖承志伝』看中共統戦宣伝手法」『共党問題研究』26巻9期、2000年9月
黄漢波「廖承志到日本幹什麼？」『日本政情』41期、1973年5月
黄漢波「廖承志訪日陰謀得逞嗎？」『日本政情』42期、1973年6月
黎兆春「廖承志其人其事」『共党問題研究』16巻3期、1990年3月
牧男「廖承志之死」『中央月刊』15巻8期、1983年6月、12-13頁
斎青「廖承志文革被闘二三事」『伝記文学』43巻2期、1983年8月
紹南「廖承志事略」『中共研究』6巻10期、1972年10月
唐徳剛「調和国共、敬悼先賢：華僑烈士廖仲愷的人品和遭遇」『文星』116期、1988年2月
張虎「抗日次期中共在香港的活動──従廖承志・潘漢年・宋慶齢三人談起」『中国大陸研究』35巻1期、1992年1月

（五）一次史料
中華人民共和国外交部档案（中国・外交部档案館所蔵）
中華民国外交部档案（台湾・近代史研究所档案館所蔵）
中華民国外交部档案（台湾・国史舘所蔵）
日本外交史料（日本外交史料館所蔵）

（六）新聞
『人民日報』
『光明日報』
『朝日新聞』
『読売新聞』
『中国留日学生報』
『東京華僑会報』
『華僑報』
『大地報』

あとがき

　中国政府の知日派の代表格であった廖承志が1983年6月10日に他界してから、30年の歳月が経った。日本生まれ、東京育ちの廖承志は国務院総理周恩来の下で、中国政府の対日政策の実務をすべて管轄しただけではなく、華僑関連業務、台湾関連業務など多岐にわたる業務を担当してきた。1983年6月に国家副主席に内定し、中国政府における重責を担うこれからという時期に亡くなった廖承志は、まだやり遂げていなかったことも多くあったであろう。とはいえ、長年の労が報われ、1972年に日中国交正常化が実現し、さらにその後1980年代にかけての日中両国の蜜月期を迎えることができ、日中関係に対しては安堵の気持ちで旅立ったのではないかと推察される。

　しかしながら、廖承志の死去から30年の節目を迎えた今日、日中関係は領土問題や歴史問題などをめぐり、軍事衝突まで発展する危険性をも指摘され、国交正常化後最悪といわれるほどの状況に陥った。他方、今日の状態に至ったのは、戦後日中関係が発展してきた軌跡から必然的に生じた結果だとの論調もある。本書は、まさに1980年代の蜜月の時代から、今日の最悪の状態へと変わった背景を中国側の制度的な要因に焦点を絞って分析したものである。廖承志没後30周年を追悼する目的に加え、今後の日中関係の発展のあり方や方向性について、再度考え直すきっかけになればと考え、本研究グループのメンバーは共同研究を進め、本書の早期出版に踏み切ることになった。

　本研究グループのメンバーは戦後の日中関係について、中国、日本、台湾の視点で研究する日中台の若手研究者によって構成された。日本側の多くのメンバーとは、国内で以前より面識はあったものの、親交を深めるきっかけは、北京にある中華人民共和国外交部档案館を資料収集で訪れた際、思わぬ形で何度となく出逢ったことからである。中国の対日外交に関する研究を深めていく過程、特に外交部档案館の档案を読み進めていくうちに、中国の対日業務における廖承志の果たした役割の重大さが、メンバー間の共通認識になっていった。そのため、筆者からの廖承志研究会を組織し、共同研究を行いたいとの提案に対しては、参加表明にとどまらず、研究構想に対する多大なアドバイスが各メンバーから寄せられ

た。さらに比較の視点を持つためにも、中国の対日業務に深く関係している日本および台湾の視点が必要との判断から、日本外交と台湾外交の専門家にも参加してもらい、中国国内の研究者にも加わってもらった。2011年4月9日に廖承志研究会の第1回目の会合を開いて、研究会を立ち上げてから、本書の出版までの2年あまりの間に、計12回の研究会を開催し、議論を深めた。

　本共同研究のインタビュー調査、資料収集などの調査活動や研究会の開催、研究成果の出版に多くの資金を必要としたが、慶應義塾大学東アジア研究所現代中国研究センター（研究プロジェクト「中国の対日政策における専門家集団の役割」代表者：王雪萍）、公益財団法人サントリー文化財団（人文科学、社会科学に関する研究助成「現代中国における対日政策の策定・執行と「廖承志集団」」代表者：王雪萍）、日本学術振興会（科学研究費（若手研究B）「中華人民共和国の対日「民間」外交と日中人的交流に関する実証的研究」代表者：王雪萍）の三機関から貴重な研究助成金を受け、研究を支援していただいた。また、慶應義塾大学東アジア研究所現代中国研究センターの初代センター長であり、現防衛大学校長の国分良成先生には申請当初の段階から多大なアドバイスを賜った。現代中国研究センターの現センター長である高橋伸夫先生からは、調査の段階での多くのご教示に加え、原稿を出版社へ提出する前には、各論文に対する有益な修正意見を寄せていただいた。さらに、研究の中間報告や研究会などの報告を通じて、阿川尚之先生、天児慧先生、家近亮子先生、石井明先生、王偉彬先生、大里浩秋先生、大西広先生、加茂具樹先生、川島真先生、小嶋華津子先生、佐野淳也先生、島田美和先生、添谷芳秀先生、孫安石先生、田島英一先生、鄭浩瀾先生、中西輝政先生、西村成雄先生、服部龍二先生、馬場公彦先生、菱田雅晴先生、苗丹国先生、森口親司先生、安井三吉先生、安田淳先生、吉田豊子先生、林秀光先生らの先生方から多くの有益なアドバイスまでいただいたことに厚くお礼を申し上げる。

　中国でのインタビュー、資料収集の調査において、上海国際問題研究院の呉寄南先生、北京在住の曾葆盛氏、郭平坦氏に多大な調査協力に加え、数多くの関連資料も提供していただいた。三氏の協力がなければ本研究の調査を実行できなかったといえるほどのご恩をいただいたことへの感謝の気持ちは、言葉で表すことができないほどである。また本研究の調査にあたり、東京大学総合文化研究科国際社会科学専攻国際関係論コース修士課程1年生の田沼彬文氏と東京大学大学院薬学系研究科修士1年生の手代木知恵氏に研究資料の整理やインタビュー記録の整理・翻訳をお手伝いいただいた。ここに記して感謝申し上げたい。

　さらに本書の出版にあたり、人間文化研究機構（NIHU）地域研究推進事業・

現代中国地域研究拠点連携プログラムからのご支援をいただいた。また出版社との手続きなどを含め、慶應義塾大学東アジア研究所現代中国研究センターの江藤名保子先生には諸々のご尽力をいただいた。さらに慶應義塾大学出版会の担当者である乗みどり氏の本書の構成や編集などについての多くのアドバイス、迅速な作業のおかげで、本書の出版が順調に進められた。この場を借りて感謝の意を申し上げたい。

　本書の出版計画および編集の早い段階から、井上正也、大澤武司、杉浦康之、山影統と筆者の5名による編集委員会を組織した。研究助成金申請時の代表者であった筆者が便宜的に編者となっているが、本書の編集は編集委員全員が作業を分担して行った。特に日本語の本の編集が初体験の筆者に対し、日本での編集の習慣や日本語の校正などを含めて編集委員全員から力を惜しまないサポートをいただいた。そうした意味でも、本書は編集委員および執筆者全員の努力の結晶といえる。本書は、本研究グループの最初の研究成果であり、至らなかった点は少なくない。今後も中国外交史、日中関係史の研究に邁進し、残された課題に挑戦していく所存である。

2013年8月

　　　　　　　　　　　　　　　　　　　　　　　　　王　雪萍

索　引

〈人　名〉

〈中国人名〉

ア行

王学文（おうがくぶん/Wang Xuewen）　50
王稼祥（おうかしょう/Wang Jiaxiang）　36,
　50-52, 54, 57, 60, 61, 77, 80, 88
王毅（おうき/Wang Yi）　344
王暁雲（おうぎょううん/Wang Xiaoyun）　5,
　15, 35-38, 50, 61, 62, 81, 98, 140, 155, 162,
　209, 211, 219, 220, 289, 311, 312, 317, 321,
　323, 325, 331, 334, 346, 348-351
王効賢（おうこうけん/Wang Xiaoxian）　39,
　59, 98, 122, 350
王国権（おうこくけん/Wang Guoquan）
　164-168, 172, 224
王震（おうしん/Wang Zhen）　326
王盛栄（おうせいえい/Wang Shengrong）　51
王泰平（おうたいへい/Wang Taiping）　162,
　163, 166-169, 171-173, 179, 181, 318

カ行

郭平坦（かくへいたん/Guo Pingtan）　110,
　112
郭沫若（かくまつじゃく/Guo Moruo）　165,
　202, 272, 333
何香凝（かこうぎょう/He Xiangning）　17-19,
　21, 23, 52, 107, 108, 266-268, 310, 352
韓慶愈（かんけいゆ/Han Qingyu）　118
韓念龍（かんねんりゅう/Han Nianlong）　32,
　162, 171, 226, 317, 319, 323, 349
冀朝鼎（きちょうてい/Ji Chaoding）　53, 57,
　78, 80-82
紀鋒（きほう/Ji Feng）　55
姫鵬飛（きほうひ/Ji Pengfei）　28, 179, 225,
　323, 345, 346, 349
喬冠華（きょうかんか/Qiao Guanhua）　53,
　226, 317

金蘇城（きんそじょう/Jin Sucheng）　32, 209,
　220
厳家淦（げんかかん/Yan Jiajin）　249
厳夫（げんぷ/Yan Fu）　220
黄華（こうか/Huang Hua）　325
孔原（こうげん/Kong Yuan）　61
伍雲甫（ごうんふ/Wu Yunfu）　55
呉学文（ごがくぶん/Wu Xuewen）　33, 59, 62,
　142
呉曙東（ごしょとう/Wu Shudong）　32, 95,
　143, 156, 161, 209, 220

サ行

謝爽秋（しゃそうしゅう/Xie Shuangqiu）　53
周栄鑫（しゅうえいしん/Zhou Rongxin）　53
周恩来（しゅうおんらい/Zhou Enlai）　1, 2, 4,
　5, 7-9, 15, 20-24, 28, 31, 33, 34, 38-40, 49,
　53-57, 59, 60, 64, 65, 78, 80, 82, 83, 85, 86, 91,
　92, 94, 116, 138, 139, 141, 145, 149, 152, 154,
　155, 158-160, 162, 164-168, 170-172, 174,
　176-182, 201, 203-209, 216, 222-227, 251, 252,
　265-276, 284, 287, 289, 290, 294, 297-301, 307,
　311-320, 322-330, 332, 334, 339, 341-345,
　348-351
朱光（しゅこう/Zhu Guang）　51
朱徳（しゅとく/Zhu De）　36, 269
蔣介石（しょうかいせき/Jiang Jieshi）　7, 18,
　142, 156, 158, 164, 167, 168, 213, 239-243,
　271, 322, 343, 357
章漢夫（しょうかんふ/Zhang Hanfu）　53, 55,
　57, 60, 62, 63, 77, 80
蔣経国（しょうけいこく/Jiang Jingguo）　18
蕭向前（しょうこうぜん/Xiao Xiangqian）
　5, 6, 15, 32, 35, 37, 38, 53, 56, 58, 59, 62, 78, 79,
　81, 91, 116, 122, 144, 155, 161, 175-180, 209,
　212, 220, 224-226, 289, 320-322, 331, 334

377

蒋道鼎（しょうどうてい／Jiang Daoding） 161, 175
蕭方洲（しょうほうしゅう／Xiao Fangzhou） 80, 88, 95
徐柏園（じょはくえん／Xu Boyuan） 249
宋慶齢（そうけいれい／Song Qingling） 20, 268, 352
荘濤（そうとう／Zhuang Tao） 36, 50, 59, 281, 342
孫文（孫逸仙、孫中山）（そんぶん／Sun Wen） 17-19, 266-268, 332, 352
孫平化（そんへいか／Sun Pinghua） 5, 6, 15, 32, 35, 37-39, 53-56, 78, 79, 81, 82, 94, 95, 97, 98, 116, 123, 135, 140-147, 150, 152, 154, 158-161, 176-179, 206, 207, 209, 211, 215, 218-220, 225, 226, 244, 252, 253, 279, 293, 301, 302, 318, 321, 322, 331, 332

タ行
趙安博（ちょうあんぱく／Zhao Anbo） 5, 15, 32, 35, 36, 38, 40, 41, 50-52, 54-62, 65, 79, 80, 91, 94, 113, 116, 122, 206, 209, 331
張炎光（ちょうえんこう／Zhang Yanguang） 244, 246
張羣（ちょうぐん／Zhang Qun） 239, 241-244
張奚若（ちょうけいじゃく／Zhang Xiruo） 199
張彦（ちょうげん／Zhang Yan） 59, 61
張香山（ちょうこうざん／Zhang Xiangshan） 32, 162-164, 174, 223-226, 252, 253, 311, 316, 317, 323, 326, 342, 349
張国燾（ちょうこくとう／Zhang Guotao） 269, 270
趙自瑞（ちょうじずい／Zhao Zirui） 161, 171, 318
趙正洪（ちょうせいこう／Zhao Zhenghong） 251, 252
張伯謹（ちょうはくきん／Zhang Bojin） 241
張聞天（ちょうぶんてん／Zhang Wentian） 60, 61, 88, 270
張厲生（ちょうれいせい／Zhang Lisheng） 240, 241
張和平（ちょうわへい／Zhang Heping） 342
陳家康（ちんかこう／Chen Jiakang） 53, 59, 60

陳毅（ちんぎ／Chen Yi） 61, 88, 89, 91, 94-96, 141, 154, 160, 311, 341-343, 350, 351
陳抗（ちんこう／Chen Kang） 32, 60, 143, 161, 176, 308, 321, 350
陳叔亮（ちんしょりょう／Chen Shuliang） 53, 60
丁拓（ていたく／Ding Tuo） 33, 62, 142
丁民（ていみん／Ding Min） 9, 34, 123, 162, 253, 307, 317, 321, 330, 332, 334, 342, 349
鄧穎超（とうえいちょう／Deng Yingchao） 23, 267, 268, 293
唐家璇（とうかせん／Tang Jiaxuan） 40, 177, 323, 331, 344, 350
董其武（とうきぶ／Dong Qiwu） 252, 254
鄧小平（とうしょうへい／Deng Xiaoping） 23, 319, 323, 324, 326

ナ行
南漢宸（なんかんしん／Nan Hanchen） 53, 77, 79, 85, 140, 144, 148, 197, 208, 211, 215
倪蔚庭（にえいてい／Ni Weiting） 78, 80, 82, 122

ハ行
彭炎（ほうえん／Peng Yan） 61, 63
彭真（ほうしん／Peng Zhen） 60, 150-154, 160, 180

マ行
毛沢東（もうたくとう／Mao Zedong） 1, 2, 4, 5, 7, 15, 19-22, 24, 26-28, 31, 33, 36, 39, 40, 49, 59, 64, 65, 141, 148, 161, 164, 176, 182, 217, 253, 269, 273, 279, 290, 298, 300, 307, 309, 311-313, 323, 329, 331

ヤ行
葉季壮（ようきそう／Ye Jizhuang） 61, 80, 88, 93, 95
葉剣英（ようけんえい／Ye Jianying） 20
楊春松（ようしゅんしょう／Yang Chunsong） 32, 111, 117, 118
楊正（ようせい／Yang Zheng） 31, 37, 61

ラ行

雷任民（らいにんみん/Lei Renmin）　32, 53, 57, 77, 78, 80, 82, 83, 85, 86, 88, 91, 137, 139, 197
李維漢（りいかん/Li Weihan）　52
李国鼎（りこくてい/Li Guoding）　248, 249
李克農（りこくのう/Li Kenong）　61, 88
李少石（りしょうせき/Li Shaoshi）　268
李燭塵（りしょくじん/Li Zhuchen）　78, 83
李初梨（りしょり/Li Chuli）　36, 50-52, 54-57, 65, 85
栗又文（りつゆうぶん/Li Youwen）　51
李德全（りとくぜん/Li Dequan）　58, 59, 61, 92, 121, 138, 285
李敏然（りびんぜん/Li Minran）　51
李孟競（りもうきょう/Li Mengjing）　63, 342
劉希文（りゅうきぶん/Liu Xiwen）　80, 95, 215, 219, 220, 272, 314, 349
劉春（りゅうしゅん/Liu Chun）　167
劉少奇（りゅうしょうき/Liu Shaoqi）　1, 36, 57, 59, 280, 281
劉德有（りゅうとくゆう/Liu Deyou）　161, 167-169
劉寧一（りゅうねいいち/Liu Ningyi）　57, 61, 81, 88
凌雲（りょううん/Ling Yun）　55
廖仲愷（りょうちゅうがい/Liao Zhongkai）　8, 17, 18, 22, 266-268, 352
林士笑（りんししょう/Lin Shixiao）　55, 63
林麗韞（りんれいうん/Lin Liyun）　115, 252-254
林連徳（りんれんとく/Lin Liande）　315
連貫（れんかん/Lian Guan）　52

〈日本人名〉

ア行

愛知揆一　151, 171
浅沼稲次郎　199
安斎庫治　52, 281, 284
池田勇人　6, 7, 147-149, 159, 199, 203, 205, 210, 212, 213, 216, 227, 239-241, 243, 244, 343
池田正之輔　80, 85-87, 137-139
石橋湛山　85, 92, 157, 200, 201, 206, 208, 211, 353
石原広一郎　152
井出一太郎　203
岩井章　287
宇佐美洵　154
宇都宮徳馬　140, 141, 156, 200, 203, 213
大久保任晴　141, 144-146, 203, 204, 206, 209, 210, 218, 220, 223
大原總一郎　210
大平正芳　37, 38, 144, 145, 147, 155, 164, 168, 169, 172-176, 178, 225, 226, 240, 241, 250, 251, 256, 289, 290, 300, 315, 320, 322, 343, 345
岡崎嘉平太　94, 95, 142, 144-147, 158, 159, 161, 180, 206-209, 211, 212, 215, 216, 219, 221, 223, 224, 243, 274, 343
岡田晃　139, 167, 170
岡田春夫　146
小川平二　207

カ行

風見章　199, 200
勝間田清一　87
河合良一　141, 209
川勝傳　76, 85, 146
河上肇　50
川崎秀二　213
川島正次郎　148, 158, 159
岸信介　27, 150, 171, 174, 202, 213, 239, 287, 312, 343
木村武雄　146, 148, 150, 151, 154, 166, 171, 173
楠田実　152, 170
久野忠治　146, 148-154, 166, 168, 173, 212, 213
黒金泰美　208
河野一郎　141, 147, 148, 212, 216
小坂善太郎　177, 205, 209, 216
近衛文麿　200

サ行

西園寺公一　200, 250, 251, 327, 328, 348, 354
佐藤栄作　146-153, 155, 157-159, 161, 163, 165-171, 173, 175, 212-216, 218, 225, 227,

244, 343
椎名悦三郎　153
重光葵　283
島津忠承　58
白土吾夫　160, 274
鈴木一雄　92, 96, 200
瀬尾弘吉　199
園田直　141

タ行
高碕達之助　76, 94, 140, 142, 158, 167, 202-210, 213, 219, 221, 227, 237, 274, 299
高良とみ　53, 77
田川誠一　142, 144, 147, 149, 163, 165, 166, 168, 170, 172, 173, 177, 203, 207, 212, 219-221, 223, 299
竹入義勝　82, 164, 178, 226, 289, 290, 293, 294, 300
竹山祐太郎　148, 151, 159, 203, 208, 211
田中角栄　6, 37, 168, 170-175, 177, 180, 181, 225, 226, 250, 252, 256, 273, 275, 289-291, 294, 300, 317, 320, 323, 343, 345, 348
田林政吉　203, 207, 209
徳田球一　52

ナ行
中尾和夫　53
中島健蔵　225
中曽根康弘　166, 168, 172-176, 181, 250, 324
二階堂進　171, 173, 177, 179
二宮文造　289
野坂参三　36, 50, 52, 280, 281, 284
野田武夫　208

ハ行
橋本恕　176-178, 275
橋本登美三郎　156, 171, 173
原富士夫　141, 144
福田赳夫　150, 166, 168, 170-175, 225

藤井勝志　207
藤山愛一郎　139, 147, 148, 163, 172, 173, 175, 177, 179, 214, 216, 217, 223-225, 273, 274, 353
古井喜實　162, 170, 172, 173, 203, 207, 211, 216, 219-221, 223-227, 299
帆足計　53, 78
保利茂　166-168, 170, 171
堀池友治　202

マ行
前尾繁三郎　147
松村謙三　37, 92, 94, 95, 98, 140, 142-146, 148, 150-154, 156, 157, 159, 161, 165, 166, 200, 202, 204-208, 213-216, 218, 220, 223, 224, 227, 272, 274, 299, 318, 319, 343, 353
松本俊一　208
三木武夫　148, 163, 164, 166, 168, 169, 172-174, 181, 199, 225, 250, 273
宮腰喜助　53, 77
宮崎世民　63, 91
宮沢喜一　155, 302
村田省蔵　137

ヤ行
吉田茂　7, 26, 58, 98, 155-157, 174, 213, 214, 239-244

ワ行
渡辺弥栄司　98, 141, 144, 146, 223

〈アメリカ人名〉
アイゼンハワー、ドワイト・D（Eisenhower, Dwight D.）　27
キッシンジャー、ヘンリー・A（Kissinger, Henry A.）　165, 224, 289
ニクソン、リチャード・M（Nixon, Richard M.）　164, 167, 171, 179, 225, 321, 348

〈事　項〉

ア行
茜会　146, 154, 157
アジア・アフリカ会議　83, 137, 153, 204, 274
アジア・アフリカ問題研究会（略称：AA研）　213
アジア・太平洋地域平和会議　53, 56, 64
亜細亜通信社　117, 118
アジア問題研究会（略称：A研）　213
安保闘争　92
池田（勇人）内閣　92, 94, 151, 152, 155, 204-207, 212, 239, 240, 243
石橋（湛山）内閣　85
以民促官　3, 15, 35, 75, 76, 83, 84, 91, 99, 197, 300
ヴェトナム戦争　215, 222
延安日本工農学校　36, 50
岡崎構想（日中貿易に関する私案）　206, 207

カ行
外交部　32, 34, 40, 41, 49, 54, 56, 64, 88, 110, 112, 136, 150, 151, 153, 160-162, 164, 172, 173, 176, 225, 298, 316, 319, 325, 334
　——亜洲司　37, 38, 167, 289
　——亜洲司日本科　34, 341
　——亜洲司日本処　9, 143, 176, 307, 309, 313, 319, 324, 326, 339, 349, 350
外務省（アジア局）中国課　141, 165
岸（信介）内閣、岸（信介）政権　92, 140, 197, 199, 202-204, 287
記者交換メモ（協定）　143, 144, 318, 343
倉敷レイヨン株式会社　97, 142, 210, 239, 240, 243, 249
五・七幹部学校（略称：五七幹校）　37, 161, 176, 224, 225, 271, 331, 349
公明党　163, 164, 174, 250, 289, 300
国際活動始動委員会　88, 89, 284
国務院外事辦公室（略称：国務院外辦）　21, 31, 49, 55, 61, 62, 64, 89, 95, 144, 147, 153, 161, 212, 297, 310, 311, 314-316, 318, 325, 328, 330, 332, 341, 342, 347, 349, 357
　——日本組（略称：外辦日本組）　33, 37, 89, 310, 313-315, 317, 324, 330, 331, 333, 342, 346, 348
国務院僑務辦公室（略称：僑辦）　23, 107
国連中国代表権問題　205

サ行
在華日本人事務委員会　54
佐藤（栄作）内閣、佐藤（栄作）政権　148, 150-160, 165, 167, 169, 170, 180, 215, 216, 244, 273
事務所相互設置メモ　143, 144
上海コミュニケ　225
周恩来辦公室　53, 54
周鴻慶事件　213
章漢夫辦公室　62
小日本組　32, 33, 89, 298, 311, 316
新華社　21, 24, 33, 118, 142, 144, 153, 162, 163, 176, 286, 298, 322, 327, 328, 342, 346, 347
（自民党内）親中国派　203, 208, 226, 299, 300
人民外交　197
『人民中国』　29, 30
『人民日報』　3, 23, 33, 87, 92, 120, 139, 151, 153, 162, 170, 176, 287, 313, 319, 322, 340, 342
「政経不可分」原則　202, 207, 220
「政経分離」原則　207, 220, 256
政務院（国務院）華僑事務委員会（略称：僑委）　6, 21, 31, 107, 108, 112, 115, 119, 120, 123, 125, 156, 268, 271, 310, 316, 327, 332
創価学会　163, 172
造反外交　218

タ行
対外貿易部　6, 31, 32, 57, 80, 83, 84, 88, 93, 95, 97, 99, 162, 272, 298, 314, 315, 346, 349, 350, 357
対外友好協会　162
『大地報』　118, 119, 122
第二次吉田書簡　99, 155-159, 214, 227, 242-244, 249

索　引　381

対日工作委員会　60
対日講和　25
大日本組　32, 33, 39, 89, 95, 97, 99, 162, 272, 298, 311, 312, 314-317, 321
大躍進　93
高碕事務所　95, 98, 140, 141, 143, 145, 153, 158, 159, 211, 215, 216, 218, 314
竹入メモ　178
田中角栄政権　175-177, 181, 299, 322
断而不絶　197
中央日僑事務委員会　52, 54, 284, 298
中華全国総工会（総工会）　311, 314
中華全国民主青年連合総会　52
中共中央外事領導小組（略称：外事小組）　2, 61, 88
中共中央革命軍事委員会総政治部　50
　──敵軍工作部（略称：敵工部）　36, 50
中共中央国際活動指導委員会（略称：国指委）　32, 57-62, 64, 80, 341
中共中央社会部　53, 56
中共中央宣伝部（略称：中宣部）　21, 268
中共中央対外聯絡部（略称：中聯部）　21, 32, 50, 52, 53, 56, 57, 59, 61, 77, 80, 113, 153, 162, 223, 281, 284, 298, 309, 341, 351
中共中央調査部（略称：中調部）　298
中共中央統一戦線（工作）部（略称：統戦部）　21, 33, 52, 53, 57, 281
中国（人民）外交学会　32, 152, 298, 308, 309, 321, 346
中国銀行総行　57
中国国際広播電台日本語放送（北京放送）　40, 117, 327, 334, 346
中国国際貿易促進委員会（略称：中国貿促会）　31, 32, 57, 78, 87-89, 95, 99, 100, 137, 140, 197, 217, 218, 298, 357
中国進出口公司　57
中国人民世界保衛世界和平委員会　21, 52, 308
中国中日備忘録貿易辦事処東京連絡事務所　135, 219, 220
中国日本友好協会（略称：中日友好協会）　36-38, 40, 63, 97, 120, 163, 211, 250, 253, 272, 273, 279, 290, 293, 301, 325, 326, 346

中国紅十字会　25, 58, 122, 285, 286, 298, 310
　──代表団　58, 117, 282, 285
中国蘭花代表団　140
『中国留日学生報』　110, 117, 119, 122
中国留日同学総会（略称：同学会）　109, 110, 112, 117-120
中ソ国境（珍宝島＝ダマンスキー島）武力衝突　222, 250
朝鮮戦争　2, 25, 53, 57, 111
偵査処理日本戦犯領導小組　60
『東京華僑会報』　119, 120
東京華僑総会　107, 110, 111, 118-121, 252-254
東北行政委員会　51
東北日本人管理委員会　52

ナ行

長崎国旗事件　62, 76, 88, 89, 91, 94, 97, 99-100, 154, 158, 162, 167, 180, 197, 238, 287, 288, 342
ニクソン・ショック　136, 140, 165, 181, 272, 320
日華（平和）条約　3, 22, 31, 164, 166, 168, 172, 178, 288, 289, 291, 300
日華紛争　139
日米共同声明（佐藤・ニクソン共同声明）　222
日中共同声明　180, 226
日中国交回復促進議員連盟　163, 224, 273
日中国交正常化　2, 3, 7, 8, 15, 23, 27, 28, 30, 31, 36-38, 41, 75, 100, 108, 123, 135, 154-161, 169-177, 179, 181, 198, 224-227, 257, 265, 272-276, 280, 287-292, 294, 297, 299-301, 307, 308, 316, 317, 321-327, 340, 343, 349
「日中総合貿易に関する覚書」（別称：「日中貿易に関する（廖承志・高碕達之助の）覚書」、「LT貿易覚書」、「LT貿易協定」）　34, 35, 76, 95-98, 140, 208, 209, 216, 227, 237, 238, 244, 249, 256, 257
日中復交三原則（国交回復三原則）　164-166, 168, 169, 172, 174, 177, 178, 200, 202, 207, 273, 275, 289, 290
日中平和友好条約　30, 31, 37, 256, 257, 274,

290, 292, 301, 307, 317, 325
日中貿易促進会　204, 217
日中貿易促進議員連盟　80, 82, 84, 137, 154, 224
日中民間貿易協定　5, 6, 35, 37, 38, 79, 81-88, 90, 91, 136-140, 143, 180, 197, 211, 238, 307, 353
日中友好商社　146
日中輸出入組合　207
日本「議員連盟」代表団招待委員会　57
「日本軍国主義復活」批判　222
日本国際貿易促進協会（略称：国貿促）　173, 200, 204, 210, 217, 250, 273
日本社会党　138, 146, 154, 157, 159, 163, 199, 250, 282
日本赤十字社　120, 285
日本中国友好協会（略称：日中友好協会）　23
日本日中覚書貿易事務所　219, 320
日本平和連絡委員会　54
日本問題研究室　50
日本労働組合総評議会（略称：総評）　287

ハ行

鳩山（一郎）内閣、鳩山（一郎）政権　59, 82, 137
花岡事件　120
ビニロン・プラント　97-99, 141, 155, 157-159, 209-211, 213, 214, 239, 242-244, 249
ピンポン外交　37, 164, 165
フランスの中華人民共和国承認　212
プラント輸銀問題　155-160, 180, 210, 214
文化大革命（略称：文革）　7, 23, 117, 118, 135, 160, 161, 164, 198, 217, 223, 224, 227, 269, 271, 272, 274, 299, 307, 314-318, 323, 328, 331, 332, 334, 341, 348, 349

『北京週報』　115
辦理留学生事務委員会（略称：辦委会）　108-110, 112
貿易三原則　204
貿易促進委員会聯絡部　81

マ行

『民主新聞』（日本語新聞）　51
モスクワ経済会議　76, 78

ヤ行

友好商社　92, 221
友好貿易　92, 95, 96, 140, 159, 162, 204, 217
吉田（茂）内閣、吉田（茂）政権　282

ラ行

廖承志辦公室（略称：廖辦）　33-35, 49, 53, 56, 65, 88, 310, 313, 349
廖承志辦事処　33-35, 95, 98, 158, 209, 254, 255, 314
――東京連絡事務処（略称：東京連絡事務処）　6, 7, 35, 37, 38, 97, 123, 125, 135, 136, 143, 146-148, 150, 151, 153-162, 164, 166, 168, 171, 174, 175, 178-181, 211, 215, 225, 244, 318, 320, 329, 330
廖班　5, 6, 15, 16, 37, 41, 58, 63, 65, 197, 198, 217, 224, 227, 298, 299, 301, 302

英数字

MT貿易　76, 218, 223, 299
LT貿易　5, 7, 16, 76, 92, 94, 95, 98-100, 123, 135, 136, 140, 141, 144, 146, 151, 154, 155, 157, 159, 160, 162, 180, 198, 203, 207-210, 213, 215-221, 227, 237-239, 243, 244, 272, 299, 314, 343, 346, 349

索引　383

執筆者紹介（掲載順）

王　雪萍（おう　せつへい／Wang Xueping）
東京大学教養学部准教授。1976年生まれ。慶應義塾大学大学院政策・メディア研究科後期博士課程修了、博士（政策・メディア）。専門分野：戦後日中関係史。主要業績：『改革開放後中国留学政策研究―1980-1984年赴日本国家公派留学生政策始末』（北京：世界知識出版社、2009年）、『大潮涌動：改革開放与留学日本』（共編、北京：社会科学文献出版社、2010年）、ほか。

杉浦康之（すぎうら　やすゆき）
防衛省防衛研究所地域研究部北東アジア研究室防衛教官。1977年生まれ。慶應義塾大学大学院法学研究科後期博士課程単位取得退学。専門分野：現代中国政治外交史、戦後東アジア国際政治史。主要業績：『日米同盟論―歴史・機能・周辺諸国の視点』（共著、ミネルヴァ書房、2011年）、『日中関係史　1972-2012　I　政治』（共著、東京大学出版会、2012年）、ほか。

大澤武司（おおさわ　たけし）
熊本学園大学外国語学部准教授。1973年生まれ。中央大学大学院法学研究科博士後期課程修了、博士（政治学）。専門分野：近現代日中関係、戦後東アジア国際政治。主要業績：『大日本帝国の崩壊と引揚・復員』（共著、慶應義塾大学出版会、2012年）、『日中関係史　1972-2012　I　政治』（共著、東京大学出版会、2012年）、ほか。

山影　統（やまかげ　すばる）
早稲田大学社会科学部非常勤講師。1978年生まれ。慶應義塾大学大学院政策・メディア研究科後期博士課程単位取得退学。専門分野：中国外交。主要業績：『現代中国外交の六十年―変化と持続』（共著、慶應義塾大学出版会、2011年）、「冷戦後の中国・EU関係における対立構造―『政策文書』にみる関係発展プロセス認識の相違」『問題と研究』（第40巻4号、2011年）、ほか。

井上正也（いのうえ　まさや）
香川大学法学部准教授。1979年生まれ。神戸大学大学院法学研究科博士後期課程修了、博士（政治学）。専門分野：日本政治外交史。主要業績：『日中国交正常化の政治史』（名古屋大学出版会、2010年）、「吉田茂の中国『逆浸透』構想」『国際政治』（第151号、2008年）、ほか。

戴　振豊（たい　しんほう／Tai Chen-Feng）
国立台北教育大学非常勤助理教授。1972年台湾生まれ。国立政治大学歴史学科博士課程修了、文学博士。専門分野：日台関係史。主要業績：『中国知識分子与近代社会変遷』（共著、台北：国立政大歴史学系、香港：珠海書院亜洲研究中心、2005年）、「邁向和談之路：吉田茂在占領改革下的和談戦略（1945-1951）」『亜太研究論壇』（第38期、2007年12月）、ほか。

胡　鳴（こ　めい／Hu Ming）
浙江旅游職業学院外国語学部副教授。1968年生まれ。早稲田大学大学院アジア太平洋研究科博士後期課程単位取得退学。博士（学術）。専門分野：日中関係史、中国の対日政策。主要業績：「対中日邦交正常化中竹入義胜的身份与作用之考辨」『中共党史研究』（第5期、2008年10月）、「田中訪中における中国の国民教育キャンペーン」『国際公共政策研究』（第16巻2号、2012年3月）、ほか。

劉　建平（りゅう　けんぺい／Liu Jianping）
中国伝媒大学伝播研究院国際伝播研究センター副教授。1964年生まれ。北京大学（早稲田大学共同）国際関係博士課程修了。専門分野：日中関係、中国政治外交。主要業績：『戦後中日関係』（北京：社会科学文献出版社、2010年）、『当代中国史論』（北京：社会科学文献出版社、2011年）、ほか。

杜崎　群傑（もりさき　ぐんけつ）〔第7章翻訳〕
九州大学大学院法学研究院助教。1981年生まれ。中央大学大学院法学研究科博士後期課程修了。博士（政治学）。専門分野：近現代中国政治史。主要業績：「中国人民政治協商会議共同綱領の再検討―周恩来起草の草稿との比較を中心に」『現代中国』（第84号、2010年）、『中国への多角的アプローチ』（共著、中央大学出版部、2012年）ほか。

慶應義塾大学東アジア研究所・現代中国研究シリーズ
戦後日中関係と廖承志(りょうしょうし)――中国の知日派(ジャパンハンズ)と対日政策

2013年9月30日　初版第1刷発行

編著者―――王　雪萍(おう　せっぺい)
発行者―――坂上　弘
発行所―――慶應義塾大学出版会株式会社
　　　　　　〒108-8346　東京都港区三田2-19-30
　　　　　　TEL〔編集部〕03-3451-0931
　　　　　　　　〔営業部〕03-3451-3584〈ご注文〉
　　　　　　　　〔　〃　〕03-3451-6926
　　　　　　FAX〔営業部〕03-3451-3122
　　　　　　振替　00190-8-155497
　　　　　　http://www.keio-up.co.jp/

装　丁―――鈴木　衛
カバー写真――時事通信フォト提供
印刷・製本――株式会社加藤文明社
カバー印刷――株式会社太平印刷社

Ⓒ 2013 Wang Xueping
Printed in Japan　ISBN978-4-7664-2087-6

慶應義塾大学出版会

慶應義塾大学東アジア研究所　現代中国研究シリーズ

救国、動員、秩序
変革期中国の政治と社会

高橋伸夫 編著

〈民〉から〈国民〉へ。統治の再編成はいかに行われたか？　清朝末期から中華人民共和国成立までにおける、革命正史には描かれなかった中国社会の変動と直面した困難をさぐる。

A5判／上製／320頁
ISBN978-4-7664-1769-2
◎3,800円　2010年9月刊行

◆目次◆

総　論	救国、動員、秩序	高橋伸夫
第1章	宣講所と文化館のあいだ	戸部健
第2章	党と国家の困難な関係	岩谷將
第3章	軍隊建設にみる秩序再編と動員の関係	阿南友亮
第4章	近代広東の民衆組織と革命	蒲豊彦
第5章	20世紀初頭の中国都市における「民衆運動」の再検討	衛藤安奈
第6章	党、農村革命、両性関係	高橋伸夫
第7章	革命の財政学	一谷和郎
第8章	抗戦、建国と動員	段瑞聡
第9章	食糧徴発と階級闘争	角崎信也
第10章	建国初期の政治変動と宗族	鄭浩瀾
第11章	江南基層社会からみた土地改革前史・序説	山本英史

表示価格は刊行時の本体価格（税別）です。

慶應義塾大学出版会

慶應義塾大学東アジア研究所　現代中国研究シリーズ
現代中国外交の六十年
変化と持続

添谷芳秀 編著

中国外交を動かす要因は何か？　中国外交における変化のなかの連続性を探り、中国外交を規定してきた「歴史」要因の変容と多様な外交政策の展開から、中国外交の内なる論理を解き明かす試み。

A5判／上製／324頁
ISBN978-4-7664-1825-5
◎3,800円　2011年3月刊行

◆目次◆

総論　　　　　　　　　　　　　　　　　　　　添谷芳秀

第1部　「歴史」と戦後日中関係

第1章　中国における「戦争責任二分論」の系譜　家近亮子
第2章　中国の歴史教育と対外観（1949−2005）　王雪萍
第3章　中国政治と歴史解釈　　　　　　　　　　江藤名保子
第4章　戦後初期日中関係における「断絶」の再検討（1958−1962）
　　　　　　　　　　　　　　　　　　　　　　大澤武司
第5章　中国の対外開放路線と日本（1976−1982）　兪敏浩

第2部　中国外交の諸相

第6章　中国の対外政策におけるシンクタンクの実像　杉浦康之
第7章　台湾問題をめぐる中ソ関係（1954−1962）　福田円
第8章　「核」にみる中印関係　　　　　　　　　　飯塚央子
第9章　中国の対西欧諸国政策　　　　　　　　　　山影統
第10章　中国の地方経済の発展とグローバル経済　　貴家勝宏
第11章　中国からみた米中戦略経済対話　　　　　　佐野淳也
第12章　中国の国連PKO政策　　　　　　　　　　　松田康博

表示価格は刊行時の本体価格（税別）です。

慶應義塾大学出版会

慶應義塾大学東アジア研究所　現代中国研究シリーズ
党国体制の現在
変容する社会と中国共産党の適応

加茂具樹・小嶋華津子・星野昌裕・武内宏樹 編著

市場経済化やグローバル化の波に柔軟に対応してきた中国共産党とは、どのような集団か。大きく変容する社会・経済に適応してきた党の権力構造を実証分析し、一党支配体制の現実を多面的に描き出す。

A5判／上製／280頁
ISBN978-4-7664-1910-8
◎3,800円　2012年2月刊行

◆目次◆

　総　論　　　　　　加茂具樹・小嶋華津子・星野昌裕・武内宏樹

第1部　党国体制の制度設計
　第1章　中国共産党の憲政　　　　　　加茂具樹
　第2章　中国共産党の武装力　　　　　毛利亜樹
　第3章　中国共産党の組織的適応　　　鈴木隆

第2部　社会の要求と党国体制の対応、適応
　第4章　党国体制と農村問題　　　　　武内宏樹
　第5章　党国体制と労働問題　　　　　呉茂松
　第6章　党国体制と民族問題　　　　　星野昌裕
　第7章　党国体制と宗教問題　　　　　小嶋華津子
　第8章　党国体制とマクロ経済運営　　佐々木智弘
　第9章　党国体制と情報社会　　　　　土屋大洋

表示価格は刊行時の本体価格（税別）です。